Über den Autor:

S. Fischer-Fabian, in Bad Salzelmen geboren, verbrachte seine
Jugend im ostpreußischen Königsberg. Er besuchte die Universitäten Heidelberg und Berlin, wo er nach dem Studium
der Geschichte, der Germanistik und der Kunstgeschichte
promovierte. Er lebt heute am Starnberger See.

Mit seinen historischen Sachbüchern und Biografien, die
alle Bestseller wurden, eroberte er sich weit über die Grenzen
Deutschlands hinaus ein großes Publikum.

S. FISCHER-FABIAN

Preußens Krieg und Frieden

DER WEG INS DEUTSCHE REICH

BASTEI LÜBBE TASCHENBUCH
Band 64229

1. Auflage: Oktober 2008

Vollständige Taschenbuchausgabe

Bastei Lübbe Taschenbücher in der Verlagsgruppe Lübbe

© 2008 byVerlagsgruppe Lübbe GmbH & Co. KG,
Bergisch Gladbach
Das Buch erschien 1981 erstmals bei
Droemersche Verlagsanstalt Th. Knaur Nachf., München
Titelbild: akg-images
Umschlaggestaltung: Tanja Østlyngen
Satz: Textverarbeitung Garbe, Köln
Druck und Verarbeitung: Ebner & Spiegel, Ulm
Printed in Germany
ISBN 978-3-404-64229-8

Sie finden uns im Internet unter
www.luebbe.de
Bitte beachten Sie auch: www.lesejury.de

Für
Friedrich Carl Piepenburg,
den Preußen
aus Pommern …

INHALT

INHALT

EIN WORT ZUVOR

»Üb immer Treu und Redlichkeit,
bis an dein kühles Grab,
und weiche keinen Finger breit
von Gottes Wegen ab.«

Das Glockenspiel der Potsdamer Garnisonkirche,
die geheime preußische Nationalhymne genannt.

»Être Prussien est un honneur, mais pas plaisir. – Preuße zu
sein ist eine Ehre, aber kein Vergnügen.«

Französisches Sprichwort

»Preußen bedeutete Nüchternheit, Prunklosigkeit, vielleicht
einen Mangel an Geistigkeit und sparsame, aber aufgeklär-
te Verwaltung. Es bedeutete auch Konzentration der Staats-
mittel auf militärische Belange, jedoch nicht Angriffslust.
›Travailler pour k roi de Prusse‹ hieß hart arbeiten für ge-
ringen materiellen Lohn, und Pflichttreue galt als Charakte-
ristikum preußischer Beamter und auch des einfachen Bürgers. Der preußische Staat mag ein Kasernenhof gewesen sein,
aber er funktionierte gut; und er war liberal und tolerant genug, um seinen Anteil an der Blütezeit deutscher Kultur zu
gewinnen.«

E. J. Feuchtwanger, *Prussia: Myth and Reality*

»Die Auferstehung Preußens wird schwere Opfer kosten. Das
schwerste unter allen bringt Preußen. Es stirbt. Jeder andere

Staat kann und mag in Deutschland aufgehen; gerade Preußen
muss darin untergehen.«

Theodor Fontane

»Preuße wird keiner, es sei denn durch Not, ist er's geworden,
dankt er Gott.«

Deutsches Sprichwort

»Wir Historiker sehen Bismarck ganz anders ... Wir sehen,
dass er Ruhe haben wollte für sich selbst, für sein Land, auch
für Europa. Sein höchstes Ideal war diese Ruhe. Erst nach
dem deutsch-französischen Krieg ist seine Politik gelungen,
und er hat, glaube ich, Europa eine große Zeit des Friedens
gegeben. Vierzig Jahre Frieden – das war wirklich eine große
Sache ...«

A. J. P. Taylor, Bismarck. *The Man and the Statesman*

»Sah Friedrichs Heldenzeit und kämpfte mit ihm in allen
seinen Kriegen. Wählte Ungnade, wo Gehorsam nicht Ehre
brachte.«

Inschrift auf dem Grabstein des Johann Friedrich
Adolf von der Marwitz. Er hatte dem Befehl nicht
gehorcht, das Schloss Hubertusburg zu plündern,
weil die Ausführung gegen seine Ehre verstoßen
hätte.

»Das Datum, an dem das alte Preußen zum letzten Male sichtbar wurde, ist der 20. Juli 1944 gewesen ... Es war dies ein letz-
ter Ausklang der sittlichen Idee dieses Staates. Die Männer
der Widerstandsbewegung gegen den Nationalsozialismus –

Offiziere, Beamte, Gewerkschaftsführer –, die des Glocken-
spielmotivs der Potsdamer Garnisonkirche halber aufstanden,
sind die Blutzeugen des wirklichen Preußentums in unserer Generation geworden. Fast alle klangvollen Familiennamen Preußens finden sich im Register der ... am Galgen Auf-
gehängten: Yorck und Moltke, Witzleben und Schulenburg,
Schwerin und Stülpnagel, Dohna und Lehndorff ...«

H.-J. Schoeps

I DAS SCHICKSAL, EIN ERBE ZU SEIN

AM TOTENBETT DES GROSSEN FRIEDRICH

Als der Prinz von Preußen an das Totenbett seines Onkels gerufen wurde, dem er nun auf dem Thron folgen sollte, war er bereits 42 Jahre alt – vom Warten zermürbt, vom Lebenswandel zerrüttet, mit den Staatsgeschäften nicht vertraut. Ein Mensch, schön anzuschauen von Gestalt und Gesicht, voll guten Willens, aber ohne Erziehung, ohne Selbstbewusstsein.

Er starrte auf den Leichnam, der unter dem verschlissenen blauen Soldatenmantel lag und dem eines Kindes glich, so klein war er. Man hatte ihm den Dreispitz mit einer Serviette unter dem Kinn befestigt, der Saum eines pelzbesetzten Hemdes lugte hervor, die Füße staken in unförmigen Gichtstiefeln. Das tiefe Schweigen wurde von Zeit zu Zeit unterbrochen vom Rascheln der Birkenzweige, mit denen zwei Diener die Fliegen abwehrten.

Es fiel schwer sich vorzustellen, dass hier ein König lag, den man einst in ganz Europa gefürchtet hatte, einer, dem bereits zu seinen Lebzeiten das Prädikat »der Große« zuerkannt worden war.

Der Prinz von Preußen, wie sein Titel bis dahin gelautet hatte – denn nun war er König, König Friedrich Wilhelm II. –, mag sich in dieser Stunde des 17. August 1786 erinnert haben an die Sympathie, ja Liebe, die ihm der Verstorbene einmal entgegengebracht, wie er ihn gelobt hatte wegen seines Fleißes im Unterricht, wegen seiner Kaltblütigkeit im Geschützfeuer des belagerten Schweidnitz; und auch daran, wie aus Zuneigung allmählich Abneigung geworden war, weil er auf den gemeinsamen Inspektionsreisen durch die Provinzen für die Verwaltungsgeschäfte kein Interesse gezeigt, er sich in schlechte Gesellschaft begeben, Schulden gemacht hatte.

Eine Abneigung, die sich zu dem vernichtenden Urteil steigerte, dieser Neffe sei ungeschlacht, dickköpfig, launenhaft, zügellos, verdorben, ohne Benehmen, einfältig, unangenehm, mit einem Wort: »*Cet animal est incorrigible!*– Dieser Trampel ist unverbesserlich!« Und als der Kronprinz einmal gebeten hatte, noch einige Tage in Sanssouci bleiben zu dürfen wegen des Geburtstages der Prinzessin Amalie, schrieb ihm der Onkel: »Mein Lieber, Sie haben hier nichts verloren, und meine Schwester Amalie ist gar nicht in der Lage, ihren Geburtstag zu feiern. Lassen Sie sich das nächste Mal einen besseren Vorwand einfallen.« Nun ließe sich kein größerer Gegensatz denken als zwischen Friedrich, dem strengen, asketischen, im Dienst am Staat sich verzehrenden König, und dem Prinzen Friedrich Wilhelm, der nicht nur dienen, sondern auch gut leben wollte. Ein ganz und gar anders veranlagter Mensch war dieser Thronfolger, und der Throninhaber war sogar bereit gewesen, so viel Verschiedenartigkeit in gewissem Maß zu akzeptieren. Jedenfalls hatte er nicht vor, den Fehler seines Vaters zu wiederholen, der ihn nach seinem Bild hatte formen wollen, was bekanntlich in einer Katastrophe geendet hatte.

Als der Neffe sechs Jahre alt geworden war, schrieb Friedrich mit eigener Hand Instruktionen nieder, nach denen die Erzieher vorzugehen hatten. Ein bemerkenswertes Dokument, dessen Grundsätze in vielem noch heute vorbildlich sein könnten. Der Unterricht in der Geschichte sei das wichtigste Fach, denn der Vergleich mit dem, was geschehen ist und was geschieht, ist von Nutzen, auch die Tatsache, dass dem Laster letztlich seine Strafe zuteil wird, der Tugend aber ihr Lohn. Hier mag ihn Tacitus angeregt haben, der Geschichte schrieb, damit tapfere Taten nicht vergessen werden und die Furcht vor der Schande erhalten bleibe, mit der die Nachwelt das Böse bedenkt.

Die Kenntnis der Geographie sei selbstverständlich. Das Wissen um Logik und Philosophie schärfe den Verstand, und der Prinz möge grundsätzlich nur das glauben, was er geprüft habe.

Im Übrigen sei er kein Prinz, sondern ein Mensch wie jeder andere, und so habe er jedem anderen mit Achtung zu begegnen. Die Toleranz gegenüber den Religionen sei einem künftigen Herrscher, der über ein Volk mit verschiedenen Konfessionen herrschen werde, besonders einzuprägen. Doch nicht nur Kenntnisse sollten vermittelt, sondern auch der Charakter gebildet werden.

»Weder Sie noch irgendeine Macht der Welt wird den Charakter eines Kindes ändern können«, heißt es in den *Instructions au Major Borcke.* »Alles, was die Erziehung vermag, ist, die Heftigkeit der Leidenschaften zu mäßigen.«

Doch gerade die Leidenschaften waren es, die sich nicht hatten mäßigen lassen, oder wie das in der Sprache preußischer Historiker des 19. Jahrhunderts heißt, *Liebeshändel und sehr anstößige Verhältnisse.* Nicht zuletzt einer der Gründe, warum die Geschichtsschreiber ihm so schlechte Zensuren gaben. Ihnen war alles suspekt, was auf etwas schließen ließ, was sie »Sinnenlust« nannten. Und sinnenfroh war der zweite Friedrich Wilhelm allemal. Er holte nach, was in Preußen bis dahin nicht üblich gewesen war, an anderen Höfen Europas dagegen längst gang und gäbe. Im Übrigen war der Schatten des großen Alten zu groß, als dass eigenes Licht überhaupt hätte leuchten können.

»Wer regiert denn nun die Welt?«, hatte der Bauer aus dem Schwäbischen gefragt, als er vom Tode des Alten Fritz hörte. Und Goethe, auf seiner italienischen Reise in Caltanisetta auf Sizilien angekommen und begierig nach Friedrich befragt, verschwieg, dass *il grande Federico* nicht mehr am Leben war. »... um nicht durch eine so unselige Nachricht unseren Wirten verhasst zu werden.«

In preußischen Landen hätte man sich mit einer solchen Nachricht kaum verhasst gemacht. Hier trauerte man, wenn überhaupt, sehr kurz und sehr gefasst. Der Graf Mirabeau, eine Zeitlang als eine Art Geheimagent am Berliner Hof und ein genauer Kenner der Verhältnisse, schrieb, zwei Drittel Berlins mühten sich jetzt um den Beweis, dass Friedrich II. ein ganz gewöhnlicher Mensch gewesen sei. Und Katharina II. wunderte sich, mit welcher Subtilität man dem Ruhm und dem Namen des verstorbenen Königs zu schaden suche.

Wie es oft geht bei einem Großen, der zu lange regiert: Für die vielen Kleineren wird es anstrengend, unter ihm leben zu müssen. Die Untertanen wussten, dass er von ihnen nur das verlangte, was er sich selbst täglich zumutete an Fleiß, Pflichttreue, Aufopferung, aber genau das war ihnen zu viel. Sein *Toujours en vedette,* das permanente Auf-dem-Posten-Sein, hatten sie in den Kriegszeiten akzeptiert, doch man hatte seit fast einem Vierteljahrhundert Frieden, und der Alte erschien ihnen als nichts anderes denn ein Hemmschuh. Seine Schroffheit, seine Unzugänglichkeit, sein Starrsinn ließen bereits im Ansatz verkümmern, was nach Eigenständigkeit, Initiative, eben nach Fortschritt aussah. Die neuen Ideen, die sich überall regten, waren wenig gefragt gewesen.

Nachdem Friedrich nun zur Ruhe gebettet worden war – nicht auf der Terrasse von Sanssouci inmitten seiner Windspiele, wie er es in seiner immer stärker gewordenen Menschenverachtung bestimmt hatte, sondern in der Potsdamer Garnisonkirche an der Seite seines Vaters –, ging Friedrich Wilhelm an die Arbeit. Seine ersten Maßnahmen entsprachen dem, was die brandenburgischen Stände anlässlich seiner Thronbesteigung in eine Münze hatten prägen lassen: »*Nova Spes Regni* – des Königreiches neue Hoffnung.«

Der Vielgeliebte

Er schaffte die »Regie« ab, eine von Friedrich II. installierte Behörde, dazu bestimmt, die Einnahmen aus den indirekten Steuern, den Akzisen und Zöllen, zu erhöhen. An ihrer Spitze stand, gegen ein Jahresgehalt von 15 000 Talern und fünf Prozent Tantieme, Monsieur de la Haye de Launay, und auch die Mehrzahl seiner Steuereinnehmer stammte aus Frankreich. Sie waren so unbeliebt wie die Tätigkeit, die sie ausübten, auch wenn sie nicht dafür verantwortlich gemacht werden konnten, dass die indirekte Steuer sich ausgebreitet hatte wie eine ansteckende Krankheit. De Launay wurde zusammen mit seinen Landsleuten nach Hause geschickt, die Behörde unter deutscher Leitung dem Generaldirektorium unterstellt, und dabei gleich das beim Volk besonders verhasste staatliche Monopol auf Kaffee und Tabak erledigt, das beide Genussmittel unmäßig verteuert hatte.

Höchst volkstümlich auch der Ordenssegen, der sich über Gerechte und Ungerechte ergoss, die Standeserhöhungen jener, deren Stand Friedrich nie hatte erhöhen wollen (»Man nobilitiere nur solche, die sich verdient gemacht und nicht bloß viel verdient haben«, hatte sein Standpunkt gelautet), und die neuen Vorschriften, nach denen die Soldaten zweckmäßiger gekleidet, ausreichender ernährt, besser untergebracht werden sollten. Jene Richter, die in dem berühmten Müller-Arnoldschen-Prozess sich dem König widersetzt und dafür Festung eingehandelt hatten, sie wurden rehabilitiert. Da der Neue sich überdies leutselig gab, die Bürger nicht mehr mit »Er« anredete, sondern mit dem persönlicheren »Sie«, ihnen bei der Hochzeit seines Sohnes Ludwig sogar den Zutritt ins Schloss erlaubte, verdiente er sich bald den Namen »der Vielgeliebte«.

Besonders die Einwohner der Residenz mochten den Mann, der im einfachen blauen Rock durch den Tiergarten promenierte, von niemandem begleitet als von einem Jäger, der mit den Spaziergängern plauderte und sich überhaupt an der Spree viel häufiger sehen ließ als an der Havel. »Dass Friedrich Sanssouci zum steten Sitz erkoren«, reimten sie, »beklagte trauernd sein Berlin. Friedrich Wilhelm schätzt den Ort, wo er geboren – und der Berliner *liebet Ihm.*«

Als Kronprinz war er weniger populär gewesen bei seinen Untertanen, denn sein Lebenswandel war nicht vorbildlich, zumindest nicht so, wie sie es von seinen beiden Vorgängern gewohnt waren. Friedrich Wilhelm hätte hier leicht auf seinen Vater verweisen können, von dem es herkam, auf August Wilhelm. Der hatte sich von seinem Bruder, Friedrich II., nach der Schlacht von Kolin und der Räumung Böhmens sagen lassen müssen: »Sie werden stets nur ein erbärmlicher General sein. Kommandieren Sie einen Harem, wohlan; aber solange ich lebe, werde ich Ihnen nicht das Kommando über zehn Mann anvertrauen.« Er war ein Jahr darauf gestorben, vom Hof verbannt und in Ungnade, ein Prinz, der das Leben leicht genommen hatte, der schwach gewesen war, leichtsinnig, vergnügungssüchtig und einen vierzehnjährigen, ähnlich veranlagten Sohn zurückließ.

Als Friedrich Wilhelm, beinahe einundzwanzig, es noch immer vorzog, sich Geliebte zu nehmen, aber keine Ehefrau, griff Friedrich ein und befahl, Kusine Elisabeth aus dem braunschweigischen Herzogshaus zu ehelichen und gefälligst männliche Nachkommen zu zeugen. Denn die Thronfolge ruhe auf allzu wenigen Augen. Der Neffe gehorchte. Was Heirat und Zeugung betraf. Über das Ergebnis letzterer hatte er keine Macht. Es wurde ein Mädchen. So etwas kam öfters vor, und man hatte in solchen Fällen warten gelernt auf die zweite, dritte, vierte, ja fünfte Geburt, diesmal aber wollte niemand warten.

Elisabeth hatte sich nämlich auf außereheliche Pfade begeben, wobei sie, eine hübsche, temperamentvolle Frau, die Gesellschaft ebensolcher Partner bevorzugte, Potsdamer Gardeoffiziere. Man war in Sachen ehelicher Treue in der Umgebung des Kronprinzen nicht kleinlich. Und, später, nachdem er König geworden, schon gar nicht. Wenn auch des Bildhauers Schadow Wort, wonach Potsdam einem Bordell geglichen habe, stark übertrieben war. Doch was die Frau eines Thronerben betraf, gab man sich penibel: Wer wollte wissen, fragten sich besonders die Brüder des Thronfolgers, welche Kinder einer solchen Frau kronprinzliches Blut in ihren Adern trugen und welche nicht? Einem Bastard jedenfalls würden sie ihre Anerkennung verweigern.

Elisabeth wurde erst einmal Bewährungsfrist zuerkannt. Sie sollte sich bessern, und man würde vergessen. Es nützte wenig. Noch mehr als der Garde schenkte sie ihre Gunst den Musici. Der eine hieß Pietro, und der andere hieß Müller. Weshalb sich manche Höflinge bedeutungsvoll anschauten, wenn sie hörten, wie die Prinzessin ihr Töchterchen »Mein Mülleken« nannte. Der Krug ging zur Neige, als man einen Brief abfing, in dem Elisabeth ihren Pietro bat, sie zu entführen.

Denn: »Ich will lieber trockenes Brot essen als länger mit meinem dicken Tölpel leben.«

Die Ehe wurde geschieden, die Prinzessin nach Stettin verbannt, wo sie, gespenstisches Bild, im leeren Ballsaal um leere Stühle die Touren der Anglaise tanzte, die Sehnsucht im Herzen, eines Tages wieder zurückkehren zu können in die Residenz …

Eiligst sah man sich nach einer neuen Frau für den Prinzen um. In näheren Augenschein genommen wurden die vier noch unverheirateten Töchter des Landgrafen von Hessen-Darmstadt, denen der Brautwerber, Graf Schulenburg, ein *ausgezeichnetes Herz* nachsagte. Was darauf schließen ließ, dass das ihre einzige Tugend war und sie weder Reichtum noch Schönheit noch Geist besaßen. Friederike, die man erwählte und dem widerstrebenden Prinzen zuführte, erfüllte jedoch prompt ihre Pflicht und gebar dem Hause Hohenzollern einen Knaben, den späteren Friedrich Wilhelm III., in die Geschichte eingegangen unter dem Namen »der Mann der Königin Luise«.

DIE SCHÖNE WILHELMINE

Die Untreue der nach Stettin verbannten Elisabeth war nun keineswegs von ungefähr gekommen. Friedrich Wilhelm hatte schon ein Jahr vor seiner ersten Eheschließung ein Mädchen kennen gelernt, mit dem er dann bis zu seinem Tod verbunden blieb. Sie hieß Wilhelmine, und ihre Geschichte gleicht einem rührseligen, beinahe kitschigen Liebesroman, einem Märchen von Prinz und Aschenputtel. Preußens Historikern war die junge Dame bekannt – es ging ja um das »Sinnliche« –, und einer der ihrigen, zwischen Widerwillen und Wohlwollen hin und her gerissen, schrieb: »Sie schien ganz und gar sein Geschöpf, von ihm schon als zartes Kind erkoren, als leise erblühende Knospe sorgsam gehegt und gepflegt, als eben entfaltete Blume in entzückter Leidenschaft gebrochen.«

Wilhelmine Encke war die Tochter eines Musikers, der im königlichen Kammerorchester das Waldhorn blies. Da auch der Prinz von Preußen die Musik liebte, lernte man sich bald kennen. Wilhelmine, ganz Kind aus dem Volke, war zwar erst zwölf, aber schon ehrgeizig genug, um ganz hoch hinaus zu wollen. Voller Eifer und Lernbegier hing sie an den Lippen ihres Mentors, der sie in Geschichte unterwies und Geographie, sie mit Vergil, Homer, Shakespeare bekannt machte, ihr schließlich eine französische Erzieherin engagierte.

Krönung der Ausbildung war ein Aufenthalt in Paris, wo sie ihre Sitten verfeinerte, ihre Sprachen vervollständigte und das Tanzen lernte, auch in jenen Künsten sich vervollkommnete, die zum Rüstzeug einer Kurtisane gehörten: Sie lernte die Liebe.

Nach Berlin zurückgekehrt, bezog sie heimliches Quartier bei einem Förster unweit von Nauen, wo sie der Prinz, immer auf der Hut vor den Spähern Friedrichs, nachts besuchte. Aus dem anfänglichen Vater-Tochter-Verhältnis war längst ein Verhältnis geworden, das der Prinz mit dem mit seinem eigenen Blut geschriebenen Satz besiegelte: »Bei meinem fürstlichen Ehrenwort, ich werde dich nie verlassen!« Auch Wilhelmine nahm statt Tinte Blut und zeigte noch im hohen Alter stolz die Narbe der Wunde, die sie sich zu diesem Zweck beigebracht hatte.

Nachdem Friedrich Wilhelm den Thronfolger gezeugt hatte mit seiner zweiten Frau, war der König bereit, die Encke als Mätresse des Kronprinzen, wenn nicht anzuerkennen, so doch zu dulden, ja sogar Geld machte er, der sonst auf jeden Taler schaute, für sie locker, finanzierte den Kauf eines Landhauses in Charlottenburg und bewilligte 30 000 Taler als jährlichen Unterhalt. Er sagte sich, dass selbst ungeregelte Verhältnisse geregelt sein müssten und der Neffe bei Wilhelmine in besseren Händen sei als bei den Schauspielerinnen der französischen Komödie, die er allesamt für Spioninnen hielt.

Die Geschäfte zu beeinflussen, wie es die *maîtresses en titre* an den anderen Höfen Europas, besonders Frankreichs, taten, billigte er ihr nicht zu. Als sie es dennoch versuchte, wies er die Kollegien an, »auf die Empfehlungen einer gewissen Person bei Anstellungen keine Rücksicht zu nehmen«. Bei einem zufälligen Zusammentreffen im Charlottenburger Schloss wurde er deutlicher, befahl ihr kurzerhand: »Heirate Sie, wen Sie wolle, aber heirate Sie!« – hoffend, so ihren Einfluss auf den Thronfolger einzuschränken.

Sie musste gehorchen. Wenn auch zornbebend. Sie wählte den Kammerdiener ihres Geliebten, der die Männer mehr liebte als die Frauen, und schloss mit ihm eine Scheinehe. Es war keine gute Wahl. Der Diener Rietz war mit seinem Herrn auf der Basis *des frère et cochon* verbunden, ließ sich prügeln und durch Geschenke wieder versöhnen. Er war korrupt bis ins Mark, kassierte bei allen, die einen Orden wünschten, den Adel oder andere Gunstbeweise. Johanniterkreuze und Adlerorden sah man nun an den Röcken jener, deren Verdienste lediglich aus hohen Verdienstspannen bestanden. Was uns bekannt vorkommt. Und nicht wenige preußische Edelleute, die später ständig auf ihren hochedlen Stammbaum pochten, verdankten ihre Ahnen einem Kammerdiener.

»Dieser ganz gemeine Mensch«, wie ihn ein Chronist nennt, biederte sich sogar bei Goethe an, indem er bei einem gemeinsamen Mahl während der Kampagne in Frankreich dem Dichterfürsten schulterklopfend bedeutete: Männer von Genie müssen keineswegs der landläufigen Meinung gemäß klein, hager, kränklich und vermickert aussehen, was er, Rietz, und Goethe ja augenfällig demonstrierten.

Rietz veranstaltete im Neuen Palais in Potsdam die Feste, die in der Öffentlichkeit die *Orgien der Lichtenau* genannt wurden (so lautete Wilhelmines Name nach der Erhebung in den Adel). Wie man auch alle anderen Untaten des Scheingemahls zu ihren Taten werden ließ.

Wilhelmine Encke alias Gräfin Lichtenau war ein Weib, ein Weibchen, und wusste ihre Gaben – Schönheit, Charme, Sex –, mit denen sie der liebe Gott ausgestattet, gut einzusetzen. Jenes kalte Raffinement aber, das den großen französischen Kurtisanen, der Pompadour, Montespan, Dubarry, zu Glanz und Macht verhalf, hatte sie nicht. Sie kümmerte sich darum, dass es ihr an nichts fehlte und auch für das Alter gesorgt war. Schmuck, Häuser, Pferd, Wagen, auch bares Geld, wies sie nicht zurück. Doch waren das Geschenke, deren Wert in keinem Verhältnis zu den Unsummen stand, die andere Potentaten für ihre Mätressen ausgaben. Sie war vergnügungssüchtig, aber nicht verschwenderisch, hellwach, aber nicht intrigant, clever, wie man heute sagen würde, aber nicht korrupt, der einzige Mensch wohl, der Friedrich Wilhelm II. wirklich geliebt hat und ihm auch dann noch treu blieb, als die Treue Lebensgefahr bedeutete.

24

mein allerliebster scharmanter engel ich bin gantz glüklich gestern Abend
um acht uhr hier angekomen, ich hätte noch ehr komen können aber weil
ich mich nicht viel daraus machte ein fatales flaster zu sehen, so habe ich
mich eben nicht sehre gesputet, ich habe diese nachte recht viel von Dich
geträumet das wir bei ein ander währen und viele dauben um uns hatten
ich glaube das ist gut – es ist mich recht engstlich vor gekomen so alleine
ohne Dich in das bete zu liegen, und es hat mir entseslich gefroren –
thue mir den gefallen mein engel an christian die mas von deinem Finger
zu geben um das er

Das Märchen vom Prinzen und dem Aschenputtel – Kronprinz Friedrich
Wilhelm schreibt an seine Geliebte Wilhelmine Encke.

Wenn sie ihren Einfluss geltend machte, was selten geschah, dann meist im Sinne des Praktischen, des Vernunftgemäßen. Im Grunde war sie Mutterns Beste, die Berlinerin, und um sie sich zu vergegenwärtigen, muss man sie hören. Als Gottfried Schadow das neu erbaute Brandenburger Tor mit der Quadriga krönte, leuchtete der Hintern der göttlichen Rosselenkerin weit in den Tiergarten hinein. Was enormen Effekt, aber auch Skandal machte. Die Berliner stritten heftig, ob die Dame sich etwas anziehen solle oder nicht. Wilhelmine schließlich entschied den Streit, indem sie Schadow kommen ließ und ihm sagte: »Jottfried, so jeht det nich …«

MOZART IN BERLIN

Schadow war es denn auch, der ihr die kleine Unsterblichkeit verlieh. Weniger der marmornen Büste wegen, die er nach ihr schuf und die auf Friedrich Wilhelms Schreibtisch stand, als wegen des Grabmals für den Grafen von der Mark, ihren gemeinsamen Sohn, der im neunten Lebensjahr starb. Ein Meisterwerk des neu erblühenden Klassizismus, der das städtebauliche Gesicht Berlins zu beherrschen begann. Die klassizistischen Künstler besannen sich auf die griechisch-antiken Ursprünge der abendländischen Kunst, ahmten sie jedoch nicht sklavisch nach, sondern durchdrangen sie mit dem Geist ihrer Zeit und ihrer Welt. Der preußische Stil, wie man den berlinischen Klassizismus auch nannte, ließ das Strenge anmutig, das scheinbar Ärmliche adlig erscheinen.

Langhans, der das Brandenburger Tor erbaute, Erdmannsdorff, dessen Räume in Sanssouci das friderizianische Rokoko ablösten, Gilly mit seinen revolutionierenden Entwürfen für ein Nationaltheater gehörten zu den Baumeistern und Bildhauern, die in Berlin eine, wie Goethe das nannte, *grenzenlose Marmortätigkeit* ins Werk setzten.

Das Brandenburger Tor, eine freie Schöpfung nach dem Vorbild der Athener Propyläen, der Toranlage der Akropolis, wurde, neben dem Kölner Dom, zum bekanntesten Bauwerk Deutschlands. Kaum ein anderes ist im Lauf der Jahre und Jahrzehnte häufiger gemalt, gezeichnet, fotografiert worden. Lesser Ury, berlinischer Impressionist, bildete es fast fünfzigmal ab, so wie er es im Wechsel des Tageslichts und der Jahreszeiten erlebte. Das Tor wurde zum Schauplatz, zur Szenerie deutscher Geschichte, von Napoleons Einzug in Berlin bis zu Hitlers Fackelzug und der Hissung der roten Fahne nach der Einnahme der Stadt durch die Sowjets.

Auch die anderen Künste wurden begünstigt, darunter besonders die Musik, denn der König, wie betont, liebte sie nicht nur, er übte sie auch aus. Sein Spiel auf dem Cello übertraf an Perfektion, was sein Onkel mit der Querflöte jemals erreicht hatte, und er war todtraurig, als er das geliebte Instrument nicht mehr spielen konnte, – sein immer stärker gewordener Bauch ließ es nicht mehr zu.

Das königliche Kammerorchester war hervorragend besetzt. Mozart, der im Frühjahr 1789 Potsdam und Berlin besuchte, antwortete auf die Frage, wie er es finde: »Die beste Versammlung von Virtuosen der ganzen Welt«, aber er setzte hinzu: »Wenn die Herren zusammenspielen, könnten sie noch besser sein.« Der König machte ihm daraufhin das Angebot, nach Berlin überzusiedeln, und bot ihm ein Jahresgehalt von 3000 Talern. Das war fast viermal so viel, wie der Komponist in Wien bekam.

Mozart spielte dem König vor, musizierte mit ihm gemeinsam im Quartett; er übernahm den Auftrag, sechs Klaviersonaten zu schreiben, und einen weiteren über sechs Streichquartette, gegen ein Honorar von 100 Friedrichsdor; er besuchte die Oper, eine Vorstellung seines Singspiels »Belmonte und Constanze«, und lobte die Baranius: »Sie haben herrlich gesungen ...« – das Angebot aber, das ihn mit einem Schlag von allen seinen Sorgen befreit hätte, nahm er nicht an und kehrte nach Wien zurück. Dorthin zurück, wo man ihn schlecht bezahlte und schlecht behandelte.

Friedrich Wilhelm war nicht beleidigt, wie es die Großen in solchen Fällen zu sein pflegen, er übersandte ihm eine goldene Dose mit noch einmal 100 Friedrichsdor, und als Mozart, 1791, starb, veranstaltete er im Opernhaus zu Berlin eine Benefizvorstellung – man gab die Oper »Titus« – zu Gunsten der Witwe.

Allein die Tatsache, dass dieser preußische König sich für ein Genie einsetzte, an dem die Zeitgenossen sich in beschämender Weise versündigt hatten, sollte genügen, die Waagschale der Gerechtigkeit ein wenig zu seinen Gunsten ausschlagen zu lassen.

Auch der Schauspielbühne verhalf er zu neuer Lebenskraft. Gleich nach den Feierlichkeiten zur Bestattung Friedrichs ließ er Karl Theophil Doebbelin zu sich rufen, der in der Behrenstraße ein Theater betrieb. Seine Schauspieler ernährte er mehr schlecht als recht, und es ging die Rede, dass sie ihre von der Rolle vorgeschriebenen Ohnmachten nicht zu spielen bräuchten. Doebbelin war ein Erzkomödiant, einer vom Typus »Lasst mich den Löwen auch spielen«, doch war er nicht umsonst in die Schule der Neuberin gegangen und mühte sich, mehr zu bringen als Hanswurstiaden und Ritterspektakel.

Das Theater zur moralischen Anstalt zu machen, mit Hilfe Lessings, Shakespeares, Schillers, Goethes, war sein hehres Ziel. Um es zu erreichen, ging er manchmal merkwürdige Wege. So ließ er die meisten Stücke, selbst die Tragödien, gut ausgehen, weil sein Publikum es so wollte. Hamlet zum Beispiel ließ er grundsätzlich leben. Doch hat der alte Mime für das deutsche Theater mehr getan als mancher seiner hochgeistigen Nachfolger.

Dem König stellte er sich bei der Audienz mit dem durch nichts zu überbietenden Satz vor: »Die teutsche Kunst in silbergrauen Haaren [damit meinte er sich] erkühnt sich, Ew. Majestät heißen Strahlen sich zu nähern, um eine Erwärmung zu empfangen, indem seit einem Dezennium die heftigsten Nordwinde auf sie gestürmt haben.« Als ihm das Komödienhaus auf dem Gendarmenmarkt versprochen wurde, das zum Nationaltheater werden sollte, fühlte er sich derart verjüngt, dass er mit Cäsars Mut die Höhen der Alpen hätte überspringen können. Bevor er vor lauter Rührung umzusinken drohte, verabschiedete ihn der König rasch: »In meinem Schlosse will ich keine Ohnmachten.«

Doebbelins bedeutende Hamletinszenierung wurde von einem nicht weniger bedeutenden Mann in einer Folge von Kupferstichen festgehalten: von Daniel Nikolaus Chodowiecki, dem Schilderer des friderizianischen Preußen. Friedrich Wilhelm hatte ihn an die Spitze der Akademie der Künste berufen. Damals wurde auch die Singakademie gegründet, der die Welt später die Wiederentdeckung der Bach'schen Chormusik verdankt.

Deutschen Künstlern wurde überall Förderung und Ehre zuteil, gemäß den Worten des Königs »Wir sind Teutsche und wollen es bleiben«. Ein Grund, warum er den Poeten Ramler, den Freund Lessings, Ewald vor Kleists, Nicolais, zum Deutschlehrer seiner Kinder bestellte und Anna Luise Karsch ein *propper Häusgen* in der Nähe der Garnisonkirche bauen ließ. Die Karschin, von der Kuhhirtin zur *deutschen Sappho* aufgestiegen, ein höchst übertriebenes Prädikat übrigens, hatte einst den Mut besessen, Friedrich II. ein Geldgeschenk zurückzuschicken mit den Worten »Zwei Taler gibt kein großer König, ein solch Geschenk vergrößert nicht mein Glück, nein, es erniedert mich ein wenig ...«

Ein Jahr vor seinem Tod ernannte er August Wilhelm Iffland zum Direktor des Nationaltheaters, einen Mann, der »die Herren Goethe und Schiller aus Weimar«, mit denen er im Kontakt stand, herausbrachte, Shakespeare zum ersten

Mal kongenial aufführen ließ, der für die Entwicklung des deutschen Theaters schlechthin ein unschätzbarer Gewinn war.

Besinnung auf Deutsche und auf Deutsches auch bei der berühmten Akademie der Wissenschaften. Friedrich II. hatte hier nur Franzosen und Französisches geduldet. Ein Lessing zum Beispiel war ohne Anstellung geblieben, und Schiller hatte die deutsche Muse betrauert mit dem Vers »Von dem größten deutschen Sohne, von des großen Friedrichs Throne, ging sie schutzlos, ungeehrt.« Jetzt bestimmten die Gelehrten des eigenen Landes das Bild, und Forschungsaufträge wurden vergeben, die die Geschichte, die Pflege, die Ausbildung der deutschen Sprache zum Inhalt hatten. Wie stark das Land der Gallomanie verfallen war, beweist das Befremden bei Hofe, als sich einige Damen und Herren plötzlich »Guten Tag« sagten statt »Bon jour«.

DIE MASCHINE NAMENS STAAT

Der König besaß auf dem Gebiet der Künste den Instinkt für das Außerordentliche, wie sein Verhältnis zu Mozart bewies, später das zu Beethoven, dem ähnliche Hochachtung widerfuhr an seinem Hof, der Luigi Boccherini zum Hofkompositeur ernannte und ihm eine Pension zahlte. Er bereitete den Musen, wie die Chronisten einhellig schrieben, eine Heimstätte am preußischen Hof, er zeigte sich neuen Ideen aufgeschlossen, doch der gute Wille, den er auf allen Gebieten zeigte, genügte nicht, wie überhaupt guter Wille noch niemals ausgereicht hat. Vielleicht wäre er ein exzellenter Musiker geworden, zum bedeutenden Herrscher fehlten ihm unter anderem so schlichte Eigenschaften wie Beharrlichkeit und Fleiß. Dem Alltag des Regierenden, der aus grauem Aktenstudium, entnervenden Konferenzen, anstrengenden Reisen besteht, war er auf Dauer nicht gewachsen. Hinzu kam, dass die Maschine namens Staat von Friedrich dem Großen für Friedrich den Großen konstruiert worden war. Ihr Mechanismus schien kompliziert, und nur wer ihre Funktion bis zum kleinsten Rädchen hin beherrschte, konnte sie bedienen. Sie bedurfte eines Mannes, der Erfahrung mit Können vereinte. Das eine durch Übung zu erwerben, das andere durch eine Lehrzeit auszubilden, dazu hatte er seinem Neffen kaum Gelegenheit geboten. Um den Staat in der überkommenen Form weiterzubilden, hätte es eines Genies bedurft oder kompetenter Berater. Friedrich Wilhelm war weder das eine, noch besaß er das andere. Friedrich II. hatte wie viele Große die Menschen seiner Umgebung zu Statisten degradiert, keinen starken Mann hochkommen lassen, niemanden zur Entfaltung seiner Talente ermutigt. Gerade jetzt aber hätte es fähiger Leute bedurft.

Preußen war aus den Kriegen Friedrichs als ernstzunehmende Macht hervorgegangen. Das Staatsgebiet hatte sich nahezu verdoppelt, die Zahl der Einwohner war von zweieinviertel auf fünfeinhalb Millionen angewachsen, die jährlichen Einkünfte betrugen jetzt vierundzwanzig Millionen Taler statt zwölf im Jahre 1740, und das Heer besaß die imponierende Stärke von 200 000 Mann. Doch verglichen mit Frankreich, Russland, England, Österreich war Preußen keine Großmacht. Das Staatsgebäude ruhte nicht auf soliden Fundamenten. Trotz des Zugewinns im Osten und Südosten wirkte das Land, ein Blick auf die Karte lehrt es, mit seinen unendlich langen Grenzen äußerst verletzlich, weil jedem feindlichen Zugriff ausgeliefert.

Wenn die Nachbarn seit dem Ende des Siebenjährigen Kriegs, 1763, nicht zugegriffen hatten, dann lag das an der Existenz von Soldaten, mit denen – siehe Roßbach, siehe Leuthen, siehe Torgau – nicht gut Kirschen essen war. Der sie befehligt hatte, war nun tot, und wie lange die Furcht vor der preußischen Armee die Existenz sicherte, schien ungewiss.

Ungewiss in einer Welt, die nicht mehr die Welt Friedrichs des Großen war. Mit der außenpolitischen Maxime seiner letzten Jahre – »Ruhig bleiben und andere in Ruhe lassen« – war keine Politik mehr zu machen. 1786 war sein Neffe an die Regierung gekommen, drei Jahre später, 1789, brach in Frankreich die große Revolution aus.

Eine Revolution, die das überkommene europäische Staatensystem zerstörte und die Voraussetzung schuf für die sozialen Bewegungen des 19. Jahrhunderts. Ein Preuße, der Staatskanzler Hardenberg, schrieb nach dem militärischen Zusammenbruch seines Landes, 1806, über sie: »Die Gewalt ihrer Grundsätze ist so groß, dass der Staat, der sie nicht annimmt, entweder seinem Untergang oder der erzwungenen Annahme derselben entgegensehen muss.«

DER MENSCH IST NICHT GEBOREN, FREI ZU SEIN

Die Flugblätter, die die Polizei in Berlin beschlagnahmte, waren heimlich von Hand zu Hand weitergegeben worden und ihr Text so brisant, dass selbst die mit der Beschlagnahme beauftragten Polizisten ihn nicht lesen durften.

»Brave Bürger!«, hieß es da. »Ihr schlaft, und die Tyrannei schwebt über euren Köpfen ... Nach einem schimpflichen Kriege, wenn er schon einen glücklichen Ausgang nehmen sollte, würdet ihr genötigt sein, drückende Auflagen zu ertragen, euren Schweiß zu verschwenden, um zu den Ausgaben der wollüstigen Frauenzimmer eures Beherrschers beizutragen. Der Augenblick ist vorhanden, benutzt denselben, aber ohne Ausschweifung, ohne Laster. Euer Wille muss sich durch Gewalt offenbaren, durch Nachdruck, aber mit einer Gelassenheit, die nur Gerechtigkeit und Mut geben kann.

Befehlet, ... dass das Volk für den wahren Souverän erkannt werde, dass der Unterschied zwischen den Ständen aufhöre, welcher uns herabwürdigt, und dass der Mensch in seine ursprüngliche Würde zurückkehre ...; dass diejenigen, welche das Vaterland, die Ehre und die Menschheit lieben, sich miteinander ... erheben. Ehre sei der Freiheit, der Gleichheit, der Einigkeit und der Tugend.«

Die Polizei machte sich unnötige Sorgen. Die Berliner schienen nicht sonderlich interessiert daran, das zu tun, was die Pariser getan hatten: das Symbol der Tyrannei, die als Staatsgefängnis dienende Bastille, zu zerstören, in ihrem Fall die Festung Spandau. Wie überhaupt der Sturmwind der großen französischen Revolution in Preußen zur sanften Brise sich mäßigte. Typisch hierfür die Bitte der deutschen Jakobiner, wie die demokratisch Gesinnten sich hierzulande nannten, den Augenblick, der vorhanden sei, zu nutzen, *aber ohne Ausschweifung, ohne Laster!*

Während in Frankreich die Tötungsmaschine des Dr. Guillotin (der die Guillotine aber nicht erfunden, sondern nur ihre Anwendung durchgesetzt hatte) ihre Blutarbeit verrichtete, ballte man in Deutschland allenfalls die Faust in der Tasche. Während der aufpeitschende Klang der Marseillaise die Massen mobilisierte, sangen diesseits des Rheins mit rotweißblauen Schleifchen geschmückte Jungfrauen »Lasst uns großer Tat uns freu'n. Frei, frei, frei und reinen Herzens sein!« Der Schrei nach Freiheit, Gleichheit, Brüderlichkeit fand gewiss ein Echo, doch war seine Auswirkung mehr schöngeistiger Natur.

Schelling, Hegel, Hölderlin berauschten sich an Freiheitsreden, Jean Paul, Wieland, Herder jubelten. Die nach Paris geeilten Pilger der Revolution schrieben enthusiastische Briefe, an den Universitäten feierten die Studenten mit dem Sturz der Tyrannen den Anbruch einer neuen Zeit, und selbst der Herzog Karl August von Weimar gab seiner Freude Ausdruck, dass die *schändlichen Niedrigkeiten und der lasterhafte Unsinn* der französischen Adeligen, die ja seine Standesgenossen waren, ihren verdienten Lohn bekämen.

Das Feuer solchen Enthusiasmus erlosch rasch, nachdem der Aufstand zu einer Schreckensherrschaft geworden war und man die Offiziere und Beamten der nach Deutschland eingedrungenen Revolutionsheere kennen gelernt hatte. Ein gewisser *Monsieur Giller, publiciste allemand,* uns besser bekannt unter dem Namen Friedrich Schiller, den die französische Nationalversammlung zum Ehrenbürger der Revolution ernannt hatte, selbst er wandte sich mit Grausen von den *Schinderknechten.* Schiller, der anfangs sogar bereit gewesen war, seine Jenaer Professur für Geschichte niederzulegen und in das verjüngte, freie Gallien überzusiedeln.

Goethe, der ohnehin immer dagegen gewesen war, ließ seinen Tasso sagen: »... der Mensch ist nicht geboren, frei zu sein, und für den Edlen ist kein schöner Glück, als einem Fürsten, den er ehrt, zu dienen.« Warum die Revolution in Frankreich nicht zu einer Revolution in Deutschland geworden ist, einem Land, das verglichen mit England und Frankreich wirtschaftlich und sozial unterentwickelt schien, in dem also viel mehr Zündstoff hätte angehäuft sein müssen, dafür sind die verschiedensten Gründe angeführt worden.

Das Gebiet, das sich *das Reich* nannte, war in eintausendsiebenhundertneunzig Herrschaftsgebiete zersplittert – allein im schwäbischen Reichskreis gab es zweiundneunzig Herrschaften und Reichsstädte! –, die sich darüber hinaus auch konfessionell voneinander unterschieden. In einem solchen Gebiet konnte sich eine revolutionäre Idee nur schwer ausbreiten, fehlte doch auch deren Träger: ein seiner selbst bewusstes, wirtschaftlich starkes Bürgertum.

Hinzu kam, dass der Deutsche noch niemals in der Geschichte ein Revolutionsheld gewesen ist. Was ja Lenin zu der Bemerkung veranlasste, diese Leute würden vor der Erstürmung eines Bahnhofs sich erst eine Bahnsteigkarte lösen. Ein weiterer Grund, warum die Revolution im Reich ausblieb, geht aus den Worten hervor, mit denen Kaiser Leopold II.

einmal die Gefahr eines bevorstehenden Umsturzes bestritt: »… denn unsere Nation ist weder so verdorben, noch so gedrückt, noch so enthusiastisch.«

Gewiss, in Preußen herrschten die Adligen: sie besaßen die Schlüsselstellungen bei Hof, in der Armee, in der Verwaltung; und auf dem flachen Land, wo der weitaus überwiegende Teil der Bevölkerung lebte, waren ihnen die Bauern erbuntertänig. Doch während hier die strenge Herrschaft des Adels von Anbeginn durch patriarchalisches Verhältnis und eigenes Interesse an der bäuerlichen Leistungsfähigkeit gemildert wurde, dienten auf anderen Gebieten die preußischen Tugenden der Gerechtigkeit, des Ordnungssinnes, der Toleranz, der Gottesfürchtigkeit als eine Art Regulativ. Der eigentliche Herrscher war überdies weder die Armee noch der Adel, sondern der Staat. Der Staat mit seinem Ethos, dessen Maxime im Allgemeinen Landrecht gesetzlich verankert wurde. Es schien demnach keine Selbsttäuschung, wenn man in Teilen des preußischen Bürgertums glaubte, einige jener Rechte und Freiheiten bereits zu besitzen, um die die Franzosen jetzt kämpften. Wie man überhaupt immer mehr, je stärker die Schrecken jenseits und diesseits des Rheins zunahmen, davon überzeugt war, dass die Franzosen nicht geeignet waren, die Ideen, die sie proklamierten – *liberté, égalité, fraternité* –, auch zu verwirklichen. Das moralische Rüstzeug dazu besäßen eher die Deutschen selbst. »Nein, die Franzosen sind keine Nation, mit der man sich verbrüdern kann«, klagte man in Hamburger Liberalenkreisen. »Gute Freiheit, warum bist du nicht in andere Hände gefallen!«

Diese Überzeugung entsprang nicht der sattsam bekannten Hybris der Deutschen, sondern eher dem Glauben, dass sie einen Mann besaßen, der ihnen das Rüstzeug zu einer *geistigen* Revolution geliefert hatte.

KANT – DER ALLESZERMALMER

Es war der Sohn eines Riemenmachers aus dem fernen Königsberg, 1,57 Meter groß, zierlich, mit einer etwas höher stehenden rechten Schulter, penibel gekleidet, preußisch korrekt in allem und so pünktlich in seinem Tageslauf, dass die Nachbarn die Uhr nach ihm stellten. Ein loyaler Bürger und braver Steuerzahler, dieser Immanuel Kant, einer, der die Welt außerhalb der Mauern seiner Heimatstadt nicht kannte, und doch einer der größten Denker, den die Geschichte der Philosophie kennt, einer, der Konfuzius, Buddha, Heraklit, Plato, Augustinus, Pascal und alle übrigen philosophischen Geister von Unsterblichkeitsrang überschattet, so der Kulturhistoriker Egon Friedell. Ein radikaler Revolutionär, ein dämonischer Nihilist, ein Alleszermalmer. Im Grunde setzten nicht die Danton, Marat, Robespierre, Saint Just die Zeichen für eine neue Welt, es war der kleine Professor aus Königsberg, ein Stubengelehrter, der sich als der Zerstörer der überkommenen Mächte schlechthin erwies. Den komplizierten Bau seiner Philosophie nachzuzeichnen kann nicht unsere Aufgabe sein, in unserem Zusammenhang interessiert, welche Auswirkungen seine Lehre auf Preußen, auf Deutschland hatte. Wobei keine unmittelbaren Auswirkungen gemeint sein können, die Veränderungen im Reich des Geistes erstrecken sich, den Zeitgenossen kaum bemerkbar, über längere Zeiträume.

Kants Staat soll nicht das Glück des Einzelnen verwirklichen, sondern die sittliche Idee. Nicht der größtmögliche Genuss ist der Zweck des Daseins, sondern die Erfüllung der Pflicht. Seine moralische Grundforderung von allgemeiner und absoluter Gültigkeit, *kategorischer Imperativ* genannt, lautet: »Handle so, dass die Maxime [Richtschnur] deines Willens jederzeit zugleich als Prinzip einer allgemeinen Gesetzgebung gelten könne.«

Eine sehr preußisch klingende Forderung. Sie ist später oft genug propagiert worden. Im Elternhaus, in der Schule (wo wir den zu Herzen gehenden Vers auswendig lernen mussten: Den Imperativus *fand* Immanuel *Kant)*, in Amtsstuben und Kasernen. Häufig dann, wenn es darum ging, in den so genannten großen Zeiten dem Volk ans Portepee zu fassen.

Der kategorische Imperativ setzt, richtig verstanden, die persönliche Freiheit voraus, die Gleichberechtigung, die Mitverantwortung des mündigen Bürgers für die Gesellschaft. Devisen, die auch auf den Fahnen der Revolutionäre in Paris standen. Insofern fand sich Kant, der Vollender der Aufklärung, mit jenen, die deren Ideale politisch verwirklichen wollten. Es hat sogar Versuche gegeben, den Königsberger Philosophen zur Mitarbeit am Programm der französischen Revolution zu gewinnen. Der Philosoph wäre hierfür kaum der rechte Mann gewesen. Als er von der Hinrichtung Ludwigs XVI. hörte, sei ihm, wie er schrieb, das Blut in den Adern gefroren.

Immanuel Kants Gedanken, niedergelegt in der »Kritik der reinen Vernunft« und in der »Kritik der praktischen Vernunft«, waren nicht mehr aus der Welt zu schaffen. Man musste sich mit ihnen auseinandersetzen, sie zu widerlegen versuchen oder ihnen zustimmen, sie modifizieren, weiterentwickeln. Wie es Fichte tat, der Begründer der Deutschtumsphilosophie mit ihren Auswirkungen auf den deutschen Nationalgedanken. Und Hegel, dessen Systematik zur Grundlage der materialistischen Philosophie und des Sozialismus von Marx wurde.

Ein immer wieder atemraubender Gedanke, wie am Beginn aller fundamentalen Änderungen dieser Welt eine Idee steht, die ein Mensch in einem Kämmerlein gehabt hat, wie geisteswissenschaftliche Theorien zu politischer Sprengkraft werden können.

37

EIN ERBFEIND WIRD ZUM FREUND

Preußens Außenpolitik schien anfangs unter keinem schlechten Stern zu stehen. Es hatte Erfolge. Erfolge in Holland, dessen oranischer Erbstatthalter um Hilfe gebeten hatte gegen die so genannten Patrioten, eine republikanische Partei, die, seit je gegen die herrschenden Oranier in Opposition, sich diesmal starker Rückendeckung erfreuen durfte durch die Franzosen. Frankreich hatte weniger etwas gegen das Herrscherhaus als gegen England, das wiederum Oranien stützte.

Wenn Preußen 1787 20 000 Mann in Holland einrücken ließ, geschah es einmal, um Friedrich Wilhelms II. Schwester zu schützen, die mit dem Erbstatthalter verheiratet war, zum anderen, um den französischen Einfluss einzudämmen. Beides gelang. Der leichte Sieg jedoch über die Patrioten hatte Schwerwiegenderes zur Folge. Er legte den Keim zu künftigem Misserfolg. Am preußischen Hof wiegte man sich von nun an in dem trügerischen Glauben, eine Armee zu haben, die des Waffenruhms eines Friedrich des Großen würdig sei. Und brüstete sich darüber hinaus mit Selbstlosigkeit: Hatte man nicht auf den Ersatz der sechs Millionen Taler betragenden Kriegskosten verzichtet? Vor lauter Edelmut übersah man auch, dass an die Stelle Frankreichs in den Niederlanden eine andere Macht getreten war: England. Wie schon des Öfteren hatten sich die Briten von den Preußen die Kastanien aus dem Feuer holen lassen. Gewiss, in London war man jetzt bereit, mit Berlin ein Bündnis zu schließen unter Einbeziehung Hollands, doch waren die Interessen des die Meere beherrschenden Britannien ganz anders ausgerichtet, als dass diese Tripel-Allianz Preußen auf die Dauer hätte nützen können.

Österreich, seit Friedrichs II. Tagen erbitterter Feind – der Raub einer ganzen Provinz, Schlesiens, vergisst sich so rasch nicht –, Österreich war von Russland in einen Krieg mit der Türkei hineingezogen worden, hatte Schwierigkeiten in seinem Teil der Niederlande, dem heutigen Belgien, und Ärger mit den wie eh und je rebellischen Ungarn. In Berlin zeichnete der aus Hinterpommern stammende Graf Hertzberg für die Außenpolitik verantwortlich: unter Friedrich, wie alle Minister, lediglich ein Gehilfe, unter Friedrich Wilhelm nun der Chef. Aber kein Meister. Sein *Großer Plan* zeigt, wie man mit Völkern, Ländern, Provinzen in der Zeit des Absolutismus umzuspringen pflegte. Polen sollte Danzig, Thorn, ein Stück von Posen an Preußen abtreten, dafür das an Österreich in der ersten polnischen Teilung abgetretene Galizien zurückbekommen, Österreich wiederum von der Türkei mit der Moldau und der Walachei entschädigt werden. Ein Schachergeschäft. Und wenn nichts daraus wurde, so lag es weniger an den Skrupeln, die sich irgendeine der beteiligten Regierungen gemacht hätte. Nur waren hier Vorteile und Nachteile nicht unter einen Hut zu bringen. Der Bündnispartner England war auch nicht daran interessiert, durch ein preußisches Danzig seinen Osthandel beeinträchtigen zu lassen.

So wenig dem König das kunstvolle Spiel seines Ministers lag, das Prinzip, Schlesien durch Landgewinn mit den preußischen Ostprovinzen zu verbinden, erkannte er an, doch glaubte er nicht, dass dieses Ziel mit bloßer Diplomatie zu erreichen sei. Er beschnitt die Macht seines Ministers, ließ Bündnisse mit der Türkei, mit Polen schließen und seine Truppen an der böhmischen Grenze aufmarschieren. Die noch überall wache Erinnerung an den Siebenjährigen Krieg, in dem 180 000 tapfere preußische Soldaten umgekommen waren, schreckte ihn nicht. Wenn Preußen nicht Danzig und Thorn bekam, durfte Österreich sich nicht auf Kosten der Türkei bereichern. Habsburg, im Innern durch übereilte Reformen gebunden, beugte sich dem Druck und schloss mit den Preußen einen Vertrag. Über die Konvention von Reichenbach haben die Historiker beider Lager heftig gestritten, wer hier der Gewinner und wer der Verlierer gewesen wäre.

War es für Österreich, das trotz erfolgreichen Feldzugs gegen die Türkei zu demütigendem Verzicht auf die Früchte seiner Siege gezwungen wurde, ein Canossagang? Oder war es eine Niederlage für Preußen, das seine schützende Hand von den aufständischen Ungarn und Brabantern abziehen und den Fürstenbund – eigens gegründet, um Habsburgs Übergriffen gegen die Reichsverfassung zu wehren – begraben musste? Bismarck sah in seinen »Gedanken und Erinnerungen« Preußen als den Verlierer an: Es hatte wenig mehr erreicht als die Genugtuung, Österreich zum Frieden gezwungen zu haben. Der Krieg Russlands aber gegen die Türkei ging weiter. Ein Akt der Eitelkeit also, das Ganze, aber kein Akt der politischen Vernunft. Das Vertrauen der deutschen Mittel- und Kleinstaaten, die in Preußen – nicht zuletzt durch den Fürstenbund – eine Art Schutzpatron gegenüber habsburgischer Willkür sahen, hatte Friedrich Wilhelm verloren und die Chance vertan, die Reichsverfassung zu reformieren, die deutsch-deutschen Verhältnisse einer Regelung näher zu bringen.

Bismarck fügte seinen Gedanken noch etliche Hätte und Wäre hinzu, doch gilt auch für einen Großen in der Politik, dass er aus dem Rathaus schlauer herauskommt, als er hineingegangen ist. Reichenbach bedeutete jedenfalls für beide Völker einen entscheidenden, einen sensationellen Wandel: Fast 50 Jahre Feindschaft wurden abgelöst, wenn nicht durch Freundschaft, so doch durch gemeinsame Interessen, was wiederum mehr als ein halbes Jahrhundert Dauer haben sollte. Statt gegeneinander marschierte man nun miteinander, und die Herren, die das Geschäft des Gegeneinander noch jüngst besorgt hatten, fielen der neuen Richtung zum Opfer. Auf der Seite der Hohenzollern war das Graf Hertzberg.

KOBLENZ – EIN KLEIN-PARIS

An seine Stelle trat der Sachse Bischoffwerder, Offizier im Siebenjährigen Krieg, wo er auf preußischer Seite focht, mit dem König schon eng verbunden, als der noch Prinz von Preußen war; auf der Beförderungsleiter rasch nach oben gekommen, vom Flügeladjutanten über den Generaladjutanten zum Generalmajor wurde er schließlich zum einflussreichsten Mann in Preußen. Er war der Typ des Kavaliers, wie ihn die Zeit liebte, aber eine schillernde Figur und wohl der einzige Premier der neueren Geschichte, der die Geister der Verstorbenen bemühte, um seinen Herrn zu lenken.

Bischoffwerder machte auf seine Art das Wort wahr, wonach es nur ein Feld gebe, auf dem Generäle noch mehr Unheil anzurichten vermögen als auf dem Schlachtfeld: auf dem der Politik. Seine Befugnisse oft überschreitend, versuchte er, die beiden Staatsschiffe, das österreichische und das preußische, allmählich auf antifranzösischen Kurs zu bringen. Anfangs ohne rechten Erfolg, da besonders Leopold, trotz des Hilferufs seiner mit Ludwig XVI. verheirateten Schwester Marie Antoinette, sich nicht in die inneren Angelegenheiten eines anderen Staates einmischen wollte, ja die dortige Revolution sogar mit gewissem Wohlwollen betrachtete, als wollte er sagen: Das könnte uns allen – uns Fürsten – eine Lehre sein.

Ein gewisser Gesinnungswandel trat ein, als Ludwig und Marie Antoinette, verkleidet als Kammerdiener und Kammerfrau, zu fliehen versuchten, wieder nach Paris verbracht wurden und ihrer königlichen Rechte vorübergehend beraubt. Hier in Paris, an jenem Sommertag des Jahres 1791, als der Deputierte der Nationalversammlung, ein Monsieur Corrolaire, den Spross der glanzvollen Dynastie der Bourbonen wie einen Schulbuben abkanzelte (»War das nicht ein bisschen unüberlegt? Das kommt davon, Sire, wenn man in schlechte

41

Gesellschaft gerät! ... sehen Sie nun, was Sie da angerichtet haben«), hier hatte die Götterdämmerung der Monarchie begonnen.

Leopold und Friedrich Wilhelm trafen sich im sächsischen Pillnitz und erklärten sinngemäß, dass das, was dem französischen König geschehen sei, allen Souveränen geschehen könne, sie allerdings nur dann bereit seien, militärisch einzugreifen, wenn ihre Meinung von allen anderen europäischen Fürsten geteilt werde. Eine bloße Drohgebärde, denn zum Krieg waren beide Lager nicht recht entschlossen, lediglich zum kalten Krieg, und wenn es dennoch bald ein heißer werden sollte, dann waren daran die Franzosen selber schuld. Die jenseits der Grenze und die diesseits der Grenze.

»Wir waren wahrhaft hingerissen, als wir in Koblenz ankamen«, schrieb die Marquise de Falaiseau, »und eine Menge Franzosen wie im Bois-de-Boulogne oder auf den Champs-Élysées promenieren sahen.« Die Marquise gehörte zu den Zehntausenden Emigranten, die nach der Revolution aus Frankreich flüchteten. Neben Priestern und Mönchen waren es vornehmlich Leute von Adel. Der Umsturz hatte sie ihrer feudalen Privilegien und Rechte beraubt. Sie wiederzuerlangen, waren sie, in ihrer Mehrzahl, nach Deutschland gegangen, wo sie in Koblenz eine Art *Frankreich in der Fremde* bildeten: mit den Brüdern Ludwigs XVI., dem Grafen von Artois und dem Grafen der Provence an der Spitze, mit einem eigenen Hofstaat, einem Schattenkabinett, einem Gerichtshof.

Die Emigranten wurden von den Deutschen gastfreundlich aufgenommen, machten sich aber bald unbeliebt, ja verhasst. Sie benahmen sich nicht wie Gäste, sondern wie Angehörige einer Besatzungsmacht. *Deutsche Sprak* war ihnen *Sprak für Schwein und Pferd, jargon de cheval, jargon de cochon.* Sie waren nicht nur arrogant, sondern korrupt, verschwendungssüchtig, verantwortungslos. Sie beuteten die Naivität Friedrich Wilhelms aus und borgten sich von ihm horrende Gelder, die sie nie zurückzahlten. Mit Hilfe einer eigens mitgeführten Fälscherwerkstatt brachten sie Papiergeld in Umlauf, so genannte Assignaten, bei denen nur das Papier nützlich war. Sie waren in nichts zu vergleichen mit den Hugenotten, die den preußischen Staat einst mit fähigen Beamten, Offizieren, Kaufleuten, Handwerkern versorgt hatten.

Im Grunde führten die Émigrés ihren Gastgebern jene Untugenden vor, die ihr eigenes Volk zuletzt hatten rebellieren lassen. Und wenn die Ideen der Revolution im linksrheinischen Deutschland geeigneteren Boden fanden als im übrigen Deutschland, dann lag das am Anschauungsunterricht, der durch die Émigrés geboten wurde.

Der einfache Mann begriff jetzt nicht nur, warum *die da drüben* Revolution gemacht hatten, er erkannte plötzlich, wie bis ins Mark verdorben die eigene Adelsclique war. Jene Clique, die in den Franzosen keine Flüchtlinge sah, sondern *einen zur Rettung seines Königs bewaffneten Adel*, die es duldete und förderte, dass sie auf deutschem Boden Truppen anwarben, Manöver abhielten, dass sie *ihren Krieg* vorbereiteten. Auch auf diplomatischem Parkett versuchten die Emigranten alles, die Staaten Europas zu einem Kreuzzug gegen das revolutionäre Frankreich zu bewegen. So gelang es ihnen, die bewusst maßvoll gehaltene Pillnitzer Erklärung Österreichs und Preußens nicht nur ohne Ermächtigung zu veröffentlichen, sondern sie durch eigenen Zusatz gleichsam in ihr Gegenteil zu verkehren: Aus einer bloßen Demonstration wurde eine verkappte Kriegserklärung an Paris.

DER KRIEG, EINE NATIONALE WOHLTAT

Und entsprechend reagierte man dort. Nach der Auflösung der Nationalversammlung war die neu gewählte Gesetzgebende Versammlung an ihre Stelle getreten, in der die Partei der

Girondisten den Ton angab, so genannt nach ihren aus dem Departement Gironde stammenden Führern. Sie verstand es, die Grundsätze der Revolution mit dem Glauben an Frankreichs Sendung zu verbinden, an seine *grandeur*, eine Art des Nationalismus, mit der in Frankreich bis in die Tage de Gaulles hinein politische Kräfte, politische Leidenschaften entfesselt wurden.

Und nichts ist solchen Tendenzen dienlicher, nichts lenkt mehr ab von den eigenen Schwierigkeiten als eine bewaffnete Auseinandersetzung mit dem jeweiligen Erbfeind. In diesem Fall mit Österreich, mit jenem Land, das als Hort der Reaktion galt, aus dem überdies Marie Antoinette stammte, die beim Volk nicht beliebte Gattin des Königs, auch *Madame Veto* genannt, weil sie allein im Adel eine Stütze des Throns sah und zu jeder Art von Fortschritt grundsätzlich Nein sagte.

»Der Krieg«, verkündete Brissot, einer der Führer der Girondisten, »ist eine nationale Wohltat, und wenn es ein Unglück gäbe für uns, so das, keinen Krieg zu haben.«

Er bekam seine nationale Wohltat. Kriegsgründe gab es genug. Die Emigranten zum Beispiel lieferten einen Grund, gegen deren antirevolutionäre Bestrebungen auf dem Reichsgebiet der Kaiser angeblich nichts tat, und der Widerstand der Deutschen gegen die Verletzung ihrer Rechte im Elsass einen anderen. Die Deklaration von Pillnitz wertete man als beleidigende Einmischung, selbst die Erklärung Leopolds, dass ein bewaffneter Übergriff auf deutsches Reichsgebiet nicht geduldet werden würde, legte man als Affront aus.

Friedrich Wilhelm band sich nun, im Februar 1792, durch eine Defensivallianz fester an Österreich. Nicht deswegen, weil ihn, den ritterlichen, den romantischen, den mitfühlenden König, die Ungewissheit über das Schicksal seines monarchischen Bruders Ludwig gerührt hätte, wie es preußisch-patriotische Historie wollte, eher, weil das seit tausend Jahren gültige Herrscherprinzip infrage gestellt schien, und noch mehr, weil ein Feldzug gegen Frankreich Beute verhieß: die seit den Tagen des Soldatenkönigs sehnlich begehrten Herzogtümer Jülich und Berg zum Beispiel oder die Zustimmung des Kaisers zu einer erneuten Teilung Polens. Der Kaiser selbst dachte an nichts Geringeres als an die Wiedergewinnung von Elsass-Lothringen, an Landgewinne am Oberrhein und an den niederländischen Grenzen.

Man verteilte das Fell des Bären, bevor er erlegt war.

Lebhaft dabei ermuntert von der russischen Kaiserin, jener Katharina von Anhalt-Zerbst, die Friedrich der Große seinerzeit nach Russland exportiert hatte, damit sie als Gattin des künftigen Zaren den preußischen Einfluss mehre. Sie war daran interessiert, Preußen und Österreich mit Frankreich zu beschäftigen, damit sie bei ihren aggressiven Plänen gegenüber Polen nicht gestört werde, die eine neue, eine zweite Teilung zum Ziel hatten.

Doch an dieser Teilung würde man noch rechtzeitig teilnehmen können. Dachte Friedrich Wilhelm II. Die Franzosen zu schlagen, diese undisziplinierten, revolutionären Haufen zum Teufel zu jagen, dürfte Armeen wie der ruhmvollen preußischen und der ebenfalls in vielen Kriegen bewährten österreichischen nicht schwer fallen.

»Kaufen Sie nicht zu viele Pferde«, riet Bischoffwerder den Herren vom Generalquartiermeisterstab, »die Komödie dauert nicht lange.« Unter den älteren Offizieren herrschte die Ansicht: »Das wird eine Treibjagd wie bei Roßbach.« Womit sie jene legendäre Reiterschlacht meinten, die der General Seydlitz einst für König Friedrich II. schlug. Selbst den Krieg hatte man nicht selbst zu erklären brauchen. Das tat der neue französische Außenminister Dumouriez, nachdem ein Ultimatum an die Österreicher unbeantwortet geblieben war, sich von Bündnissen und Rüstungen gegen Frankreich fern zu halten. Adressat war der König von Böhmen und Ungarn, und nicht der Kaiser, das Reich sollte aus dem Spiel

bleiben und damit auch die Reichstruppen. Die Kriegserklärung Frankreichs beantworteten die beiden Alliierten auf
ungewöhnliche Weise: mit großen Festen, unter denen das
der Kaiserkrönung das glanzvollste war. Leopold II. nämlich
war einem Schlaganfall erlegen und Nachfolger Franz noch
ungekrönt. Man nahm sich Zeit, glaubte Zeit zu haben. Die
blutigen Köpfe, die sich die Franzosen bei ihren ersten Kriegs-
handlungen, dem Einfall in die österreichischen Niederlande,
geholt hatten, waren willkommene Bestätigung vorgefasster
Meinungen.

Frankfurt wurde zum strahlenden Mittelpunkt alter Kaiser-
herrlichkeit, und unter der *crème de la crème*, die sich dort
hochgestimmt selbst feierte mit Prunk und Prozession, wird
kaum jemand geahnt haben, dass Franz II. der letzte Kaiser des
alten Reiches war, der hier jahrhundertealter Tradition gemäß
gekrönt wurde. Dass man den 14. Juli dazu wählte, den Jahrestag des Sturms auf die Bastille, entsprang eher Gedankenlosig-
keit als der Lust am Untergang.

In Trier und Koblenz wurde weitergefeiert und in Mainz
umständliche Beratungen abgehalten, wie und wo in welcher
Stärke die Truppen über die Grenze zu bringen seien, unterbrochen von Auseinandersetzungen über Kriegsziele, Kriegsentschädigungen, Kriegsbeute. Probleme, die gewiss nicht
einfach waren; denn wie wollte man von einem Staat die Zahlung von Geld und die Abtretung von Ländereien verlangen,
für dessen »Besitzer«, den König Ludwig, man doch kämpfen
wollte?

So begann der Feldzug zu spät – Kriege werden schließlich
im Sommer geführt –, geschah der Aufmarsch zu langsam,
war die Führung zu lasch und der Soldat, wie man heute sagen würde, ungenügend motiviert. An der Seite der ungeliebten Österreicher für die Sache der verachteten Emigranten zu
kämpfen – selten war ein Krieg unpopulärer als die Kampagne
in Frankreich 1792.

Dafür versuchte man alles, um den Krieg wenigstens für das revolutionäre Frankreich volkstümlich zu machen. Die Drohung, Paris dem Erdboden gleichzumachen, wenn der königlichen Familie ein Haar gekrümmt werde, löste jenseits des Rheins Empörung aus. Die Aufforderung, mit den einmarschierenden Alliierten, den *Feinden*, gemeinsame Sache zu machen, wirkte als Schlag ins Gesicht nationaler Gesinnung. Viele Franzosen, die mit den Jakobinern nichts zu tun haben wollten, waren zum ersten Mal mit ihnen einig. Hass – in diesem Fall der der Emigranten, die den Aufruf an ihre Landsleute verfasst hatten – ist ein schlechter Ratgeber, und schlecht beraten war man auch bei der Wahl des Oberbefehlshabers.

KAMPAGNE IN FRANKREICH

Herzog Karl Wilhelm Ferdinand von Braunschweig war hochgebildet, verstand viel von Wirtschaft, Finanzen, Landwirtschaft, hatte aus seinem Herzogtum ein Musterland gemacht und aus seinem Magdeburger Regiment eine Mustertruppe. Als militärischer Organisator durchaus geschätzt – selbst die Girondisten wollten ihn in ihr Lager holen –, beruhte sein Ruf als Feldherr jedoch im Wesentlichen auf seinem Oheim, der im Siebenjährigen Krieg manche Scharte des großen Friedrich ausgewetzt hatte. Neffe Karl dagegen war ein Zauderer, woran nicht Ängstlichkeit schuld war, sondern Nachdenklichkeit, die berüchtigte Blässe des Gedankens, die die Entschlüsse verhindert. Hier noch vermehrt durch den Umstand, dass er ähnlich fühlte wie der gemeine Soldat, also nur halben Herzens mit den Österreichern gegen die Franzosen marschierte. Und er war zu skeptisch, um daran zu glauben, woran die meisten glaubten: dass die französischen Soldaten in Massen zu ihren »Befreiern« übergehen würden. Eine Skepsis, die durch die rasche Kapitulation von Longwy und Verdun nicht gemildert wurde.

Auch Goethe hatte daran geglaubt. Er wunderte sich immer wieder, dass die *fränkischen* Truppen nicht die geringste Bewegung machten, zu ihnen überzugehen. Der Dichter befand sich im Gefolge des Herzogs von Weimar, dessen Kriegskommissionär, Wegebaudirektor, Theaterdirektor, Finanzminister er war. Dreiundvierzig Jahre alt, hatte er unlängst das Fragment »Faust« geschrieben und den »Tasso« abgeschlossen. Trotz seiner vielen Ämter wurde er bei dem Feldzug nicht recht gebraucht, war mehr ein Schlachtenbummler, ausgerüstet mit komfortablem Reisewagen und berittenem Diener. Immer in Gesellschaft anderer abenteuerlustiger Kavaliere, fiel er den Militärs eher lästig, brachte sich auch selbst in Gefahr, weil er das so genannte Kanonenfieber am eigenen Leibe erproben wollte, *dort, wo die Kugeln herüberspielten.*

»Der Ton ist wunderbar genug, als wär' er zusammengesetzt aus dem Brummen des Kreisels, dem Butteln des Wassers und dem Pfeifen eines Vogels«, schrieb er im betulichen Stil seines Berichts, dem man es anmerkt, dass er dreißig Jahre nach dem Feldzug geschrieben wurde. Die tagebuchartigen Notizen, die er sich gemacht, hatte er nämlich, wieder auf deutschem Boden, sorgfältig zerrissen. Sie waren anscheinend brisant genug, um einige prominente Persönlichkeiten bloßzustellen. Dazu war der Minister zu klug, wie ein alter Husarenoberst bemerkte: »Was er schreiben dürfte, mag er nicht schreiben, und was er schreiben möchte, wird er nicht schreiben.«

Doch bleibt anzunehmen, dass er jene Worte wirklich gesprochen hat, die aus seiner *Campagne* mit Vorliebe zitiert wurden, wenn es galt, ihn als den Mann darzustellen, der visionär in die Zukunft zu schauen vermochte.

»Wir hatten, eben als es Nacht werden sollte, zufällig einen Kreis geschlossen«, heißt es da, »in dessen Mitte nicht einmal ein Feuer konnte angezündet werden, die meisten schwiegen, einige sprachen, und es fehlte doch eigentlich einem jeden Besinnung und Urteil. Endlich rief man mich auf, was ich dazu denke, denn ich hatte die Schar gewöhnlich mit kurzen Sprüchen erheitert und erquickt; diesmal sagte ich: ›Von hier und heute geht eine neue Epoche der Weltgeschichte aus, und ihr könnt sagen, ihr seid dabei gewesen.‹«

Das Wort, das viel zitierte, wurde am Abend nach der Kanonade von Valmy gesprochen, einer Artillerieschlacht ungewohnten Ausmaßes, bei der man sich, statt anzugreifen, mit Zehntausenden von Kanonenkugeln beschoss. Die Erde hatte gebebt, der Himmel sich aufgeklärt durch den Luftdruck der pausenlosen Detonationen, doch war der Lärm größer als die Wirkung, und alles ging aus wie das Hornberger Schießen, das heißt, es wurde nichts entschieden.

Valmy bedeutete dennoch die große Wende …

Karl von Braunschweig, dem sich vorher des Öfteren die Chance geboten hatte, die schlecht ausgerüsteten, durch die Emigration eines Großteils ihrer Offiziere beraubten, noch dazu getrennt operierenden französischen Korps zu vernichten – Chancen, die er zögernd und zagend ausgelassen –, wagte den Angriff auf die nun vereinigte und in strategisch günstigen Höhenstellungen verschanzte feindliche Armee nicht mehr und leitete, nach erregten Auseinandersetzungen mit dem auf Offensive eingestellten Preußenkönig, den Rückzug ein. Aus dem Spaziergang nach Paris wurde ein Debakel.

Hunger, Durst, Erschöpfung, Pferdekadaver, umgestürzte Wagen, abgesessene Kavalleristen mit ihren Sätteln auf den Schultern, dazwischen die bunt lackierten Karossen der Emigranten mit Kind, Kegel, Gattinnen, Geliebten, Zofen, Lakaien, Pudeln, Klavieren, Hutschachteln; und der riesige Tross der deutschen Fürsten, Fürstlichkeiten, Fürstchen, die ihre Offiziere abkanzelten, wenn sie verdreckt zum Rapport erschienen, die den Soldaten befahlen, sich mit genügend Kreide einzudecken, damit sie ihre Uniformen vorschriftsmäßig weißen konnten.

Von den 45 000 Mann, die im August ausgerückt waren, kehrten 20 000 wieder nach Koblenz zurück. Die anderen waren nicht von den Franzosen aufgerieben worden, sie waren an der Ruhr krepiert in den verlausten, verdreckten, kotbesudelten Feldlazaretten oder vor Erschöpfung liegengeblieben in dem durch wochenlange Regenfälle aufgeweichten Kreideboden (an den sich die Veteranen des Ersten Weltkriegs noch mit Grausen erinnern werden).

Das Sanitätswesen war so unzulänglich geblieben wie zu Zeiten des großen Friedrich. Es gab wenige ausgebildete Ärzte, die Feldschere verstanden sich nur auf die Knochensäge, die Hilfskräfte waren für ihre Aufgabe ungeeignet, und alle galten sie als bestechlich, plünderten die Kranken und Verwundeten aus oder unterschlugen, wie die Chefärzte der Lazarette, die ihnen gezahlten Kopfgelder und ließen ihre Patienten verkommen.

»... Kartoffeln, die wir auf dem Felde fanden, mit etwas Schießpulver statt Salz, und dazu Kreidewasser war unsere Nahrung«, berichtete ein Fähnrich aus dem Füsilierbataillon Legat, »wenigstens ein Drittel unserer Leute ging barfuß, die Hälfte krank, alles abgerissen, entmutigt ...«

»Grandpré, das nun als ein Ort der Pest und des Todes geschildert war, ließen wir gern hinter uns«, schreibt Goethe, und an den vielen anderen Unglücklichen am Wegesrand fuhr er mit seiner Kalesche, wenn auch unguten Gewissens, eilends vorüber.

Zwei Berichte, die zeigen, wie verschieden man einen Feldzug erleben kann. Die auch das Wort des Ministers Talleyrand entlarven, wonach niemand wisse, wie süß das Leben sein könne, der nicht das Ancien régime kennen gelernt habe, das absolutistische Frankreich vor der Revolution. Man musste nur der richtigen Gesellschaftsschicht angehört haben.

Als Feldherr ohne Glück, aber auch ohne Talent, bewährte sich der Herzog von Braunschweig wenigstens als Diplomat.

Er traf sich mit General Dumouriez, der die französischen Truppen befehligte, und machte ihm Hoffnung auf ein künftiges Bündnis Frankreich-Deutschland. Der General ging nur zu gern darauf ein. Er hatte wie die meisten Franzosen es nie verstanden, warum der Staat des Philosophen von Sanssouci, der Hort der Aufklärung und des Fortschritts – so sahen sie Preußen! –, mit den reaktionären Habsburgern gemeinsame Sache machen konnte. Er versprach nun, die preußischen Truppen bei ihrem Rückzug nicht zu behelligen, und er hielt sein Versprechen.

Krieg den Palästen, Friede den Hütten!

Der demoralisierende Rückzug von 1792, bei dem die Preußen neben Tausenden von Soldaten einen Großteil ihres Kriegsgeräts und ihrer Pferde einbüßten, fand am Rhein sein Ende noch nicht. General Custine war inzwischen, die Gunst der Stunde nützend, von Landau aus mit nur 14 000 Mann in die Rheinlande eingefallen, hatte Worms, Speyer, Mainz und Frankfurt besetzt. *Besetzt* und nicht *erobert*. Die Städte leisteten keinen Widerstand, selbst Mainz, die stärkste der Reichsfestungen, öffnete ihre Tore ohne Umstände, und die Wormser überreichten ihre Schlüssel in feierlichem Zug.

Der Sieg des revolutionären Frankreich, von dem die Verantwortlichen nicht zu träumen gewagt hätten, war vollständig. Ihre von niemandem ernst genommenen, aus Freiwilligen, Nationalgardisten und Veteranen zusammengewürfelten Regimenter waren über sich selbst hinausgewachsen. Sie waren beseelt von dem Gefühl, ihr Vaterland zu verteidigen (»Ehe die Preußen in Paris einrücken«, hatte Danton, Volkstribun und Lebensgenießer, die Bulldogge unter den Jakobinern, auf einer Versammlung geschrien, »eher will ich, dass meine Familie zugrunde geht, will ich, dass zwanzigtausend Fackeln in einem

Augenblick aus Paris einen Aschenhaufen machen«), sie waren erfüllt von der Mission, dem Rest von Europa die Freiheit zu bringen. Gemäß der Losung »*Guerre aux palais, paix aux chaumières!*– Krieg den Palästen, Friede den Hütten!«.

Der Krieg von 1792 wurde in Galliens Geschichtsschreibung zu einem totalen militärischen Triumph, zu einer strategischen Großtat ersten Ranges, und wie die Superlative lauten. Was historisch nicht haltbar ist. Doch etwas hatte die angebliche Großtat zur Folge: eine Stärkung der französischen Moral. Die Streiter für die Freiheit hatten die Handlanger der Tyrannei aus dem Land getrieben, die neue Zeit hatte über die alte gesiegt. Sie fürchteten niemanden mehr und sangen das gerade populär gewordene Lied, dessen Text sie erhob, dessen Melodie sie mitriss – die Marseillaise. *Allons enfants de la patrie/Le jour de Gloire est arrivé! ... Aux armes, citoyens! Formez vos bataillons. Marchons! Marchons!*

Die Preußen hatten dem Nationalgefühl, der vaterländischen Begeisterung ihrer Gegner nichts entgegenzusetzen gehabt. Friedrich Wilhelm II., persönlich tapfer und in seiner Haltung vorbildlich, hatte seine Truppen nicht im Stich gelassen beim Rückzug, ständig die gefährdete Nachhut angeführt und alle Strapazen bis zum bitteren Ende mit ihnen geteilt. So ritt er trotz des ständigen eisigen Regens grundsätzlich ohne Übermantel, zwang damit auch die französischen Prinzen in seinem Gefolge, zur Empörung ihrer Landsleute, der Emigranten, mantellos zu marschieren. Eine überflüssige Demonstration von Heroismus, so scheint es, doch lag solche Haltung in der Tradition preußischer Heerführer. Der König hat dennoch niemanden zu begeistern vermocht. Die Aura des großen Heerführers fehlte ihm und die Gabe des Organisators auch. Was die Desorganisation des Nachschubs bewies.

Der Nachschub basierte noch auf dem schwerfälligen Magazinsystem, das eine Kette von maximal fünf Tagesmärsche voneinander entfernt liegenden Versorgungszentren bedingte, womit jede Truppenbewegung über eine größere Distanz zu einem Risiko wurde. Sich des modernen Requirierungssystems zu bedienen, bei dem die Truppe auf Kosten des besetzten Landes lebte, also Lebensmittel, Futter, Bauholz, Brennstoff beschlagnahmte, wagte man nicht. Den requirierenden Soldaten hätte man dabei Freizügigkeit gewähren müssen und damit mehr Gelegenheit zur Desertion.

Am Ende des ersten Koalitionskrieges stand der Bankrott. Keines der Kriegsziele war erreicht worden. Die Preußen waren nicht in Paris, dafür die Franzosen in Mainz. Und in Brüssel! Hatten doch die Österreicher nach der Niederlage bei Jemappes den ihnen gehörenden Teil der Niederlande räumen müssen. Ludwig XVI. und seine Familie, für dessen Rettung man marschiert war, fand sich gefährdeter denn je.

Die Jakobiner in Paris hatten den Einmarsch der Alliierten und die Kapitulation von Verdun zum Vorwand genommen, die *schlechten Bürger zu richten*, damit waren Aristokraten, Verwandte der Emigranten, renitente Priester gemeint. Innerhalb von drei Tagen wurden zwischen 1100 und 1400 Menschen gemordet, darunter viele Frauen und Kinder. Es kam zu Szenen äußerster Brutalität und Gefühllosigkeit. Man sah Henker, die in den Erholungspausen, vom Morden hungrig und durstig geworden, ihr Weißbrot in das Blut ihrer Opfer tunkten. Jeder von ihnen bekam 24 Franken Lohn und die Versicherung: »Ihr habt Schurken umgebracht. Ihr habt eure Pflicht getan.«

Nach diesem – *Septembermorde* genannten – Gemetzel wurde Ludwig XVI. der Prozess gemacht: Er geriet zum Schauprozess, bei dem die Idee des *salut public*, des öffentlichen Wohls, an die Stelle des Rechts trat, und endete mit einem Todesurteil. Wegen Verschwörung gegen die Freiheit der Nation und des Anschlages gegen die allgemeine Sicherheit des Staates. Louis Capet, wie man den Angeklagten in der Urteilsbegründung nannte, war kein Verschwörer, auch kein Unhold, er war allenfalls unfähig, ein Schwächling, der sich in erster Linie für seine Steckenpferde interessierte, für Schlosserarbeiten und die Jagd. Am 14. Juli, dem Tag des Bastillesturms, notierte er nach beuteloser Pirsch in den Wäldern von Fontainebleau »*Rien!* – Nichts!« Als man ihm nach dem Tod seines Großvaters, Ludwig XV., mitteilte, dass er nun König sei, hatte er geklagt: »O mein Gott, welches Unglück für mich!« Das war so ehrlich gemeint wie die Worte, die er der zu seiner Hinrichtung herbeigeströmten Menschenmenge zurief: »Ich vergebe denen, die mich töten. Ich bete zu Gott, dass mein Blut nicht über Frankreich komme.«

Im Herbst darauf folgte ihm seine Frau, Marie Antoinette, die jüngste Tochter der österreichischen Kaiserin Maria Theresia. Von eben jener Kaiserin war sie immer wieder beschworen worden, ihre neuen Untertanen nicht durch Verschwendung zu betrügen. Allein für ihre Garderobe gab sie, nach heutigem Geld, über eine Million Euro aus. Antoinette, vom Volk verächtlich »die Österreicherin« genannt, beherrschte nur eines perfekt, und das war die Kunst, sich jedermann zum Feind zu machen.

Das Format, das sie zu Lebzeiten vermissen ließ, bewies sie in den letzten Wochen ihres Lebens. Sie verteidigte sich würdevoll, blieb gefasst bei der Verkündung des Todesurteils, und als sie, mit einem zerrissenen weißen Bettmantel und abgeschnittenen Haaren, die Stufen des Blutgerüsts bestieg und dabei dem Henker Sanson auf den Fuß trat, sagte sie: »Pardon, Monsieur, es geschah nicht mit Absicht.«

UND POLEN WIRD GETEILT

Frankreich hatte, wie der später ebenfalls hingerichtete Danton sagte, denn die Revolution fraß bekanntlich ihre Kinder, Frankreich hatte Europa einen *Königskopf als Fehdehand-*

schuh hingeworfen. Die Engländer, Holländer, Spanier, Sarden, Neapolitaner, Toskaner nebst den als Reich fungierenden deutschen Kleinstaaten nahmen die Herausforderung an und verbündeten sich mit Preußen und Österreich. In Deutschland war man umso mehr alarmiert, weil die neuen Herren in Paris von Frankreichs natürlichen Grenzen zu sprechen begannen: von den Alpen, von den Pyrenäen – und vom Rhein! Die Franzosen hatten anfangs nicht allzu viel Mühe gehabt, diese Grenze zu installieren.

Die linksrheinischen Deutschen, aus Kurköln, Kurtrier, Mainz, Worms, Speyer, halfen ihnen dabei. Ihren alten Herren vom Adel und vom Klerus, unter denen sie mehr schlecht als recht gelebt hatten, weinten sie keine Tränen nach. Zumal ihnen die neuen versprachen, dass bei ihnen künftig *liberté, égalité, fraternité* herrschen würden. Wobei sich die Bevölkerung am meisten für die versprochene Freiheit interessierte, unter der sie die Freiheit von allen Abgaben und allen Steuern verstand.

Die Neufranken, wie sich die Franzosen den Rheinfranken vorstellten, um die Gemeinsamkeit von Herkunft, Geschichte und Blut zu betonen, waren dann doch enttäuscht, als es zum Schwur kam auf die neue französische Verfassung. Es stellte sich heraus, dass die Leute nach dem Speck schielten, nicht nach der Schwarte. Sie wollten gern französisch leben im Sinne der neuen Freiheiten, aber Franzosen werden wollten sie nicht Und eine Rheinische Republik lehnten sie auch ab. Das Phlegma, das ihnen die Natur mitgegeben habe – unsterbliche Begründung des deutschen Michel –, erlaube ihnen lediglich, die Franzosen zu *verehren.* Kennzeichnend für ihre Gesinnung war die Antwort der Lohnkutscher, die, wie alle Zünfte, wegen eines Konstitutionsentwurfs aufs Mainzer Rathaus bestellt waren. »Kein Brückengeld wollen wir mehr bezahlen, dann mag unsertwegen Kurfürst sein, wer da will.«

Custine war verblüfft. Das, was er für Volkes Stimme gehalten hatte, war offensichtlich nur die Meinung einer kleinen Gruppe, die sich aus vielen Opportunisten und wenigen Idealisten zusammensetzte. »Man muss diesen Leuten die Freiheit befehlen«, sagte einer aus der Gruppe der Zukunftsgläubigen, Georg Forster. Er war fest davon überzeugt, dass nach der Gründung einer Rheinischen Republik sich ganz Deutschland in Freiheit erheben werde. Forster, Naturforscher, Weltumsegler, Kosmopolit, Freund und Lehrer Alexander von Humboldts, wurde zusammen mit Adam Lux nach Paris geschickt, um als Delegierter die Aufnahme des rheinisch-germanischen Volkes in den französischen Staatsverband durchzusetzen. Lux wurde guillotiniert, Forster selbst starb einen einsamen Tod in Paris, von seinen Landsleuten geächtet, von seinen neuen Freunden im Stich gelassen, die tragische Gestalt eines deutschen Idealisten ...

Wie unbelehrbar die alten Machthaber an der deutschen Pfaffenstraße waren, gegen die die deutschen Jakobiner Front gemacht hatten, zeigte sich nach der Wiedereroberung von Mainz und der anderen linksrheinischen Territorien. Blind und taub gegenüber allem Neuen, erschöpften sich ihre Maßnahmen in Rache und Restauration. Sie waren dieselben geblieben. Dieselben, von denen Görres schrieb, dass die Edelsteine an ihren Krummstäben aus den Tränen Zehntausender von Witwen und Waisen destilliert seien.

Die Waffenerfolge der Alliierten waren nur vorübergehend. Auf die Dauer konnten sich ihre Truppen nicht behaupten gegen die Soldaten der Revolution. Die stets *en masse* auftraten, im wahren Sinn des Wortes, denn sie waren nach einem System ausgehoben worden, das der Nationalkonvent verfügt hatte und das *levée en masse* hieß. Es rief alle Unverheirateten zwischen 18 und 25 Jahren zur Fahne und ließ die Armee innerhalb von zwei Jahren lawinenartig anwachsen. Die Iststärke erreichte Ende 1794 die fantastische Zahl von 1 200 000.

Ein Volksheer, das von den noch übrig gebliebenen alten Soldaten gut geschult wurde, von seinen Offizieren klug geführt, von seinen Befehlshabern rücksichtslos ins Feuer getrieben. Ein großer Teil der späteren Generale Napoleons begann hier seine Karriere.

Preußen und Österreich hätten die Volksbewaffnung, die *levée en masse*, gern übernommen, doch schien die Gefahr, die falschen Bürger zu bewaffnen, größer als der zu erwartende Vorteil. Beide Mächte misstrauten sich im Übrigen nach wie vor, und ihr Bündnis wäre nur durch langfristige Erfolge zu festigen gewesen. Die aber blieben aus. Ob es sich lohne, einen Krieg weiterzuführen, den man als Krieg Habsburgs ansah, und ob man je dafür entschädigt werden würde, darüber hatten die Preußen schon in ihren nach dem Rückzug von Valmy bezogenen Winterquartieren nachgedacht. Als sich dann die Gelegenheit zur Entschädigung bot, griffen sie mit sonst ungewohnter Entschlossenheit zu. Gemeint ist: die zweite Teilung Polens.

Das unglückliche Land, an der Nahtstelle dreier Großmächte gelegen, in der Vergangenheit häufig Beute und Zankapfel zugleich, von einer maßlosen Adelsclique gelähmt, sozialrückständig, das letzte Mal geteilt mit Hilfe Friedrichs II., Maria Theresias und Katharinas von Russland, hatte erneut die Begehrlichkeit eines Nachbarn erweckt, der Russen. Seit einem Menschenalter versuchte Katharina durch die Eroberung Polens das Tor zum Westen vollends aufzustoßen. Ihre Truppen waren einmarschiert, um die durch die neue polnische Verfassung gestörte Ordnung wiederherzustellen. Die Preußen folgten ihnen, um jakobinische Gefahren im Keim zu ersticken. Großmächte waren, wie man sieht, nie verlegen, wenn es darum ging, Expansionsgelüsten das Mäntelchen der Ehrbarkeit umzuhängen. Auch der »Hilferuf« kleiner Nationen nach heutigem Muster war schon üblich.

Die Wiederherstellung der »Ordnung« brachte Russland den Besitz von Litauen, Podolien und Wolhynien. Preußen bekam das, was es seit je aus Gründen der Arrondierung erstrebt hatte: Danzig, Thorn sowie Posen, Gnesen, Kalisch, insgesamt ein Gebiet von 50 000 Quadratkilometern mit einer Bevölkerung von über einer Million. Diese Menschen, überwiegend Bauern, erfuhren gewissermaßen während der Feldarbeit, dass sie jetzt Preußen seien, und den anderen teilte man ihre nunmehrige Zugehörigkeit zu Russland mit.

Thaddäus Kosciuszko ritt im gelben Bauernwams auf seinem Schimmel durch die Dörfer und rief zum Widerstand auf. Er wollte mit Waffengewalt beweisen, dass seine Polen noch nicht verloren seien. Sie waren es. Es diente ihnen auch nicht zum Trost, als der – protestantische – Preußenkönig erschien und ihrer Muttergottes in Tschenstochau zwei mit kostbaren Stickereien bedeckte Gewänder zu Füßen legte.

Auch für die Österreicher, die zu ihrer Erbitterung diesmal nicht an der polnischen Beute beteiligt waren, hatte Friedrich Wilhelm Trost bereit. »Die Zarin will sie ja nicht nach Polen lassen«, sagte er. »Aber etwas müssen sie erhalten. Mögen sie Bayern nehmen ...« Seinem Oheim, dem großen Friedrich, hätten solche Worte gewiss nicht gefallen. Hatte er doch, damit Bayern nicht habsburgisch werde, im Reich sogar einen Krieg angefangen.

Friedrich Wilhelm war immer weniger bereit, den Feldzug im Westen energisch fortzusetzen. Obwohl er sich hierzu gegenüber der Zarin im Teilungsvertrag verpflichtet hatte. Doch allzu häufig wechselte das Kriegsglück, wurden kleinere Erfolge durch größere Misserfolge abgelöst. Die Finanzen gerieten immer mehr in Unordnung. Wie alle anderen waren auch die Preise für Kriege gestiegen und die von Friedrich II. hinterlassenen 50 Millionen Taler längst aufgebraucht. Die Engländer, stets um das Gleichgewicht der Kräfte auf dem Kontinent bemüht, winkten mit dem Portefeuille, um Preußens

Lust am Kriege wieder anzufachen. Sie boten 300 000 Pfund Sterling Mobilmachungsgelder und weitere 50 000 pro Monat, wenn Preußen 62 000 Soldaten weiterhin gegen Frankreich marschieren lasse – wobei ihr Einsatz sich nach Britanniens Interesse zu richten habe.

Das roch nach Menschenhandel. Eine Großmacht vermietete ihre Truppen und stellte sich damit auf eine Stufe mit jenen Fürsten von Hessen-Kassel und Baden, die ihre Landeskinder auf den Markt brachten wie Nutzvieh. Dass der Verkäufer den Kaufvertrag nicht einhielt und den britischen Menschenaufkäufern die Ware nicht zur Zufriedenheit lieferte, änderte wenig an der Verwerflichkeit der Methode.

Die Schlachtopfer der Lust

War im Westen kein Ruhm zu ernten, der Lorbeer im Osten schmeckte noch bitterer. Erneut war der Aufstand ausgebrochen. Preußens einst gefürchtete Grenadiere wurden mit den mangelhaft ausgerüsteten und untereinander zerstrittenen polnischen Rebellen nicht fertig. Sie belagerten Warschau vergeblich, wurden bei Bromberg geschlagen und konnten nicht verhindern, dass polnische Kavalleriepatrouillen bis Frankfurt an der Oder vordrangen. Im Herbst 1794 kehrte der König aus dem Feldzug zurück nach Potsdam. Doch statt einer Atempause erwarteten ihn neue Sorgen. Im Westen ging das linke Rheinufer endgültig verloren, womit für Köln, Bonn, Koblenz, Kleve, Mainz und weitere Städte eine zwanzig Jahre währende Franzosenherrschaft begann. Im Osten hatte man den Russen überlassen müssen, was man selbst nicht geschafft hatte: die Rebellen niederzuschlagen. Und mit den Finanzen ging es weiter bergab.

Die Zahl jener, die Friedrich Wilhelm zu raten suchten, ohne ihm helfen zu können, wie Haugwitz, Hardenberg, Möllendorf, Bischoffwerder, Wöllner, mehrte sich. Auch Prinz Heinrich, der Bruder Friedrichs des Großen, bat um Audienz. Er wollte mündlich vortragen, was schriftlich keine Gnade gefunden hatte: nicht weiter Geld zu vergeuden und Blut zu vergießen, sondern endlich Frieden mit Frankreich zu schließen.

Heinrich, ein kleiner, hässlicher Mann, von nicht wenigen Historikern das eigentliche Genie unter den Hohenzollern genannt, als Feldherr berühmt, als Diplomat meisterlich, von Monarchen gefeiert und Republikanern umworben – Polen wollten ihn zu ihrem König machen, Amerikaner zu ihrem Präsidenten –, hatte sich seit langem, zermürbt von der Tatsache, ewig der Zweite sein zu müssen, auf Schloss Rheinsberg zurückgezogen, wo er grollend verblieben war, nachdem ihn auch der neue König nicht die Rolle hatte spielen lassen, die ihm zukam – die des Beraters und Mentors –, und war erst wieder aktiv geworden, nachdem er gesehen hatte, wie das Staatsschiff immer mehr ins Schlingern geriet.

»Mon oncle, sauvez moi! – Mein Onkel, retten Sie mich!«, hat Friedrich Wilhelm zu Heinrich, wie die Friedenspartei am Hofe es wollte, *nicht* gesagt. Aber er hätte es sagen *können.* Er war mutlos, von Zweifeln gequält, unentschlossen und längst nicht mehr Herr der Lage, sosehr er sich bemühte, diesen Eindruck zu erwecken. Kreislaufbeschwerden, eine Herzinsuffizienz taten ein Übriges. Als er endlich dem Gedanken näher trat, mit den Königsmördern, wie er die neuen Herren in Paris nannte, zu verhandeln, musste er erfahren, dass die Kontakte längst geknüpft waren. Ein Kreuznacher Weinhändler namens Schmerz war im Auftrag des Generals Möllendorf im neutralen Basel mit französischen Politikern zusammengetroffen.

Innenpolitisch war die Situation Preußens nicht weniger düster. Von den Privatangelegenheiten des Königs zu schweigen. Immer, wenn er Kummer hatte, eilte er zu Wilhelmine Encke nach Charlottenburg oder in die Mohrenstraße, um sich trösten zu lassen. Wobei unter Trost nicht mehr jene brisanten Rendezvous in dem schwarzsamtenen, von Kerzen erhellten Boudoir mit dem Riesenbett verstanden werden dürfen. Auch wenn es »Minchen«, wie er sie zärtlich nannte, trotz ihrer Vierzig noch keineswegs an Reizen gebrach.

Ihr Busen war noch immer voll und rund, so eine Zeitgenossin, seine Weiße übertraf den Alabaster, ihr Auge war feurig und blau, ihr Wuchs ganz zur Wollust geschaffen – ihr Geist gebildet und ihr Herz dabei ohne Falsch. Doch aus der Glut der Leidenschaft war längst ein heimeliges Feuer geworden. Die Geliebte war jetzt Freundin, Beraterin, Helferin, auch Mitwisserin, und vor allem weise genug, nicht eifersüchtig zu sein. Wenn der König neue Amouren brauchte, weil er glaubte, nur dann noch potent zu sein, dann wollte wenigstens sie selbst die Damen aussuchen. »Nun wurde sie zur Kupplerin des Königs und unterrichtete die Schlachtopfer seiner Lust«, schrieb der Kriegsrat Cölln, der gern auch ein solches Schlachtopfer gehabt hätte, »wie sie sich mit ihm zu benehmen hätten.«

Das Wäschermädchen Minette Horst gehörte dazu, die Tänzerin Schulzki, Madame Baranius vom Theater. Der König bewies hierbei zumindest eins: guten Geschmack. Über die Baranius schrieb Rahel Varnhagen, die berühmte Rahel: »Nein, wie sie schön war, noch hab' ich Kopfschmerzen davon.« Später wurden ihm die Damen sogar ärztlich verordnet. Man griff dabei auf ein altes Rezept des holländischen Arztes Boerhave zurück, der im siebzehnten Jahrhundert greisen Fürsten blutjunge Mädchen verschrieben hatte, damit sie durch der Jungfrauen Körperwärme verjüngt würden. Eine Arznei, an deren Wirkung viele Männer heute noch glauben.

Neben seinen Geliebten und seiner Ehefrau musste Wilhelmine den »Dicken Wilhelm«, wie die Berliner ihren König mit der ihnen eigenen Respektlosigkeit nannten, noch mit anderen Damen teilen. Mit Julie von Voß zum Beispiel, ihm zur linken Hand angetraut oder morganatisch. Was ursprünglich hieß, dass die Angetraute nur das Recht besaß, die Morgengabe entgegenzunehmen, sonst aber keine weiteren ehefraulichen Rechte.

Auf der linkshändigen Trauung hatte als Erste das Fräulein von Voss bestanden, das, preußisch ordentlich, die Stellung einer Mätresse als unmoralisch ansah. Im Grunde wollte sie überhaupt nicht, das heißt, sie wusste nicht, was sie wollte, und die Verwandten mussten erst ein deutliches Wort sprechen, denn den König zum Vetter zu haben, hatte noch nie geschadet. Sie drückten es etwas anders aus, als sie Julie beschworen: »Du kannst ihn vor seinen Ausschweifungen bewahren, du wirst die schlechten Ratgeber von ihm fern halten, du könntest damit den Staat retten.«

Julie von Voß, eine kalte Schönheit, bleich, prüde, von vestalischer Strenge, war endlich zur Rettung bereit, stellte aber weitere Bedingungen. Erstens müsse auch die Königin ihr Einverständnis geben und zweitens Wilhelmine Encke, jetzige Rietz, ins Litauische verbannt werden. Die Königin war einverstanden, hatte sie doch längst die Trennung durch die Verweigerung des Geschlechtsverkehrs vollzogen und dem König nach der sechsten Entbindung bedeutet: »Für die Erhaltung der Hohenzollern denke ich genug getan zu haben.« Wilhelmine allerdings war nicht bereit, ihr helles Berlin mit finsterer Provinz zu vertauschen.

Es kam dennoch zu jener denkwürdigen Trauung in der Kapelle des Charlottenburger Schlosses, vorgenommen vom Hofprediger Zöllner, abgesegnet vom Oberkonsistorium, das seinen Segen inoffiziell so begründete: schon Luther und Melanchthon hätten dem Landgrafen von Hessen, Philipp dem Großmütigen, eine Doppelehe gestattet. Die Verbindung dauerte keine zwei Jahre. Julie, zur Gräfin Ingenheim erhoben, starb im dreiundzwanzigsten Lebensjahr.

Schuld daran war die Rietz. Sie hatte der Gräfin in der Pause einer Opernaufführung ein Glas Limonade gereicht. Die Limonade war vergiftet. Für Gift sprach auch, dass Julies Leiche in der Familiengruft zu Buch, wider jedes Naturgesetz, einfach nicht verwesen wollte. So der Hofklatsch. Ihrem Witwer war er wichtig genug, die Leiche obduzieren zu lassen. Man fand kein Gift in den Organen. Aber eine durch Tuberkulose zerstörte Lunge.

Friedrich Wilhelm war ein knappes Jahr später wieder verheiratet. Wieder zur linken Hand. Luther und Melanchthon wurden diesmal nicht bemüht. Ein Brief von königlicher Hand genügte: »*Je suis séparé de la reine. Je suis voeuf de Madame de Ingenheim. Je vous offre mon cœur et ma main.* – Ich lebe getrennt von der Königin. Ich bin Witwer von Madame Ingenheim. Ich biete Ihnen mein Herz und meine Hand.« Das chevalereske Angebot erging an eine Hofdame der Königin, an die einundzwanzigjährige Komtesse Dönhoff.

Hatte der König die Voss letztlich gewollt, weil sie *nicht* gewollt hatte, die Dönhoff begehrte er wegen ihrer klassischen Schönheit, ihrer hübschen Singstimme und ihrer Fertigkeit im Pianofortespiel. Dafür war sie auch teurer. Sie kostete 8000 Taler Jahrespension bis ans Lebensende, eine einmalige Zahlung in Höhe von 50 000 bekam die Mutter, 20 000 die Schwester, 40 000 der Onkel Langermann aus Mecklenburg. Sie gebar ihm einen Sohn, worüber er sehr glücklich war. Ansonsten blieb das Glück aus. Die Dönhoff begann, sich in die Politik einzumischen, und gab Ratschläge, die zwar klug waren – sie warnte den König vor der Kampagne in Frankreich mit unzulänglichen Mitteln –, aber von niemandem erbeten wurden. Schon gar nicht von Seiner Majestät, die der Meinung war, Frauen würden in der Politik zu viel Ärger verursachen. Das wollte er anscheinend ausschließlich den Männern überlassen.

Man trennte sich, und die Gräfin ging. Wie es hieß, gesegneten Leibes. Was sich als zutreffend herausstellen sollte. An einem Novemberabend des Jahres 1793 kehrte sie zurück nach Potsdam, stieß die Flügeltüren des Musiksaals im Marmorpalais auf, wo der König gerade mit seiner Kapelle ein Konzert gab, eilte, einen in Leinen gewickelten Säugling auf dem Arm, über das Parkett und legte ihn dem König mit den Worten zu Füßen: »Da haben Sie Ihr Eigentum zurück!«

Der König warf einen kurzen Blick auf das Kind und sagte knapp: »Versorgen.«

Es war der letzte Auftritt der Gräfin Dönhoff. Das neun Monate alte Mädchen und der zweijährige Sohn wurden ihr genommen. Versorgt werden sollten sie von Wilhelmine. Das nährte die Gerüchte, wonach sie wieder einmal an allem schuld sei. Madame Rietz trug es gelassen. Sie war es gewöhnt, dass man ihr alles anlastete, was faul war im Staate Preußen: die Korruption und die Misswirtschaft und das Vetternwesen. Viele seien ihr zinsbar geworden, wer geadelt werden sollte, bestimmte *sie*, wer ins Gefängnis nach Spandau musste, ebenfalls, und allerorten habe sie ihre Spione – schrieb später einer ihrer Ankläger, an denen es nach ihrem Sturz nicht mangelte. Sie habe, so ein anderer, 100 000 Guineen Bestechungsgelder entgegengenommen, um den König vom Abschluss des Basler Friedensvertrags abzuhalten, der den Engländern nicht passte.

»Sie kennen das Weib, welches den Staat an die Engländer verkauft hat«, sagte der Kronprinz zum Kabinettsrat Mencke. Wilhelmine aber hatte es schriftlich, wie integer sie war. Auf einer Liste des französischen Gesandten, die die Namen aller zu schmierenden Personen am preußischen Hof enthielt, stand hinter *ihrem* Namen: »*Incorruptible! – Unbestechlich!*« Und sie war es.

GEISTER SPUKEN IM BELVEDERE

Die Rietz-Encke, spätere Gräfin Lichtenau, machte ihren Einfluss nur dann geltend, wenn es darum ging, ihre eigene Position zu wahren. Von der Politik hielt sie sich fern, und das Wort, wonach nicht Friedrich Wilhelm II. herrsche, sondern Wilhelmine I., ist allenfalls ein Bonmot. Wenn überhaupt jemand den König in seinen politischen Entschlüssen zu beeinflussen vermochte, dann war das der Orden der Rosenkreuzer. Mit Bruder Farferus alias Hans Rudolf von Bischoffwerder und Bruder Chrysophyron alias Johann Christoph Wöllner an der Spitze, der eine als Leiter der Außenpolitik, der andere als Kultus- und Justizminister.

Das 18. Jahrhundert war das Jahrhundert der Geheimbündelei und des damit verbundenen Okkultismus. Es ist nur ein scheinbarer Widerspruch, dass es gleichzeitig das Zeitalter der Aufklärung war, dem die helle, klare Vernunft ihren Stempel aufdrückte. Die Gespenstererscheinungen im Tegeler Schloss, von denen alle Welt sprach, hat Goethe im »Faust« nicht umsonst mit dem ironischen Vers kommentiert: »Das Geistervolk kennt keine Regel. Wir sind so schrecklich aufgeklärt, und dennoch spukt's in Tegel.«

Es war gerade die Herrschaft des Vernünftigen, die das Unvernünftige begünstigte, es war der Glaube, dass sich alles, was die Welt im Innersten zusammenhält, mit den Mitteln des Verstandes erklären lasse, der den Aberglauben förderte. Man wollte wieder das Geheimnisvolle, das Dunkle, das Rätselhafte. Und die uralte Sehnsucht des Menschen kam hinzu, das Lebenselixier zu finden, Gold zu machen, Macht über die Mächtigen zu bekommen.

Die Gründung Dutzender von geheimen Gesellschaften war die natürliche Folge. Ihnen anzugehören wurde nachgerade zu einer Mode, die der Adlige wie der Bildungsbürger gleichermaßen mitmachte, vor der selbst erlauchtere Geister nicht zurückschreckten. Wie Goethe-Freund Lavater, der Freiherr von Knigge, Ferdinand von Braunschweig, Held des Siebenjährigen Krieges, ja sein König und Herr hatte selbst einen geheimen Orden gestiftet.

Von den Loyalisten, Gasnerianern, Mesmerianern, Kabbalisten, Somnambulisten, Swedenborgianern, Cagliostrojüngem, den weißen Magiern, schwarzen Magiern und wie die Gesellschaften sich alle nannten, unterschieden sich die Rosenkreuzer nicht sonderlich. Anscheinend aus der Freimaurerei hervorgegangen – obwohl im Gegensatz zu ihr –, trieben sie einen auf Bibeltext, Theosophie, Mystizismus, Alchimie, Kabbalistik zusammengebrauten Kult und vertraten eine von Moses, Zoroaster und der ägyptischen Priesterschaft vererbte Lehre. Was immer darunter auch zu verstehen war.

Mit der im Mittelalter existierenden Bruderschaft des Frater Rosenkreutz hatten sie wenig zu tun, auch wenn sie deren Leitmotiv benutzten »*Lux in cruce et crux in luce* – Licht im Kreuz und Kreuz im Licht«. Aufklärung war für die Rosenkreuzer allemal gleichbedeutend mit menschlicher Hybris, menschlichem Hochmut und Dünkel, mit dem Bösen schlechthin, und ein Gott hatte sie beauftragt, Millionen von Seelen vor diesem Bösen zu bewahren.

Die wichtigste unter so vielen Seelen war zweifellos die von Friedrich Wilhelm, und sie zu retten deshalb eine dringliche Aufgabe. Bischoffwerder und Wöllner, die sie übernahmen, hatten raschen Erfolg bei ihrer Rettungsaktion. Der Hohenzoller, damals noch Kronprinz, ließ sich wie alle schwachen Naturen gern davon überzeugen, wie viel mehr er später für sein Volk zu tun vermöge, wenn sich ihm, vermittelt von geheimnisvollen unsichtbaren Oberen, die höhere Wahrheit offenbarte. Einmal zum Magus aufgestiegen, zur höchsten Stufe im Orden, würde er die Kraft besitzen:

– erstens die Menschen seiner Umgebung zu durchschauen und die Redlichen von den Unredlichen zu scheiden;
– zweitens die geheimen Beschlüsse der anderen Großmächte zu entschlüsseln und ihre Anschläge zu vereiteln;
– drittens auf allen Schlachtfeldern zu siegen.

Eine für jeden künftigen Herrscher verführerische Offerte. Friedrich Wilhelm unterzog sich auch alsbald der feierlichen Zeremonie der Aufnahme, bei der der Novize an einem Altar aus Menschengebein Menschenblut trank und, umbraust vom Chor der Geister, ein Gericht aus magischen Wurzeln zu sich nahm. Der König wurde von nun an als Bruder Ormesus Magnus geführt.

Abgesehen von etlichen Schwindelunternehmen, die es lediglich auf das Geld ihrer Brüder abgesehen hatten, strebten die Geheimbünde ideale Ziele an, wobei sie in ihren Mitteln nicht wählerisch waren, doch die werden bekanntlich durch den Zweck geheiligt. Von Bischoffwerder weiß man, dass er seinem König aufrichtig ergeben war und ehrlichen Herzens an die wundersame Macht des Rosenkreuzerbundes glaubte. Für Wöllner, die zweite wichtige Figur auf dem preußischen Schachbrett der Jahre 1786 bis 1797, gilt das weniger.

Der Pfarrerssohn aus dem märkischen Döberitz studierte Theologie, wurde Hauslehrer auf einem Rittergut, pachtete nach dem Tod des Gutsbesitzers das Besitztum, machte die Witwe zu seiner Geliebten und die schwerreiche Tochter, eine Itzenplitz, zu seiner Frau. Friedrich der Große, wie immer strikt gegen eheliche Verbindungen von Bürgerlichen und Adligen, versuchte die Mesalliance zu verhindern und schimpfte, als alles vergeblich war, den Wöllner einen *betriegerischen und intriganten Pfaffen*. Die ihm versagte gesellschaftliche Anerkennung, und damit Macht und Einfluss, suchte Wöllner bei den Freimaurern, trat dann, von ihnen enttäuscht, den Rosenkreuzern bei, zu deren Oberhaupt er bald aufstieg. Nach dem Regierungsantritt Friedrich Wilhelms II. geadelt, beriet er den König in allen wichtigen Angelegenheiten und versuchte – mal schmeichelnd, mal klagend, ständig den lieben Gott zum Zeugen anrufend – ihn zu lenken. Wobei er nicht selten den ganzen okkulten Apparat des Ordens einsetzte.

Zusammen mit Bischoffwerder inszenierte er makabre Veranstaltungen in dem im Charlottenburger Schlosspark gelegenen Gartenpalais Belvedere. Beide Herren wollten damit Friedrich Wilhelm auf den Pfad der Tugend zurückbringen, das hieß, ihn von dem immer lästiger werdenden Einfluss der Rietz-Encke befreien. Hierzu wurden die Geister des römischen Kaisers Mark Aurel, des Philosophen Leibniz und des Großen Kurfürsten bemüht, die auch sofort nach Erscheinen mahnend und drohend auf den Hohenzollernspross einzureden begannen, ihm schließlich gestatteten, Fragen zu stellen, doch brachte der Gefragte, von Furcht und Grauen geschüttelt, kein Wort über die Lippen.

Die Geister standen keine zwei Schritte von ihm entfernt, sie gingen, von Sphärenklängen umspielt, schwebend auf und ab, ihr bleicher Mund bewegte sich, der dumpfe Grabeston ihrer Stimmen erfüllte den Raum – das alles *konnte* kein Betrug sein! Nach Beendigung der Séance schwor er prompt dem *satanischen Weibe* ab, schränkte aber, wieder in Potsdam und einigermaßen erholt, den Schwur insoweit ein, als er sich nur vom Bett Wilhelminens trennen wollte, nicht jedoch von ihrem Tisch.

Im Belvedere hatten zwischenzeitlich Ordensbrüder die beiden metallenen Hohlspiegel abtransportiert, den mit hauchdünnem weißem Flor bespannten Rahmen, drei Theaterkostüme, eine Glasharmonika, auch den Bauchredner Steinert entlohnt und zur Verschwiegenheit verpflichtet. Das auf eine weiße Fläche gespiegelte Bild einer mit den Gesichtszügen des Verstorbenen versehenen kostümierten Person ist im verdunkelten Raum tatsächlich von erschreckend realistischer Wirkung. Wie Rekonstruktionsversuche gezeigt haben. Die Theater benutzten diese Technik bei Geisterszenen bis in unser Jahrhundert hinein. Im privaten Bereich war die Wirkung umso stärker, wenn die Versuchsperson an jene Dinge im Himmel und auf Erden, von denen unsere Schulweisheit sich nichts träumen lässt, ohnedies glaubte.

Auf Friedrich Wilhelm traf das zweifellos zu. Er hatte schon im böhmischen Feldlager von Schatzlar gespürt, wie sich von hinten plötzlich eine Hand auf seine Schulter legte, während eine Stimme das Wort »Jesus« raunte. Nach dem Tod seines neunjährigen Sohnes Alexander kam dessen kleine Schwester zu ihm gelaufen und schrie: »Papa, ich habe meinen Bruder rufen hören!« Mama, die Rietz-Encke, hatte nichts gehört. Sie hielt nichts vom Übersinnlichen, ließ sich aber schließlich vom König dazu überreden, *doch* etwas gehört zu haben.

Wenn es ihr nämlich gelänge, so kalkulierte sie mit der Pfiffigkeit der gelernten Berlinerin, mit dem Verklärten in Verbindung zu treten, würde er gewiss ähnliche Direktiven vermitteln wie seinerzeit die Geister im Belvedere. Der Geist des kleinen Alexander sagte denn auch bei seinem nächsten Erscheinen prompt, der König möge Wilhelmine niemals verlassen. Und der gewöhnte sich allmählich daran, vor wichtigen Entscheidungen den Geist seines Sohnes zu befragen. War die Verantwortung für die Antwort zu groß, wurde ihm von der Geliebten beschieden: »Der Geist lässt dir sagen, du möchtest die Angelegenheit mit deinen Ministern besprechen.«

Später beteiligte Wilhelmine auch die Bischoffwerder, Wöllner et cetera, mit denen sie sich um ihrer Sicherheit willen hatte verbünden müssen, an den Wahrsprüchen des Verblichenen. Sie standen mit ihr in ständiger Verbindung und ließen dem König mit Hilfe des Geistes Entscheidungen empfehlen, wie sie ihren Wünschen entsprachen.

Das alles klingt, wenn man bedenkt, dass Berlin nicht drunten fern in der Türkei lag, sondern inmitten Europas, fantastisch, und noch in einer neueren Biographie hat man die Geisterseherei Friedrich Wilhelms II. *in das Reich des Klatsches* verweisen wollen. Die Dokumente sprechen eine andere Sprache. Die von seinem Nachfolger, Friedrich Wilhelm III., eingesetzte Untersuchungskommission befand nach zahlreichen Verhören, dass »der Hang des Königs zu übernatürlicher

Wirkung Verstorbener, ihn in allen seinen Handlungen leiten zu können, verbunden mit Unterwürfigkeit unter den Ausspruch dieser höheren Wesen, sichtbarlich zunahm und diese Denkungsart bis an sein Ende unverändert geblieben ...«

Fontane, der an Preußen hing und an Preußen litt, meinte, dass dies alles nicht Blasen gewesen seien, die ein beliebiger Sektengeist warf, sondern diese Anschauungen hätten an oberster Stelle geherrscht und gedroht, in Edikten und Gesetzen maßgebend für Millionen Andersdenkender zu werden.

PRESS-FREIHEIT UND PRESS-FRECHHEIT

Wäre Wöllner nicht bereits dadurch geschichtsnotorisch geworden, dass er den Okkultismus in den Dienst der Politik stellte, das mit seinem Namen verbundene Religionsedikt hätte es auch getan. Die Zurückweisung, die er durch Friedrich II. hatte erfahren müssen, die Frustration von Seiten der Freimaurer, bei denen seine Träume nicht wahr geworden waren, hatte sich zu einem Hass auf die Aufklärung ausgewachsen, der noch größer war, als ihn die Rosenkreuzer von Hause aus ohnehin mitbrachten. Denn: wer sich aufklärerisch gab, begann an der christlichen Religion zu zweifeln; wer zweifelte, glaubte nicht mehr; wer nicht mehr glaubte, verlor Moral und Sitte; wer derart unmoralisch war, pflegte keine Ehe mehr einzugehen; wer ehelos blieb, würde keine Kinder mehr zeugen ..., und so schrecklich weiter.

Eine *terrible simplification*, doch die Vereinfachung erwies sich als wirkungsvoll. Es war nicht schwer, den König – mit dem Gespenst der französischen Revolution im Hintergrund – zu überzeugen, dass am Ende eines solchen Weges das Chaos warte. Die Stützen des Altars *und* des Throns waren bedroht. Der Protestantismus war Staatsreligion, der König der oberste Bischof, Staat und Kirche befanden sich demnach in einer Art

Symbiose und daraus folgte: »Wer mit Frechheit die Religion lästert, der verachtet gewiss auch die wichtigsten Pflichten gegen den Monarchen.«

In erster Linie galt es, die Pfarrer zu disziplinieren. Sie waren vielerorts dazu übergegangen, mehr zu philosophieren als zu predigen, das Wort der Bibel kritisch auszulegen, statt es gläubig zu verkünden. Ihre Predigten wirkten nicht mehr tröstend und aufrichtend, sie ließen die Gemeindemitglieder in dumpfer Ungewissheit zurück, und mancher wusste gar nicht mehr, was er glauben sollte.

Das Edikt, die Religionsverfassung in den preußischen Staaten betreffend, schien dem König nicht nur lebensnotwendig, er wähnte sich auch im guten Recht. Er wollte, dass die christliche Religion in ihrer ursprünglichen Reinheit wiederhergestellt werde, »auch dem Unglauben ebenso wie dem Aberglauben, der Verfälschung der Grundwahrheiten des Glaubens der Christen und der daraus entstehenden Zügellosigkeit der Sitten Einhalt geschehe«.

In der Praxis jedoch führen Gesetze, die den Staat und seine Bürger zu schützen beabsichtigen, nicht selten zur Unterdrückung dieser Bürger. Das Religionsedikt von 1788 ist dafür ein Beispiel. Die Geistlichen durften zwar denken und glauben, was sie wollten – das Edikt gab sich ja als Toleranzedikt –, verkündigen aber durften sie nur das staatlich anerkannte Dogma. Die Predigtamtskandidaten mussten durch Handschlag geloben, nicht abzuweichen vom Text der Bibel und den kirchenamtlichen Zusammenfassungen der hauptsächlichen Glaubensaussagen, den so genannten Symbolischen Büchern.

Ähnliches wurde von den Schullehrern verlangt, die ja in erster Linie Religionslehrer waren. Jedenfalls plagten sie ihre Schüler, zumindest an den Land- und Bürgerschulen, hauptsächlich mit dem Auswendiglernen von Kirchenliedern und des Katechismus. Eine Immediat-Examinations-Kommission überwachte alle, einschließlich der Universitätsprofessoren, und prüfte ihre Linientreue. Kandidaten des Lehramts wurden nur noch von Konsistorialräten geprüft, womit das eintrat, was Wöllners Vorgänger Zedlitz hatte verhindern wollen: Das Schulwesen wurde vollends abhängig von der Kirche.

Wer sich gegen das neue Gesetz auflehnte, wurde nicht angestellt, gemaßregelt oder seines Amtes verwiesen. Wer sich wider besseres Wissen anpasste, litt zwangsläufig unter Gewissensqualen. Heuchelei begann zu wuchern, das Denunziantentum blühte.

Eine strenge Zensur sorgte dafür, dass keine *gegen das Religions-Edikt aufrührerischen Scharteken* in Umlauf kamen und *Press-Freiheit nicht zu Press-Frechheit ausarte*. Zu den Scharteken gehörte auch Kants Abhandlung über »Religion innerhalb der Grenzen der bloßen Vernunft«. Die Grundlehren der Heiligen Schrift seien hierin entstellt und herabgewürdigt worden, wurde ihm bedeutet, verbunden mit der Drohung, dass ihm *Unsere höchste Ungnade* zuteil werde, wenn er seine Pflicht als Lehrer der Jugend weiterhin verantwortungslos verletze.

Der weltberühmte Philosoph aus Königsberg protestierte nicht gegen die Knebelung der Geistesfreiheit. Was manchen gewiss enttäuscht hat. Er schien erhaben gegenüber den Querelen des Alltags. Er versicherte Friedrich Wilhelm, dass er ein getreuer Untertan bleibe und darauf verzichte, überhaupt noch über Religion abzuhandeln. Zumindest solange wie dieser König lebe, bemerkte er listig im Vorwort zur Schrift über den Streit der Fakultäten.

Man hatte sich daran gewöhnt, in einem Land zu leben, in dem trotz allem noch die Maxime des großen Friedrich galt, wonach jeder nach seiner Fasson selig werden konnte und Gazetten nicht geniert wurden. Preußen wurde noch allerorten als ein fortschrittlicher Staat angesehen. Auf Grund einer durch pflichttreue Beamte garantierten guten Verwaltung, einer auf dem Allgemeinen Landrecht beruhenden gerechten Justiz genoss der Bürger ein gewisses Maß an Rechts-staatlichkeit. Um so empörter war man landauf, landab über die mit dem Religionsedikt einhergehende Gesinnungs-schnüffelei und über den Meinungsterror. Die Herausgeber der beiden das Berliner Geistesleben bestimmenden Journale, der »Allgemeinen Deutschen Bibliothek« und der »Berliner Monatsschrift«, zogen die Konsequenzen und verlegten die Redaktionen in preußenferne Gebiete Deutschlands.

Was war das für ein Herrscher, der sich kirchenstreng gab, ohne sich selbst um ein Gott wohlgefälliges Leben zu bemü-hen? Viele glaubten, dass er mit dem neuen kirchenpolitischen Kurs seine *Sünden des Fleisches* vor Gott wiedergutmachen wolle. War doch schon manch hoch gestellter Sünder im Alter zum frömmelnden Moralprediger geworden. Jedenfalls mach-te sich Geringschätzung breit gegenüber dem Herrscherhaus, ja Verachtung.

Friede um jeden Preis

Die Reformen zu Beginn der Regierung Friedrich Wilhelms waren zum Teil wieder rückgängig gemacht worden. Das Mo-nopol auf Kaffee blieb zwar aufgehoben, dafür wurden die Ab-gaben auf Zucker, Mehl, Weizen – wichtige Grundnahrungs-mittel – erhöht und das Tabaksmonopol wieder eingeführt. Was Tabakbauer, Tabakhändler und Tabakraucher gleicher-maßen empörte, war doch die Aufhebung seinerzeit als be-sonders populäre Tat des neuen Herrschers gefeiert worden. Die Steuern aber, die man anstelle des Monopols eingeführt hatte, sie blieben!

Es nützte alles nichts. Bereits 1792 war der Staat mit etwa 27 Millionen Talern verschuldet. Bei einer Zinsleistung von 1,33 Millionen pro Jahr. Dass die Kosten der eigentlichen Hofhaltung immer noch geringer waren als die der Höfe von

Frankreich, England, Russland, Österreich konnte Preußens Untertanen nur schwacher Trost sein.

Friedrich Wilhelm besaß nicht mehr die Kraft, das Ruder herumzureißen. Arbeit strengte ihn schon seit langem an. Eingehende Post las er nicht mehr selbst. Regierungsgeschäfte langweilten ihn, Kabinettsorders signierte er, ohne sie geprüft zu haben. Er war ein kranker, hilfloser Mann, so krank und hilflos wie das von ihm regierte Land, von dem Prinz Heinrich sagte: »Die Rolle Preußens ist zu Ende; ohne Menschen, ohne Geld, mit einem zerrütteten Heer kommt es mir vor wie der kranke Löwe in der Fabel, der zuletzt einen Eselstritt erhielt.«

Der König sehnte sich nach einem Zustand, der es ihm erlaubte, nicht mehr in die Welthändel eingreifen zu müssen, dem ganzen schmutzigen Gewerbe, genannt Politik, fernbleiben zu können, nur noch der Musik zu leben, den Freuden, den Frauen, in das stille Meer der Neutralität einzutauchen.

Der Friede aber, den es mit Frankreich auszuhandeln galt, sollte kein Diktat sein, sondern ein für das ganze Reich geltender Gesamtfrieden. Von einem Verzicht auf das linke Rheinufer dürfe keine Rede sein, und die linksrheinischen preußischen Besitzungen dürften nicht angetastet werden. Der neue Mann in Basel, Karl August von Hardenberg, wie viele, die man als Preußen zu kennen glaubt, ein Ausländer – einem niedersächsischen Adelsgeschlecht entstammend –, als »Vizekönig« der beiden neuen preußischen Provinzen Ansbach und Bayreuth bewährt, Hardenberg war ganz in diesem Sinn eingestimmt und scheiterte doch. Er musste einsehen, dass man eine schlechte Position besaß, wenn der Gegner spürte, dass man nicht bereit war, lieber einen neuen Feldzug zu führen als sich einem Diktat zu unterwerfen.

Es kam zum Basler Sonderfrieden von 1795, bei dem Frankreich seine Forderungen durchsetzte: Preußen schied aus dem Krieg aus, gab das linke Rheinufer auf und verzichtete auf seine linksrheinischen Besitzungen Cleve, Moers, Obergeldern.

Nur *vorläufig* allerdings, bis zu einem endgültigen Friedensschluss. Das jedoch waren Versicherungen ohne Wert und wenig mehr als ein billiger Trost, immer gern abgegeben, wenn
es darauf ankam, dem Partner sauren Wein zu versüßen. Den
mit Preußen dem Basler Frieden beitretenden norddeutschen
Staaten wurden Neutralität und Freiheit des Verkehrs zugesichert durch eine Demarkationslinie, die von Ostfriesland
über Münster, Cleve, Limburg bis zum Main lief.

In Preußen atmeten die Menschen auf, als sie von dem
Friedensschluss hörten, denn kein Krieg war widerwilliger
geführt worden als der gegen das revolutionäre Frankreich.
In Österreich dagegen, das nun allein im Feld stand, sprach
man von einer *Judastat*, einem Verbrechen aus Eigennutz.
Zweifellos hatte Friedrich Wilhelm den Bündnisvertrag mit
Österreich gebrochen, doch haben Verträge in der Geschichte
immer nur so lange gegolten, wie sie dem jeweiligen Partner
nützten, und wurden immer dann gekündigt, wenn – wie es
in der Diplomatensprache heißt – die Verhältnisse nicht mehr
denen zur Zeit des Vertragsabschlusses entsprachen.

Das Gros der preußisch-deutschen Historiker des 19. Jahrhunderts mochte, wenngleich aus anderen Gründen, den Vertrag auch nicht. Für sie war er ein Schandvertrag, der nichts
eintrug als den Hass Österreichs, die Antipathie Englands, die
Verachtung Russlands und die Geringschätzung Frankreichs.
Basel diskreditierte Preußen bei den deutschen Kleinstaaten,
war überdies Verrat am Reich, spaltete, durch die Demarkationslinie, Deutschland in einen nördlichen und einen süd-
lichen Teil, wiegte Preußen in einer trügerischen Sicherheit …

So viel oder so wenig daran im Einzelnen richtig sein mag,
es waren Urteile, gefällt vom Katheder der später Geborenen,
jener Nachwelt, die es bekanntlich besser weiß. Der Mitwelt,
den zum Handeln gezwungenen Zeitgenossen, musste sich die
Situation anders darstellen. Preußen, schlecht geführt, finan-
ziell ruiniert, im Westen seit Jahren die Hauptlast des Krieges

tragend, im Osten durch eine bevorstehende erneute Teilung Polens in Zugzwang geraten, von England im Stich gelassen, auch sonst ohne Freunde, sah keinen anderen Ausweg. So war Basel eher ein Akt der Hilflosigkeit als ein Akt des Verrats.

Gerechterweise bleibt festzustellen, dass der Vertrag nicht nur Lemuren gebar. Die Demarkationslinie wurde zum Limes, hinter dem neues Leben aus Ruinen blühte, die Kriegswirren und -gefahr hinterlassen hatten. Wirtschaft und Handwerk erholten sich, was einen wackeren Schneidermeister aus dem Westfälischen zu der auf den Preußenadler gemünzten Hausinschrift inspirierte: »Unter diesen Flügeln lässt sich ruhig bügeln.« Die Künste, die sich allerorten zu regen begonnen hatten, konnten zu jener Vollendung heranreifen, wie sie die Dichtung der deutschen Klassik und die Philosophie des Idealismus darstellen.

»Der Fortgang der sich selbst überlassenen Kultur beruhte auf der Fortdauer des inneren Friedens und den unerschütterten sozialen Zuständen ...«, schrieb der große Ranke. »Ich will keine Theorie aufbauen, sondern nur in Erinnerung bringen, dass die Jahre der Neutralität fast die fruchtbarsten in der deutschen Literatur gewesen sind, fruchtbar besonders an originalen und für die Nation unschätzbaren Hervorbringungen ... Niemals hatte die Poesie eine ähnliche Epoche. Bezeichnend ist es, dass unter den weltlichen Fürsten Karl August von Weimar eigentlich der Erste war, welcher die Aufnahme in die Neutralität begehrte ...«

Und er findet einfache, schöne Worte, wenn er von dieser Epoche schreibt: »Die Römischen Elegien und Hermann und Dorothea, gleichsam die Pole der klassischen Studien, von denen der eine südliche Nacktheit, der andere germanische Tiefe und häusliches Leben darstellt, erschienen bald nacheinander. Und was ist sonst nicht alles entstanden! Der Roman, welcher ein Abbild der Zustände des damaligen gesellschaftlichen Lebens für alle Zeiten enthält, einige der schönsten

Balladen der beiden Meister der Dichtung und der Sprache,
Goethes und Schillers, das Lied von der Glocke, welches
nachgehends die Kinder auswendig lernten, und die großen
Tragödien, an denen sich die Seelen der Männer nährten und
erfrischten: Wallenstein, Jungfrau von Orleans, Wilhelm Tell –
entstammen dieser Epoche ... Nur die Titel der Bücher zu
übersehen, erfüllt mit Sympathie.«

GÜTER SCHENKEN, HEIRATEN

Während Preußen durch den Baseler Vertrag Österreich hinter-
ging, war Österreich bereits dabei, Preußen zu übervorteilen.
Habsburgs Minister Thugut, ein erprobter Preußenfeind, hatte
in Petersburg das Terrain sondiert – und Erfolg gehabt. In einer
Geheimdeklaration schlossen die beiden Länder ein Schutz-
und Trutzbündnis und einigten sich auf den Lieblingsplan der
Zarin Katharina: Polen noch einmal zu teilen, aber diesmal
endgültig. Russland sicherte sich dabei den Löwenanteil, Kurland und Litauen, mit 450 000 Quadratkilometern und sechs
Millionen Einwohnern, Österreich bekam Westgalizien mit
Lublin und Krakau, was 100 000 Quadratkilometer und vier
Millionen Menschen eintrug. Auch an Preußen hatte man
nolens volens gedacht, unter der Bedingung, dass Berlin sich
einverstanden erklärte mit anderen Plänen der beiden Großmächte, die Donaufürstentümer betreffend.

Friedrich Wilhelm ging es wie seinerzeit der Kaiserin Maria
Theresia bei der ersten polnischen Teilung, als sie zwar *weinte*,
aber *nahm*. Auch er war sich bewusst, dass es nicht rechtens
sein konnte, einen Staat mit einer achthundert Jahre alten
Geschichte von der Landkarte verschwinden zu lassen, außerdem hatte er vor der zweiten polnischen Teilung die polnische
Verfassung garantiert. Gleichsam entschuldigend schrieb er
an Hardenberg, der immer stärker in den Vordergrund trat:

»Ich bin es nicht, der diese letzte Teilung gesucht oder gewünscht hat, aber es stand schlechterdings nicht in meiner Macht, sie zu verhindern. Es wäre denn, ich hätte mich unter den ungünstigsten Umständen in einen Krieg mit den Kaiserhöfen eingelassen.«

Es war ihm unbehaglich zu Mute, aber er griff zu und bekam Masowien mit Warschau, das Land zwischen Weichsel, Bug und Njemen, von nun an Neuostpreußen genannt, und einen Teil des Gebietes von Krakau, Neuschlesien bezeichnet. Zusammen mit der zweiten Teilung ergab das einen Zuwachs von rund 140000 Quadratkilometern und über zwei Millionen Einwohnern.

Der von Mitwelt und Nachwelt wegen seiner Passivität viel gescholtene Hohenzoller hatte damit, rechnet man Ansbach und Bayreuth hinzu, das Staatsgebiet um beinah 60 Prozent auf über 305000 Quadratkilometer vergrößert. In ähnlichem Maße war das vorher nur dem Kurfürsten Johann Sigismund und dem König Friedrich II. gelungen. Jeder vierte Preuße war nun ein Pole und Preußen eine Art halbslawischer Staat, eine Tatsache, die niemanden sonderlich erregte. Zwei- und Mehrvölkerstaaten waren nicht ungewöhnlich und Menschen, genannt Untertanen, daran gewöhnt, Herrschaft und Herrschaften zu wechseln wie die Hemden. Viel wichtiger, als einer Nation anzugehören – wie es der Nationalismus später postulierte –, war es für sie, in einem Staat zu leben, der sie rechtlich schützte, gut verwaltete und wirtschaftlich förderte. Mit anderen Worten: von dem sie am wenigsten drangsaliert wurden.

Der Erwerb aus der polnischen Teilung brachte allerdings keinen Segen. Die riesigen neuen Gebiete waren, denkt man nur ans Litauische, zum Teil wüst, ihre Bevölkerung verarmt, die Verwaltung, sofern man davon sprechen konnte, in desolatem Zustand. Sie in den preußischen Staatsverband einzugliedern als wohlgeordnete, zukunftsreiche Provinzen, wie es Friedrich Wilhelm I. mit Ostpreußen getan hatte und Friedrich II. mit Westpreußen, wäre eine lohnende Herausforderung gewesen. Ihr Nachfahre war nicht imstande, sich ihr zu stellen. Allein physisch hätte er die dazu notwendigen Inspektionsreisen, die ständige persönliche Überwachung, nicht mehr leisten können.

Es fehlte auch an Geld, die notwendigen Investitionen vorzunehmen. Korruption, Unterschlagung, liederliches Wesen machten sich innerhalb der in den neuen Provinzen eingesetzten Beamtenschaft breit. Wie überhaupt die guten Sitten durch schlechte Beispiele gelitten hatten und immer weniger Beamte gewillt waren, etwas für den Staat zu leisten, dafür aber ständig bereit, sich zu bedienen. Was uns wieder bekannt vorkommt.

Der der Kirche und den Starosten weggenommene Grund und Boden wurde nicht an polnische Bauern oder deutsche Einwanderer zur Bewirtschaftung übergeben, sondern an *wohl meritierte Offiziere* und einflussreiche Bürger verschleudert, die die Güter wiederum rasch mit hohem Gewinn abstießen. Der König war hier besonders großzügig. Als er in Bad Pyrmont eine hübsche Hofdame entdeckte, die zwar Braut war, aber arm, befahl er kurz: »Güter schenken, heiraten.« Kurze Zeit darauf besaß der überraschte Bräutigam, ein Herr von Hünerbein, ein Landgut im Wert von 200 000 Talern.

Die schimpflich erworbenen Vermögen machten böses Blut unter den Bauern Neuostpreußens und Südpreußens. Auf solche Art war niemand zu Preußen zu bekehren. Die Bemerkung des Grafen Hoym, eines der verantwortlichen Minister, charakterisiert die Situation: »Halbjährliche Bemühungen, in den Geist der polnischen Nation einzudringen, nötigen mich zu dem traurigen Bekenntnis, dass die Nation der preußischen Verwaltung hartnäckig widerstrebt.«

EIN KÖNIG STIRBT

Etwa zwei Jahre blieben dem König noch nach der Unterzeichnung des Teilungsvertrags, seiner letzten größeren außenpolitischen Handlung. Er zog sich in das am Heiligen See gelegene Marmorpalais zurück, das Gontard aus den Säulenkolonnaden des Parks von Sanssouci erbaut hatte. Ein Frevel, der Friedrich den Großen nachts aus seinem Grabe steigen ließ – raunte man in den Salons und Kaschemmen der Hauptstadt.

Wenn ihn nicht unaufschiebbare Staatsgeschäfte hinderten, widmete er sich der geliebten Musik, gab Konzerte und spielte mit der Bratsche den Solopart. Bisweilen fuhr er mit Wilhelmine zur Pfaueninsel hinaus, wo, nach ihren Entwürfen, ein Schlösschen in Form einer Burgruine entstanden war, heute ein beliebtes Ausflugsziel der Berliner. Es war als Liebesnest gedacht, doch war ihr Verhältnis jetzt endgültig so geworden, wie Wilhelmine es später in ihren Memoiren treuherzig-edel beschrieben hat: »Zwischen mir und ihm gab es ein ungleich edleres Band denn das physische zu knüpfen vermag.« Dem König hat dieses Band offensichtlich nicht genügt. Bei aller sonstigen Hinfälligkeit war er *in puncto puncti* noch einigermaßen aktiv. Was der Hof auf die regelmäßige Einnahme des von Bischoffwerder beschafften Lebenselixiers »Diavolini«, eines potenzerhaltenden Mittels, zurückführte. Jedenfalls verliebte er sich erneut. Die bereits erwähnte Tänzerin Schulzki hatte es ihm angetan, eine neunzehnjährige Balletteuse vom Typ der Dritten von rechts. Sie war schwarzbraun und gewachsen als ein Licht, wie er der ihrer Gesundheit wegen nach Italien aufgebrochenen Wilhelmine schrieb.

In einem Brief, in dem er gleichzeitig darum bat, sie möge *den Geist* (des bereits erwähnten früh verstorbenen Alexanders von der Mark) befragen, ob er mit der neuen Liaison einverstanden sei. Er war es, und der König notierte zu Ostern: »An dem jetzt kommenden heiligen Feuer werde ich mit ihr beten und einander das Wort geben, uns bis ans Ende unserer Tage treu zu sein.«

Noch ein weiterer Brief kam. Diesmal aus Neapel, wo die regierende Königin beider Sizilien sich geweigert hatte, die Encke zu empfangen, da bürgerlich. Eine preußische Pompadour zu sein genügte am Vesuv nicht. Wenig später jagte ein Kurier Richtung Italien, in dessen Satteltasche sich ein Adelsdiplom befand, das Wilhelmine Encke zur Gräfin Lichtenau erhob. Mit Wappen und vier blaublütigen Ahnen mütterlicher – sowie väterlicherseits. Weniger schwierig war es, bei Lady Hamilton vorgelassen zu werden, der Gemahlin des britischen Botschafters und späteren Geliebten des Seehelden Lord Nelson. Auch die Lady war keine Geborene, sondern eine Gewisse, hieß Lyons, Emma, war Hausmagd in London gewesen und hatte jene Karriere gemacht, die allein einem Mädchen aus dem Volk das ermöglichte, was man heute Selbstverwirklichung nennt.

Zweiundvierzig war Wilhelmine jetzt, von reifer Schönheit und im Gegensatz zu den meisten gleichaltrigen Frauen der damaligen Zeit noch nicht verblüht. Begleitet von Reisemarschall, Sekretär, Gesellschafterin, Köchen, Kammerjungfern, Kammerdienern, wohlversehen mit Blankoschecks für die Banken in Mailand, Florenz, Rom und einer Summe in bar zum Ankauf von Antiquitäten, wurde sie bald zum Mittelpunkt einer internationalen Clique von Globetrottern. Sie zeigte sich nicht prüde gegenüber den Prinzen, Herzogen, Grafen, Marquis, die ihr ausdauernd den Hof machten, darunter Mylord Bristol, den seine Bischofswürde nicht davon abhielt, stundenlang vor ihrem Bett zu knien, verließ aber eilends das Land, in dem, wie sie sagte, der Mond wärmer scheine als die Sonne in Preußen, nachdem sie von der Erkrankung Friedrich Wilhelms erfahren hatte.

Er war wie ein Kind bei ihrem Wiedersehen. »Ach, wie freue ich mich. Gott sei gedankt, dass ich noch solches erleben darf, Gott segne Ihnen!«, sagte er – lebte sichtlich auf und ließ seiner Freundin einen Triumph zukommen, den abzulehnen sie diesmal nicht klug genug war. Sie gab in ihrem Palais Unter den Linden ein Geburtstagsfest, zu dem sie, da nun adlig und damit ebenbürtig, den Hof einladen durfte. Sie wurde der Königin vorgestellt. Die Kronprinzessin, die spätere Königin Luise, musste ihr die Hand reichen, der Kronprinz sie ihr küssen.

Alles war kostbar in *dieser infamen Budike*, wie der alte Prinz Heinrich fluchte, auch die kleine Bühne, auf der man Nasolinis Oper »Cleopatra« aufführte, ein Werk, das nicht ganz passte, oder vielleicht zu sehr. Als Octavia den Mark Anton der Untreue zieh, sah alles verstohlen zur Königin hin, die zu weinen begonnen hatte, worüber sich der Kronprinz derart alterierte, dass er auf den Gang hinausstürzte und, den Degen ziehend, ausrief: »Ich töte diese Kreatur auf der Stelle.«

Ansonsten war es ein gelungenes Fest, der König warf den Kindern seiner drei Geliebten, der Encke, der Voss und der Dönhoff, Schokolade in ihre Logen hinauf, und alles lachte fröhlich.

Friedrich Wilhelm aber war trotz aller zur Schau getragenen Fröhlichkeit hinfälliger denn je, der Atem ging mühsam, die Stimme klang kaum verständlich, er war schon vom Tod gezeichnet. Ein Verfall, den die Ärzte, trotz vorübergehender Erleichterung nach einem Badeaufenthalt in Pyrmont, nicht aufzuhalten vermochten. Auch die Quacksalber konnten ihm nicht mehr helfen: die Ausdünstung ungeborener Kälber, das Ausstopfen von Kissen mit ihren Innereien, die Pillen aus Rizinus, Seife, Rhabarber, die mit Hilfe komplizierter Apparaturen in das Krankenzimmer geblasene Lebensluft waren untauglich. Die Brustwassersucht, und daran litt der König, war stärker.

In den Morgenstunden des 16. November 1797 starb er unter Qualen, und niemand befand sich bei ihm. Außer einem Lakaien, den er, und das war vermutlich sein letztes Wort, flehentlich bat: *»Mon cher Offel ne m'abandonnez pas!–* Mein lieber Offel, verlassen Sie mich nicht!« Einige Tage vorher hatte er gesagt: »Die Campagne in Frankreich, ich hätte sie nicht unternehmen sollen.« Er war 53 Jahre alt geworden …

DER STURZ DER FAVORITEN

Die Rietz, die ihn wochenlang aufopfernd gepflegt hatte, war, erschöpft von nächtlichen Wachen, in ihrem Zimmer in einen totenähnlichen Schlaf verfallen. Als sie sich erhob, war der Mann gestorben, der ihr Lehrer gewesen war, ihr Geliebter, ihr Freund, ihr Wohltäter, der Vater ihrer Kinder. Den sie während seiner Krankheit zum Tode nicht hatte verlassen wollen, obwohl sie die Ungnade seines Nachfolgers fürchten musste. An Warnungen hatte es nicht gefehlt, auch nicht an Angeboten, ihr Vermögen ins Ausland transferieren zu lassen oder selbst zu flüchten. Dass die Geliebte eines Großen sich zu Lebzeiten des großen Mannes versichern müsse, da man sie nach seinem Ableben mit allen Hunden hetzen würde, nach dieser Weisheit hatte sie sich nicht richten wollen. Obwohl Emma Lyons alias Lady Hamilton es ihr immer wieder eingeschärft hatte.

Das Verhängnis brach schnell herein. Noch am selben Tag, von draußen ertönte der schwere Schritt der die Totenwache übernehmenden Garde, betraten der Oberst Zastrow und der Major Kleist ihr Zimmer. »Im Namen des Königs. Sie sind verhaftet!«

Eine Haupt- und Staatsaktion schloss sich an, während derer sie von einer Kommission in 45 Punkten verhört und in

7 Punkten angeklagt wurde. Man beschuldigte sie des Verrats von Staatsgeheimnissen an fremde Mächte, des Diebstahls, der unrechtmäßigen Bereicherung aus königlichem Gut, der Schädigung der Person des Königs durch Ausnützen seiner Schwächen und Begünstigung seiner spiritistischen Neigungen. In tagelangen Verhören wurde ein ganzes Leben bis ins letzte Detail durchleuchtet, wobei die Gräfin, so das Protokoll, »mit anscheinend vollkommener Unbefangenheit sich ausgelassen, sich nie widersprochen und geändert hat«. Es war die Unbefangenheit des guten Gewissens.

Die Mitglieder der Untersuchungskommission befanden nach sorgfältigem Aktenstudium und Abwägung alles Für und Wider: »Der Rietz-Encke, nunmehrigen Gräfin Lichtenau, ist nichts Strafwürdiges nachzuweisen.« Sie bewegten sich damit innerhalb der Tradition des *Il ya des juges à Berlin*, wussten sie doch, dass ein anderes Urteil erwartet worden war. Denn Friedrich Wilhelm III. brauchte ein Opfer, um seinen Vater zu entsühnen. Er kassierte das Urteil, ganz im Stil einer überwunden geglaubten Kabinettsjustiz, ließ das Vermögen der Delinquentin einziehen und verbannte sie für den Rest ihres Lebens auf die Festung Glogau.

Das Mädchen aus der Spandauer Straße, so hoch gestiegen und so tief gefallen, war noch vital genug, ein neues Leben zu beginnen. Und sei es im Niederschlesischen. Der Theaterdichter und spätere Burgtheaterdirektor Holbein, in Glogau auf Tournee, machte ihr einen Heiratsantrag, den anzunehmen sie, die Staatsgefangene, eines königlichen Erlaubnisscheins bedurfte. Friedrich Wilhelm III. erteilte ihn überraschenderweise, er gewährte, bei Verzicht auf alle anderen Ansprüche, sogar auf Lebenszeit Pension und ließ das Paar nach Breslau ziehen.

»Übereilt gehandelt damals, Sache übers Knie gebrochen«, lautete sein Kommentar zum überraschenden Sinneswandel.

Ihr Name tauchte später noch einmal auf im Zusammenhang mit Napoleon auf, der der Gräfin höchstpersönlich half – und so etwas konnte nur Wilhelmine gelingen –, einen Teil ihrer beschlagnahmten Güter zurückzubekommen. Sie bedankte sich bei ihm in Paris, nahm, inzwischen längst von ihrem Mann getrennt, Wohnung in der Seinestadt und war bald Mittelpunkt eines kleinen Salons. 1812 nach Berlin zurückgekehrt, vergrub sie sich in ihrem Palais Unter den Linden. Eine Frau, die durch ihre Vergangenheit interessierte, aber nicht gewillt war, sich damit interessant zu machen. Ein Zug tiefer Trauer, wahrhaften Schmerzes sprach aus ihren schönen Zügen, wenn auch nur die entfernteste Andeutung dahingehend gemacht wurde – berichtete einer ihrer Besucher.

Für sie gilt, was der französische Historiker Marc Bloch über die Nebenfiguren der Geschichte einmal schrieb: »Sie bilden für die historischen Ereignisse die farbige Kulisse, ohne die die großen Haupt- und Staatsaktionen blass bleiben würden. Die Handlung, die sich auf dem Vordergrund der Bühne abspielt, wird durch die Beachtung der Nebenrollen verständlicher. Deshalb sind sie wichtig für die Geschichte der Politik, der Kultur, der Sitten.«

Auch die Tage des Generalleutnants Bischoffwerder waren nun gezählt. Er wählte einen Abgang, der bei allem Theaterhaft-Pompösen Format hatte. Als bei der Begräbnisfeier im Dom der Sarg Friedrich Wilhelms langsam in die Gruft hinabzusinken begann, stand Bischoffwerder neben seinem toten Herrn, eine Fackel in der Hand, und versank mit ihm, während der Chor »Ich hab' mein Sach' auf Gott gestellt« sang und die Kanonen den Trauersalut schossen. Wöllner dagegen, die Zeichen verkennend, versuchte verzweifelt, sich angenehm zu machen, indem er unterwürfig versicherte, dem Willen seines neuen Herren auf das pünktlichste zu gehorchen. Die Antwort darauf bestand in seiner Entlassung ohne Gewährung einer Pension.

Und so wie beim Tod Friedrich Wilhelms I., des Soldaten-königs, 1740, alle Welt aufgeatmet und die Hoffnung auf den Sohn gesetzt hatte und beim Hinscheiden des großen Fried-rich, 1786, keine Tränen vergossen wurden, weil jeder glaub-te, mit seinem Nachfolger, Friedrich Wilhelm II., brächen bessere Zeiten an, so glaubte man, dass Friedrich Wilhelm III. das Reich der Preußen neuem Ruhm und neuer Größe entge-genführen würde.

Das alte, ewig neue Lied des *Le roi est mort – vive le roi ...*

II Der Mann der Königin Luise

Monsieur Buonaparte aus Korsika

Er war so klein, dass er in der preußischen Armee kaum Karriere gemacht hätte. Ein Meter dreiundsechzig. Der Kopf unverhältnismäßig groß gegenüber dem Körper, die Stirn breit und hoch, eine wie modelliert wirkende Nase über feinnervigem Mund, die Haare ins Kastanienbraune hinüberspielend. Die Augen, wie bei vielen Großen, beherrschten das Gesicht, kaltes Feuer verstrahlend, doch mit Dämonie hatte das nichts gemein, auch wenn seine Züge von einer Art hartnäckiger Trauer umschattet waren. Zum Dämonen machten ihn erst die dämonengläubigen Deutschen. Alles an ihm war Vernunft, Verstand, Klarheit des Gedankens, mittelmeerischromanisch. Er wirkte verschlossen, freudlos, »nicht amüsierbar«, wie sein Minister Talleyrand das nannte.

»Ich habe eine Seele von Marmor«, sagte er.

Und: »Ich finde kein Vergnügen an unnützen Empfindungen.« Womit er die Liebe meinte, die Liebe zum Nächsten. Nur einem einzigen Menschen hat er jemals wirkliche Zuneigung entgegengebracht, seiner Mutter, der Korsin Letizia Buonaparte, Gebärerin von dreizehn Kindern, die dem Glück des Sohnes nie traute und noch auf dem Zenit seiner Laufbahn sorgenvoll bemerkte: »Wenn es nur so bleibt, wenn es nur gut geht …«

Seine Macht über andere Menschen schien unbegrenzt. Und doch ließen ihn alle im Stich, als seine Sonne nicht mehr wärmte: die Jugendfreunde, die Waffengefährten, die eigenen Verwandten. Und die europäischen Fürsten, die vorher vor ihm katzbuckelten.

Als Friedrich Wilhelm den Thron bestieg, war Napoleon Bonaparte 28 Jahre alt und hatte nach seiner Meinung noch immer nichts für die Ewigkeit getan. Die blutige Niederschlagung der royalistischen Konterrevolution, als er die Aufständischen auf den Stufen der Kirche von Saint-Roch bedenkenlos zusammenkartätschen ließ, damit den jakobinischen Konvent rettend, ein solcher Erfolg bedeutete ihm wenig. So wenig wie diese ganze französische Revolution, deren Ziele ihm gleichgültig waren, wie das ganze Frankreich überhaupt, dessen Sprache er mit starkem korsischem Akzent sprach, ein Land, das ihn nur interessierte, weil es ihm die Möglichkeit zu einer Karriere bot: Stipendium in der Militärschule von Brienne, Besuch der Kadettenanstalt in Paris, Aufnahme als Leutnant in die königliche Armee. Und wenn er an Freiheit dachte, dann nur an seine Heimatinsel Korsika, die unter dem Joch der französischen Besatzungsmacht litt.

Er hatte Josephine Beauharnais geheiratet, die Witwe eines unter der Guillotine gestorbenen Generals, deren Schönheit, sie war Kreolin, ihn so anzog wie ihre Beziehungen. Sie hielt Kontakt zu den neuen Herren, denen der Revolution, *und* zu den alten, denen des Ancien régime – denn man konnte nicht wissen. Die neuen schenkten ihm zur Hochzeit den Oberbefehl über die Armee in Italien. Ein Danaergeschenk, wie sich herausstellen sollte. Diese Armee bestand aus halb zerlumpten, schlecht ausgerüsteten, unzureichend ernährten Soldaten, denen ein überlegener Feind, Österreicher und Piemontesen, gegenüberstand. Wenn auch nicht so überlegen, wie die Napoleonlegende es will, an der noch zu seinen Lebzeiten fleißig gearbeitet wurde.

Den martialischen Aufruf an seine Truppen zum Beispiel: »Ich werde euch zu den fruchtbarsten Ebenen der Erde führen«, hat er auf St. Helena, seinem letzten Verbannungsort, diktiert. Doch war ihm, der seinen Livius, seinen Plutarch, seinen Cäsar gut kannte, die Macht des Wortes durchaus gegeben. Er versprach den Soldaten, dass sie unter ihm siegen würden, und sie glaubten dem kleinen untersetzten Mann. Castiglione, Bassano, Arcole, Rivoli hießen einige Stationen seines Siegeszuges. Bei Lodi setzte er, seinen Truppen voranstürmend, sein Leben ein, was er im Gegensatz zu Friedrich dem Großen, seinem Vorbild, später klüglich vermied. Seine Strategie, jede Streitmacht konzentriert an einem bestimmten Punkt einzusetzen, zeigte sich bereits in Ansätzen. Bald war er Herr der Lombardei und Mailands und spürte zum ersten Mal, dass aus ihm etwas werden könnte. Zu dem Gesandten Miot de Mélito sagte er: »Was ich hier getan habe, ist noch gar nichts. Ich stehe erst am Anfang meiner Karriere.«

Um sie zu fördern, schickte er einen Großteil seiner Kriegsbeute nach Paris. Nichts erregt bei Politikern, das merkte er rasch, mehr Wohlgefallen als Geld. »Zwei Millionen sind unterwegs«, schrieb er den an der Spitze des Staats stehenden Direktoren. »Der Finanzminister kann unbesorgt auf vier bis fünf Millionen Wechsel ziehen ... Morgen gehen hundert Wagenpferde von Mailand ab ... Kostbare Gemälde und Handschriften sind von Genua aus unterwegs.«

Der Krieg ernährte bei ihm den Krieg, was Preußen später zu spüren bekommen sollte. Er hatte wenig Skrupel, die eroberten Länder auszuplündern, ihre Kunstwerke zu rauben oder ihnen einen Waffenstillstand zu verkaufen. Der Herzog von Parma zahlte zwei Millionen in Gold dafür, siebzehnhundert Pferde und zwanzig Gemälde; der von Modena sogar zehn Millionen; am schlimmsten wurde der Papst geschröpft mit einer Entschädigungszahlung von 21 Millionen, hundert Kunstwerken und fünfhundert kostbaren Handschriften.

Er war der Sieger auf der ganzen Linie, und jene, die durch seine Siege im Sattel gehalten wurden, die Herren des Direktoriums, empfingen ihn im Garten des Luxembourg-Palastes mit allen Ehren. Doch die Furcht von dem neuen Mann war größer als die Freude über seine Erfolge. Misstrauisch beobachteten sie, wie er überall, wo er auftauchte, vom Volk gefeiert wurde. Hatte er nicht den Frieden vom Campo Formio mit Österreich abgeschlossen, ohne die Ankunft ihres Bevollmächtigten abzuwarten? War er nicht in Rastatt, wo Europas Fürsten um Entschädigung aus kirchlichem Besitz feilschten für die drohenden linksrheinischen Gebietsverluste, zu selbstherrlich aufgetreten?

Es galt, ihn abzulenken von seinen geheimen Plänen, und da er ein Kriegsheld war, geschah das am besten durch einen Krieg. Bei dieser Gelegenheit konnte er einen alten französischen Traum verwirklichen: dem britischen Weltreich den Weg nach Indien abzuschneiden. Im Mai 1798 brach Napoleon mit 54 000 Mann und 400 Schiffen auf zu seiner ägyptischen Expedition, die so abenteuerlich war wie sinnlos. Er siegte auch im Reich der Pyramiden (»Soldaten, vierzig Jahrhunderte schauen auf euch herab!«), aber die Lorbeeren welkten rasch. Die Armee konnte sich in dem riesigen Land nicht halten. Das Mittelmeer wurde von englischen Kriegsschiffen beherrscht, der Nachschub aus der Heimat blieb aus, und die französische Flotte war von Nelson bei Abukir vernichtet worden.

Napoleon ließ in dieser aussichtslosen Lage seine Truppen im Stich und stahl sich, ständig in Gefahr, den Engländern in die Hände zu fallen, nach Frankreich zurück. Dort stellte man ihn nicht wegen Fahnenflucht an die Wand, man machte ihn, von den Bajonetten der Grenadiere ermuntert, zu einem der drei Konsuln, später zum Ersten Konsul und damit zum Alleinherrscher.

Am 2. Dezember 1804 flüsterte er in der Kirche Notre-Dame seinem Bruder Joseph zu: »Wenn Vater uns jetzt sehen könnte«, und setzte sich, den anwesenden Papst brüskierend, eigenhändig die Kaiserkrone auf.

Zwei Jahre später schrieb er aus dem Feldlager in Deutschland an Josephine: »Mit Gottes Hilfe wird es bald einen ziem-

lich schrecklichen Ausgang, glaube ich, für den armen König
von Preußen geben. Persönlich tut er mir leid, weil er ein guter
Kerl ist.«

Das war in den Tagen von Jena und Auerstedt ...

FRIEDRICH WILHELM UND LUISE –
EINE PREUSSISCHE IDYLLE

Während die Furien des Krieges Europa in Brand setzten, Städte
berannt wurden, Gefangene abgeführt, Tausende verbluteten
und Zehntausende verkamen, spielte sich in Preußen eine
Idylle ab. Friedrich Wilhelm III. liebte seine Ruhe und die
seines Landes und wäre statt eines Königs lieber Dorfschulze
von Paretz geworden, wie der ländliche Ruhesitz an der Havel
hieß. Das war nicht friderizianisch gedacht, und doch war Fridericus sein Leitstern, und unvergesslich waren ihm die Worte geblieben, die der Alte im Park von Sanssouci zu ihm gesprochen hatte: »Ich fürchte, lieber Fritz, du wirst mal einen
schweren, bösen Stand haben. Habilitiere, rüste dich; sei firm;
denke an mich. Wache über unsere Ehre und über unseren
Ruhm.«

Friedrich Wilhelm wachte auf seine Weise: indem er sich
aus allem heraushielt. »Man mische sich nie in fremde Händel, die einen nichts angehen«, schrieb er in seinen »Gedanken über die Regierungskunst«. »... und lasse sich nicht durch
einen vermeint zu erlangenden Ruhm verblenden. Um aber
nicht wider seinen Willen in fremde Händel gemischt zu werden, so hüte man sich vor Allianzen, die uns früh oder spät in
solche verwickeln könnten.«

Die Engländer, der Kaiser, der Zar, die in Berlin anklopf-
ten, um Preußen für die zweite Koalition gegen Frankreich als
Partner zu gewinnen, holten sich einen Korb. Als daraufhin
die Franzosen Morgenluft witterten und ihrerseits an Preußen

herantraten, wurde ihnen die gleiche abweisende Antwort zuteil. Auch beim Ausbruch des dritten Koalitionskriegs versuchte Friedrich Wilhelm, seine Neutralität zu wahren.

Der Berliner Hof wollte keine Kriege führen, der Hof wollte tanzen, und zwar Walzer. Jenen neuen Tanz, der nichts gemein hatte mit den bisher gepflegten Gesellschaftstänzen, mit dem verschnörkelten Menuett, dem gezierten Contre, der steifen Écossaise. Allen voran gab sich die Königin dem Rausch im Dreivierteltakt hin. Die Königinwitwe freilich, eine höchst seltsame Person, vor der Zeit hässlich, krumm, mit wackelndem Kopf, ließ alle wissen, dass Preußen nichts daran gelegen sein könne, wohl behütete Fräulein mit Offiziers im Taumel walzen zu sehen, setzte auch später ein offizielles Verbot des Walzers bei Hoffestlichkeiten durch, das bis in die Zeiten des letzten Kaisers gültig blieb. Dieser Tanz war nicht nur unsittlich und untergrub die Moral, er war auch ungesund, es gab Ärzte, die ihn als *Alliierten der Schwindsucht* bezeichneten.

Luise, die neue Königin, verstieß in vielem gegen das, was die Etikette erlaubte. Sie küsste beim Einzug in Berlin eine der – bürgerlichen – Ehrenjungfrauen, wählte sich bei den Maskenbällen ihren Partner selbst, und man wäre noch entsetzter gewesen, hätte man gewusst, dass sie nach der Hochzeitsnacht ihrem Mann das du angeboten hatte. Auch in der Kleidung war sie leicht skandalös, zog sich *à la grecque* an: raffiniert einfach geschnittene Kleider aus Musselin, Linon oder Batist, darunter ein dünnes Hemd, tief der Ausschnitt, und das Ganze so leicht, dass es nach Möglichkeit nicht über 16 Lot wiegen durfte (etwa 206 Gramm). Directoire hieß diese Art, sich zu kleiden, später Empire genannt. Im Grunde ein Aufstand des Natürlichen gegen die Tortur von Reifrock, Korsett, Schnürbrust, Turmfrisur. Eine Mode, die entzückte und schockierte, die aber auch mit Anmut, Charme und Grazie getragen sein wollte.

Beides besaß die aus dem Hause Mecklenburg-Strelitz stammende, am Darmstädter Landgrafenhof aufgewachsene Luise. Ihre süddeutsche Lebenslust und Heiterkeit passte wenig zur berlinischen Nüchternheit und Strenge, trotzdem, besser *deshalb,* war alles beglückt und empfand das, was Goethe spürte, als er Luise im Feldlager von Marienborn für eine *himmlische Erscheinung* hielt.

Dem Schwiegervater, bekanntlich selbst kein Kind von Traurigkeit, wurde sie bald etwas zu himmlisch, und er sah sich genötigt, dem Sohn zu raten, er möge Luise *nach seiner Hand reiten und bisweilen den Sporen gebrauchen.*

Luise Auguste Wilhelmine Amalie hieß sie mit allen ihren Vornamen, und wenn »Luise« später ein Modename wurde, lag das daran, dass sie aus der unscheinbaren Ahnengalerie hohenzollernscher Herrscherfrauen herausragte. Sieht man von der genialischen Sophie-Charlotte einmal ab. Sie hatte Charisma, wie die Griechen die als übernatürlich empfundene Qualität eines Menschen nannten, und ihr Leben wies alle Elemente des Strahlenden, Düsteren, Tragischen, auch Rührseligen auf, die dazu gehören. Ihr früher Tod, den das Volk als Opfergang ansah für das Vaterland, trug vollends zur Legendenbildung bei. In Berlin kennt man sie heute noch, an ihrem Geburtstag liegen Sträuße von unbekannter Hand – Kornblumen, ihre Lieblingsblumen – auf dem von Rauch geschaffenen Sarkophag im Charlottenburger Mausoleum. Die Totenmaske beweist, wenn man schon Gemälden nicht trauen will, dass die Kleist, Arnim, Brentano nicht übertrieben haben, wenn sie von der Schönheit, der Anmut und der Würde dieses Gesichts schwärmten. Den Mangel an Bildung, verursacht durch die laxe Erziehung, die selbst Prinzessinnen zuteil wurde, verziehen sie ihr und auch wie wenig sie die Klassiker interessierten – Goethe, Wieland, Jean Paul, Herder –, wie viel mehr dagegen Trivialautoren vom Typ eines Zacharias Werner, Kotzebue und Lafontaine.

Später hat sie versucht, ihre Bildungslücken durch mühsames Selbststudium zu füllen. Sie las und las, wie sie bekannte, bis ihr Hören und Sehen verging, und zwar Bücher, die ihr Marie von Kleist, eine Cousine des Dichters, ins Schloss schmuggeln musste. Ihr Mann war dagegen, weil er fürchtete, sie würde ihren natürlichen Instinkt verlieren und ihm entgleiten, hätte sie erst einmal eine höhere Bildungsstufe erreicht.

Friedrich Wilhelm schien in allem das Gegenteil seiner Frau. Er war steif, scheu, gehemmt, mürrisch, abweisend, wortkarg, ohne Fantasie und Geist, aber da er seine Luise liebte, ihre anfängliche Lust am Tanz und modischer Extravaganz tolerierte, die Kinder zärtlich umsorgte, machte er aus seiner Ehe das denkbar Beste.

Die Königin ständig an der Seite des Königs, das hatte man in Preußen lange nicht mehr erlebt. Es war umso erstaunlicher, weil die beiden das offensichtlich aus gegenseitiger Zuneigung taten. Sie schienen sich wirklich zu mögen, was einer Sensation gleichkam in einer Zeit, da Prinzen und Prinzessinnen grundsätzlich nicht aus Neigung heirateten, sondern aus dynastischer Vernunft und dementsprechend schlechte Ehen führten.

Man erlebte das königliche Paar Arm in Arm im Tiergarten, zu Pferd im beißenden Staub der Truppenparaden, in der Kutsche auf den mühseligen Reisen in die entferntest liegenden Provinzen, auf Ausflügen mit ihren Kindern. Sie wurden zum Vorbild eines harmonischen Familienlebens. Es wurde geradezu Mode, ihnen nachzueifern.

Und die Worte des Königs machten die Runde, als er es nach der Thronbesteigung ablehnte, seinen Etat erhöhen zu lassen – »Der König wird von den Einkünften des Kronprinzen leben müssen« –, als er den Uniformschneider wieder nach Hause schickte: »Alte Sachen in Ehren halten. Rock noch ganz gut. Ihn noch manches Jahr tragen.«

Die Briefe, die uns von Friedrich Wilhelm und Luise erhalten sind, mit ihren Bekundigungen gegenseitiger Achtung und Zuneigung – wahre Liebesbriefe, selbst im Herbst und Winter ihrer Ehe –, zeigen, dass ihre Harmonie nicht gespielt war.

DER TRIUMPH DES MITTELMÄSSIGEN

Was Friedrich Wilhelm betraf, so machten die Tugenden eines Familienvaters noch keinen Landesvater. Seine Bescheidenheit wurde hier Ängstlichkeit, sein Hang zur Geborgenheit ein Sich-tot-Stellen angesichts von Gefahren, seine Gutmütigkeit zu Schwäche, sein haushälterisches Wesen zu Geiz, besonders im Hinblick auf die Armee, sein konservatives Beharren zum Starrsinn. Ein solcher Mann nun, und hier liegt wohl seine Tragik, der in leidlichen Zeiten ein leidlicher Herrscher gewesen wäre, sah sich bald einer Entwicklung gegenüber, die die alten Werte wertlos machte und Europas Landkarte von Grund auf veränderte. Aus dem Mann, den die Mitwelt den *guten König* nannte, wurde für die Nachwelt *der Mann der Königin Luise,* ein entschlussloser, willensschwacher Herrscher in erbarmungsloser Zeit.

Sein Regierungsantritt wurde mit den üblichen Vorschusslorbeeren bedacht, und er zeigte den einschlägigen guten Willen, es besser zu machen als sein Vorgänger, bei dessen Tod es zynisch geheißen hatte: »Wohl ihm. Wohl uns. Dass er nicht mehr ist.« Er sah durchaus ein, dass Reformen nötig waren, eine Art Revolution von oben nach unten, wollte man eine von unten nach oben wie in Frankreich verhindern. »In wenig Jahren wird es in Preußen keine privilegierte Kaste mehr geben«, sagte der Minister Struensee hoffnungsvoll zum französischen Geschäftsträger, und sein Optimismus schien ihm Recht zu geben.

Innerhalb von sechs Jahren gelang es, die Domänenbauern von ihren Frondiensten zu befreien, von der Gestellung von Pferd und Wagen, Kind und Kegel, von ihrer ganzen Untertänigkeit, die sich vererbte wie eine ewige Krankheit und sie ihres Lebens nie hatte froh werden lassen. Die Domänen waren Staatsgüter, was aber der Staat dort für seine quasi Angestellten erreichte, vermochte er nicht für die den Rittergutsbesitzern untertänigen Bauern durchzusetzen.

Der Adel war nicht bereit, nur ein Quäntchen von seinen Privilegien aufzugeben. Da ihm der überwiegende Teil des Grund und Bodens gehörte – 87 Prozent der preußischen Bevölkerung lebten auf dem flachen Land –, war seine Macht groß und sein Widerstand stark genug, alle Reformversuche zu vereiteln. Mit Gewalt durchzugreifen und damit das Feudalsystem infrage zu stellen, dazu fehlte Friedrich Wilhelm der Mut und der Wille. Der Versuch, die Adligen zur Grundsteuer heranzuziehen, endete ähnlich, und man war froh, dass bei dieser Gelegenheit wenigstens ihre Zollbegünstigungen beseitigt werden konnten.

Halbherzig auch die Maßnahmen, die Armee zu reformieren. Das nun wäre lebenswichtig gewesen! Denn, um die proklamierte Neutralität bewahren zu können, musste das Heer modernisiert werden: die Bewaffnung, die Ausrüstung, die Taktik – und der Geist. Und hier war nichts modern, hier war man eingeschlafen auf den Lorbeeren, die der große Friedrich gesammelt hatte: die Gewehre veraltet, die Uniformen aus minderwertigem Tuch zusammengestückelt, die Löhne auf demselben Stand wie in den seligen Tagen des Soldatenkönigs, der Exerzierdienst ein Prügeldienst, die Paraden sinnlos wie die Manöver, das Offizierskorps überaltert und in Hochmut erstarrt.

In einer Zeit, in der ein französischer Artillerist namens Bonaparte sich anschickte, Kaiser zu werden, stritt man sich in preußischen Offizierskasinos darüber, ob man einen Artil-

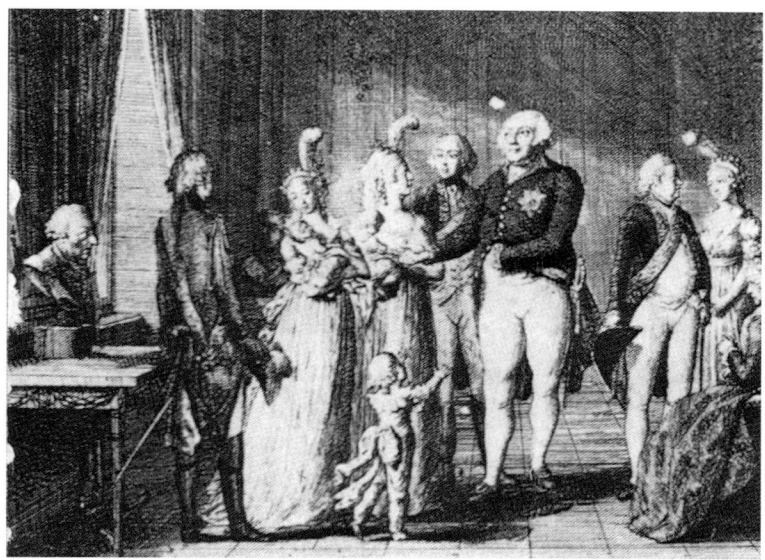

Oben: Friedrich Wilhelm II. im Kreise seiner Familie: den Fortbestand des Hauses Hohenzollern sichern nach dem Tode des kinderlosen großen Friedrich.

Unten: Die Kanonade von Valmy am 20.09.1792. Der erwartete Spaziergang der preußischen Truppen nach Paris endet in einem Debakel.

Rechts: Wilhelmine Encke, spätere Gräfin von Lichtenau, aufopferungsvolle Lebensgefährtin Friedrich Wilhelms II.

Unten: Eines Königs Favoritin, »die Encke«: Ziel zahlreicher Verleumdungen, beliebtes Modell zeitgenössischer Karikaturisten.

Folgende Seite: Eine preußische Idylle: König Friedrich Wilhelm III. und Königin Luise mit ihren Kindern Friedrich Wilhelm (dem späteren König Friedrich Wilhelm IV.), Wilhelm (dem späteren Kaiser Wilhelm I.), Charlotte (der späteren Zarin) und Alexandrine.

Folgende Seite, oben links: Luise von Mecklenburg-Strelitz, Königin von Preußen. Goethe hielt sie im Feldlager von Marienborn für eine himmlische Erscheinung.

Oben rechts: Einer Königin schwerer Gang. Am 6.7.1807 trifft Luise in Tilsit den »Sohn der Hölle«, wie sie Napoleon zu nennen pflegte.

Unten: »Meine Seele ist grau geworden …« Friedrich Wilhelm III. mit den Kindern am Sterbebett seiner Gemahlin Luise.

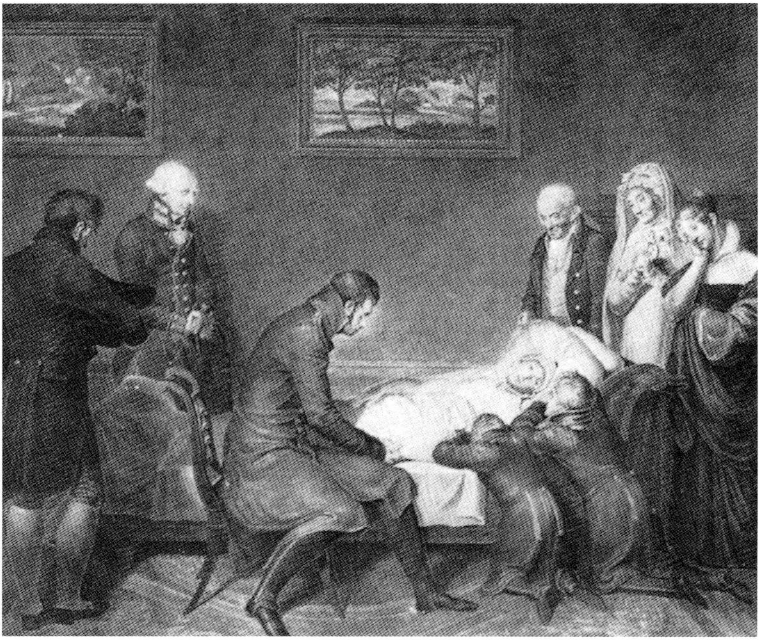

Oben: »Messieurs, wenn er noch lebte, stünden wir nicht hier!« Napoleon am Grabe Friedrichs des Großen.

Unten: Jena und Auerstedt: das alte Preußen starb am Altersstarrsinn seiner Generale, am Hochmut und der Unbildung seiner Leutnante, an der Unfähigkeit seiner ganzen Führungsschicht.

Oben: Ein Floß schwimmt auf der Memel. Kaiser Napoleon und der Zar Alexander trafen sich in der Mitte des Flusses.

Unten: »Mit Mann und Roß und Wagen ...«: Die Reste der Grande Armeé erreichen die Beresina. Nur jeder zehnte Soldat kehrte heim aus Rußland.

Vorhergehende Seite, oben links:
Ein preußischer Offizier macht Weltgeschichte. Mit Handschlag besiegelt
General Yorck am 30. Dezember 1812
die Konvention von Tauroggen.

Oben rechts: Ein Volk steht auf. Am
Kampf gegen Napoleon waren alle
Schichten ds Volkes beteiligt.
Der Landsturmmann Johann Gottlieb
Fichte rührte die Berliner durch sein
martialisches Auftreten.

Unten: Abschied zweier freiwilliger Jäger
von ihren Familien.

Die Befreiung vom Joch Napoleons wäre
nicht möglich gewesen ohne Männer
vom Genie eines Karl vom Stein *(unten
rechts),* der zusammen mit Hardenberg
die Reformen einleitete ...

... eines Wilhelm von Humboldt *(rechts),*
der die Berliner Universität gründete ...

... eines Johann Gottlieb Fichte
(unten links), der die »Reden an die
deutsche Nation« schrieb.

Sie reformierten das Preußische Militär:
Gerhard von Scharnhorst *(oben)* ...

... und Graf Neidhardt von Gneisenau
(Mitte).

Unten: Das Eiserne Kreuz, die höchste
preußische Auszeichnung der Freiheitskriege. Der Entwurf Karl Friedrich
Schinkels von 1813 und die erste
Ausführung.

Folgende Seiten: »Die größte schlacht di
uf der erde stadt gefunden.«
90000 Menschen, dreimal soviel wie
die gesamte Einwohnerzahl Leipzigs,
starben in der Völkerschlacht.

Von Friedrich dem Großen gedemütigt, erlebte Gerhard Leberecht von Blücher erst mit siebzig seine Sternstunde. Als »Marschall Vorwärts« wurde er zum gefährlichsten Gegner Napoleons.

Oben: Mit dem Rheinübergang bei Kaub in der Neujahrsnacht 1814 begann Blücher den Marsch auf Paris.

Folgende Seiten: Die letzten Szenen des Dramas, das den Titel trägt »Napoleons Hundert Tage«

Unten: Er fand sein Waterloo. Nach dem Gemetzel der Zweihunderttausend ist der Boden mit Leichen übersät. Beim Meierhof »La belle Alliance« werden Tote verscharrt.

NAPOLEON AN DER SPITZE SEINER GARDEN.

DIE SCI

BLÜCHER'S PFERDESTURZ

DER TOD DES H

ANGRIFF DER PREUSSEN BEI GENAPPE.

DIE SCH

LIGNY.

BLÜCHERS CAVALLERIE ANGRIFF.

N. BRAUNSCHWEIG.

NAPOLEON'S FLUCHT.

WATERLOO.

ZUSAMMENTREFFEN DER VERBÜNDETEN
FELDHERREN BEI LA BELLE ALLIANCE.

Seit vierhundert Jahren erstmals feindliche Truppen in Frankreichs Hauptstadt: mit
Alexander I. und Friedrich Wilhelm III. an der Spitze ziehen die verbündeten Truppen
über die Champs-Élysées.

lerieoffizier zum Generalstab zulassen könne. Über den General von Bülow sagte sein eigener Bruder: »Unter uns Brüdern ist er der Dümmste, aber in der Armee ist er immer noch ein Licht.«

Es war nicht so, dass der König die Mängel nicht sah. In militärischen Dingen besaß er Kenntnis und Urteil, und der maßlose Dünkel seiner Offiziere missfiel ihm genauso wie dem Bürger, der unter ihren Übergriffen zu leiden hatte. In einer scharfen Kabinettsorder drohte er jedem von ihnen mit Arrest, Verabschiedung oder Todesstrafe, wenn sie es fernerhin wagten, »einen der geringsten Meiner Bürger zu brusquieren, *sie* sind es, nicht Ich, die die Armee unterhalten, in *ihrem* Brot steht das Heer der Meinem Befehl anvertrauten Truppen«. Auch hier Einsicht, aber keine Kraft, sie in die Tat umzusetzen.

Die alte Wahrheit, wonach die meisten Könige so gut sind wie ihre Ratgeber, wurde an Friedrich Wilhelm III. offenbar. Er wählte sich denkbar ungeeignete Männer in sein Kabinett. Nicht aus Mangel an Menschenkenntnis, eher nach den ihm angeborenen Gesetzen des Subalternen. Er besaß eine instinktive Abneigung gegen jedwedes Format, gegen die Persönlichkeit, die das Mittelmaß sprengte, und nur das Mittelmäßige garantierte ihm das Normale. Daher sein anfängliches Misstrauen gegen Hardenberg, seine Ablehnung des Freiherrn von Stein, und als der genialische Prinz Louis Ferdinand gefallen war, gab er den eisigen Kommentar: »Hat wie ein toller Mensch gelebt, ist wie ein toller Mensch gestorben. Die Scharte nur klein.«

Wes Geistes Kind des Königs Berater waren, hat der Reichsfreiherr von Stein mit einer Denkschrift dokumentiert. »Der Geheime Kabinettsrat Beyme«, schrieb er, »ist mit den zur Leitung der inneren Staatswirtschaft nötigen Kenntnissen nicht im Mindesten vertraut. Der Geheime Kabinettsrat Lombard, zuständig für die diplomatischen Angelegenheiten, ist physisch und moralisch gelähmt und abgestumpft, seine Kenntnisse schränken sich auf französische Schöngeisterei ein. Der Minister Haugwitz, zuständig für das Äußere, ist verschroben, verderbt, süßlich geschmeidig, ein Mann ohne Wahrhaftigkeit und Kraft.«

Die Tätigkeit der Kabinettsräte bestand im Wesentlichen darin, herauszuspüren, was der König meinte, und ihn in dieser Meinung zu bestärken. Sie rieten ihm das, was er geraten haben wollte. Mit diesen Männern regierte er! Und zwar nicht mehr, wie noch sein Vater, *aus* dem Kabinett, sondern *durch* das Kabinett. Hardenberg hat seinem König später klar zu machen versucht, wie schädlich ein Regierungsstil sei, der die Minister zu Befehlsempfängern degradiere. Stein hat in der erwähnten Schrift mit scharfen Worten eine Reform verlangt. Onkel Prinz Louis Ferdinand versuchte dasselbe in gemäßigter Form, aber mit Unterstützung einflussreicher Persönlichkeiten, darunter waren der Schwager und zwei Brüder des Königs. Es musste erst die Katastrophe kommen, ehe er widerwillig zu Reformen bereit war ...

Der König liebte einfache Menschen oder was er für Einfachheit hielt, Akademikern mit ihren *spekulativischen Raisonnements* traute er sein Leben lang nicht über den Weg. Er schätzte sie, wenn überhaupt, lediglich nach dem Nutzen ein, den ihre Wissenschaft der Landwirtschaft, der Industrie, dem Handel und dem Gewerbe zu bringen vermochte. Mit Kant, Fichte, Hegel wollte er nichts zu tun haben, duldete auch keinen der bekannten Philosophen in der Akademie der Wissenschaften, hier seinem Vorfahren, dem Soldatenkönig, ähnlich, der von Leibniz gesagt hatte, dass er nichts taugen könne, weil er noch nicht einmal zum Wachestehen zu gebrauchen sei. Nicht anders sein Verhältnis zur Kunst und den Künstlern.

Für die große Masse genügten ihm die Volksschulen, und für sie hat er einiges getan. Volksschüler waren nun mal die besseren Untertanen. Von keiner Wissenschaft irritiert, blieben sie ihrem Gott, ihrem König, ihrem Vaterland treu. Während Bildung aufsässig machte. Jeder möge im Übrigen bei seinen Leisten bleiben, in einer Zeit, deren Geist ohnehin unter allen Menschen ein Bestreben rege gemacht habe, sich über ihren Stand zu erheben. Ließ er wissen.

Folgerichtig waren ihm Universitäten suspekt. Studenten sollten – und er entsprach damit in manchen Köpfen heute noch spukenden Vorstellungen – gefälligst studieren und sich nicht in die Politik mischen. In Form von öffentlichen Ruhestörungen womöglich noch. Um solches auf sämtlichen *Academien der Königlichen Staaten* zu verhindern, erließ er ein Edikt, wonach im Falle von *Excessen* in keinem Fall auf Relegation oder Geldbuße zu erkennen sei, sondern auf Gefängnis oder Prügelstrafe.

Am liebsten hatte er Menschen um sich vom Schlag eines Oberstleutnant von Köckeritz, seines Generaladjutanten, der stolz darauf war, sein ganzes Leben in der Potsdamer Garnison verbracht zu haben – des Tages Dienst, des Abends Kartenspiel und Tabakspfeife – ein rechtschaffener Mann, doch wie gefährlich bloße Biederkeit in hoher Position werden kann, hat schon die Oberhofmeisterin Sophie Marie von Voss weltklug bemerkt, wenn sie in ihrem Tagebuch über Köckeritz notierte: »… tut er, obwohl er redlich das Beste will, dennoch unaussprechlich viel Schaden, indem er das nachspricht, was andere ihm vorsagen, sich von anderen irreführen und gebrauchen lässt … Dem König in höchstem Grad ergeben, befindet er sich dennoch in einer Stellung, die nicht zu ihm passt.«

Die Änderung der Landkarte Europas

Die Politik der Neutralität um jeden Preis schien sich anfangs sogar auszuzahlen. Preußen durfte alte Wechsel präsentieren, die Frankreich seinerzeit in Basel ausgestellt hatte.

Sie besagten, dass rechtsrheinisch wieder gutzumachen sei, wenn linksrheinisch etwas verloren ginge. Ohne einen Schwertstreich getan und einen einzigen Mann geopfert zu haben, sah Preußen sich plötzlich im Besitz von Hildesheim, Paderborn, Münster, des Eichsfelds und Erfurts, der Reichsstädte Goslar, Mühlhausen, Nordhausen, der Abteien Herford, Quedlinburg, Elten, Essen, Werden, Kappenberg. Es hatte dafür das linksrheinische Herzogtum Geldern, das Fürstentum Moers und Teile des Herzogtums Kleve an Frankreich abtreten müssen, doch blieb ein Gewinn von 190 Quadratmeilen (eine Quadratmeile gleich 55,062 Quadratkilometer), 430 000 Einwohnern und 2,5 Millionen Talern Jahresertrag. In Berlin jubelte man, als der Kurier mit der Ratifikationsurkunde aus Paris endlich eintraf, Friedrich Wilhelm sagte »Superb gemacht!«, was bei ihm einen leidenschaftlichen Ausbruch bedeutete. Er glaubte, doppelten Grund zur Freude zu haben.

Mit Luise hatte er in Memel Alexander I. getroffen, den neuen Zaren aller Reußen, ein Mannsbild, strahlend schön, kultiviert, voller Ideale, und mit ihm Freundschaft geschlossen. Wobei Alexander mehr die ihm wie eine holde Fee erscheinende Luise meinte. Man machte in Seelengemeinschaft, und nichts war charakteristischer als die Treuherzigkeit des Deutschen, wenn er mit dem Zaren an der Hand zur Gemahlin ging und sagte: »Das kann ich dir versichern, Luise, die Russen haben niemals einen Kaiser wie den gehabt.« Politisch war die Memeler Begegnung gleich Null. Friedrich Wilhelm jedenfalls täuschte sich, wenn er glaubte, einen Verbündeten gefunden zu haben und einer Tripel-Allianz Frankreich-Preußen-Russland näher gekommen zu sein.

Nicht nur Preußen gewann damals an Land und Leuten hinzu. Was in Rastatt begonnen worden war, wurde jetzt im großen Stil weiterbetrieben und kam praktisch einer Neuordnung der Landkarte Europas gleich. Die Abtretung des linken

Rheinufers war nach Lunéville und Amiens endgültig, wo Napoleon wieder einmal Frieden geschlossen hatte mit Österreich und England. Eine in Regensburg vom Reichstag gebildete Deputation begann damit, alle jene zu entschädigen, die links des Stroms geschädigt wurden. Ein kompliziertes Geschäft, doch für die Deputierten nicht so sehr, weil sie lediglich abzusegnen hatten, was Frankreich und Russland in Paris ausgehandelt hatten. Umso voluminöser war die Bezeichnung, die sie für das Ergebnis ihrer Tätigkeit fanden: Reichsdeputationshauptschluss, ein nur im Deutschen mögliches Sprachungetüm.

In Rastatt und später in Paris waren die deutschen Fürsten und Fürstchen zuhauf erschienen, und die Vorstellung, die sie boten, war würdelos. Sie feilschten, bettelten, intrigierten, bedrohten sich gegenseitig, buckelten vor ehemaligen Lakaien, umbuhlten die Mätressen des Ministers Talleyrand, streichelten das Schoßhündchen seines Sekretärs, leckten den Speichel der momentan Stärkeren und waren jederzeit bereit, für eine Pfründe ihre Frauen und Töchter zu verkuppeln.

Die Franzosen waren angeekelt von so viel nationaler Würdelosigkeit, doch angewidert konnte man auch von der Schamlosigkeit sein, mit der sie selbst ihre menschheitsbeglückenden Ideale in dem Moment verrieten, da ihre Befolgung nachteilig gewesen wäre. Schlimmer als die nach ihrer Meinung verfaulten alten Mächte es je getan hatten, wandten sie die Mittel der Bedrohung und Erpressung an; brachen Verträge oder schlossen sie mit der Absicht, sie bei Bedarf zu brechen; verstießen gegen die ungeschriebenen Gesetze des Völkerrechts oder schrieben sie sich einfach selbst. Ihr Ziel war es, die Welt neu zu ordnen, aber in *ihrem* Sinn, und das bedeutete, die Maulwurfshaufenansammlung Europa mit ihren vielen Klein- und Kleinststaaten einzuebnen, die Größeren nicht zu groß werden zu lassen, die Kleineren zu vergrößern, die Kleinsten auszuradieren.

Eine dritte Kraft von militärisch leistungsfähigen Mittelstaaten unter Frankreichs Einfluss und Führung war zu bilden, eine Art Rekrutendepot, wie sich bald herausstellen sollte.

Das Kurfürstentum Bayern war die Nummer eins auf der Liste Napoleons. Bayern, in der deutschen Geschichte ewig dazu verurteilt, die zweite Geige zu spielen, während Österreich sein Glück in der großen Welt gemacht hatte, man konnte es ihm nicht verübeln, dass es nachzuholen versuchte, was nachzuholen war, und endlich eine Großmacht werden wollte. Wenn auch Kurfürst Max Joseph, der sehr wohl wusste, dass sein Land für Frankreich *le principal boulevard contre 'l Autriche* war, sich den neuen Herren in Paris etwas zu deutlich angedient hatte mit der Versicherung: »Ich bin in Frankreich erzogen und bitte Sie, mich für einen Franzosen zu halten. Bei jedem Erfolg der französischen Waffen habe ich es gefühlt …«

Max Joseph, später als Monarch der gute König Max genannt, bekam einen Friedens- und Freundschaftsvertrag und – für die Hergabe der Kurpfalz, der Herzogtümer Zweibrücken, Simmern, Jülich – die reichen Bistümer Würzburg, Bamberg, Augsburg, ein bisschen von Passau, etliche Reichsabteien und einige Reichsstädte wie Rothenburg, Ulm, Nördlingen. Ein gutes Geschäft mit einem Plus von 88 Quadratmeilen und 250 000 Einwohnern.

Ein noch besseres machten die Württemberger, die für sieben Quadratmeilen und 14 000 Einwohner 39 Quadratmeilen mit 120 000 Einwohnern bekamen. Das Beste aber überhaupt machten die schlauen Badener: Sie kassierten das Siebenfache an Land und das Neunfache an Leuten. Dass Napoleon sie die Avantgarde im nächsten Krieg nannte, hätte sie stutzig machen müssen. Die beiden Nassauer Linien erhielten wertvolle kurmainzische und kurtrierische Gebiete, Hessen-Darmstadt ein Stückchen rechtsrheinisches Mainz und das Herzogtum Westfalen. Die Hannoveraner, die Braunschweiger, die Hessen-Kasseler dagegen zogen lange Gesichter. Man konnte es eben nicht jedem recht machen.

Insgesamt wechselten durch den Reichsdeputationshauptschluss 112 Reichsstände den Besitzer, darunter ein weltliches und zwei geistliche Kurfürstentümer, 19 Reichsbistümer, 44 Reichsabteien. Von den 41 Reichsstädten blieben nur Hamburg, Bremen, Lübeck, die Hansestädte, und Augsburg, Frankfurt, Nürnberg reichsunmittelbar, das heißt, sie unterstanden weiterhin dem Kaiser, durften den Reichstag und die Reichsgerichte anrufen. Auch viele Reichsfürsten und Reichsgrafen wurden mediatisiert und büßten damit ihre Hoheitsrechte ein. Den Reichsrittern mit ihrem Zaunkönigtum drohte ein ähnliches Schicksal. Alle geistlichen Fürsten verloren, bis auf zwei, ihre Gebiete.

Die Klöster – Brutstätten der Sittenlosigkeit und Volksverdummung

Drei Millionen Untertanen wachten eines Morgens auf und stellten fest, dass sie einen neuen Herren hatten. Wobei es allerdings vielen gleichgültig war, ob sie, wie der Dichter Wieland schrieb, mit einem krummen oder geraden Stab geweidet wurden.

Irgendwoher hatte das, was man zur Entschädigung anbot, kommen müssen. Wer besaß genügend Land? Wer war reich genug? Wen hatte man schon einmal während der Reformation und dann im Zeitalter der Aufklärung zur Ader gelassen?

Die Kirche.

»Alle Güter der fundierten Stifte, Abteien und Klöster«, hieß es im Paragrafen 35 des Reichsdeputationshauptschlusses, »seien von nun an zur freien und vollen Disposition der respektiven Landesherren gestellt, sowohl zum Behufe des Aufwandes für Gottesdienste und so fort sowie zur Erleichterung ihrer Finanzen.«

Damit war praktisch das Signal zu einer Plünderung größten Ausmaßes gegeben. Entschädigungsberechtigte und -nicht-berechtigte kämpften um jeden Fetzen der Beute, sprich um den letzten Schafhof des allerletzten Klosters. Man nannte das Säkularisation. Doch stand die Verwandlung geistlicher Länder, Güter und Rechte in weltliche trotz des herangezogenen Paragrafen auf schwachen Füßen. Die Nutznießer versuchten ihr nicht ganz reines Gewissen zu beruhigen, indem sie darauf hinwiesen, dass das Reich Gottes schließlich nicht von dieser Welt sei, wie in der Bibel ja auch nachzulesen, und der Staat deshalb berechtigt, zur Erhaltung des Ganzen die Rechte Einzelner aufzuopfern. Wie auch anders sollten die Franzosen fern gehalten werden von den deutschen Grenzen als durch Aufgabe der linksrheinischen Territorien und die damit verbundene Entschädigung.

Man klagte bewegt über die den Geistlichen zugemuteten *höchst lamentablen und jammervollen Erleidenheiten.* Max Joseph I. von Bayern zum Beispiel kamen die Tränen, wenn er an das Schicksal des Würzburger Fürstbischofs dachte – dessen Besitz ihm zugefallen war. Man klagte, aber man griff zu. Und zwar besonders rücksichtslos in katholischen Ländern, wo es mancherorts zu einem an die Reformation erinnernden Bildersturm kam. Kostbare Kirchengeräte wurden ihrer Edelsteine beraubt, ihr Silber und Gold zu Barren eingeschmolzen, uralte Klostergewölbe abgerissen, Kirchen zerstört. Den Dom zu Freising bot man einem Metzgermeister für 900 Gulden an. Der zu Fürstenberg sollte von Kanonen zerschossen werden. Die Bauern heizten ihre Kamine mit den aus dem Mittelalter stammenden Büchern der Klosterbibliotheken oder benutzten sie zur Befestigung der Zufahrtswege.

»Es ist bekannt, dass Reiche und Fürsten untergingen, weil sie sich an der Kirche vergriffen haben!«, protestierte der Papst aus Rom, doch erreichte er nichts als die trostvolle Versicherung, ein großer Teil der enteigneten Güter bleibe im Besitz von Fürsten – die gut katholisch seien.

Trotz der Schäden auf kulturellem Gebiet – schließlich verschwanden auch kirchliche Hochschulen, verwaisten Stätten der Wissenschaft und Kunstpflege –, die Säkularisation war weitgehend populär. Die von Geistlichen beherrschten Staaten waren trotz gelegentlicher halbherziger Reformversuche zutiefst rückständig. Sie hatten es nicht verstanden, sich einer gewandelten Welt geistig, wirtschaftlich und sozial anzupassen. Im Schatten des Krummstabs, hieß es nicht nur bei den Antiklerikalen, wuchere *schlechte Justiz, abgeschmackte Bigotterie, finstere Reaktion.*

Der Besitz der Kirche war in der Tat unangemessen groß und wuchs noch immer. Nach Schätzungen besaß die Kirche allein in Bayern 50 bis 60 Prozent des Grund und Bodens, und im altbayrischen Teil des Landes lebten fast 8000 Geistliche. Ein Viertel des Jahres bestand aus kirchlichen Feiertagen. Von den 170 Klöstern galten die meisten als Horte der Reaktion oder, wie Kritiker aus weltlichen, aber auch aus kirchlichen Kreisen es unverblümt formulierten, als *Brutstätten der Sittenlosigkeit und Volksverdummung* sowie als *Haupthemmschuh des wirtschaftlichen Fortschritts.*

Viele Abteien waren ausschließlich dem Adel vorbehalten. Ein in der Wolle gefärbter Katholik wie der Freiherr von Aretin schrieb: »Die philosophischen Geschichtsschreiber werden von der Aufhebung der Klöster, wie sie es von der Aufhebung des Faustrechts taten, eine neue Zeitrechnung anfangen, und man wird sich dann den Ruinen der Abteien ungefähr mit eben dem gemischten Gefühle nähern, mit welchem wir jetzt die Trümmer der alten Raubschlösser betrachten.«

Die nach Dutzenden von Millionen zählenden Einkünfte kamen nun dem Staat zugute, der einen großen Teil davon für neuzugründende Universitäten verwandte. Die leerstehenden Klöster wurden zu Schulen, Heil- und Pflegeanstal-

ten, Verwaltungsgebäuden, aber auch zu Kasernen und Zucht-
häusern.

Trotz allem: Die Kirchen überlebten. Für die katholische
Kirche darf man die Säkularisation, die Verweltlichung, als
eine Art Rosskur ansehen, die den Patienten leiden ließ, ihn
aber, da er überlebte, auf den Weg der Besserung brachte. Was
manch einsichtsvoller geistlicher Fürst vorher zu reformieren
versuchte, aber am starren Feudalsystem und der Pfründen-
wirtschaft gescheitert war, für solche Reformen waren jetzt
bessere Voraussetzungen gegeben. Man fand, arm geworden,
zurück zu den Ursprüngen, besann sich seiner inneren Stärke,
schuf damit die Voraussetzungen für einen Neubeginn.

NEUTRALITÄT IST NULLITÄT

Eine ähnliche fortschrittliche Katastrophe erlebte das Reich
der Deutschen auch in politischer Hinsicht. Das war nicht im
Sinne des Erfinders, Napoleons, dem es darauf angekommen
war, sich Satelliten zu schaffen. Doch wurde er hier zu einem Teil von jener Kraft, die das Böse will und nebenbei doch
etwas Gutes schafft.

Seine große Flurbereinigung von 122 Territorien hat hauptsächlich jene Ländchen beseitigt, deren Hoheitsgebiet dem
Wandersmann leicht an der Schuhsohle kleben bleiben konnte, wie Heinrich Heine höhnte. Und es waren Franzosen, die
Bonaparte vorwarfen, dass die Deutschen vor Bismarck keinen
besseren Reformer gehabt hätten als Bonaparte. Die neuen
deutschen Staaten, die nun entstanden, waren in ihrer Grenz-
ziehung zum Teil willkürlich, nahmen wenig Rücksicht auf
Tradition, Konfession und landschaftliche Formation, aber sie
erwiesen sich, für viele überraschend, als lebenskräftig und
erzeugten bei ihren Bürgern ein Staatsbewusstsein. Wie Hessen, Baden, das vergrößerte Bayern, Württemberg bewiesen.

Später zu Rheinbundstaaten aufgestiegen, profitierten sie von der *Code Napoléon* genannten Gesetzessammlung – Grundlage der Zivilgesetze zahlreicher Länder –, die die Gleichheit aller vor dem Gesetz, die Beseitigung der Standesunterschiede, den Schutz des Eigentums sichern half. Auch die Zerbrechung der Zollschranken, die Aufhebung der Zünfte, die Einführung einer zentralen Verwaltung kam diesen Ländern zugute.

Nachdem die Deutschen die Französische Revolution gefeiert und wieder verdammt hatten, begrüßten sie nun mit dem gleichen Überschwang Napoleon Bonaparte, der nicht nur ihrem Sinn für Ordnung entgegenkam, sondern auch ihrer Sehnsucht nach Frieden, nach der Rückkehr eines goldenen Zeitalters, wie sie es im Reich Karls des Großen zu sehen glaubten, damals, als Deutschland und Frankreich noch eins gewesen waren.

Napoleon selbst glaubte daran oder gab zumindest vor, es zu glauben. Bei seiner Kaiserkrönung hatte er das Zepter des großen Franken geschwungen und sich nicht daran gestört, dass man ihm in Ermangelung des echten Zepters den Taktstock eines Dirigenten untergeschoben hatte. Er ließ sich in Aachen feiern, von wo einst Karl sein Weltreich regiert hatte, und hielt Hof in Mainz. Der Philosoph Hegel sprach von einer wundersamen Empfindung angesichts eines solchen Individuums, *das, auf einem Pferd sitzend, über die Welt übergreift und sie beherrscht.* Für den sonst nicht der Heroenanbetung verdächtigen Heine war er der weltliche Heiland. Die meisten dachten, was Goethe später von dem Korsen sagte: »Dämonische Wesen solcher Art rechneten die Griechen unter die Halbgötter.«

Wie alle Diktatoren, die den Krieg wollen, versicherte er immer wieder, wie sehr er doch den Frieden liebe. »… wenn mein Vorschlag zum Waffenstillstand«, hatte er im italienischen Feldzug an den österreichischen Erzherzog geschrieben,

»das Leben eines einzigen Menschen retten kann, würde ich auf die Bürgerkrone, die ich mir damit verdient hätte, stolzer sein als auf den traurigen Ruhm, den man durch militärische Erfolge erwirbt.«

Preußen schlief und schlief und schlief einen Dornröschenschlaf und bewahrte eifersüchtig das, was es seine Neutralität nannte, von Metternich richtiger als Nullität bezeichnet. Im Kreis der Großmächte zählte ein Land wenig, dessen König nicht begriff, dass Preußen nicht Oettingen-Wallerstein war oder Schleiz-Greiz-Loewenstein, nicht irgendein Kleinstaat, sondern eben Preußen, und dass man mit einer Politik ständigen Lavierens nicht weiterkam.

Man wollte England nicht verprellen, Frankreich nicht vor den Kopf stoßen, sich Russland nicht zum Feind machen, Österreich nicht verärgern, man wollte, wie die Amerikaner sagen, *everybody's darling* sein, was damit zu enden pflegt, dass man niemandes Freund mehr ist. Preußens Unparteilichkeit galt als derart fadenscheinig, dass es noch nicht einmal als Schiedsrichter, als Vermittler zwischen den sich streitenden Mächten akzeptiert wurde.

Wie stark sein Kurswert gesunken war, zeigte der drohende Wiederausbruch des französisch-englischen Krieges 1803, als Napoleon ankündigte, er werde Hannover besetzen, das Stammland von Englands Königen. Damit wäre die in Basel garantierte Neutralität Norddeutschlands infrage gestellt gewesen und Preußen als Schutzherr aufgerufen, sie zu verteidigen. Friedrich Wilhelm ließ hierüber ausführlich beraten. Haugwitz, für das Äußere zuständig, empfahl, den Franzosen unverzüglich zuvorzukommen, der Kabinettsrat Lombard riet zu Verhandlungen, ein anderer bat in Petersburg um Rückendeckung, und als man erneut zusammentraf, erfuhr man vom Einmarsch des Marschalls Mortier, von der Sperrung der Elbe und der Weser, von der Besetzung Cuxhavens und der Knebelung des preußischen Seehandels.

Friedrich Wilhelms schüchterner Protest und seine Bitte, in Hannover sich mit 20 000 Mann Besatzung begnügen zu wollen, wurde mit der Forderung beantwortet, Preußen möge sich mit Frankreich verbünden, dann würde ihm Hannover vielleicht einmal gehören. Man gab sich mit diesen und ähnlichen vagen Versprechungen zufrieden, dabei wäre Napoleon im Augenblick durchaus erpressbar gewesen, schickte er sich doch an, *sechs Jahrhunderte der Schmach und der Beleidigung zu rächen:* Er wollte von Boulogne aus mit 130 000 Mann über den Kanal nach England übersetzen, ein Unternehmen, das keine Störungen von irgendeiner Seite duldete.

Doch den Graben zu überqueren, der Britannien so wirkungsvoll schützte, wagte er dann doch nicht. Die eigens gebauten flachen Landungsboote schienen nicht genügend seetüchtig, die englische Flotte ließ sich durch kein Täuschungsmanöver weglocken, seine eigenen Admirale verunsicherten ihn durch ihre ewigen Wenns, Denns und Abers, sodass er sich, beinah erleichtert, einer neuen Aufgabe zuwandte, und das hieß, einem neuen Krieg.

England, Österreich, Russland, Schweden waren wieder ein Bündnis eingegangen, die Dritte Koalition, mit dem Ziel, das sich immer aggressiver gebärdende Frankreich in seine – alten – Grenzen zu weisen. Preußen hatte sich geweigert, der Allianz beizutreten, blieb lieber der halbe Partner Frankreichs – mit dem lockenden Köder Hannover vor der Nase –, untersagte sogar den Russen den Durchmarsch durch sein Gebiet. Und musste es erleben, wie der General Bernadotte mit seinem Heerhaufen ohne jeden Skrupel durch Ansbach zog, durch das preußische Ansbach, um die Österreicher bei Ulm einzuschließen. Denn die waren, Napoleons Landevorbereitungen nützend, urplötzlich in Bayern eingefallen.

MITTERNÄCHTLICHER SCHWUR AM SARG
FRIEDRICHS DES GROSSEN

Friedrich Wilhelm, der seelengute, gutgläubige Mensch, war, obwohl von den Franzosen durch immer neue Übergriffe und Willkürakte nichts Besseres gewöhnt, über diese Grenzverletzung nun doch empört, oder wie das Preußens Paradehistoriker Treitschke ausdrückte, »... auf diese Nachricht flammte der König auf, sein hohenzollersches Blut geriet in Wallung«.

Doch wallte es nicht genug, um ihn endlich kompromisslos und energisch handeln zu lassen. Er beschleunigte die Mobilmachung seiner Truppen, gestattete den Russen den Marsch durch Schlesien, blieb aber im Übrigen in seinem geliebten Paretz – *stur wie ein Maulesel* laut Gräfin Voss –, um den zehnten Geburtstag des Kronprinzen zu feiern, den Tag, an dem Hohenzollernprinzen traditionsgemäß in die Armee aufgenommen wurden.

Ende Oktober traf der Zar in Berlin ein. Der Empfang war überwältigend, der Schauplatz im alten Schloss voller Pracht. Niemals hatte die Stadt, nach den Berichten der Chronisten, Tage größeren Glanzes gesehen, und wer sie erlebte, schwelgte im patriotischen Wahn, dass ein solches Land unbesiegbar sei in der Welt. Am 3. November 1805 wurde der Bündnisvertrag unterzeichnet und einen Tag darauf mit einer Szene besiegelt, wie sie kein Theaterregisseur bühnenwirksamer hätte gestalten können: in der von Fackeln erleuchteten Potsdamer Garnisonkirche reichen sich um die Mitternachtsstunde Königin Luise und Zar Alexander die Hand über dem Sarkophag Friedrichs des Großen, während das Glockenspiel die Melodie »Üb' immer Treu und Redlichkeit« erklingen lässt.

Anderntags griff Ernüchterung um sich. Der König war bereits etwas weniger mutig, als er dem ins Hauptquartier Napoleons zu entsendenden Minister Haugwitz zwar auftrug, der Korse möge sich auf die im Lunéviller Vertrag vereinbarten Grenzen zurückziehen, andernfalls Preußen der Koalition beitreten würde, gleichzeitig aber in ihn drang, nichts zu tun, was den Frieden zwischen Frankreich und Preußen gefährden könne. Außerdem, fügte er hinzu, möge er sich bei der Abreise nach Brünn Zeit lassen.

Auch der Herzog von Braunschweig, der wieder den Oberbefehl über die Armee trotz seines Versagens in der französischen Kampagne erhalten hatte, reiste mit seinen Soldaten nur langsam heran. Der betagte alte Herr dachte sich wie sein König, es werde sich schon noch alles einrenken lassen.

Graf Haugwitz traf Ende November in Brünn ein, ließ sich bei Napoleon melden, redete viel und sagte wenig, vor allem nichts davon, dass der Korse die widerrechtlich okkupierten Gebiete des Reichs, Italiens, Hollands, Neapels, der Schweiz zu räumen habe, andernfalls ...

Dieses Andernfalls, das ja ein Ultimatum war und über Krieg oder Frieden entschied, erwähnte er erst gar nicht Er bestieg seine Kutsche, begab sich nach Wien, das die Franzosen inzwischen genommen hatten. Dort ließ er sich von Talleyrand, Chefberater Napoleons und Erfinder des Bonmots, wonach dem Menschen die Sprache gegeben sei, um seine Gedanken zu verbergen, bereitwillig hinhalten. So lange hinhalten, bis die Schlacht von Austerlitz geschlagen war und der Korse den Albtraum von einigen hunderttausend in seinem Rücken aufmarschierenden Preußen los war.

Wie meisterlich Bonaparte diese Bataille von der Diplomatie her vorbereitet hatte, zeigte, dass bei ihm die Politik und der Krieg eng verzahnt waren und welch himmelweiter Unterschied zum Stümpertum des Berliner Hofs bestand. Auf Napoleons Geheiß hatte Bayerns Kurfürst den Österreichern sein heiliges Ehrenwort gegeben, keinen Schwertstreich gegen sie zu führen – und Max Joseph gewann damit die notwendige Zeit für die Mobilisierung von 20 000 Mann. Gegen Österreich!

Baden, von Frankreichs Gnaden abhängig, schloss sich an. Württembergs Friedrich I. hätte, wenn überhaupt, dann lieber an der Seite Habsburgs gekämpft, erlag aber der Überredungskunst des Korsen. Alle drei Fürsten wurden mit Versprechungen geködert und ihre Truppen mit dem Aufruf motiviert, dass *sie für die ersten Güter der Nationen* ihr Leben einsetzten, für *Unabhängigkeit und politisches Dasein*. Ein Appell, der besonders in Bayern ein Echo fand, denn niemanden hasste man hier mehr als die Vettern von drüben. Von den anderen Ländern Deutschlands war keine militärische Hilfe zu erwarten, aber auch kein Widerstand. Ihre Vertreter saßen in Regensburg zusammen beim immer währenden Reichstag und ratschlagten über einige Probleme hinsichtlich der Eutiner Gemeindewiesen.

Und doch wäre Napoleons Triumph von Austerlitz nicht möglich gewesen – die klassische, aus der Defensive geführte Offensivschlacht à la Marathon –, wenn er nicht Gegner gehabt hätte, deren Unfähigkeit nur noch durch ihre Arroganz übertroffen wurde. Allen voran der österreichische General Mack, der bei Ulm nicht merkte, wie man seine Truppen einschloss, weil er am Schreibtisch saß und Befehle entwarf. Auch Erzherzog Karl, ein ansonsten kriegserfahrener Stratege, versagte auf dem italienischen Schauplatz trotz zahlenmäßiger Überlegenheit. Der Zar ließ sich durch ruhmrednerische Generale verleiten, zu früh loszuschlagen, wo Warten alles gebracht hätte, dann flüchtete er, nur von einem Stallmeister begleitet, in Panik, fand sich heftig schluchzend auf einem Chausseestein wieder und schrieb anschließend einen Brief an Friedrich Wilhelm, in dem er seine Verbündeten ein »feiges, verräterisches, dummes, mit den schlechtesten Eigenschaften ausgestattetes Volk« nannte.

An jenem 2. Dezember 1805, da die sprichwörtlich gewordene *Sonne von Austerlitz* den winterlichen Morgennebel zerteilte, begann der eigentliche Aufstieg des Napoleon Bona-

parte. In Pressburg zwang er das durch *Verdienste seiner Vorfahren auf den Thron gebrachte Skelett,* wie er Kaiser Franz II.
nannte, zu einem Vertrag, der Österreich Venetien, Tirol,
Vorarlberg, Eichstätt, Passau, Burgau, Brixen, Trient kostete.
Die Wittelsbacher bekamen davon *500* Quadratmeilen mit
620 000 Einwohnern ab, zuzüglich einer Königskrone und
eines kaiserlichen Schwiegersohns namens Eugen de Beauharnais, frisch gebackenen Vizekönigs von Italien. Er fand
sich zu seiner eigenen Überraschung mit Auguste Amalie von
Bayern verlobt.

Auch den Württembergern wurde, neben einigem Gewinn
an Land, ein Schwiegersohn zuerkannt, Jérôme Bonaparte. Je-
rome, als späterer König von Westfalen anerkannt, berüchtigt
wegen maßloser Verschwendung auf Kosten der Einwohner –
»König Lustik« –, war zwar schon verheiratet mit der amerikanischen Kaufmannstochter Elisabeth Patterson, diese Alliance aber hielt der kaiserliche Bruder für eine Mesalliance
und befahl die Trennung.

Das Land Baden musste sich mit einer Schwiegertochter
begnügen, mit Stephanie, Nichte der ehemaligen Generals-
witwe Joséphine de Beauharnais und jetzigen Kaiserin von
Frankreich.

Am 25. Dezember traf der Graf Haugwitz wieder in Berlin
ein. Im Kuriergepäck einen Vertrag, den er, ohne eine Voll-
macht zu haben, unterzeichnet hatte, weil er in ihm die Rettung seines Vaterlandes erblickte. Preußen bekam darin etwas
geschenkt, was es seit langem begehrt hatte: das Kurfürstentum Hannover. Die damit verbundene Abtretung Ansbachs
an Bayern und Kleves sowie Neuchâtels an Frankreich schien
nur ein Schönheitsfehler, das Kleingedruckte jedoch störte
Friedrich Wilhelm.

Es verpflichtete ihn, alles, was Napoleon erobert hatte, zu
garantieren und gemeinsam zu verteidigen, worin sogar eroberte türkische Gebiete einbezogen waren.

Hardenberg, inzwischen Hauptberater des Königs in allen Fragen der Außenpolitik, versuchte durch Verfahrenstricks, den Vertrag zu ändern, da man aber gleichzeitig die mobil gemachten Truppen wieder in ihre Garnisonen zurückzog, war ihm das einzig wirksame Druckmittel genommen. Die Folge war ein im Februar 1806 in Paris abgeschlossener, noch ungünstigerer Vertrag, der Preußen durch die ihm diktierte Schließung der Elbe- und Wesermündung in einen Kriegszustand mit England treten ließ.

Friedrich Wilhelm, ausgezogen, zwischen Krieg führenden Mächten zu vermitteln, sah sich zum Vasallen wider Willen degradiert. Der Pariser Vertrag entsprach einer *Societas leonina*, einer Vereinbarung nach dem Muster des Löwen, wie man in der Antike einen Vertrag nannte, aus dem der eine Partner allen Nutzen zieht, der andere allen Nachteil trägt.

DAS HEILIGE RÖMISCHE REICH DEUTSCHER NATION UND SEIN ENDE

»Am 30. Dezember 1997 ... starb zu Regensburg in dem blühenden Alter von 955 Jahren, 5 Monaten, 28 Tagen sanft und selig an einer gänzlichen Entkräftung und hinzugekommenen Schlagflusses, bei völligem Bewusstsein und mit allen heiligen Sakramenten versehen, das Heilige Römische Reich schwerfälligen Andenkens«, schrieb Joseph Görres, den man den ersten großen deutschen Journalisten nennt, als die Stadt Mainz an die Franzosen übergeben wurde. Es dauerte jedoch noch neun Jahre, bis jenes Gebilde sich auch formell auflöste, das seit längerem weder römisch war noch heilig noch ein Reich und seinen Beinamen »Deutscher Nation« auch nicht mehr so recht verdiente. In Regensburg dämmerten die Gesandten des immer währenden Reichstags vor sich hin, wie wir gesehen haben, und die Krönungsfeste in Frankfurt waren

zu Repräsentationsveranstaltungen herabgesunken, zu Schau-
geprängen mit Karnevalscharakter. Schon Maria Theresia hatte sich ausschütten wollen vor Lachen, als sie ihren Franzl
in seinem mittelalterlichen Krönungsgewand erblickte. Der
Reichsdeputationshauptschluss mit der Säkularisation der
geistlichen Reichsstände entzog den Habsburgern im doch
ziemlich fernen Wien ihre letzten Stützen in Deutschland.
Sie konnten nun nicht einmal mehr sicher sein, ob einer der
Ihren beim nächsten Mal überhaupt wieder gewählt wurde. Es
schien deshalb nur konsequent, wenn auch wider jedes Recht,
dass Franz II. sich 1804 zusätzlich als Franz I. Kaiser von Österreich nannte. *Eine* Kaiserwürde würde ihm, so dachte er, zumindest erhalten bleiben.

Er behielt trotz Rechtsbruchs Recht. Zwei Jahre später
nämlich schlossen sich sechzehn deutsche Fürsten zum Rheinbund zusammen und sagten sich los von Kaiser und Reich.
Napoleon, Schutzherr und Initiator des neuen Bundes, forderte Franz II. auf, als Kaiser des Reichs abzudanken, denn ein
Reich gebe es nicht mehr. Am 6. August 1806 verkündete
ein Herold in Wien, dass »Wir uns von allen übernommenen
Pflichten gegen das deutsche Reich losgelöst betrachten und
die von wegen desselben bis jetzt getragene Kaiserkrone nieder-
legen«.

Es war dieselbe Krone, mit der sich Sachsenkönig Otto I.,
dessen Vater Heinrich das Reich gegründet hatte, in Rom zum
Kaiser krönen ließ. Goldschmiede auf der Reichenau hatten
das vierzehn Pfund schwere Kleinod gefertigt mit seinen
acht Platten aus reinem Gold, von denen vier mit Edelstei-
nen übersät sind, ein Prachtstück frühmittelalterlicher Hand-
werkskunst, das heute in der Schatzkammer der Wiener Hofburg von Touristen aus aller Herren Länder bewundert wird.
Die Krone war einst das Symbol der Erneuerung des römischen durch ein christliches Weltreich und erinnerte an jene
glanzvolle Epoche, da die deutschen Kaiser als Nachfolger der

römischen Cäsaren betrachtet wurden. Der Patient, genannt das Reich, war zu lange sterbenskrank gewesen, als dass man sich über seinen Tod sonderlich erregt hätte. Die allgemeine Stimmung spiegelt sich in Goethes Notiz wider, die er in seinem Tagebuch auf der Rückreise von Karlsbad machte: »Zwiespalt des Bedienten und Kutschers auf dem Bock, welches uns mehr in Leidenschaft versetzte als die Spaltung des römischen Reiches.«

DEUTSCHLAND IN SEINER TIEFEN ERNIEDRIGUNG

Man blieb gleichgültig, sah dem Untergang der alten Ordnung zu, und es gab noch nicht allzu viele, die sich über *Deutschland in seiner tiefen Erniedrigung* erregt hätten. So der Titel einer Flugschrift, in der der Terror der französischen Soldaten, die sich in den mit Frankreich befreundeten Staaten Bayern, Baden, Württemberg wie Feinde benahmen, und die Erbärmlichkeit deutscher Fürsten angeprangert wurde. Abgesehen von einigen gefühlsseligen Formulierungen wie »Weine laut auf, edler, biederer Deutscher!« blieb der Verfasser sachlich und zeigte sich vertraut mit der politischen Situation. Treffsicher in seinen Formulierungen, aggressiv in seinen Anklagen rechnete er mit Napoleon ab, der gesagt hatte, Frankreichs Stärke beruhe auf Grund und Boden seines Landes und auf der Tapferkeit seines Volkes.

Doch gemeint haben müsse er damit etwas anderes, nämlich: »Meine halbe Million Soldaten soll immer auf Kosten fremder Länder unterhalten werden.«

Und: »... dort, wo seit Jahrhunderten Pläne zum Untergang unseres Vaterlands geschmiedet und die Mordfackel so oft angezündet worden, im treulosen Pariser Kabinette, entwirft Napoleon, dessen schimpflicher Oberherrschaft unsere Fürsten wie schlaftrunken zusehen, eine neue deutsche Staatsverfassung, und damit es ja weder klein noch groß unter uns in den Sinn kommen möge, dieses neue französische Joch abzuschütteln, lässt er seine Heere im ohnmächtigen Deutschland zu Hunderttausenden stehen.«

Am Schluss dieser Schrift rief der Anonymus dazu auf, den französischen Besatzungssoldaten mit Waffengewalt zu begegnen.

Der Korse, sonst eher geneigt, bei Schmähschriften mit den Achseln zu zucken, reagierte diesmal empfindlich – ein Zeichen für die Gefährlichkeit der Flugschrift! – und wies seine Militärbehörden an, den Fall unnachsichtig zu verfolgen. Wenn man des Autors nicht habhaft werden könne, solle man den Verleger ausfindig machen. Und das gelang, unter anderem mit Hilfe des Augsburger Polizeidirektors, ziemlich rasch. Es war Johann Philipp Palm, ein Buchhändler aus Nürnberg. Palm ergriff, von klugen Freunden beraten, die Flucht, kehrte aber in der Meinung, er habe sich schließlich keines Verbrechens schuldig gemacht, nach Nürnberg zurück und wurde prompt verhaftet. Napoleon wollte ein abschreckendes Exempel und befahl, dass ein Kriegsgericht binnen vierundzwanzig Stunden das Todesurteil über ihn spreche. Begründung: Hochverrat! Der Buchhändler ließ sich, ohne den Namen des Verfassers preisgegeben zu haben – man kennt ihn trotz intensiver Nachforschungen bis heute nicht – an die Wand stellen und ging ohne Klage in den Tod. Deutschlands Patrioten hatten ihren ersten Märtyrer. In Berlin sammelte man für die Witwe. »Die Sache ist empörend. Worte muss man darum nicht verlieren. Gott gebe Krieg!«, schrieb der Verleger Friedrich Campe. »Es ist die einzige Rettung … An Hilfe fehlte es wahrlich nicht Es ist nur eine Stimme im ganzen Lande, und die gefesselten Länder werden die wütendsten sein.«

Der Krieg, so nachdrücklich vom lieben Gott erfleht, kam. Er kam in einem Augenblick, wie man ihn sich ungünstiger für Preußen nicht hätte vorstellen können. Friedrich Wilhelm, dem der Verfasser von »Deutschland in seiner tiefen Erniedrigung« bittere Vorwürfe gemacht hatte (»Welcher Landesvater kann bei dem sichtbaren Untergang seiner treuen Untertanen unempfindlicher sein als der König von Preußen?«) bot in diesen Wochen und Monaten das zur Resignation stimmende Beispiel, dass ein Staatsmann trotz guten Willens den Frieden nicht wahren kann, weil Friedensliebe allein nicht genügt. Zweckdienlicher erscheint eine Politik, die keinen Zweifel daran lässt, dass man zwar neutral bleiben will, aber nicht um jeden Preis. Nicht um den Preis, sich demütigen, sich schikanieren, sich mit Verachtung strafen zu lassen. Das aber war in den vergangenen Jahren mit Preußen geschehen und geschah weiter.

Die Preußen als Entschädigung für Kleve zugesagten niederrheinischen Abteien Essen, Elten, Werden hielten die Franzosen weiterhin besetzt; die von Frankreich selbst vorgeschlagene Gründung eines norddeutschen Bundes unter Führung Preußens wurde insgeheim sabotiert; die französischen Truppen in West- und Süddeutschland kehrten nicht nur nicht in ihre Heimat zurück, sie bewegten sich, Manöver für Manöver, auf die preußischen Grenzen zu; und – Höhepunkt der Illoyalität – Hannover sollte den Preußen wieder weggenommen und England zurückgegeben werden, um mit dieser Morgengabe Britannien friedlich zu stimmen.

Trotz allem hatte Napoleon nicht die Absicht, einen Krieg gegen Preußen zu provozieren. Er war nach Austerlitz nicht an einem neuen Waffengang interessiert, wollte die Lage erst einmal stabilisieren, durfte auch gewiss sein, dass niemand mit ihm in absehbarer Zeit Streit anfangen würde. Er war deshalb mehr befremdet denn betroffen, als er aus Berlin von einer Mobilmachung hörte. In einer Talleyrand zugedachten »Bemerkung über die gegenwärtige Lage meiner Angelegenheiten« schrieb er: »Sein [Preußens] Kabinett ist so verächtlich, sein Souverän so schwach …, dass man auf diese Macht gar nicht zählen kann. Sie wird stets so handeln, wie sie es bereits getan, nämlich rüsten, abrüsten, rüsten, dann, während man sich schlägt, untätig bleiben … Der Gedanke, Preußen könne sich allein mit mir einlassen, erscheint mir so lächerlich, dass er gar nicht in Betracht gezogen zu werden verdient.«

Der »Herr Bruder« in Berlin aber, wie er den preußischen König in seinen Briefen nannte, hatte tatsächlich seine Truppen mobilisiert. Eine Mobilisierung, die zu diesem Zeitpunkt so unsinnig war wie ihre Demobilisierung zu Anfang des Jahres. Er wollte nun einen Krieg führen, um den er sich gedrückt hatte, als die Chance bestand, ihn zu gewinnen. Den er jetzt aber nie und nimmermehr führen durfte.

Er besaß keine Verbündeten: Österreich erholte sich gerade von seinem Cannae: Austerlitz; mit England war man im Kriegszustand; Kurhessen erstrebte lediglich bewaffnete Neutralität; die Rheinbundstaaten litten zwar unter Frankreichs Freundschaft, waren aber deshalb noch nicht die Freunde Preußens; die Sachsen beteuerten ihre Bündnistreue, baten aber gleichzeitig in Paris, man möge ihnen das nicht allzu übel nehmen; der weimarische Herzog, Goethes Freund und Herr, stand brav zu seinem Wort, doch das zählte, in Soldaten gerechnet, wenig. Blieben nur die Russen, mit denen man ein geheimes Bündnis geschlossen hatte; sie aber waren vorerst weit vom Schuss.

Keine Verbündeten – wie oft schon war das Preußen-Deutschlands Los! –, keine genügend gerüstete Armee und kein Geld, wenig gute Voraussetzungen also, sich mit der stärksten militärischen Macht Europas anzulegen. Das alles aber sah man nicht, wollte es nicht sehen, lebte noch in der Scheinwelt friderizianischer Größe, und nichts war typischer in jenen Tagen als der Ausspruch des Generals von Rüchel vor den Offizieren seines Stabes: »Feldherrn wie der Monsieur Bonaparte einer ist, hat die Armee Seiner Majestät mehrere aufzuweisen.« Die jungen Offiziere glaubten in dem ihnen eigenen Hochmut, dass man die Franzosen wie einst bei Roß-

119

bach zu Paaren treiben würde, vergaßen aber, dass man keinen
Friedrich und keinen Seydlitz mehr hatte. Vorläufig begnügten sie sich damit, demonstrativ ihre Säbel an den Stufen der
französischen Botschaft Unter den Linden zu wetzen und dem
für einen Franzosenfreund gehaltenen Minister Haugwitz die
Fensterscheiben einzuwerfen. Es waren dieselben Offiziere des
vornehmen Regiments Gensd'armes, die später bei Prenzlau
kampflos die Waffen streckten …

Doch auch jene Männer, die die Notwendigkeit von Reformen längst erkannt und immer wieder darauf gedrungen
hatten – Scharnhorst, Blücher, Hardenberg, Prinz Louis Ferdinand, Bülow, Knesebeck, Courbière –, allesamt der so genannten Partei der Patrioten angehörig, und die hätten wissen
müssen, dass Armeerüstung, Armeeverwaltung, Armeefüh-
rung in einem bejammernswerten Zustand waren, sie machten ihren Einfluss geltend, damit der König endlich zu den
Waffen greife.

EIN PREUSSISCHER EDELMANN
GEHT NICHT ZU FUSS

Die Kasse war leer, ausgepowert vom »Dicken Willem«, noch
nicht wieder aufgefüllt von seinem Nachfolger, erneut strapaziert durch die letzte Mobilmachung. Was auch der Grund
gewesen war für die zu frühe Demobilisierung. Denn eine
Armee in Kriegsbereitschaft kostete ungleich mehr, als sie
in den Garnisonen zu halten. Um sie erneut aus ihren Quartieren holen zu können, wurde, zum ersten Mal in Preußen,
Papiergeld ausgegeben, so genannte Tresorscheine, die bald
das Papier nicht mehr wert waren, auf das man die Zahlen
gedruckt hatte. Eine Karikatur lief um, auf der der Minister
Schulenburg-Kehnert einen kränklich aussehenden Adler mit
solchen Scheinen gesund zu füttern versuchte.

Die Militärverwaltung bestand aus fünf etwa gleichrangigen autonomen Behörden: dem Militärdepartement des Generaldirektoriums, den Garnisongouverneuren, den Generalinspekteuren, dem Oberkriegskollegium, der Generaladjutantur. Unfähig, auch unwillig zur Koordination, war man damit beschäftigt, sich über Kompetenzen zu zanken, die Autorität der anderen zu bestreiten und deren Position zu unterhöhlen. Hinzu kam der Generalstab, das Gehirn jeder Armee, und nach zähem Widerstand der alten Herren endlich gegründet, doch mit Männern besetzt, die von Strategie, Taktik, Organisation grundverschiedene Vorstellungen hatten.

Die Mobilisierung der Truppen kam nur schwer in Gang, verlief unordentlich und blieb vor allem unvollständig, glaubte man doch auf viele Regimenter, auf die ostpreußischen zum Beispiel, verzichten zu können. Den 130 000 Mann, die man schließlich für einsatzbereit hielt, standen auf französischer Seite 160 000 gegenüber.

Im Übrigen fehlte es an allem. Das Hohenlohesche Korps, Ist-Stärke 46 500 Mann, besaß nur ein einziges Feldlazarett; seine Reservemunition wurde am Tag der Jenaer Schlacht von Breslau aus (!) in Marsch gesetzt. Die vom Herzog von Braunschweig befehligte Hauptarmee verfügte über keine Feldbäckerei. Der Artillerie fehlte es an Zugpferden, dafür verfügte jedes Infanteriebataillon über fünfzig Offiziersreitpferde. Die Gewehrläufe waren bei manchen Regimentern vom ewigen Putzen so dünn, dass man fürchtete, sie würden beim Schießen platzen.

Der Hauptmann Müffling, der darauf hinwies, dass die französischen Infanterieoffiziere mit dem Tornister auf dem Rücken *marschierten,* bekam von seinem General die Antwort: »Mein Freund, ein preußischer Edelmann geht nicht zu Fuß!« Die bei den Franzosen längst übliche Einteilung in Truppenverbände, die über *alle* zu selbstständiger Gefechtsführung

erforderlichen Waffen und Versorgungsdienste verfügten, so
genannte Divisionen, wurde so spät vorgenommen, dass sie
beim Einsatz der Truppen zu Desorganisation führte.

Dem jahrelangen Zögern und Zaudern auf politischem
Gebiet folgte nun, und das ist charakteristisch für führungs-
schwache Menschen à la Friedrich Wilhelm, ein übereilter
Entschluss. Napoleon hatte einen Brief geschrieben, in dem
er wie der Wolf, der die Kreide fraß, betonte, dass er einen
Krieg zwischen Frankreich und Preußen für einen Bürgerkrieg
ansehen würde, »… so eng sind unsere Staatsinteressen miteinander verbunden«.

Das Antwortschreiben Friedrich Wilhelms trug den Stempel des enttäuschten Liebhabers und erging sich, unter Weglas-
sung der bisher üblichen Anrede »großer und lieber Freund«,
in Anklagen, Vorwürfen, Vorhaltungen. Nach diesem Brief
dann eine Woche später das alles entscheidende Ultimatum,
das in der Forderung unverzüglichen Abzugs der französischen
Truppen aus Deutschland gipfelte.

Die Forderung war unannehmbar. Das Ultimatum bedeutete Krieg. Dass der König es ablehnte, ihn selbst zu führen,
sprach für seine Selbsterkenntnis. Dass er den Herzog von
Braunschweig damit beauftragte, dagegen für seine sattsam
bekannte Scheu, scheinbar verdiente Männer zu entfernen
und den richtigen Mann an die richtige Stelle zu setzen. Der
Herzog war zweiundsiebzig. Damit gehörte er beinahe zu den
jüngeren unter den hohen Offizieren.

Von den einhundertzweiundvierzig Generalen der Armee
waren vier über 80, dreizehn über 70, zweiundsechzig über 60.
Bei der Artillerie gab es einen siebzigjährigen Leutnant. Der
greise Feldmarschall von Möllendorf, von seinem Adjutanten
von links aufs Pferd gehoben, sank rechts wieder herunter,
und bei der Gefangennahme eines Obersten rief ein französischer Tirailleur: »*Voyez donc le pauvre papa saxon!* – Schau
dir doch mal den armen sächsischen Opa an!«

Nun wäre gegen Alter nichts einzuwenden, waren doch, wie der britische Historiker Gordon A. Craig bemerkt, die Truppenführer, die die Schlachten von 1866 und 1870 gewannen, nicht jünger. Doch wenn Lebensjahre sich mit Altersstarrsinn verbinden, Konservativismus blind macht gegenüber dem Fortschritt, dann ist ein gefährlicher Punkt erreicht.

Wie wenig dem König das bevorstehende bewaffnete Rencontre behagte – dabei war er keineswegs feige –, zeigte das Bestreben, die Abreise ins Hauptquartier hinauszuzögern. Durch einen Theaterbesuch, ein letztes Fest, einen allerletzten Ausflug auf die Pfaueninsel, doch dann war es unwiderruflich so weit. Tränenden Auges nahm er Abschied von den Kindern – »Der Vater gab mir einen langen starken Kuss«, erzählte der fünfjährige Karl gerührt – und machte sich auf den Weg ins Hauptquartier nach Naumburg, später nach Erfurt. Gefolgt von einem riesigen Tross, der mit seinen geschlossenen schwarzen Kaleschen einem Leichenzug ähnelte. Die Berliner begleiteten ihn dessen ungeachtet mit Jubel. Die Rache an dem *Auswurf der Hölle,* an dem *Ungeheuer,* dem *Monstrum, das erschlagen gehört* – wie Hofkreise den Korsen nannten – war populär, das Feuer der Begeisterung loderte, und nur Einsichtige wussten, dass es ein Strohfeuer war.

Luise hatte sich, als die Halbherzigkeit ihres Mannes auf allen Gebieten mit Händen zu greifen war, allmählich gewandelt und war eine andere geworden. Ihre Fröhlichkeit hatte sich in Skepsis verwandelt, ihr leichter Sinn in Verantwortungsbewusstsein, ihre Gleichgültigkeit gegenüber der Politik in ein starkes Engagement für die Interessen ihres Landes. Sie hielt den Feldzug gegen Frankreich für ein Gebot der Ehre und der Pflicht, folgte ihrem Mann ins Hauptquartier, um ihm auf irgendeine Weise helfen zu können, wenn er ihre Hilfe zu benötigen glaubte.

Die hohen Offiziere und die Mehrzahl der Minister begegneten ihrer Teilnahme reserviert, weil sie die Meinung vertraten, dass Frauen in der Politik nichts und im Felde gar nichts zu suchen hätten – auch wenn sie Königinnen seien. Anders das Volk. Wo immer ihr Wagen auftauchte, waren die Menschen da und brachten ihre Verehrung auf mannigfaltige Art zum Ausdruck. Sie spürten, dass diese Frau der einzige Mann war innerhalb der preußischen obersten Führung.

Einen Tag vor der Schlacht wird Luise ihrem Mann schreiben: »… es ist nicht der Augenblick, uns auf irgendeine Weise weich zu machen. Ich liebe Dich wahr und innig und bete für Dich! Adieu. Ich darf Dich noch einmal bitten, nehme mehr Zutrauen zu Dir selber und führe das Ganze; es geht viel besser.« Dann der Satz, der einfältig klingt und doch anrührt: »Gott stärke Dich und gebe Dir eine tüchtig gewonnene Schlacht!«

Im Erfurter Hauptquartier hielten die führenden Herren Abend für Abend einen Kriegsrat, der durch seine Parteiungen, seine Debattiersucht, seine Ratlosigkeit auffiel. Wirrungen, die durch die Anwesenheit des wie üblich unentschlossenen Königs eher verstärkt wurden. Das Terrain war den meisten Herren, im Gegensatz zu Napoleon, nur oberflächlich bekannt. Die Karte, nach der man arbeitete, stammte aus dem Jahre 1763, war also nicht auf dem neuesten Stand. Man hätte bei Schropp in Berlin, einer wohlsortierten Landkartenhandlung, die neuesten Karten vorher kaufen können. Man hätte …

Das Entsenden von immer wieder neuen Kurieren bot willkommenen Anlass, fällige Entscheidungen bis zum Wiedereintreffen des Kuriers zu verschieben. Ein einheitlicher Plan existierte nicht, konnte nicht existieren bei einem Oberkommandierenden, der sich, wie er äußerte, von Prahlhänsen umgeben sah, von abgestumpften Greisen, listigen Ränkeschmieden, talentlosen Routiniers, und der zu der Überzeugung gekommen war, dass es besser sei, dem König doch noch den Frieden zu retten, als mit solchen Leuten Krieg zu führen.

Dazu war es, fünf vor zwölf, zu spät. Zu spät auch, den Aufmarsch abzublasen und das Eintreffen der 70 000 Russen abzuwarten, die sich in ihrer Heimat gerade zu formieren begannen. Friedrich Wilhelm, von dem die Rede ging, dass seine liebste Zeit die Bedenkzeit sei, hatte hier, wo es vernünftig gewesen wäre, nicht gezaudert.

LOUIS FERDINAND, EIN PREUSSISCHER ACHILL

Am Abend des 9. Oktober traf in Blankenhain, wohin das Hauptquartier verlegt worden war, eine Nachricht ein, die, erst nicht geglaubt, dann widerrufen, schließlich bestätigt wurde: die Avantgarde des Korps Hohenlohe bei Saalfeld geschlagen, Prinz Louis Ferdinand, ihr Kommandeur, bei dem Versuch, die Fliehenden aufzuhalten, im Nahkampf durch Säbelhiebe tödlich verwundet. Wie der *König* auf den Tod des Prinzen reagierte, ist bereits erzählt worden. Er hatte den tollen Menschen nie leiden mögen, und das keineswegs nur deshalb, weil er Luisen ausdauernd den Hof gemacht hatte. Seine Umgebung aber war tiefbetroffen. Die Offiziere und Soldaten sahen im Tod eines Mannes, der ihnen Garant des Sieges schien, ein düsteres Vorzeichen. »Sechs Fuß hoch aufgeschossen, ein Kriegsgott anzuschauen, der Liebling der Genossen, der Abgott schöner Frauen, blauäugig, blond, verwegen und in der jungen Hand den alten Preußendegen – Prinz Louis Ferdinand«, so die erste Strophe eines Fontaneschen Gedichtes, das bis in die Vierzigerjahre unseres Jahrhunderts hinein die Schulkinder auswendig lernen mussten. Carl von Clausewitz, Autor der weltberühmten Schrift »Vom Kriege«, bezeichnete ihn als einen von der Natur verschwenderisch ausgestatteten Menschen, anmutig, charmant, geistreich, hoch begabt. Friedrich August Ludwig von der Marwitz, Zeitgenosse wie Clausewitz, kam ins Schwärmen, wenn er den Prinzen einen

Herrn nannte, wie die Welt keinen mehr gebären wird: perfekt im Sattel, gefürchtet sein Degen, stark wie Herkules – drei Infanteriegewehre hob er, die Finger in den Läufen, spielerisch empor.

»Wenn er erschien in der prächtigen Uniform seines Regiments, sei es zu Fuß, sei es zu Pferde, so war es nicht anders, als wenn der Kriegsgott selbst sich sehen ließ.« Und wer ihn nicht mit Mars verglich, für den war er Achilles, Leonidas, Adonis und Alkibiades in einer Person, ein Liebling der Götter.

Wer war er, dem die Mitwelt überschwängliches Lob zollte, was im Allgemeinen zur Vorsicht mahnt, doch sind Clausewitz, Marwitz, Achim von Arnim keine billigen Lobredner gewesen. Selbst Napoleon, der den Prinzen für den gegen ihn geführten Krieg mitverantwortlich machte und ihn deswegen hasste, erwähnt im 2. Bulletin der Grande Armée ausdrücklich, dass sein Ende glorreich gewesen sei und beklagt zu werden verdiene.

Einem strahlenden Helden nach Schulbuchart dagegen glich er nicht. Er war ein Zerrissener, der das Himmelhochjauchzen und Zumtodebetrübtsein in sich trug, Kind einer Zeit im Übergang, allein deshalb des Interesses wert. Wer seinem Zauber erlag, und das waren nicht nur Frauen, spürte doch das Unstete seines Wesens. »Er schien unruhig, verstört, ein schmerzlicher Ernst verdüsterte sein schönes Gesicht«, beschrieb ihn ein Besucher des viel gerühmten Salons der Rahel Levin, zu dessen Besuchern er gehörte.

Was für ein Leben! Friedrich der Große hielt ihn bei der Taufe im Arm, wie viele vom Zweifel befallen, ob das nun der Sohn seines Bruders August Ferdinand war oder nicht. Ferdinand, ewig kränkelnd und geizig dazu, hatte sich, auch was die Nachkommenschaft betraf, nicht als Verschwender erwiesen. Eine Tochter nach sechs Jahren, dann acht Jahre nichts, plötzlich aber sechs Kinder in Reihe, Ausbruch einer Zeugungskraft, die dem Freund des Hauses, dem Grafen Schmettau, manch misstrauischen, aber auch anerkennenden Blick eintrug. Weshalb die einschlägigen Nachschlagewerke nicht umhinkönnen zu bemerken, er sei wahrscheinlich der Sohn des Grafen.

Mit sechzehn die erste Affaire des *homme à femmes* Louis. Eine neun Jahre ältere Hofdame kommt mit einem Kind nieder, einem Kind der Liebe oder besser der Leidenschaft. Rasches militärisches Avancement, Teilnehmer an der Kampagne in Frankreich und an der Belagerung von Mainz, wo er einen schwer verletzten Grenadier unter Lebensgefahr aus dem Feuer holt, eine Tat, die ihm die einfachen Soldaten nicht vergessen. Verwundung durch einen Kartätschensplitter, Ernennung zum Generalmajor, Stationierung schließlich in Magdeburg, Lemgo, Hoya, wo er, in den schönsten Jahren des Lebens, *Galle destilliert*, eine Verbannung im Grunde. Seine kritischen Studien über die Armee tragen ihm das Lob Scharnhorsts ein, aber den Tadel des *Uniformschneiders*, des *Stiefeletten-sergeanten*, wie er den König nennt. In Hamburg Verkehr mit Demokraten, mehr als ein Fauxpas für einen preußischen Prinzen.

Klavierkonzerte, der blendende Pianist improvisiert zusammen mit Ludwig van Beethoven auf dem Pianoforte. »Er spielt gar nicht königlich oder prinzlich, sondern wie ein tüchtiger Klavierspieler«, ruft der unverbesserliche Republikaner Beethoven aus. Louis Ferdinands Kompositionen sind von ihm beeinflusst, doch, auch hier kein bloßer Anempfinder, beeinflusst er seinerseits Komponisten wie Spohr, Chopin und, vor allem, Carl Maria von Weber. Gibt Schiller ein Gastmahl in Berlin, trifft Goethe in Jena; »... er [Goethe] ging gestern noch spät mit mir nach Hause und saß dann vor meinem Bette, wir tranken Champagner und Punsch; er ließ seinem Geist freien Lauf; er sagte viel, ich lernte viel und fand ihn ganz natürlich und liebenswürdig«. Wilde Ritte, Kartenspiel, Gelage mit Champagner, von dem er schließlich sechzehn Flaschen am

Tag trinkt; die Schulden so hoch wie die Kunst, immer neue zu machen; noch Friedrich Wilhelm IV. muss sich mit den Gläubigern auseinandersetzen; der Versuch, sich durch Heirat mit der schwerreichen Tochter der Herzogin von Kurland zu sanieren, scheitert am Veto des Königs.

Diplomatische Missionen, Affairen und immer wieder Affairen: mit der animalischen Pauline Wiesel, *dem Wunder der Schönheit und der Gemeinheit*; mit Jettchen Fromme, Tochter eines Hutmachers aus Berlin, die ihm zwei Kinder gebiert, Blanka und Ludwig (der spätere Vater des patriotischen Dichters Ernst von Wildenbruch); mit Friederike, der Schwester der Königin (»... ein herrlicher, recht zur Wollust gemachter Körper«, wie er dem Oberstleutnant von Massenbach indiskret anvertraut); mit Luise selbst, in Ehren, versteht sich, wie die preußische Geschichtsschreibung, um das Renommee der Tugendreichen besorgt, versichert. Allerdings wurde sie, wenn die Rede auf den Prinzen kam, nach vielen Jahren noch blutrot, und es gibt Gewährsmänner, die von einem Dossier im Preußischen Geheimen Staatsarchiv wissen mit den Berichten privater Detektive, die Friedrich Wilhelm zur Überwachung Luisens angesetzt hatte.

Er verehrt die schöne Jüdin Henriette Herz, in deren Salon die sich bildende neue bürgerliche Gesellschaft verkehrt, und genießt Seelenfreundschaft mit Rahel Levin, die nicht schön ist, nicht reich, doch mit dem kostbaren Talent ausgestattet, allein durch ihre Anwesenheit das Beste in uns zu wecken, Menschen zusammenzuführen ohne Unterschied des Standes, der Religion, der Rasse. In ihren Dachstuben in der Jägerstraße unweit des Gendarmenmarkts verkehren Fichte, Schleiermacher, Chamisso, die Humboldts, die Brüder Tieck, der Fürst de Ligne, die Schlegels, und Heine wünschte sich ein Hundehalsband mit der Inschrift »Ich gehöre Rahel«.

Endlich der ersehnte Krieg, der Auftrag, die Avantgarde des Hohenloheschen Corps zu übernehmen. Die letzte Nacht auf der Heidecksburg oberhalb des thüringischen Rudolstadt, in der Ferne die Biwakfeuer der Franzosen, Offiziere, Hofdamen, der gastgebende Fürst, Louis Ferdinand am Klavier, Beethovens Musik, gegen Mitternacht abrupter Aufbruch.

Die Fürstin: »Sie haben jetzt auf einem anderen Klavier zu spielen.« Der Prinz: »Ja, lauter Dissonanzen.«

Das klingt fast unerträglich melodramatisch und ist nichtsdestoweniger wahr. Es ist die Zeit. Die Zeit mit ihrer Unendlichkeitssehnsucht, ihrem Sinn für Pathos, ihrem Gefühlsüberschwang. Louis Ferdinand, so viel ist gewiss, wollte sterben. »Das, was mir am meisten gefällt, ist die Bestimmung zum Tode«, schrieb er als Vierzehnjähriger. Und sein Abschiedsbrief an Luise, die Königin: »Ich werde mein Blut für den König und das Vaterland vergießen, ohne einen Moment zu hoffen, es zu retten.«

So viel Todesbereitschaft ist schon von Zeitgenossen kritisiert, ja bespöttelt worden. Clausewitz gab die gemäße Antwort, wenn er schrieb: »Er wollte nicht ohne Sieg zurückkehren ... Das Gefühl, was diesen Helden auf den Todesplatz fesselte, musste es ihn nicht, unter glücklicheren Umständen, zur Größe führen?«

Hier liegt es. Louis Ferdinand wusste, dass er nicht der hatte sein können, der er nach seiner Persönlichkeit hätte sein müssen; dass sein Leben sinnlos war. Sein Tod war somit Konsequenz. »... die Wahrheit ist, dass mir auf Erden nicht zu helfen war«, schrieb Kleist vor seinem Freitod. Das gilt, wenn auch mit anderen Vorzeichen, für Prinz Louis Ferdinand.

NACHT ÜBER PREUSSEN

Saalfeld kostete 1800 Tote, Verwundete, Gefangene und 34 Kanonen von 40, die Franzosen büßten ein Zehntel dessen ein – erster Beweis ihrer überlegenen Gefechtsführung, in deren

Mittelpunkt *Tirailleurs* standen, in lockeren Schwärmen angreifende, feuernde und wieder Deckung nehmende Schützen. Im Gegensatz zu den nach althergebrachter Weise in starren Reihen, der Lineartaktik, vorgehenden Preußen.

Napoleon hatte gezögert, den Krieg zu beginnen: wegen des noch nicht ratifizierten Friedensvertrages mit Russland, auch seines Respekts wegen, den er zwar nicht der preußischen Führung, aber doch der preußischen Armee entgegenbrachte. Er, der in allem so sein wollte wie sein Vorbild Friedrich der Große – sogar dessen exzentrische Kleidung kopierte er –, fürchtete besonders die Kavallerie, und Talleyrand erzählte: »Eine geheime Unruhe bewegte ihn, als er daranging, sich zum ersten Mal mit den Preußen zu messen. Der alte Ruhm ihrer Armee lastete schwer auf ihm.«

Einmal entschlossen, war er jedoch von stählernem Willen, kluger Umsicht, klaren Gedanken. Seine neuen Satrapen, die Rheinbundfürsten, hatten ihre Kontingente bereits marschbereit machen müssen. Auf drei Straßen, über Kronach, Koburg, Bayreuth, von seinen Spionen vorher sorgfältig auf Belastungs- und Aufnahmefähigkeit geprüft, ging es den Preußen entgegen. Die einzelnen Tagesmärsche waren exakt festgelegt, die Quartiere vorbereitet, die Feldlazarette eingerichtet. Die Truppe war ausreichend verproviantiert, gut bewaffnet und, vor allem, kriegserfahren, ja kriegslüstern. Der Kaiser selbst schrieb voller Siegeszuversicht an Josephine: »Meine Geschäfte gehen gut!« Die Geschäfte aber gingen nicht so gut, wie er vermutete. Seine Reiterei, ohnehin die Achillesferse der Grande Armée, war unfähig, *aufzuklären*, das heißt festzustellen, wo der Gegner sich befand und wie er sich dort befand. In der Annahme, die Preußen seien im Abmarsch nach Osten begriffen, setzte er seine überholende Bewegung in nordöstlicher Richtung auf Gera fort, entfernte sich damit von ihnen, gab schließlich den Befehl, auf Erfurt, in Richtung Westen also, zu marschieren, eine überraschende, später als genial bezeichnete Linksschwenkung. Was sie nicht war. Die Preußen nämlich marschierten längst in Richtung untere Saale und entzogen sich damit allmählich der drohenden Umklammerung. Auch bei ihnen war der Irrtum der Vater des Entschlusses, denn man glaubte die Franzosen auf dem Marsch nach Berlin.

Bei der Tragödie »Die Schlacht« spielen die Götter die Hauptrolle. Das wussten die Griechen, und es gibt Militärexperten, die die Meinung vertreten, dass die großen Bataillen der Weltgeschichte weniger von der Genialität der Heerführer entschieden worden sind als vom Zufall; oder davon, dass der Feind noch mehr Fehler machte als sie selbst. Das Treffen bei Auerstedt zu verlieren war jedenfalls, laut Feldmarschall Boyen, eine wahre Kunst.

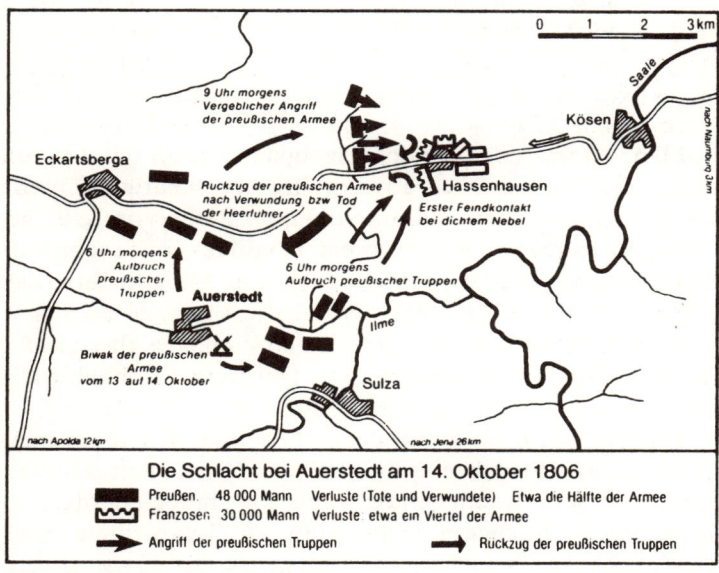

Die Schlacht bei Auerstedt am 14. Oktober 1806

Preußen: 48 000 Mann   Verluste (Tote und Verwundete) Etwa die Hälfte der Armee
Franzosen: 30 000 Mann   Verluste: etwa ein Viertel der Armee

Angriff der preußischen Truppen   Rückzug der preußischen Truppen

Auerstedt: das Ende einer Illusion.

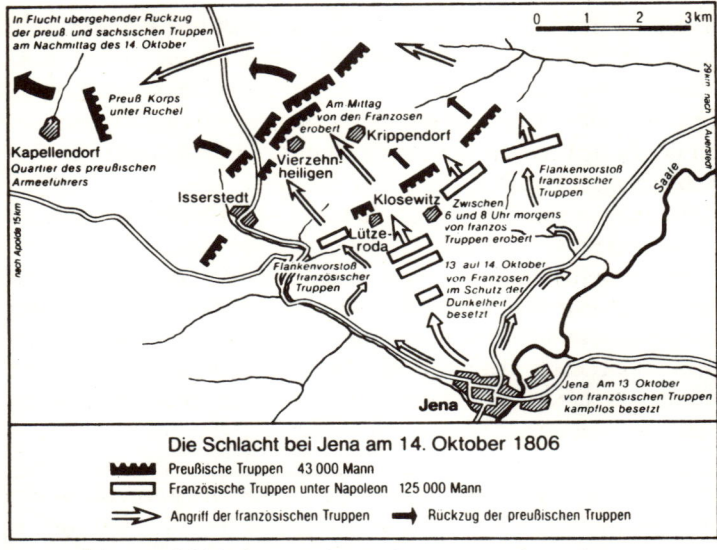

In Flucht übergehender Rückzug der preuß und sachsischen Truppen am Nachmittag des 14. Oktober

0   1   2   3 km

Preuß Korps unter Ruchel

Kapellendorf
Quartier des preußischen Armeefuhrers

Am Mittag von den Franzosen erobert

Krippendorf

Vierzehn heiligen

Isserstedt

Klosewitz

Lütze-roda

Flankenvorstoß französischer Truppen

Flankenvorstoß französischer Truppen

Zwischen 6 und 8 Uhr morgens von franzos Truppen erobert

13 auf 14 Oktober von Franzosen im Schutz der Dunkelheit besetzt

Jena

Jena Am 13 Oktober von französischen Truppen kampflos besetzt

Die Schlacht bei Jena am 14. Oktober 1806

Preußische Truppen   43 000 Mann
Französische Truppen unter Napoleon 125 000 Mann
Angriff der französischen Truppen   Rückzug der preußischen Truppen

Jena: unfähige Befehlshaber, Hochmut der Kommandierenden.

Man verfügte über fast doppelt so viele Truppen, setzte sie aber nicht alle ein, hielt auch die Reserven zurück – mehr als 20 unversehrte Bataillone und eine Reihe von Kavallerieregimentern! –, ging zu allem Unglück im Herzog von Braunschweig, den ein Kartätschensplitter erblinden ließ, des Oberbefehlshabers verlustig, verlor schließlich, da der König sich nicht getraute, an seine Stelle zu treten oder einen anderen Befehlshaber zu ernennen, die Übersicht und damit die Schlacht.

War bei Auerstedt der Marschall Davout Held des Tages, so war es fast zur selben Stunde bei Jena Napoleon selbst, der, hier allerdings mit einer Übermacht, den Preußen erfolgreich entgegentrat. Nachdem er im Schutz der Dunkelheit unter persönlichem Einsatz die strategisch günstig gelegenen Höhen besetzt hatte – was seine Gegner sträflich versäumten –, griff er das Hohenlohesche Korps an, dessen Kommandierender die Nacht friedlich im Bett verbracht hatte, auch nicht recht wusste, ob er sich, einer vortags gegebenen Order gemäß, in eine Schlacht einlassen sollte oder nicht. Dessen ungeachtet trafen die Franzosen auf zähen Widerstand und konnten von Glück sagen, dass die bewährte preußische Entschlusslosigkeit den Einsatz der nur wenige Kilometer entfernt stehenden 12 000 Mann des Generals Rüchel verhinderte.

Doch erst der Rückzug machte aus der Niederlage eine Katastrophe. Aus halbwegs geordnetem Abmarsch wurde kopflose Flucht, wobei die Flüchtenden von Jena und Auerstedt sich chaotisch ineinander verknäulten und, da man vorher mit verkehrter Front gefochten hatte, nur nach qualvollem Umherirren, von den Chasseurs verfolgt, den Weg ins Hinterland fanden. In den Sturzäckern steckende Kanonen, verendende Pferde, von Bagagewagen überrollte Schwerverwundete, Deserteure, Meuterer, Plünderer, Grenadiere, die ihre Waffen wegwarfen und, bis dahin nie erlebtes Sakrileg, ihre Fahnen in den Schmutz traten. In der Schreckensnacht vom 14. auf den 15. Oktober 1806 ging das alte Preußen unter. Gneisenau schrieb: »… tausendmal lieber sterben, als das noch einmal erleben. Das waren Gräuel …«, und als die Königin Luise mit ihrer Kutsche wieder in Berlin eintraf, wurde ihr auf die Frage, ob der König bei der Armee sei, geantwortet: »Die Armee? Sie existiert nicht mehr.«

Wie nach jeder verlorenen Schlacht floss nun die Tinte. Wenige Berufene und viele Unberufene erörterten die Schuldfrage. Aus dem Wust der Veröffentlichungen kristallisierte sich heraus, dass die Soldaten mit dem gleichen Todesmut oder sagen wir Todesergebenheit in den Kampf gezogen waren wie ihre Ahnen bei Roßbach und Leuthen. Ihre Tapferkeit stand außer Zweifel, ihre Disziplin, wenn auch mit unzeitgemäßen Mitteln erzwungen, war ohne Tadel. Trotz der erwähnten Mängel in der Bewaffnung, der Ausrüstung, der Verpflegung schlugen sie sich mit einer Bravour, die dem Gegner Achtung abzwang. Der einfache Mann hatte in der Doppelschlacht nicht versagt.

»Wenn man erwägt, dass die Besiegten von 1806 diejenigen sind, die uns unsere Niederlagen von 1813, 1814 und 1815 zugefügt haben«, heißt es im Operationsjournal des französischen Generalstabs, »dann kann man nicht umhin zu denken, dass dieselbe Armee, geführt von Männern dieses Schlages, Anspruch auf ein ganz anderes Los gehabt hätte.«

Preußen ist in Jena nicht untergegangen, weil seine Truppen schlechter bewaffnet, ungenügender ausgerüstet, mangelhafter verpflegt worden waren, Preußen starb am Altersstarrsinn seiner Generale, am Hochmut seiner Leutnante, der sich mit Unbildung paarte, an der Unfähigkeit seiner Befehlshaber, Soldaten in der Schlacht zu führen, am Geist – oder besser am Mangel an Geist – dieser Führungsschicht.

»In der ganzen neueren Kriegsgeschichte«, schreibt Militärwissenschaftler Curt Jany, »wird man kaum einen Fall finden, wo der Schlachtenerfolg allein aus der Beschaffenheit der miteinander kämpfenden Heere abgeleitet werden kann. Immer ist die höhere Führung das Entscheidende.«

JETZT IST RUHE DIE ERSTE BÜRGERPFLICHT

Der Niederlage in der Doppelschlacht, der Katastrophe des Rückzugs folgte die Schande der Kapitulation.

Die preußischen Festungen, gut angelegte, ausreichend besetzte Bastionen, die trotz einer gewissen Vernachlässigung genügend Kampfwert besaßen, den Vormarsch der Franzosen aufzuhalten, wurden eine nach der anderen übergeben. Von Offizieren, die von ihren Männern jederzeit das Opfer des Lebens forderten, selbst aber nicht bereit waren, es zu bringen.

Erfurt *eröffnete den Reigen der Elendigkeiten, die den preu-ßischen Namen befleckten,* es lieferte sich mit 10 000 Mann dem Feind aus, eine Kapitulation, die der Prinz von Oranien zu verantworten hatte. Die mächtige Zitadelle Spandau bei Berlin übergab der Major von Beneckendorff, ohne auch nur den Versuch gemacht zu haben, sie zu verteidigen. Geschworen hatte er, auf ihren Trümmern zu sterben. Stettin, besetzt mit 5000 Mann, gut versorgt mit Munition und Proviant, bestückt mit 160 Kanonen, wurde vom Generalleutnant Romberg in dem Moment aufgegeben, als eine einzige französische Husarenbrigade die gewaltigen Mauern umritt.

In Küstrin erreichte der moralische Bankrott des preußischen Offizierskorps den Höhepunkt. Oberst von Ingersleben, der seinem König vorher versichert hatte, er werde die Festung halten, bis ihm vom Feuer der Geschosse das Schnupftuch in der Tasche brenne, kapitulierte nicht nur auf der Stelle, er holte, da eines seiner Regimenter gegen die Übergabe rebellierte, die Franzosen zu seinem eigenen Schutz mit Kähnen über die Oder. Napoleon handelte nach der alten Weisheit, wonach der Verrat gefällt, der Verräter aber missfällt, und strich, angeekelt von so viel Perfidie, den Paragrafen, der dem Oberst den Eintritt in die Grande Armée erlaubt hätte.

Während der bei der Generalabrechnung später zum Tode verurteilte Romberg wegen *hohen Alters und geschwächter Geisteskräfte* begnadigt wurde, bestätigte Friedrich Wilhelm im Falle Ingersleben das Todesurteil, ohne es allerdings vollstrecken zu können. Der Oberst hielt sich – *arm, ehrlos, meidend und gemieden* – irgendwo in Deutschland versteckt. Im Übrigen ist es nicht bekannt geworden, dass einer der anderen für die Kapitulation verantwortlichen hohen Offiziere Hand an sich gelegt hätte – so weit ging der sonst so penibel gepflegte Ehrbegriff nicht.

In Magdeburg war es ein General von Kleist, der dem großen alten Namen seiner Familie alle Unehre machte, als er

21 000 Soldaten einem Gegner auslieferte, der noch nicht einmal über ein ordentliches Belagerungsgeschütz verfügte. Mit ihm kapitulierten neunzehn Generale, die zusammen ein Alter von, das hat man genau ausgerechnet, eintausenddreihundert Jahren zählten. 6000 Pferde, 600 Karossen und wohlgefüllte Magazine fielen dem Feind zusätzlich in die Hand. In Hameln hisste General Schöller, gegen den Widerstand der Mannschaft und eines Teils der Offiziere, die weiße Flagge.

Ungeheuerliches ereignete sich auf freiem Feld in der Nähe der Stadt Prenzlau. Fürst Hohenlohe hatte die Reste seiner bei Jena geschlagenen Truppen, etwa 10 000 Mann, unter unsäglichen Strapazen bis in die Uckermark geführt, um jenseits der Oder eine neue Hauptkampflinie aufzubauen, ließ sich aber auf Verhandlungen mit dem ihn verfolgenden Marschall Murat ein, der ihm versicherte, die Preußen seien von seinen Leuten umzingelt und nur durch eine ehrenvolle Kapitulation vor der Vernichtung zu bewahren.

Murat log, untermauerte die Lüge mit seinem Ehrenwort, und nachdem auch der Generalstabschef Massenbach, eine dubiose Figur innerhalb der preußischen Generalität, zur Aufgabe riet, versammelte Hohenlohe die Stabsoffiziere, sprach von der bevorstehenden Niederlegung der Waffen und – wartete vergeblich darauf, dass einer seiner Herren widersprach. Unter ihnen die Offiziere des exklusiven Regiments Gensd'armes, die, mehr durch Übermut als durch Mut bekannt geworden, sich in jämmerlicher Weise selbst treu blieben.

»Die Kapitulationen pflanzten den Kleinmut in alle Herzen«, schrieb der General von der Marwitz in seinen Memoiren, »streuten die Vorstellungen von Verrat unter das Volk und verbreiteten den jede Tatkraft lähmenden Gedanken, ›dass doch alles verloren‹ sei. Wie *eine* große mannhafte Tat fortwirkend Größeres erzeugt und aus Männern Helden macht, so sind auch umgekehrt mit der Vollbringung *einer* schmählichen Tat deren Folgen nicht abgeschlossen, sie bleibt verdammt, fortwährend Schwaches zu erzeugen, wirkt wie ein schleichendes Gift und macht Männer zu Weibern.«

Die Rolle, die Friedrich Wilhelm III. während der Katastrophe spielte, war nicht so, dass sie den Worten Blüchers entsprochen hätte: »Unser Unglück kann uns allein stark und entschlossen machen.« Er verließ als einer der Ersten das Schlachtfeld, schrieb noch am 15. Oktober einen Brief an Napoleon, in dem er um einen Waffenstillstand bat und darum, man möge wie früher wieder gut Freund sein. Hätte er doch nur des Kaisers versöhnlichen Brief vom 12. Oktober früher empfangen, wie er weiter ausführte, das Blut von Tausenden wäre nicht vergossen worden.

So viele Tote und Verwundete also nichts anderes als ein unglückliches Missverständnis!

Immerhin habe aber jeder bei dieser Gelegenheit feststellen können, welch hohen Wert die preußische Armee besitze. Dann jenes unsägliche Schreiben nach dem Einzug des Korsen in Berlin: »Ich habe den lebhaften Wunsch, dass Eure Majestät in meinen Palästen auf eine Weise aufgenommen und behandelt werde, die ihr angenehm ist, und mit Eifer habe ich schon zu diesem Zweck alle Maßnahmen getroffen, die die Umstände mir gestatten. Möge es mir gelungen sein!«

Wie wichtig es gewesen wäre, dass er, oder zumindest die Königin, sich in Berlin dem Kaiser der Franzosen gestellt hätte, zeigt das Beispiel der Herzogin von Weimar. Sie bewies Contenance, begegnete dem Korsen würdevoll, erreichte, dass die Plünderungen in ihrem Land aufhörten, und letztlich auch, dass der Herzog, der ja mit Preußen marschiert war, Herzog von Weimar blieb. Zivilcourage und Unerschrockenheit sind von jeher die Tugenden gewesen, die den Siegern bei den Besiegten imponierten; wie andrerseits Würdelosigkeit ihnen verächtlich war.

Jenen Berlinern ist Mangel an Würde vorgeworfen worden, die den Korsen bei seinem Einzug in Berlin am 27. Oktober

mit »*Vive l'empereur!*« begrüßten. Doch war man auch hier
dem Volk kein Vorbild gewesen. Kleinmütigkeit, Servilität,
Feigheit überall bei jenen, die zum Führen bestimmt waren,
allen voran der Gouverneur Schulenburg-Kehnert mit jenem
viel zitierten Bulletin, das in seinem Beamtendeutsch und
seiner Schulmeisterei ein Dokument preußisch-deutschen
Ungeists jener Tage darstellt: »Der König hat eine Bataille
verloren. Jetzt ist Ruhe die erste Bürgerpflicht. Ich fordere
die Einwohner Berlins dazu auf. Der König und seine Brüder
leben!«

Schulenburg selbst verließ, von seinem Posten desertie-
rend, mit allen Zeichen der Unruhe die Residenz, nicht ohne
vorher seinen Schwiegersohn, den Fürsten Hatzfeld, zum Vize-
gouverneur ernannt zu haben. Beide Herren vergaßen, die im
Zeughaus lagernden 40 000 modernen Gewehre und 50 Kanonen abzutransportieren, ein Vergehen, für das man einen
Korporal an die Wand gestellt hätte. Hatzfeld jedoch findet
man ein Jahr darauf im Dienste Jérômes, des neuen Königs
von Westfalen.

Den Berlinern imponierten weniger des Kaisers paradies-
vogelbunte Generale und seine Mamelucken, die Janitscharen-
musik und das Geschmetter der Clairons als die Soldaten,
die da einhergezogen kamen. Sie hatten nichts gemein mit
ihren exakt im Gleichschritt marschierenden geschniegelten,
gepuderten, von der Fuchtel der Korporale in Reih und Glied
gehaltenen Grenadieren.

Die Uniformen schlecht gepflegt, die Hüte kreuz und quer
auf dem Kopf, die Haare wirr, manche mit Bart, andere bart-
los, klein und mager die meisten, gingen sie im Spazierschritt
oder fingen unvermutet an zu laufen, einige rauchten gemüt-
lich ihr Pfeifchen, was in Berlin auf offener Straße selbst für
Zivilisten verboten war.

Aus der Schilderung eines *Preußen aus der napoleonischen
Zeit* klingt an, wie erstaunt, wie fassungslos man allgemein

138

Der König hat eine Bataille verlohren. Jetzt ist Ruhe die erste Bürgerpflicht. Ich fordere die Einwohner Berlins dazu auf. Der König und seine Brüder leben!

Berlin, den 17. October 1806. Graf v. d. Schulenburg.

Ein Dokument der Hilflosigkeit: die berühmt-berüchtigte Proklamation »Jetzt ist Ruhe die erste Bürgerpflicht«.

war, dass derartige Lumpenkrieger Preußens stolze Grenadiere zu Paaren getrieben hatten. Da war einer – und der war keine Ausnahme –, der des Augenzeugen besonderes Interesse erregte: »... ein zottiger Pudel, den er am Strick führte, blickte aufmerksam ihm nach dem Munde, mit dem er von einem großen Stücke Brot abbiss und mitunter dem Pudel etwas zuwarf ... und, was noch mehr war, auf dem Bajonette ein halbes Brot aufgespießt, am Pallasch eine Gans hängend und auf dem Hute statt des Feldzeichens einen blechernen Löffel. Diese originelle Figur kam allein voran, mit einem gewöhnlichen leichten Schritte, blickte aber mit großen schwarzen Augen wie ein König auf die Hunderte ...«

Die Hunderte am Straßenrand waren bald in einen lebhaften Handel verwickelt. Die Franzosen verkauften all das, was ihnen bei Jena und Auerstedt in die Hände gefallen war, wobei die Offiziersbagage die lohnendsten Beutestücke geboten hatte. Pelzmäntel, Seidentücher, Schinken, Klaviere, Porzellan, lebende Ochsen, Rassepferde wechselten den Besitzer. Was zwanzig Taler wert war, wurde zu acht Groschen verschleudert, Säcke mit Silbermünzen weit unter Wert gegen ein paar Goldstücke abgegeben. Mancher Berliner hat, so der Chronist, in jenen Tagen den Grundstock zu späterem Reichtum gelegt.

NAPOLEON IN POTSDAM

Napoleon selbst ging anderen Geschäften nach. Seine Soldaten zu Ordnung und Zucht ermahnend und die Offiziere zu Wohlverhalten, setzte er eine Art Bürgerverwaltung ein, an deren Spitze unter anderem drei Angehörige der französischen Kolonie berufen wurden. In der Annahme, die Nachkommen der Hugenotten seien selbstredend Franzosen geblieben (»Messieurs«, sagte er, »die Ansprüche auf Ihr altes Vaterland sind nicht verwirkt!«). Die Fourniers, le Jeunes, Beaumonts, de la Gardes waren jedoch in ihrem Herzen und in ihrer Seele längst Preußen geworden und mussten den sich als »Landsmann« anbiedernden Korsen enttäuschen.

Der siebzigjährige Jean Pierre Erman, Direktor des französischen Gymnasiums und Doyen der Berliner Geistlichen, verwahrte sich bei einer Audienz dagegen, dass Napoleon ständig Königin Luise beleidigte (»Kriegslüsterne Amazone«, »Böse Intrigantin«, »… sie möge bei ihrem Spinnrocken bleiben«), wagte es sogar, den Kaiser beim Rockärmel zu packen und ihn zu beschwören: »Sire, der Arm eines Siegers sollte der Arm eines Wohltäters sein!«

Unter der höheren Beamtenschaft wurde kaum Protest laut. Mit der ihnen anerzogenen Disziplin leisteten sie zusammen mit den Ministern den von ihren neuen Herren verlangten Treueid. Die Bürger begnügten sich damit, inwendig zu räsonnieren und den Korsen einen Pferdedieb zu nennen, als er die Quadriga vom Brandenburger Tor nahm und nach Paris schickte. Der Raub des Schadowschen Meisterwerks gehörte zu den Praktiken, die Napoleon in jedem besiegten Land planmäßig betrieb. Wenn Monsieur Danon, Generaldirektor der französischen Museen und gewiefter Kunsträuber, auftauchte, wusste man, dass neue Einbußen bevorstanden. In Berlin waren es außer der Quadriga 116 Gemälde, 32 antike Bildwerke, 74 Büsten.

Freunde dagegen erwarb sich Frankreichs Kaiser durch seine Hochachtung, die er Friedrich dem Großen entgegenbrachte. Sie entsprang einem echten Gefühl, und ihm Heuchelei vorzuwerfen, weil er sorgfältig darauf achtete, dass seine Huldigung in allen Details bekannt wurde, scheint nicht angebracht. Er wusste eben den Wert dessen zu schätzen, was man heute eine gute Publicity nennt.

In Potsdam besuchte er das Grab des in der Garnisonkirche ruhenden Königs. Der Comte de Ségur, der ihn zusammen mit den Marschällen begleitete, schrieb: »Der Kaiser ging zu Fuß dorthin; anfangs rasch ausschreitend, wurde sein Gang im Angesicht des Tempels langsamer, und je näher er den sterblichen Resten des großen Königs kam, dem er seine Ehrerbietung darbrachte, desto gemessener wurde sein Schritt. Das Portal des Monuments war geöffnet. Ernst und gesammelt verweilte er davor, und seine Blicke tauchten in die Dämmerung, die die erhabene Asche umhüllte. Unbeweglich, schweigend, in tiefe Gedanken versunken, blieb er so wohl zehn Minuten stehen ...«

Und dann das Wort, das uns schon auf der Schulbank mit Genugtuung erfüllte, weil Lob aus dem Mund eines Feindes kostbar ist: »Messieurs, wenn der noch lebte, stünden wir nicht hier.« Beim Hinausgehen bemerkte er: »*Sic transit gloria mundi* – So vergeht der Ruhm der Welt.« Verehrung und Respekt hinderten ihn nicht daran, sich den Degen, den Schwarzen Adlerorden und die Generalsschärpe Friedrichs anzueignen und sie dem Invalidenhaus in Paris zu übersenden. Versehen mit der Mahnung: »Die Veteranen werden alles dasjenige mit heiliger Ehrfurcht empfangen, was dem ersten Feldherrn, den die Geschichte kennt, angehörig gewesen.«

NUR KEINEN SCHÄNDLICHEN VERTRAG

So abenteuerlich wild die französischen Truppen auf die Deutschen wirkten, das Verhältnis zwischen Siegern und Besiegten war, von einigen Ausnahmen abgesehen, einigermaßen erträglich, ja beinahe angenehm, wenn man daran denkt, wie sich Preußens Freunde, die Russen, zur selben Zeit in Ostpreußen benahmen. Wurde dort erbarmungslos requiriert, geplündert, gebrandschatzt, *ein bisschen asiatisch verfahren*, konnte man sich hier sogar vor Plünderungen bewahren. Man musste nur, wie der Philosoph Hegel aus Jena berichtete, Haltung bewahren, Französisch sprechen und zu Hause bleiben.

Nun sprachen die einfachen Leute kein Französisch, aber auch sie blieben relativ ungeschoren, wenn sie den fremden Gästen einigermaßen auftischten. Denn deren Liebe ging durch den Magen. Sie verlangten Frühstück, Mittagbrot, Vesper, Abendessen, und zwar – *entsetzt ward es ausgesprochen und angehört* – mit Kaffee, Bouillon, Braten, Weißbrot und Wein! Klagte ein Zeitgenosse: »Man denke sich, ein Soldat *Wein*, das war mehr, als man je geglaubt hätte, und es wurde angenommen, dass die Stadt nur deshalb geschont worden sei, damit man sie langsam aufzehren könne.«

142

Eine Bouteille Wein kostete drei Franken, und das war teuer, zu teuer für den Quartierwirt Müller und Schulze. »Sie baten uns«, berichtete der Gardegrenadier Jean-Roch Coignet, »mit Kannenbier vorlieb zu nehmen. Wir machten davon beim Appell Meldung, und unsere Offiziere redeten uns zu, die armen Leute nicht zu zwingen, das Bier wäre sehr gut. Zum Trost der Bürger tranken wir nun also immer Bier, und da es vortrefflich schmeckte, wurde damit auch nicht gekargt. Wir waren aufs Beste aufgehoben. Die Wirte selbst und ihre Dienstboten bedienten uns und ließen es an nichts fehlen. Alle Mahlzeiten waren reichlich und gut zubereitet. Wir lebten mit den freundlichen Menschen in Frieden und Eintracht.«

Dass auch die höheren Offiziere sich mäßigen konnten, zeigte der Vorfall Eschwege-Hersfeld. Von der patriotisch gestimmten Historie verständlicherweise verschwiegen, weil nicht sein konnte, was nicht sein durfte, bleibt er ein Beispiel von Zivilcourage. Der General Barbot und der ein badisches Kontingent befehligende Major Lingg, denen Napoleon befohlen hatte, die beiden Städtchen niederzubrennen und mindestens sechzig Männer wegen einer hier stattgefundenen Rebellion zu erschießen, folgten diesem Befehl in einer Weise, die den Tatbestand der Befehlsverweigerung erfüllte: Sie ließen im Wesentlichen Gnade vor (Besatzungs-)Recht ergehen.

»Dies ist geschehen im Februar des Jahres 1807, und so etwas ist des Lesens zweimal wert«, schrieb Johann Peter Hebel in seinem »Rheinischen Hausfreund«.

Kaiser Napoleon war, was die Waffenstillstandsbedingungen betraf, weniger maßvoll. Dass ein Sieger zugleich ein Wohltäter sein würde, damit hatte niemand gerechnet, doch was nun gefordert wurde für einen den Frieden anbahnenden Waffenstillstand, übertraf schlimme Erwartungen. Neben einer Kriegsentschädigung von 100 Millionen Franken hatte Preußen alle Gebiete bis zur Elbe, außer Magdeburg und der

Altmark, abzutreten, seine Truppen hinter die Weichsel zurückzuziehen und die der Russen zum Rückzug zu bewegen.

Man war bestürzt, am meisten enttäuscht aber wurde, wieder einmal, Friedrich Wilhelm, der immer noch geglaubt hatte, dass sich irgendwie alles zum Guten wenden würde und Napoleon nicht der Wolf war, zu dem ihn die meisten machten. Hatte er ihm nicht einen angenehmen Aufenthalt im eroberten Berlin gewünscht? Ja sogar die Ausgaben des dort etablierten Hofmarschallamts übernommen? Was den Reichsfreiherrn vom Stein, den Minister für Handel, Wirtschaft und Finanzen, zu dem sarkastischen Kommentar veranlasste, es sei beispiellos, »dass die Kosten des Hofstaates des Eroberers des größten Teiles der Monarchie von dem aus diesen Provinzen verdrängten Monarchen getragen werden ...«

Doch währt, nach La Fontaine, auch die Geduld des Lammes nicht ewiglich, und Napoleon musste Erstaunliches aus dem ostpreußischen Landstädtchen Osterode vernehmen. Dieser Preußenkönig, den er wegen seiner Halbherzigkeit weder geschätzt noch geachtet hatte, lehnte es ab, den von seinen Unterhändlern unterzeichneten Vertrag zu ratifizieren. Lehnte ihn ab, obwohl die Mehrzahl seiner Generale und Minister für die Unterzeichnung stimmte! Er war der Meinung, dass den Vertrag anzunehmen sich selbst aufzugeben bedeutete.

Napoleon reagierte nach Art der Tyrannen, die gewohnt sind zu bekommen, was sie gefordert, und sich von niemandem das Konzept verderben zu lassen. Dieses Konzept hatte geheißen: Preußen zur Aufmarschbasis gegen Russland zu machen. Seine Reaktion war von der Hybris, die letztlich seinen Untergang verursachte. Wer nicht für ihn war, war gegen ihn und musste vernichtet werden. Diese Dynastie, genannt Hohenzollern, galt es auszulöschen, ihren letzten Repräsentanten abzusetzen, ihr Staatsgebiet aufzuteilen – das jedenfalls ging aus den bei ihm gefundenen Papieren hervor.

Königin Luises mit Leidenschaft vorgebrachte Mahnung
»Nur keinen schändlichen Vertrag!« hat gewiss des Königs
Entschluss zum Widerstand beeinflusst, entscheidend war jedoch der Zar, dessen militärische Unterstützung so wichtig
war wie seine moralische.

»Vereinigen wir uns enger als jemals!«, hatte er nach der
Katastrophe von Jena geschrieben. »Bleiben wir den Grund-
sätzen der Ehre und des Ruhmes treu und überlassen alles Übrige der Vorsehung, die unfehlbar dem Erfolg der Usurpation
und Tyrannei ein Ziel setzen und die gerechteste und schönste
aller Sachen triumphieren lassen wird.«

Bis dahin schien es noch ein steiniger Weg. Um ihn zu eb-
nen, musste erst einmal die Voraussetzung im obersten Füh-
rungsgremium geschaffen werden. Das hieß, die alten Männer
durch neue zu ersetzen, an Stelle der Kabinettsregierung nun
endlich dem Staatsoberhaupt allein verantwortliche Minister
zu berufen.

DER FREIHERR VOM UND ZUM STEIN

Wie stand es mit diesen Alten? Lombard war bei dem Versuch,
zur Patriotenpartei überzuwechseln und den zu hassen, den
er vorher überschwänglich verehrt hatte, Napoleon, gescheitert und dem Volkszorn geopfert worden. Der Graf Haugwitz,
nach Hardenbergs Rücktritt 1806 wieder einmal Leiter der
Außenpolitik, war schon deshalb nicht mehr zu halten, weil
Zar Alexander seinen Kopf forderte. Er sei, lautete der auf sein
Augenleiden anspielende Entlassungsgrund, *halb blind*, was
angesichts dessen, was er als Außenminister alles *nicht* gesehen hatte, zum unfreiwilligen Zynismus wurde. Auch der Kabinettsrat Beyme, ausgestattet mit den Tugenden des preußischen Beamten – Rechtschaffenheit, Sachkunde, Integrität –,
aber auch mit den Untugenden – Unselbstständigkeit und

Meinungslosigkeit –, sollte gehen, weil er das verderbliche System der Kabinettsregierung geradezu verkörperte. Das jedenfalls meinten Stein und Hardenberg.

Friedrich Wilhelm wollte den letzten seiner bequemen alten Räte nicht verlieren, war aber schließlich zum Einlenken bereit. Ein Staatsrat sollte gebildet werden aus den Ministern des Auswärtigen, des Inneren und des Krieges, jeder von ihnen berechtigt, seinem Monarchen direkten Vortrag zu halten. In Gegenwart Beymes allerdings, und da er das Protokoll führen sollte, würde er ein einflussreicher Mann bleiben, ein *Kabinettsrat hinter der Gardine.*

Stein lehnte diesen Vorschlag ab. Die Konstruktion aus Ministerrat *und* Kabinettsrat erschien ihm brüchig und dazu geeignet, eine *Influenz der Hinterthüre* zu erzeugen.

»... eine unannehmbare Sache«, protestierte er, »ein Widerspruch in sich und absurd, eine Einrichtung, an der ein vernünftiger Mensch sich nicht beteiligen kann.« Auch seine Ministerkollegen behagten ihm nicht. Er, der das Außenministerium abgelehnt hatte, sollte als Innenminister nun zusammenarbeiten mit dem General von Rüchel, dem designierten Kriegsminister, und dem General von Zastrow, dem zukünftigen Außenminister.

Mit Männern von vorgestern, die noch jede Reform blockiert hatten und das Heil nach wie vor in Frankreich suchten. Beide waren sie politische Dilettanten, mit denen kein neuer Staat zu machen war. Von Hardenberg, prädestiniert für das Außenministerium wie kein Zweiter, war nicht mehr die Rede, nachdem aus dem napoleonischen Hauptquartier verlautet war, wie wenig der Korse ihn mochte.

Mit dem Hohenzollern und dem Reichsfreiherrn standen sich zwei Menschen unterschiedlicher Prägung gegenüber und zwei Prinzipien. Der eine, Friedrich Wilhelm, vertrat trotz aller aufklärerischen Tendenzen nach wie vor das absolute Königtum, erwartete Gehorsam, konnte sich nur schwer daran gewöhnen, dass seine Beamten nicht in erster Linie Diener des Monarchen seien, sondern Diener des Staates, war darüber hinaus ängstlich bemüht, das zu behüten, was er seine königliche Würde nannte; sah zwar ein, dass die alte Zeit zu verdämmern begann, kämpfte aber hartnäckig darum, möglichst viel von ihr in die neue hinüberzuretten.

Der andere, Heinrich Friedrich Karl vom und zum Stein, einem alten reichsfreiherrlichen Geschlecht entstammend, Preuße aus Neigung und nicht von Geburt – er kam aus Nassau –, sah im Glück der preußischen Monarchie die Voraussetzung für das Glück seines Vaterlandes, und das hieß Deutschlands. Ihm, dem realistischen Träumer, ging es um den Menschen, um seine Entwicklung zum freien, selbstständigen Bürger, der für seinen Staat sich einsetzte, als sei es für seine Familie; schroff, kompromisslos bis zum Starrsinn und genauso autokratisch wie das Staatsoberhaupt, wenn es um die Durchsetzung seiner Ideen ging, war er für jeden Vorgesetzten ein unbequemer Mann.

Es spricht für Friedrich Wilhelm, der genialische Leute nicht mochte, ihn überhaupt berufen zu haben. Er hat sogar ein wenig unser Verständnis, wenn er angesichts der kompromisslosen Weigerung Steins, das neue System anzuerkennen und zum Vortrag zu erscheinen, die Nerven verlor: dünnhäutig, überreizt, erschöpft, wie er nach der Flucht über Küstrin, Graudenz, Osterode, Ortelsburg, Wehlau bis Königsberg war, wurde er zusätzlich strapaziert durch die bereits laufenden Vorbereitungen zu erneuter Flucht.

In äußerster Erbitterung nannte Friedrich Wilhelm den Reichsfreiherrn einen *widerspenstigen, trotzigen, hartnäckigen und ungehorsamen Staatsdiener*, der, »auf sein Genie und seine Talente pochend, weit entfernt das Beste des Staates im Auge zu haben, nur durch Capricen geleitet, aus Leidenschaft und aus persönlichem Hass und Erbitterung« handele. Am liebsten hätte er diesem königlichen *Bedienten* in Spandau oder Küstrin ein passendes Quartier bereitet. Wie aus dem ersten Entwurf der Kabinettsorder hervorgeht. Da das, Friedrich dem Großen und dem Soldatenkönig sei's geklagt, nicht mehr möglich war, verblieb es bei der Drohung: »Da Sie vorgeben ein wahrheitsliebender Mann zu sein, so habe ich Ihnen auf gut Deutsch meine Meinung gesagt, indem ich noch hinzufügen muss, dass, wenn Sie nicht Ihr respektwidriges und unanständiges Benehmen zu ändern willens sind, der Staat keine große Rechnung auf Ihre ferneren Dienste machen kann.« Stein war *nicht willens.* Er war seinem Monarchen, im Gegensatz zu den meisten anderen hohen Beamten, auf der Flucht gefolgt, hatte ihm in Berlin die Kasse gerettet, Not und Demütigung mit ihm geteilt, seine Gesundheit aufs Spiel gesetzt und die seiner Familie (ein schweres Rheumaleiden plagte ihn, eines seiner Kinder war an Typhus erkrankt), er war bereit, auch in Zukunft Opfer zu bringen – jedoch in erster Linie dem Staat und nicht dem König, einem Manne, der glaubte, ihn wie einen Dienstboten behandeln zu können. In seiner Ehre gekränkt, in seinem Selbstbewusstsein gestört, reichte er noch in der Nacht vom 3. zum 4. Januar 1807 seinen Abschied ein, denn Staatsdiener seines Schlages seien dem Wohl des Ganzen, wie er ironisch schrieb, wirklich nicht zuträglich …

WER NIE SEIN BROT MIT TRÄNEN ASS

In den ersten Januartagen des Jahres 1807 fuhr eine Kutsche über die Kurische Nehrung. Das ist eine 120 Kilometer lange Landzunge zwischen dem Samland und dem Städtchen Memel, die an einigen Stellen so schmal ist, dass sich die Wasser der Ostsee und des Haffes miteinander zu mischen scheinen. Ein klirrender Nordost stemmte sich gegen den Wagen, in dessen Fond einige vermummte Gestalten hockten.

Unter ihnen Preußens Königin und der Doktor Hufeland, der Arzt Goethes, Schillers, Herders, Wielands, nunmehr Leibarzt des preußischen Königspaares, führender Mediziner an der Berliner Charité.

Er notierte über die schrecklichste Fahrt seines Lebens: »Wir brachten drei Tage und drei Nächte, die Tage teils in den Sturmwellen des Meeres, teils im Eise fahrend, die Nächte in elendesten Nachtquartieren zu – die erste Nacht lag die Königin in einer Stube, wo die Fenster zerbrochen waren und der Schnee auf ihr Bett geweht wurde, ohne erquickende Nahrung … Ich dabei in der beständigen ängstlichen Besorgnis, dass sie ein Schlagfluss treffen möchte.«

Königsberg, Ostpreußens Hauptstadt, durch den Rückzug der russischen Truppen und der preußischen Regimenter entblößt, schien nicht mehr sicher, und man hatte sich erneut aufgemacht, diesmal die nordöstlichste Stadt des Königreichs, Memel, als Zuflucht wählend. Die Königin war an Nervenfieber erkrankt. Ein Sammelbegriff für verschiedene mit heftigem Fieber einhergehende Krankheitszustände, zu denen man auch den Typhus rechnete: Zwei Tage vor Weihnachten war sie von Hufeland auf ihrem Krankenlager zu Königsberg fast aufgegeben worden. Die trostlose Situation ihres Landes, das Elend ihres Volkes, die Haltlosigkeit ihres Mannes, seelischer Stress, wie man heute sagen würde, hatten die Krankheit ausgelöst. Doch gehörte Luise zu den Menschen, die sich durch Leiden läutern und zu ihrem wahren Ich finden. »Man sieht sie einen wahrhaft königlichen Charakter entwickeln«, schrieb der Dichter Heinrich von Kleist.

»Wer nie sein Brot mit Tränen aß, wer nie die kummervollen Nächte auf seinem Bette weinend saß, der kennt euch nicht, ihr himmlischen Mächte.« So die Goethe-Verse, die sie immer wieder las, an denen sie sich aufrichtete, die sie in ihr Tagebuch schrieb, jedoch nicht in die Wand einer Fischerkate auf der Nehrung ritzte, wie die Luisenlegende es will.

Nun kann man meinen, dass es nicht schaden könne, wenn die, die *im Lichte stehen*, ihr Brot einmal mit Tränen essen, weil sie dann spüren, wie schwer es jenen *im Dunkeln* fällt, es täglich zu verdienen. Auch sei eine Stube mit zerbrochenen Scheiben besser als gar keine Stube. Ein Standpunkt, der uns Heutigen selbstverständlich ist, auf eine über anderthalb Jahrhunderte zurückliegende Epoche aber nicht anwendbar erscheint. Geschichte sollte *auch* aus ihrer Zeit heraus beurteilt werden, aus einer Gegenwart, wie der weise Ranke es formulierte, die ihre Zukunft nicht kannte.

Wenn Luise inmitten des allgemeinen Flüchtlingselends schrieb, dass diesmal nur *ein* Gedeck aufgelegt werden konnte, ist das keine Blasphemie, sondern, für sie, ein Gradmesser ihrer Situation. Die einfachen Leute empfanden das damals ganz richtig, wenn sie ihre Königin zutiefst bemitleideten und um sie bangten. Dasselbe gilt für den König. Die Königin war eben mehr als eine einzige große Dekoration, sie war das Symbol der Hoffnung, dass Preußen wiederauferstehen werde, oder, um noch einmal Kleist zu zitieren: »Sie hat den ganz großen Gegenstand, auf den es jetzt ankommt, umfasst – ja, sie ist es, die das, was noch nicht zusammengestürzt ist, hält.« Wie man auch zu Luise von Preußen stehen mag, sie gehört zu den wenigen großen Frauen unserer Geschichte. Auch kommt es nicht von ungefähr, wenn das Volk jemanden, der Ausdruck sei hier erlaubt, *in sein Herz schließt*. Würden wir von ihr nichts anderes kennen als jenen Brief aus Königsberg an den Vater, sie hätte es verdient, in unserem Gedächtnis bewahrt zu bleiben. Es ist ein Dokument der Humanität, der Tapferkeit, der weisen Einsicht in die Dinge, gültig über die Zeiten hinaus.

»Bester Vater! Die göttliche Vorsehung leitet unverkennbar neue Weltzustände ein, und es soll eine andere Ordnung der Dinge werden, da die alte sich überlebt hat und in sich selbst als abgestorben zusammenstürzt. Wir sind eingeschlafen auf den Lorbeeren Friedrichs des Großen, welcher, der Herr seines Jahrhunderts, eine neue Zeit schuf. Wir sind mit derselben nicht fortgeschritten, deshalb überflügelt sie uns ... Von Napoleon können wir vieles lernen, und es wird nicht verloren sein, was er getan und ausgerichtet hat. Es wäre Lästerung zu sagen, Gott sei mit ihm; aber offenbar ist er ein Werkzeug in des Allmächtigen Hand, um das Alte, welches kein Recht mehr hat ... zu begraben.

... es kann nur gut werden in der Welt durch die Guten. Deshalb glaube ich auch nicht, dass der Kaiser Napoleon Bonaparte fest und sicher auf seinem jetzt freilich glänzenden Thron ist. Fest und ruhig sind nur allein Wahrheit und Gerechtigkeit ... Er meint es nicht redlich mit den Menschen. Er ist von seinem Glück geblendet, und er meint alles zu vermögen. Dabei ist er ohne alle Mäßigung, und wer nicht Maß halten kann, verliert das Gleichgewicht und fällt. Ich glaube fest an Gott und also auch an eine sittliche Weltordnung. Diese sehe ich in der Herrschaft der Gewalt nicht; deshalb bin ich der Meinung, dass auf die jetzige böse Zeit eine bessere folgen wird ... Ich finde Trost, Kraft, Mut und Heiterkeit in dieser Hoffnung, die tief in meiner Seele liegt. Ist doch alles in der Welt nur Übergang.

Hier, lieber Vater!, haben Sie mein politisches Glaubensbekenntnis, so gut ich als eine Frau es formen und zusammensetzen kann.«

Am Horizont ein Silberstreif

Und tatsächlich schienen sich Silberstreifen am düsteren Horizont abzuzeichnen.

Die Stadt Danzig hielt sich unter General von Kalckreuth gegen alle Angriffe. In Graudenz bewies der Gouverneur de Courbière, dass auch ein alter Wolf noch zupacken kann. Napoleons Adjutant, der, die Feste zur Übergabe auffordernd, darauf hinwies, es sei sinnlos, einem König die Treue zu halten, der sein Land im Stich gelassen habe, bekam von dem 73-jährigen die Antwort: »... sollte der König nicht zurückkehren, so will *ich* solange wie möglich König von Graudenz bleiben.«

Schlesien, das Napoleons Bruder Jérôme möglichst rasch erobern sollte, denn die Oderlinie war für die weiteren Aufmarschpläne von Bedeutung, in Schlesien wehrten sich die kleinen Festungen Kosel und Silberberg mit dem Mut, den die Verzweiflung leiht. Glatz, von seiner Besatzung durch tollkühne Ausfälle geschickt verteidigt, wurde zum Fanal des Widerstands gegen die Franzosen. Eines Widerstands, dessen Seele der Graf Goetzen war, ein Mann, der die im damaligen Offizierskorps rare Eigenschaft besaß, ohne Befehl handeln zu können. In einer Reihe zu nennen mit dem Major Neithardt von Gneisenau, dem alten Fahrensmann Joachim Nettelbeck, dem Husarenleutnant Ferdinand von Schill, die mit ihren 5500 Mann die Festung Kolberg mit Klauen und Zähnen gegen eine Übermacht französischer, holländischer, polnischer, nassauischer, thüringischer Truppen hielten. Alles Männer, die auf ihre Art bewiesen, was trotz Jena in Preußen möglich gewesen wäre. So waren Danzig, Graudenz, Kosel, Silberberg, Glatz, Kolberg Signale, dass es Preußen noch gab.

Die Schlacht bei Preußisch-Eylau am 7./8. Februar 1807 gar schien an schon vergessen geglaubte Waffentaten zu erinnern. Hier führte Scharnhorst, bei Auerstedt ein Truppenführer ohne Format, seine kaum 6000 Mann zählende Schar hinter der Front entlang und brachte sie so rechtzeitig zum Einsatz, dass die bereits zurückgehenden Russen das Feld behaupten konnten. Sie sangen ein Tedeum, aber auch die Franzosen sahen sich als Gewinner. Es gab aber keinen, es gab nur Verluste. In bisher nie gekannter Höhe: fast 30 000 tote und verwundete französische Soldaten, etwa 18 000 russische.

»Welch ein Massaker!«, sagte Marschall Ney schaudernd beim Anblick der in Haufen übereinandergetürmten Leichen, die der Schnee gnädig zu verhüllen begann.

Preußisch-Eylau gilt in der Kriegsgeschichte als ein Remis, doch waren die Auswirkungen für die Franzosen schwerwiegender: Der Mythos der Unbesiegbarkeit Napoleons war zerstört. Seine Soldaten schienen mutlos und deprimiert. Sie waren frisch-fröhliche Kriege gewohnt und nicht die zermürbenden Kämpfe in den Schneewüsten des Ostens. Napoleon wusste das.

»Ich kenne meine Franzosen«, sagte er, »kriegerische Expeditionen mögen sie nicht. Frankreich ist zu schön, sie entfernen sich ungern allzu weit davon.«

Die Folge solcher Einsicht war ein versiegelter Brief, den kein Geringerer als der General Bertrand nach Memel brachte, wo der preußische Hof, abgeschnitten von der Welt durch unpassierbaren Weg und barbarischen Winter, ein deprimierend bescheidenes Dasein führte. Um die harten Waffenstillstandsbedingungen zu mildern, bot Napoleon in diesem Schreiben die Rückgabe aller rechts der Elbe liegenden Gebiete innerhalb von vier Wochen an und den Verzicht auf seine polnischen Pläne. Ein Angebot, verlockend genug, einen Teil der sich seit den martialischen Beschlüssen zu Osterode und Ortelsburg so standhaft gebenden Militärs und Minister auf der Stelle umfallen zu lassen. Hardenberg jedoch, der inzwischen wieder an Einfluss gewonnen hatte, war wachsam und legte seinem Monarchen messerscharf dar, was Laokoon zu Troja mit den Worten ausgedrückt hatte: »... und fürchte ich die Danaer, auch wenn sie Geschenke bringen.« Napoleons Präsent war zu nichts anderem bestimmt, als die Preußen von den Russen zu trennen. Der Versuch Bertrands, auch die Königin für den neuen Friedensplan einzuspannen, wurde von ihr, auf Napoleons entsprechende Vorwürfe anspielend, mit den Worten zurückgewiesen: »Frauen sollten doch wohl über lebensentscheidende Fragen der Politik nicht mitreden.«

Die endgültige Ablehnung des Danaergeschenks geschah in Bartenstein, das zu jenen ostpreußischen Namen gehörte, die heute keiner mehr nennt. »Russland, Preußen, England, Österreich«, heißt es in dem dort geschlossenen Vertrag, »müssen sich gleichsam als die Vormünder Europas betrachten.« Russen und Preußen verpflichteten sich, die Waffen erst dann niederzulegen, wenn Frankreich wieder über den Rhein zurückgeworfen sei. Vornehmstes Ziel bleibe die Unabhängigkeit Deutschlands, und die Neuordnung Europas werde am besten gewährleistet durch die Errichtung eines deutschen Bundes souveräner Staaten, einer konstitutionellen Föderation also, wie sie später beim Wiener Kongress zur Debatte stehen sollte. Ideen alles, welche die Zukunft der Welt umfassten. Von *Menschheit, Integrität, beständigem Frieden* war die Rede.

Hardenberg, dessen Gedanken hier zu Papier gebracht wurden, erlebte am Tage der Unterzeichnung seinen persönlichen Triumph: Er wurde erster Minister, womit, da er dem König allein vortragen durfte, das Ende der unseligen Kabinettsregierung gekommen war. Er bewies damit, denkt man an Steins ungestüme Hartnäckigkeit, dass bisweilen mit Geduld, Takt, Geschmeidigkeit mehr zu erreichen ist.

»Ich preise Gott jeden Tag, die Dinge dahin geführt zu haben, wo sie jetzt stehen«, sagte Luise und drückte damit die allgemeine Euphorie aus. Sie wurde noch gesteigert durch die Nachricht von einem Gefecht bei Heilsberg, das die Russen als Sieger sah. Glückselig eilte sie damit zum General Köckeritz, dem alten Defaitisten, der auch den schäbigsten Frieden akzeptiert hätte, wenn er ihm nur wieder zu seiner Whistpartie in Magdeburg verhülfe.

Eine einzige Schlacht ließ dann alle Hoffnungen verblühen. Bei Friedland wurde des russischen Generals Bennigsens Heer in wenigen Stunden zersprengt und unter starken Verlusten zu heillosem Rückzug in Richtung Grenze gezwungen. Zwei

Tage später marschierten die Franzosen in Königsberg ein, in die Stadt, in der einst der erste Hohenzoller als Friedrich I. zum König gekrönt worden war.

Der Zar, nach Austerlitz vor Verzweiflung schluchzend, fiel diesmal in Ohnmacht beim Empfang der Hiobsbotschaft. Er, der noch vor kurzem den preußischen König in Memel tröstend in die Arme geschlossen hatte und ihm versicherte: »Seien Sie überzeugt, Sire, dass mein Sonderinteresse niemals schwerer wiegen wird als das Allgemeininteresse!«, er ließ den Freund und Verbündeten fallen und nahm dafür Napoleons Freundschaft und Bündnis an. Hier von Verrat zu sprechen, wäre naiv. Wenn Politik gleich Schicksal war, wie Napoleon in Erfurt zu Goethe sagte, durften von der Schicksalsgöttin keine moralischen Maßstäbe erwartet werden. Alexander wusste, was ihm zustoßen konnte, wenn er sich nicht schicksalsgemäß, das heißt politisch, verhielt.

Aufgewachsen am Hof zu Petersburg in einer Atmosphäre von Mord und Blutdunst, waren in seinem Krönungszug drei Männer mitgezogen, drei Verschwörer, denen er die frühzeitige Krönung verdankte. »Wenn nicht anders, dann eben wieder Pahlen«, war ein Wort, das er nur zu gut kannte. Der Graf von Pahlen gehörte zu den Verschwörern, die seinen Vater Paul mit der eigenen Schärpe erdrosselt hatten, und wenn Alexander sie jetzt fürchten musste, dann Preußens wegen. Die Waffenbrüderschaft mit diesem Land war in Russland unpopulär. Besonders unter der Generalität begriffen viele nicht, warum man für den König von der Spree die Kastanien aus dem Feuer holen sollte.

Napoleon konnte seine Freude über des Zaren Angebot nur schlecht verhehlen. Zwar war er der Sieger, doch zählte Friedland lediglich zu den *batailles ordinaires,* wie er die glanzlosen Schlachten nannte, bei denen die eigenen Verluste in keinem Verhältnis zum Erfolg standen. Der Generalarzt der Grande Armée drückte die allgemeine Stimmung aus, wenn er schrieb: »Falls die Soldaten den Befehl erhielten, auf das andere Ufer der Memel zu gehen und weiterzumarschieren, vermag ich nicht zu sagen, was daraus entstehen könnte. Weil alle an Heimweh leiden und sich wünschen, in die Heimat zurückzukehren ...« Auch hatte der Korse eingesehen, dass die noch immer angestrebte Nachfolge Karls des Großen, das *Kaisertum Europa*, nicht machbar war ohne einen starken Partner: Da war ihm Russland noch am liebsten oder sagen wir am wenigsten unlieb. Ohne dieses Land war auch die Kontinentalsperre wirkungslos, die er Ende November 1806 in Berlin verkündet hatte, um England, das mit kriegerischen Mitteln nicht zu besiegen war, nun auf wirtschaftlichem Weg in die Knie zu zwingen: Britische Schiffe durften keinen europäischen Hafen anlaufen, britische Waren wurden beschlagnahmt, britisches Vermögen enteignet.

EIN FLOSS SCHWIMMT AUF DER MEMEL

Der Fluss heißt Njemen, weil er großenteils ein russischer Fluss ist. Hat er die Grenze nach Ostpreußen passiert, nennen ihn die Anwohner *Memel*. Hierzulande wäre er heute ziemlich unbekannt, wenn sein Name nicht im Deutschlandlied vorkäme. Es ist ein großer Fluss, bis zu 300 Meter breit, und auf seinem Rücken trug er Jahrhunderte lang das Holz aus den Wäldern Russlands. An einem Junitag des Jahres 1807 schaukelte auf seinen Wassern bei Tilsit ein Floß mit einem bunt bemalten, laubengeschmückten Holzhäuschen, über dessen Türen ein großes »N« und ein großes »A« prangte und auf dessen Dach die französische und die russische Fahne wehten.

Gegen Mittag näherten sich von beiden Ufern zwei Boote. In dem einen saß ein nachlässig gekleideter Mann mit schief aufgesetztem Hut, in dem anderen ein hoch gewachsener Beau in glänzender Uniform. Ihre Begleiter trugen Waffen.

Kaiser Napoleon und Zar Alexander hatten das Floß zum Ort ihres Rendezvous gewählt. Eine Wahl, die nicht irgendwelchen romantischen Vorstellungen entstammte, sondern dem Kalkül, dass die Flussmitte die Nahtstelle ihrer beiden Reiche war, somit keiner sich etwas vergab, wenn er den anderen besuchte. Ein Treffen voller Symbolik, und symbolisch auch, dass am ostpreußischen Ufer eine in einen alten Militärmantel gehüllte Gestalt verharrte, die angestrengt zu dem vom Regendunst verhüllten schwimmenden Pavillon hinüberstarrte. Es war Friedrich Wilhelm.

Napoleon und Alexander verstanden sich auf Anhieb. Der ehrgeizige Emporkömmling und der Herrscher aller Reußen unterschieden sich sehr voneinander. Doch ziehen sich Gegensätze bekanntlich an, und es entstand so etwas wie Liebe auf den ersten Blick. Eine Liebe allerdings, die geradezu planmäßig von dem Franzosen entfacht wurde: mit seinem Charme, seiner Beredsamkeit, mit all jenen Verführungskünsten, die einen Teil seines Rufs ausmachten. Alexander, der schöne Barbar, leicht zu beeindrucken und rasch zu begeistern, erlag ihnen auf der Stelle, und wir lesen später bei ihm: »Ich habe niemanden mehr geliebt als diesen Mann.«

Sie dinierten, promenierten, philosophierten, und nebenher teilten sie sich die Welt. Der eine verpflichtete sich, dem anderen zu helfen: der Zar Napoleon gegen die Engländer, wofür er freie Hand bei seinen Eroberungsplänen gegenüber Finnland bekam, Napoleon dem Zaren gegen die Türken, was mit der Anerkennung der nagelneuen Königskronen Josephs, Louis' und Jérômes, seiner Brüder, honoriert wurde. Auch über das Schicksal des Mannes, der da am Memelufer im Regen gestanden hatte, diskutierten die beiden. Sie beorderten ihn schließlich herbei, baten ihn aber nicht zum Essen, sondern ließen ihn wieder nach Piktupöhnen zurückkehren, wo er in seinem Quartier, einem baufälligen Schulhaus, seiner Verbitterung in langen Briefen an Luise Luft machte.

»Stellen Sie sich vor, dass dieses Tier«, berichtete er über den Korsen, »so viel Mangel an Höflichkeit besaß und mich nicht einmal seinem teuflischen Gefolge vorstellte oder wenigstens vorstellen ließ.« Der Zar setzte es dann durch, dass sein Exverbündeter wenigstens zu den Diners zugelassen wurde. Die Atmosphäre blieb frostig. Der Preuße, rechtschaffen zwar und grundanständig, wie wir ihn inzwischen kennen, aber unbeholfen, linkisch, sehr bieder eben und sehr deutsch, war nicht der Mann, sie aufzutauen. Die anfängliche Antipathie der Herren wandelte sich zu Mitleid – das Schlimmste, was einem Herrscher widerfahren kann –, und Generalarzt Percy notierte in seinem *Journal des campagnes:* »Der arme Wilhelm ist recht dürre. Im Allgemeinen blickt er ziemlich trist drein, auch scheint er so melancholisch, dass jeder dazu neigt, sein Schicksal zu bemitleiden.«

Dabei hatte Napoleon dieses Schicksal, sprich die Bedingungen des zu schließenden Friedensvertrags, noch mit keinem Wort erwähnt. Dieser Mensch langweilte ihn gar zu sehr, und wenn es irgendwie ging, versuchte er, ihn sich vom Hals zu schaffen. Ihn zu den Verhandlungen hinzuzuziehen lag nicht in seiner Absicht. Aus einem Vertrag wurde ein Diktat, dessen einzelne Blätter Talleyrand aus seiner Mappe hervorzog mit der an die preußischen Bevollmächtigten gerichteten Bemerkung: »Änderungen dürfen nicht vorgenommen werden, Messieurs. Verzug für die Annahme ist nicht gestattet, Messieurs.« Goltz und Kalckreuth hießen die Herren, Hardenberg wäre statt ihrer zuständig gewesen, doch ihn hatte Napoleon mit sicherem Instinkt als seinen gefährlichsten Gegner erkannt und seine Abberufung gefordert.

Friedrich Wilhelm hatte kleinmütig beigegeben und seinen Premier fallen lassen. Er demütigte sich so weit, dass er ihn, um sich Rat zu holen, nur heimlich zu treffen wagte, des Nachts in einem alten Gartenhaus bei Memel. Hardenberg empfahl, einen Mann wiederzurufen, mit dem sich Preußens Rettung verbindet: den Reichsfreiherrn von Stein. Die Bedingungen des Tilsiter Vertragswerks vom 7. Juli 1807 waren noch härter als jene, die der König in Osterode zurückgewiesen hatte: Abtretung aller Gebiete westlich der Elbe einschließlich Magdeburgs an das neu gegründete Königreich Westfalen, auf dessen Thron Napoleons Bruder Jérôme, der bereits erwähnte *König Lustik,* sein teures Zepter schwang; den Kreis Kottbus und die in Polen gelegenen neuen Provinzen bekam, unter dem Namen eines Großherzogtums Warschau, Friedrich August von Sachsen als eine Art nachträglicher Belohnung für seinen Frontwechsel von Preußen zum Rheinbund. Bialystok, ein Gebiet von 100 Quadratmeilen, sich selbst einzuverleiben, nahm Russland keinen Anstand; und Danzig wurde freie Stadt, eine Freiheit, die angesichts eines französischen Generalgouverneurs illusorisch blieb.

Selbstverständlich musste sich Preußen an der Kontinentalsperre beteiligen, und selbstverständlich wurde die Zahl seiner Soldaten begrenzt; auf 42 000 Mann. Ein Zusatzabkommen besagte, dass die noch verbliebenen Gebiete – Brandenburg, Pommern, Ostpreußen, Schlesien – erst dann von französischen Besatzungstruppen geräumt werden würden, wenn die Kontributionen bezahlt waren. Um freie Hand zu haben, sie immer wieder zu erhöhen, hatte der Sieger die Summe bewusst nicht festgelegt.

Nach Tilsit war Preußen praktisch halbiert, die Flügel des schwarzen Adlers gebrochen. Aus einer Großmacht war ein Kleinstaat geworden, aus 300 000 Quadratkilometern mit über neun Millionen Einwohnern 150 000 mit 4,5 Millionen. Ein Gebiet, das nicht viel größer war als Preußen zur Zeit des Regierungsantritts Friedrichs II., 1740. Dass es überhaupt noch existierte, verdankte es dem Zaren. Doch nicht seinem angeblichen *Zartgefühl des Herzens* den ehemaligen Freunden Luise und Friedrich Wilhelm gegenüber, sondern der Überlegung, dass es besser sei, zwischen seiner Machtsphäre und der des Franzosen einen Puffer zu belassen.

DER KÖNIGIN LUISE SCHWERER GANG

Ein *Meisterwerk der Zerstörung* hat man den Vertrag von Tilsit genannt; er war eher ein Werk der Hybris, dazu bestimmt, die Rache zu gebären. Im Augenblick allerdings war bei den Verlierern niemand von Rachegedanken erfüllt, eher von Verzweiflung. Aus dieser Verzweiflung geboren schien auch der Gedanke, eine Königin einen Opfergang gehen zu lassen. Gemeint ist die berühmte Begegnung, die oft auf die Bühne gebracht und noch öfter beschrieben wurde, von der ein Dutzend Gemälde und Gedichte existieren, die immer wieder verfilmt wurde.

Der Versuch, das bronzene Herz eines Usurpators durch den Seelenerguss einer sich bürgerlich gebenden Monarchin aufzuweichen, hat etwas hochstaplerisch Kühnes und gespenstisch Naives zugleich. Es ist ein Gedanke, der so deutsch ist, wie er delikat französisch sein könnte. Er zeigt, wie sehr man am Ende war mit den üblichen Mitteln der Diplomatie. Eine deutsche Biedermeieridylle gegen den apokalyptischen Reiter Galliens – selten war die Geschichte so romanhaft.

Luise erwartet ihn auf dem Flur der ersten Etage im Quartier Friedrich Wilhelms. Von der Straße her dröhnt der Hufschlag galoppierender Pferde. Es ist Napoleon, der mit Vorliebe Galopp reitet, um seinem Ruf als der *jagende Bote des Schicksals* gerecht zu werden. Dabei ist er ein mäßiger Reiter. Man hört, wie er den Kammerherrn von Buch begrüßt. Einen Moment später steht er, die steile Treppe mit großen Sätzen hinaufeilend, der Königin gegenüber.

Beide sind sie überrascht, und es vergehen Sekunden, bis das erste Wort fällt.

Napoleon hat viel von der Venus am preußischen Hof gehört, so bezaubernd hat er sie sich nicht vorgestellt. Augenzeugen versichern, dass ihre Schönheit niemals heller erstrahlte als in den dunklen Tagen von Tilsit: die großen Augen in Melancholie verschleiert, die sonst schon zur Vollschlankheit neigende Figur durch die Strapazen der letzten Monate zu zartem Ebenmaß verfeinert, gehüllt in ein weißes, silberdurchwirktes Kreppkleid, ein Diadem von Perlen im Haar (»Perlen bedeuten Tränen«, wird sie später sagen), fragil, anmutig, ein Denkmal von Trauer und Schönheit.

Die Königin hatte von dem Korsen nie anders gesprochen als von dem *Quell des Bösen*, der *Geißel der Erde*, dem *aus dem Kot Emporgestiegenen*. Ihr Mann hatte ihr von der Gemeinheit der Visage geschrieben. Sie erkennt, wie wenig davon wahr ist. Sie spürt das Cäsarenhafte in diesem Mann, aus den Augen spricht der Denker, der Herrscher, der lächelnde Mund zeugt von Charme, ja von einer gewissen Güte.

Sie geht auf ihn zu, entschuldigt sich in einem Atemzug wegen der steilen Treppe und des rauen Klimas im nordöstlichen Preußen, eröffnet ohne Umschweife die Unterredung. Aus dem Legendenkranz, der die Begegnung später umwucherte – denn niemand war Augen- oder Ohrenzeuge des ersten Gesprächs –, hebt sich der Bericht des schwedischen Gesandten Karl Gustav von Brinckmann heraus, den ihm Luise kurz nach dem Rendezvous gab und der deshalb als authentisch zu betrachten ist.

(Luise) »Ich lerne Ew. Majestät in einem für mich höchst peinlichen Augenblick kennen. Ich sollte vielleicht Bedenken tragen, zu Ihnen über die Interessen meines Landes zu sprechen. Sie haben mich einst angeklagt, mich zu viel in Politik zu mischen, obgleich ich wirklich nicht glaube, diesen Vorwurf je verdient zu haben.«

(Napoleon) »Seien Sie ganz überzeugt, Majestät, dass ich niemals das alles geglaubt habe, was man während unserer politischen Zwistigkeiten so indiskret verbreitet hat.«

»Sei dem, wie ihm wolle, ich würde es mir nicht vergeben, wenn ich diesen Augenblick nicht benutzte, freimütig zu Ihnen zu sprechen, als Gattin und Mutter. Ich schmeichele mir, dass ich beständig die Pflichten zu erfüllen gesucht habe, die mir diese Eigenschaften auferlegten.«

»Alle Welt, Majestät, muss das zugeben.«

»Nun wohl, wäre ich dem König aufrichtig ergeben, wenn ich nicht in diesen grausamen Tagen seinen Kummer und seine Besorgnisse teilte?

Wir haben einen unglücklichen Krieg geführt, Sie sind der Sieger, aber soll ich annehmen, dass Sie Ihren Sieg missbrauchen wollen?«

»Eure Majestät wollen mir gestatten, freimütig zu antworten. Warum haben Sie mich gezwungen, die Dinge aufs Äußerste zu treiben? Wie oft habe ich Ihnen Frieden angeboten? Österreich, das sich ungefähr in derselben Lage befand wie Sie nach der Schlacht von Auerstedt, glaubte vernünftige Bedingungen nicht zurückweisen zu sollen, Sie aber haben stets jedes freundschaftliche Abkommen abgelehnt.«

Luise hatte im Laufe des Gesprächs die Furcht verloren, die sie am Morgen noch gespürt hatte (»Es ist mir, als wenn ich in den Tod ginge …«). Sie hält sich genau an das Konzept, das ihr Hardenberg mit auf den Weg gegeben hat, wohl wissend, dass sie von Politik wenig weiß. Davon aber ist jetzt nichts zu spüren. Sie bringt die Instruktionen mit solcher Selbstverständlichkeit, dass Napoleon sich täuschen lässt und etwas für echt hält, was nur angelernt ist. Zwischendurch appelliert Luise an die Menschlichkeit des Kaisers, erinnert ihn an seine eigene Familie, spricht dann von ihren Kindern, lenkt rührend geschickt zu ihren Landeskindern über, denen ein so grausames Schicksal bevorstehe.

Napoleon: »Aber Majestät glauben doch nicht etwa, dass von der Vernichtung Preußens die Rede ist.«

»Nein, aber der Friede, den man in Aussicht stellt, kann die Vernichtung für die Zukunft vorbereiten … Ist die Rache dessen würdig, der sie widerstandslos ausüben darf? Eine Frau darf Ihnen sagen, was einem Manne nicht wohl anstehen würde. Erwerben Sie sich das Recht auf unsere Dankbarkeit, und Ihre Siege werden Ihnen doppelt Ehre machen.«

»Aber haben nicht Ew. Majestät selbst meine Freundschaft für Preußen zurückgewiesen?«

Napoleon fragt schließlich ganz direkt: »Und was wünschen Sie vorzugsweise zu diesem Zwecke?«

»Ich gebe mich keiner Täuschung hin über unsere Lage. Ich weiß, dass wir Opfer bringen müssen; aber wenigstens trenne man von Preußen nicht Provinzen, die ihm seit Jahrhunderten gehören; wenigstens nehme man uns nicht Untertanen, die wir wie Lieblingskinder lieben und die unter jeder anderen Herrschaft unglücklich sein werden.«

»Leider, Majestät, stehen die allgemeinen Kombinationen oft den besonderen Rücksichten entgegen.«

»Ich verstehe nichts von den großen politischen Kombinationen, aber ich glaube, der Würde einer Frau nichts zu vergeben, wenn ich den grausamen Schmerz des Königs betone, falls er einige der ältesten Provinzen des Hauses abtreten müsste.«

Abends traf man sich noch einmal zum Diner. Napoleon sagte zwischen Fisch und Pastete, dass er es nie begriffen habe, warum eine so kleine Macht wie Preußen sich gegen ihn habe erheben können. Luise antwortete ihm: »Der Ruhm Friedrichs II., Sire, erlaubte uns, unsere Kräfte zu überschätzen.«

Talleyrand war von dieser Antwort derart berückt, dass er den Wortlaut fast genießerisch wiederholte.

Napoleon, zum ersten Mal seine Beherrschung verlierend, scharf: »Ich weiß nicht, Monsieur, was Sie daran so Schönes finden. Sie täten besser daran, von etwas anderem zu reden.«

Das Ergebnis des Tilsiter Rendezvous zwischen einer Königin und einem Kaiser war in politischer Hinsicht gleich Null. Napoleon hat nie auch nur einen Augenblick daran gedacht, der schönen Preußin irgendwelche Zugeständnisse zu machen. Einem Politiker, schrieb er nach Paris an Joséphine, käme es teuer zu stehen, den Galanten zu spielen. Beeindruckt war er jedoch von der Würde, vom Seelenadel und der menschlichen Hoheit dieser Frau. »Sie hat Charakter im Unglück bewiesen. Sie hat mit mir gesprochen, ohne irgendeinen Schritt zu tun, der ihre Würde beeinträchtigt hätte.«

Charakter im Unglück, daran fehlte es in der Götterdämmerung Preußens. Luise war zum Gewissen des Landes geworden, zur Verkörperung jener unwägbaren Kräfte, die da heißen Geist, Gemüt, Idealismus und die man selten hoch in Rechnung stellt, wenn es gilt, politische Bilanzen zu ziehen. Diese Königin hatte auf ihre Art ein Beispiel gegeben, ein lebenswichtiges, wie sich herausstellen sollte.

DAS HERZ WOLLTE UNS BRECHEN, ALS WIR DEINEN ABSCHIED VON UNS LASEN

Der Friede von Tilsit wurde in deutschen Landen mit Freude begrüßt. In den Rheinbundstaaten war es mehr Schadenfreude: zu erleben, wie gedemütigt man die Landsleute aus dem Preußischen hatte, wie gering ihre Macht nun sein würde und wie armselig ihr Leben, war ein seltener Genuss. Man lachte weidlich über die Karikatur, auf der Friedrich Wilhelm gezeigt wurde, wie er durch die heftige Umarmung Napoleons mit Alexander vom schwankenden Memelfloß schreiend ins Wasser stürzte. Der Gedanke, dass es nicht rechtens sein könne zu jubeln, wenn der Nachbar leide, kam wohl in Sachsen auf, doch waren es nur vereinzelte Stimmen. Was Talleyrand später in Erfurt beim Zwei-Kaiser-Treffen an Byzantinismus und nationaler Würdelosigkeit erlebte, war bereits jetzt allerorten zu besichtigen.

»… dass nicht allein die blöde Menge dem Gewaltigen schmeichelte und vor ihm im Staube kroch [unter anderem mit Spruchbändern vom Typus »Gib's jetzt noch einen Göttersohn, so wär's gewiss Napoleon!«], sondern dass auch die Fürsten, die noch auf ihrem Thron saßen, aber in steter Gefahr schwebten, durch ihren so genannten Protektor gestürzt zu werden, aus Angst sich zu der elendesten Schmeichelei und Augendienerei erniedrigten: Sie küssten die Hand, die sie heut oder morgen vernichten konnte … Schmeichelei, die an Vergötterung, und niedere Gesinnung, die an Abscheu grenzte, schienen sich gegenseitig überbieten zu wollen«, schrieb Frankreichs Außenminister.

Auch in Preußen, wo man Grund genug gehabt hätte, zu trauern, überwog die Freude, endlich wieder in Frieden leben zu können. Zumindest bei den einfachen Leuten. Was kein Wunder war. Die Besatzungsmacht hatte es nicht für nötig befunden, ihnen die Bedingungen dieses Friedens mitzuteilen. Waren sie doch lediglich dazu aufgefordert worden, zu feierlicher Illuminierung Kerzen in die Fenster zu stellen. Ein Gewürzkrämer aus der Friedrichstraße sprach allen aus dem Herzen, wenn er in seinem Ladenfenster ein Schild befestigte mit der Aufschrift: »Ick kenne zwar den Fried'n nich', doch aus Jehorsam und befohlne Flicht, verbrenn' ick ooch mein letzt et Licht.«

Als der Inhalt des Vertrags durchsickerte, herrschten Trauer, Bestürzung, Entsetzen. Dieser Friede schien nichts anderes denn die Fortsetzung des Krieges mit anderen Mitteln. Die Vernichtung Preußens, die laut Napoleon nur des Zaren wegen nicht vorgenommen worden war, sollte anscheinend nachgeholt werden. 150 000 Besatzungssoldaten und 50 000 Pferde waren tagtäglich zu versorgen, das ruinierte Land nicht imstande, die geforderte Zahlung von 150 Millionen Francs, eine astronomische Summe, zu leisten, die Regierung unfähig, selbst krassen Vertragsbrüchen, wie der nachträglichen Abtretung Neu-Schlesiens an das Großherzogtum Warschau, entgegenzutreten.

Der König residierte in Memel, umgeben von stellungslosen Beamten, entlassenen Offizieren, von Witwen, Waisen und den Blessierten aus den letzten Kriegen. Er konnte niemandem helfen und schien endgültig zu versinken in Lethargie, Hoffnungslosigkeit und Indolenz. Gerüchte, wonach er nach England flüchten oder sich als Privatmann nach Paretz zurückziehen wolle, blieben Gerüchte, doch hat er in jenen Tagen ernsthaft an Abdankung gedacht, hätte wohl auch abgedankt, wenn da nicht seine Frau gewesen wäre, die solche Gedanken mit *aller Indignation* bekämpfte. Sie zog ihre Kraft aus den treuherzigen Bekundungen, die aus allen preußischen Provinzen in Memel eintrafen (»Das Herz wollte uns brechen, als wir deinen Abschied von uns lasen ...« – so beispielsweise Westfalens Bauern) – und aus der Tatsache, dass es einen Mann gab namens Karl vom Stein ...

WO BLEIBT DENN STEIN?

»... ihnen, mein verehrter Freind beschwöre ich su uns su kommen, so balde sie verlangt werden, wass gewiss geschehen wird; sind wir durch ihnen versterkt, so sollen uns die noch übrigen an Geist und Leib kranken Faulthire keinen Schritt Terain mehr streitig machen«, schrieb Blücher in seiner eigenwilligen Orthographie an Karl vom Stein.

Hardenberg beschwor den Freiherrn mit den Worten: »Sie allein vermögen einen Staat zu retablieren und zu retten, dem Sie seit Ihrer Jugend gedient haben.«

Und Königin Luise fragte wiederholt: »Wo bleibt denn Stein?!«

Der Mann, den Friedrich Wilhelm vor etwas mehr als einem halben Jahr in Unehren verabschiedet hatte, wurde plötzlich wieder gebraucht. Der Vielgeschmähte, nun ein Vielbegehrter – selbst Napoleon hatte ihn empfohlen –, so rasch pflegt sich der Wind zu drehen in der Politik, und es hätte wenige Politiker gegeben, die eine solche Situation nicht ausgenutzt hätten. Stein dagegen, von einem Fieber geschwächt und nicht imstande, die Feder zu führen, diktierte seiner Frau einen Brief, in dem er mit keiner Silbe den bitteren Abschied erwähnte.

»In diesem Augenblick des allgemeinen Unglücks«, hieß es darin, »wäre es sehr unmoralisch, seine eigene Persönlichkeit in Anrechnung zu bringen, umso mehr, da eure Königliche Majestät selbst einen so hohen Beweis von Standhaftigkeit geben.«

Von seinen Gütern im Nassauischen brach er, kaum genesen, auf, fuhr mit der Kutsche über Straßen, die aus Morast, Sand, Schlaglöchern und, wenn es hoch kam, holprigem Steinpflaster bestanden, *über die allerelendesten Straßen, die man sich auf dem Gotteserdboden nur denken mag*, wie einer der hartgeprüften damaligen Reisenden fluchte, durchquerte öde Provinzen, setzte schließlich die Reise an Bord eines Schiffes fort und erreichte, mehr tot als lebendig, Memel, wo noch immer Preußens Hof kläglich, kümmerlich residierte.

Voller Klagen auch der König, mutlos, schwach, wieder mit dem Gedanken spielend, alles hinzuwerfen, doch nicht schwach genug, um nicht sofort mit dem Freiherrn zusammenzustoßen. Den Herrn Beyme zu entlassen, lautete die *conditio sine qua non* Steins, eingedenk schlechter Erfahrungen mit Kabinettsräten. Darauf das Nein des Königs, dann sein Ja, das bei ihm immer ein Jein war, und es wäre wieder zum Bruch gekommen, wenn Luise nicht die störrischen Männer zur Vernunft gebracht hätte.

»Der König hält gewiss sein Wort, Beyme kömmt weg, aber erst in Berlin. So lange geben Sie nach!«, beschwor sie den einen in einem Billet, den anderen in langem Gespräch.

Karl Friedrich Beyme, kein unrechter Mann und nicht ohne Verdienste, wurde als neuer Kammergerichtspräsident die Treppe hinaufbefördert, Stein mit Vollmachten ausgestattet, wie sie preußische Minister bis dahin nicht gekannt. Den Roten Adlerorden, nach dem Schwarzen die zweithöchste Auszeichnung, die das Land zu vergeben hatte, bekam er als späte Wiedergutmachung gleich dazu. Er konnte an die Arbeit gehen.

Es schien die Arbeit des Sisyphos, der den Felsblock den Berg hinaufwälzt, ihn wieder herabrollen sieht, ihn wieder hinaufwälzt, ewig und ewiglich. Preußen war zerstückelt, von Freund und Feind verwüstet, bewohnt von einer ausgeplünderten Bevölkerung, stranguliert von einer Besatzungsmacht, die von ihren Reparationsforderungen nicht ein Jota aufgab.

Es bedurfte der zähen Vitalität, des Glaubens an die Mission, des Feuers der Leidenschaft eines Stein, um angesichts dessen nicht zu verzagen. Doppelt bewundernswert, ja verwunderlich, weil es diesem Mann weniger um Preußen ging, im Grunde war ihm dieser Staat mit seinem König und seinen Junkern Hekuba.

»Ich habe nur ein Vaterland«, dies sein Grundsatz, »und das heißt Deutschland; und da ich nach alter Verfassung nur ihm und keinem besonderen Teil desselben angehöre, so bin ich auch nur ihm und nicht einem Teil desselben von ganzem Herzen ergeben.«

Um Deutschland zu befreien und zu einigen, musste Preußen befreit und, vor allem, durch Reformen für die ihm zugedachte Aufgabe gestärkt werden. Nach außen konnte das nur durch Nachgiebigkeit gegenüber dem Sieger gelingen, mit der geheimzuhaltenden Absicht allerdings, die Revanche vorzubereiten. Es ist das vorweggenommene Clémenceausche Motto »Nie davon sprechen, immer daran denken«.

Um die Besatzungstruppen loszuwerden, hieß es zahlen und nochmal zahlen, aber nicht jene Summe, die der Feldmarschall Kalckreuth in Königsberg unterschriftlich anerkannt hatte, ohne ihre genaue Höhe zu kennen.

Im Innern dagegen war nur durch umwälzende Reformen voranzukommen. Hier lag die eigentliche Aufgabe des nunmehr Fünfzigjährigen. Hier war er gerüstet. Die Zeit auf den Nassauer Besitzungen hatte er nicht tatenlos verbracht. *Über die zweckmäßige Bildung der obersten und der Provinzial-, Finanz- und Polizeibehörden in der preußischen Monarchie* hieß der Titel seiner Denkschrift, in der als Leitmotiv immer wieder die Forderung auftauchte, den Gemeingeist und den Bürgersinn zu aktivieren, die schlafenden und falsch geleiteten Kräfte zu benutzen, das Gefühl für Vaterland, Nationalehre und Selbstständigkeit wiederzubeleben. Denn wie anders war der Staat zu retten als durch die Beteiligung des Volkes am öffentlichen Leben, an der Selbstverwaltung, an der Verfassung, kurz am Schicksal des Staates, dem es angehörte, bisher aber teilnahmslos, ja gleichgültig gegenübergestanden hatte, wie die Zeit nach Jena und Auerstedt bewiesen hatte.

Was auch konnte von einem Bauern erwartet werden, der dem Gutsherrn ausgeliefert war, sein Dorf nicht verlassen, keine Ehe eingehen durfte nach eigenem Entschluss, seine Kinder für ihn arbeiten lassen musste, ihm dienstpflichtig war, seiner richterlichen und polizeilichen Gewalt unterstellt? Was von einem Bürger, durch dessen Arbeit das Gemeinwesen lebte, an dessen Verwaltung er aber nicht beteiligt war? Was von einem Soldaten, der noch immer geprügelt wurde, keine Chance hatte, jemals eine höhere Charge zu erreichen, dessen Rock kein Ehrenkleid war, sondern ein Sträflingskittel?

Überfällig war besonders die Befreiung der Bauern, denn hier hinkte Preußen hinter England und Frankreich her, ja selbst hinter den nicht gerade fortschrittlichen habsburgischen Territorien, und in anderen deutschen Ländern hatte Napoleon für die Aufhebung von Leibeigenschaft und Erbuntertänigkeit gesorgt. Das Edikt, im Oktober 1807 verabschiedet, enthielt als Kernstück den Passus: »Mit dem Martinitage 1810 hört alle Gutsuntertänigkeit in Unsern sämtlichen Staaten auf. Nach dem Martinitage 1810 gibt es nur freie Leute, so wie solches auf den Domänen in allen Unsern Provinzen schon der Fall ist.«

Gleichzeitig wurde es Bürgern, Handwerkern, Bauern gestattet, jeden Beruf auszuüben und Landbesitz auch dann zu erwerben, wenn er aus Adelsbesitz stammte. Beides galt umgekehrt für die Adligen. Sie hatten bisher ihren gesellschaftlichen Ruf und ihren Titel aufs Spiel gesetzt, wenn sie ein Gewerbe oder ein Handwerk betrieben, statt Offizier oder Beamter zu werden, und es war von Vorteil, ein Gut nicht nur an adlige Standesgenossen verkaufen zu können, sondern an den Meistbietenden, und sei er bürgerlich.

Dass das *Edikt den erleichterten Besitz und den freien Gebrauch des Grundeigentums sowie die persönlichen Verhältnisse der Landbewohner betreffend*, wie die Verordnungen zur Bauernbefreiung genannt wurden, einen Pferdefuß hatte, sollte sich erst später herausstellen.

Die Reformgesetze hatten so rasch verabschiedet werden können, weil Karl vom Stein auf einen kleinen Kreis von hohen Staatsbeamten traf, die die altpreußischen Tugenden ihres Standes bewahrt hatten, ohne sich neuen Ideen zu verschließen. An Kant geschult und seinem ethisch-sittlichen Pflicht- und Freiheitsbegriff, den liberalen Lehren des britischen Volkswirtschaftlers Adam Smith verbunden, der den Freihandel und den freien Wettbewerb propagierte, waren Männer wie Schön, Schrötter, Frey, Stägemann für ihn wichtige Vorarbeiter und geistesverwandte Mitstreiter.

KÖNIGSBERG, HEIMLICHE HAUPTSTADT

Ihr Zentrum war Königsberg, die durch Handel wohlhabend gewordene Stadt, seit der Besetzung Berlins heimliche Hauptstadt und Zentrum einer Gesellschaft, in der Adlige und Bürger, Gelehrte und Beamte sich ohne Betonung von Standesunterschieden begegneten. Theodor von Schön, Gutspächtersohn aus dem Memelland, war einer ihrer typischen Vertreter. Auf seinem Entwurf beruhte das Edikt zur Bauernbefreiung, so wie die berühmte Städteordnung ohne den Königsberger Polizeipräsidenten Johann Gottfried Frey nicht denkbar wäre.

»Zutrauen veredelt den Menschen«, schrieb Frey, »ewige Vormundschaft hemmt sein Reifen, Anteil an den öffentlichen Angelegenheiten gibt politische Wichtigkeit, und je mehr diese an Umfang gewinnt, wächst das Interesse für das Gemeinwohl und der Reiz zur öffentlichen Tätigkeit.«

171

Jene Städteordnung war es, die aus der Fülle der Reformen in den Jahren 1807/1808 als das gelungenste Werk herausragt und nicht umsonst dauerhaften Bestand hatte. Von nun an verwalteten die Bürger ihr Gemeinwesen selbst, wählten sie die Männer, die in der Stadtverordnetenversammlung *ihr* Recht vertraten und die Verwaltung kontrollierten, machten sie ein Ende mit der Vormundschaft, die der Staat seit den Tagen Friedrich Wilhelms I. mittels seiner Steuerräte, meist ehemaliger Militärs, rigoros ausgeübt hatte.

Die neuen Rechte allerdings hatten neue Pflichten im Gefolge, und mancher war befremdet, dass die neu geschaffenen Ämter ihm lediglich Ehre einbrachten und kein Geld. Besoldet wurden nur der Bürgermeister und ein Teil der Stadträte. Doch da die bloße Ehre überraschenderweise gesellschaftliches Prestige im Gefolge hatte, waren auch die Ehrenämter bald begehrt.

Was für die Stadtverwaltung nötig war, galt auch für die Staatsverwaltung. Kabinettsräte, die berüchtigten Nebenregierer, gab es nicht mehr, und auch das Generaldirektorium wurde aufgelöst. An seine Stelle trat ein Kollegium von fünf Fachministern, den Ministern des Inneren, der Finanzen, des Auswärtigen, der Justiz, des Krieges. Ein Staatsrat sollte die fünf Herren daran hindern, zu bürokratisch und zu absolutistisch zu agieren; dieser Plan aber blieb im Planungsstadium stecken. Bei den Provinzialbehörden wurden Justiz und Verwaltung grundsätzlich voneinander getrennt.

Die Bürokraten zu bekämpfen, wo man sie traf, galt Steins ganzes Bestreben. Wenn man die *Amtlichen Schriften* liest und die Briefe, erscheinen seine Worte fatalerweise immer noch aktuell. Besoldet, buchgelehrt, interesselos seien sie, die geistlosen Bediener der Regierungsmaschine; ob es nun regne oder die Sonne scheine, ob die Welt untergehe oder die Erde bebe, ob althergebrachte Rechte zerstört würden oder bestehen blieben – alles das kümmere sie nicht. Sie erhöhten ihr

Gehalt aus der Staatskasse und schrieben, schrieben, schrieben in stillen, mit wohlverschlossenen Türen versehenen Büros und zögen ihre Kinder wieder zu gleich brauchbaren Schreibmaschinen auf. »Mit der Anwendung eines Systems plumper verworrener Förmlichkeiten hemmen sie die freie Tätigkeit des Individuums und begraben jede Initiative unter Massen von Papier.«

Was für das Gros der Beamtenschaft galt, traf für die Armee gleichermaßen zu. Sie zu reformieren war die Voraussetzung für alle anderen Reformen überhaupt. Sie sollte die Schule der Nation werden, der Schmelztiegel der Stände, von den notwendigen Veränderungen im Organisatorischen und Technischen nicht zu reden. Was hier alles im Argen lag, darüber ist schon gesprochen worden. Die Konsequenzen waren vorerst gezogen worden durch die Einrichtung einer so genannten Reorganisierungskommission. Ihre Mitglieder jedoch schienen sich darauf zu beschränken, ehrvergessene Offiziere zur Verantwortung zu ziehen, ein paar Mängel abzustellen, einige Missstände zu beheben, zu reparieren also, statt neu zu bauen. Für Generale wie Yorck, Knesebeck, Marwitz und ihre konservativen Gefolgsleute war Jena-Auerstedt ein Unfall, eingetreten durch das Zusammentreffen unglückseliger Umstände. Sie sahen nicht, oder wollten nicht sehen, dass die Niederlage eine Niederlage des politischen und militärischen Systems war.

Hier nun war es Stein, der dem Chef der Kommission den direkten Vortrag beim König verschaffte und damit Einfluss und Wirkung. Es war Gerhard Scharnhorst, Sohn eines Dragonerunteroffiziers und späteren Gutspächters aus dem Hannoveranischen, wie Stein Nicht-Preuße, doch dem Preußischen seinem Wesen nach verwandt Bei Auerstedt mehr durch Mut als durch Übersicht aufgefallen, wie bereits erwähnt, die Schlacht bei Eylau dann durch sein persönliches Eingreifen entscheidend, gehörte er zu den Männern, die wie Gneisenau,

173

Clausewitz, Boyen Idealismus mit Pragmatismus in glückhafter Weise in sich vereinten. Persönlichkeiten alles, die, als seien sie aus dem Boden gewachsen, plötzlich da waren, da ein Staat in seiner Not sie brauchte.

Scharnhorst verriet auf den ersten Blick keine besonderen Talente, wirkte, als typischer Niedersachse, verschlossen, in sich gekehrt, doch hinter unscheinbarem Äußeren verbarg sich durchdringender Verstand, die Fähigkeit, Menschen zu erkennen, zu bilden, die Gabe, Vertrauen zu erwecken, ein zäher Wille und *ein von Menschenfurcht gänzlich freier Muth.*

LERNEN ERTÖDTET DEN CHARAKTER

Es galt, den Soldatenstand aus einem allgemein verachteten zu einem ehrlichen Stand zu machen. Ein seiner Menschenwürde beraubter Soldat, die Kanaille, konnte kein guter Soldat sein. Man proklamierte deshalb die *Freiheit des Rückens*, ein irrwitziger Ausdruck, der milde umschrieb, was in Zukunft nicht mehr geschehen durfte: den Rücken des Gemeinen mit der Fuchtel oder den in Salz getauchten Spießruten zu bearbeiten. Was schon deshalb nicht mehr denkbar war, weil in Zukunft auch die *gebildeten Schichten* zum Militärdienst herangezogen werden sollten, nicht nur, wie bisher, die erbuntertänigen Bauern und die im Ausland angeworbenen oder gepressten Individuen.

Dennoch war der Widerstand der Militärs vom alten Schrot und Korn groß. Sie konnten sich einen Korporal ohne den stets schlagbereiten Stock einfach nicht vorstellen. Wie anders denn, klagten sie, sei Zucht und Ordnung aufrechtzuhalten als durch Prügel?

Noch stärker war der Widerstand gegen die Öffnung des Offizierskorps für den Bürger. Einem Leutnant Hinz oder einem Hauptmann Kunz zu begegnen war für jeden Adligen ein ungewöhnlicher, ja erschreckender Gedanke. Die Adelsfamilien schickten seit altersher ihre Söhne, sofern sie nicht Staatsbeamte wurden, in die Kadettenanstalten, wo sie mit erbarmungsloser Härte für einen Beruf erzogen wurden, dessen Lohn im Wesentlichen darin bestand, privilegiert zu sein, bei dem das Dienen vor dem Verdienen kam.

Im Frieden in öden Garnisonsstädten dahinlebend, im Krieg in vorderster Front stehend, hatten sie ihren Königen ihr Gut und besonders ihr Blut geopfert. Die Geschichte vieler Geschlechter liest sich wie eine einzige große Verlustliste mit der stereotypen Bemerkung »Gefallen für König und Vaterland am ... , bei ...«. Wenn viele von ihnen vielleicht nicht zu leben verstanden, sterben hatten sie gelernt, und sie starben klaglos und tapfer, die Yorcks, Kleists, Tresckows, Bülows, Dönhoffs, Witzlebens. Diese Tugenden trauten sie einem Bürgerlichen nicht zu, und sie waren empört, dass man ihnen ein Recht nehmen wollte, das so teuer bezahlt worden war.

Die Reformer setzten sich auch hier durch und bestimmten außerdem, dass jeder Offizier werden dürfe, der über Kenntnisse und Bildung verfüge sowie im Krieg über Tapferkeit, Umsicht und die Qualität, Menschen zu führen.

Wenn Sprache etwas über den Geist auszusagen vermag, bräuchte man nur ein Memorandum Gneisenaus zu lesen, das mit seiner gedanklichen Klarheit und lakonischen Prägnanz imponiert. »Die Geburt gibt kein Monopol für Verdienst«, heißt es da, »räumt man dieser zu viele Rechte ein, so schlafen im Schoße einer Nation eine Menge Kräfte unentwickelt und unbenutzt ... Währenddem ein Reich in seiner Schwäche vergeht, folgt vielleicht in einem elendsten Dorf ein Cäsar dem Pfluge, und ein Epaminondas nährt sich karg vom Ertrag seiner Hände. Man greife daher zu dem einfachen und sicheren Mittel, dem Genie, wo immer es sich auch befindet, eine Laufbahn zu öffnen und die Talente und die Tugenden aufzumuntern, von welchem Range und Stande sie auch sein mögen. Die neue Zeit braucht mehr als alte Titel und Pergamente, sie braucht frische Tat und Kraft.«

Bildung hatte bei der Armee bisher in geringem Kurs gestanden. Leitbild war hier immer noch der Alte Dessauer, der jeden als Federfuchser beschimpft hatte, der mehr als seinen Namen schreiben konnte. Selbst Ludwig von der Marwitz noch glaubte, *das viele Lernen ertödtet den Charakter*. Und es war ihm gleichgültig, wenn jemand bei Iphigenie auf Tauris an eine Reiterin und ihr Pferd dachte.

Jetzt musste eine Prüfung abgelegt werden zwecks Beförderung zum Portepeefähnrich und eine zweite, bevor der Fähnrich Leutnant wurde. Kriegsschulen in Berlin, Königsberg, Breslau unterrichteten ihn in der seit den Revolutionskriegen aufgekommenen Taktik und in den neuen Waffentechniken. Felddienstübungen zwischen den einzelnen Waffengattungen lösten das geisttötende Exerzieren ab.

Das Hauptziel, die Einführung einer allgemeinen Wehrpflicht, erreichten die Reformer – noch – nicht. Ein Volk in Waffen, eingeteilt in Linie, Reserve, Landwehr und Landsturm, war dem König nicht geheuer. Wie leicht konnten sich diese Waffen eines Tages gegen das Königtum richten! Überhaupt diese Reformer, er legte ihnen keine Steine in den Weg, doch im Grunde hielt er sie für sonderbare Schwärmer, deren patriotische Begeisterung ihm so verdächtig war wie ihr sittliches Pathos unvernünftig. »Böser, vorwitziger Kerl, müsste überwacht werden«, äußerte er später über Gneisenau.

Doch wie in jedem guten Drama niemand ganz Recht hat und niemand ganz Unrecht, der Mann, der alles zu hemmen schien und ewig zauderte, sollte mit seiner Art Preußen noch zum Segen gereichen …

Der verhängnisvolle Brief

An einem Augusttag des Jahres 1808 verhafteten französische Militärpolizisten kurz vor den Toren Berlins einen berittenen Kurier und beschlagnahmten die in den Satteltaschen befindliche Post. Ein Spitzel hatte sie informiert, und sie fanden rasch, was sie zu finden hofften: einen Brief, den der Minister vom Stein an den Fürsten Wittgenstein, einen Vertrauten des Königs, geschrieben hatte.

»Die Erbitterung nimmt in Deutschland täglich zu«, hieß es darin, »und es ist ratsam, sie zu nähren und auf die Menschen zu wirken. Ich wünschte sehr, dass die Verbindungen in Hessen und Westfalen erhalten würden und dass man sich auf gewisse Fälle vorbereite, auch eine fortdauernde Verbindung mit energischen, gut gesinnten Männern erhalte und diese wieder mit anderen in Berührung setzte.«

Das bedeutete im Klartext: der in Preußen führende Mann begann, einen Volksaufstand gegen die Besatzungsmacht vorzubereiten. Nach der Rebellion der spanischen Guerillas, die mit Klauen und Zähnen sich gegen die Franzosen wehrten und nach heroischem Kampf 20 000 ihrer Soldaten zur Kapitulation zwangen, glaubte Stein auch Preußens Stunde bald gekommen. Napoleon, in Spanien zum ersten Mal in ernsten Schwierigkeiten, erschrak bei der Lektüre des Steinschen Briefes, betrachtete ihn dann aber als das, was er war: ein Geschenk des Himmels. Und in der Tat hätte ihm momentan niemand einen größeren Gefallen tun können.

Mit gewohnter Perfektion setzte er den Brief für seine Zwecke ein. Er ließ ihn im »Monteur«, dem französischen Staatsanzeiger, abdrucken, um der Welt zu zeigen, wie wenig dem Freiherrn vom Stein in allen Belangen zu trauen sei. Er präsentierte ihn dem Prinzen Wilhelm, dem Bruder des Preußenkönigs, der in Paris gerade über die Minderung der Kontributionen verhandelte. Mit beiden Maßnahmen hatte er Erfolg.

Der Prinz, ohnehin für seine Mission zu weich, war derart eingeschüchtert, dass er, in der Furcht, sein Land in einen neuen aussichtslosen Krieg zu stürzen, die wahnwitzige Forderung von 140 Millionen Francs vertraglich anerkannte. Bis zu ihrer Begleichung blieben die Oderfestungen Stettin, Küstrin, Glogau als Faustpfand in französischer Hand. Das übrige preußische Gebiet werde sechs Wochen nach der Ratifikation des Vertrages, Pariser Konvention genannt, geräumt, doch behielt sich Frankreich sieben Militär- und Etappenstraßen vor, untersagte jede Art von Volksbewaffnung, forderte erneut eine Reduktion der Armee auf 42000 Mann und die Stellung eines Hilfskorps im Falle eines Krieges gegen Österreich.

Minister Stein, in dem Gefühl, dass seine politische Glaubwürdigkeit infrage gestellt sei, reichte seinen Abschied ein, musste sich überdies selbst von ihm Wohlgesonnenen sagen lassen, einen derart brandgefährlichen Brief schicke man nicht, noch dazu unchiffriert, mitten durch das von Polizeispitzeln wimmelnde Besatzungsgebiet. Wenn der König zögerte, dem Entlassungsgesuch zu entsprechen, lag das daran, dass er eben immer zögerte und außerdem Stein so schnell nicht ersetzen zu können glaubte.

Erst Ende November, da Napoleons erstes Donnergrollen über die Weiterbeschäftigung des Freiherrn an sein Ohr drang, zusammen mit den immer lauter werdenden Stimmen der eingesessenen Junker, die den *landfremden Seigneur*, den *fatalen Zivilisten* wegen der Bauernbefreiung und der Heeresreform hassten, erst dann schien ihm die Lage des ungeliebten, aber geschätzten Ministers unhaltbar.

Zum zweiten Mal war der Freiherr vom und zum Stein nun entlassen, wenn auch diesmal in Ehren und unter Weiterzahlung seines Gehalts auf ein Jahr, doch mitten heraus aus einem Lebenswerk, das nun für immer, und hier liegt die eigentliche Tragik dieses bedeutenden Mannes, den Stempel des Unvollendeten tragen würde.

Er freute sich, trotz allem, eine Zeit lang einen gewissen Ruhestand genießen zu können, zusammen mit der lange entbehrten Familie. Die Freude währte kurz: Anfang Januar 1809 muss er auf Grund einer Warnung Berlin Hals über Kopf verlassen, bedroht von den Häschern Napoleons, die einem von ihm erlassenen Befehl gemäß handeln, wonach *der Mann namens Stein, welcher Unruhen in Deutschland zu erregen sucht,* zum Feind Frankreichs erklärt werde; seine Güter seien zu beschlagnahmen, er selbst solle verhaftet und füsiliert werden.

Den Regierungschef einer fremden Macht mit dem Tode zu bedrohen widersprach den ungeschriebenen Gesetzen europäischen Staatenverkehrs eklatant und war selbst für den nicht zimperlichen Korsen ungewöhnlich.

Weitere in seine Hände gefallene Briefe Steins sowie die Einflüsterungen von Seiten der zahlreichen Stein-Feinde mögen sein Vorgehen veranlasst haben. Er wollte nach dem Debakel in Spanien keinen zweiten Unruheherd. Zu spät sah er ein, dass er einen Märtyrer geschaffen hatte.

Wenn den Mann namens Stein bis dahin nicht alle gekannt, jetzt war sein Name in jedermanns Munde. An seinem Schicksal richteten sich die Patrioten auf, nährten sie ihren Hass und ihre Hoffnung. »Aller Edlen Herzen sind durch Ihre Proskription [Ächtung] noch fester an Sie geschlossen«, schrieb Gneisenau, »Napoleon hätte für Ihre erweiterte Zelebrität nichts Zweckmäßigeres tun können. Sie gehörten ehedem nur unserm Staat an, nun aber der ganzen Welt.« Steins Flucht gelang. In einer bitterkalten Winternacht ging er über das schlesische Gebirge hinüber nach Böhmen. Er verließ einen Staat, für den er 30 Jahre seines Lebens gearbeitet hatte, er wurde aus einem Vaterland vertrieben, in dem seine Familie seit 675 Jahren ehrenwert gewesen war. Aus einem allgewaltigen Minister war ein hilfeheischender Emigrant geworden.

DER TOD EINER KÖNIGIN

Der König sitzt an seinem Schreibtisch im Schloss Charlottenburg. Vor ihm der Brief, den er soeben erhalten hat, durch Eilkurier aus dem mecklenburgischen Hohenzieritz gebracht. Bevor der Wagen kommt, der ihn abholen soll, wirft er ein paar Zeilen auf das Papier. Sie lauten: »Die heutigen Nachrichten drohen mir mit Vernichtung ... Mit Beben denke ich an das Wiedersehen. Gilt es Leben oder – Tod? Oh! Nein, nein. Erbarmen, Erbarmen, der Schlag wäre fürchterlich und schrecklicher als alle, alle, die mich je treffen könnten. Wenn wir nur beisammenbleiben, dann ergehe über uns, was Gottes Wille ist. Amen!«

Morgens gegen fünf Uhr steht er am Krankenbett seiner Frau, auf das Schlimmste vorbereitet durch den Doktor Ernst Ludwig Heim, den berühmten *alten Heim,* trotzdem tief erschrocken wegen ihres veränderten Aussehens. Sie ringt keuchend nach Atem, flüstert: »Gut, dass du wieder da bist, es ist doch besser beieinander zu sein, es ist doch mehr Trost.«

Er kniet neben dem Bett nieder, küsst ihre Hand und sagt: »Es ist nicht möglich, dass es Gottes Wille sein kann, uns zu trennen. Ich bin ja nur durch dich glücklich.«

Als er meint, sie sei der einzige Mensch, zu dem er Zutrauen habe, unterbricht sie ihn: »... und Hardenberg!«

Sie sagt, dass sie ihm das Glück und die Erziehung der Kinder anvertraue, ringt um Fassung, meint schließlich unter Tränen: »Mach mir nicht noch so eine Szene und bedaure mich nicht, sonst sterbe ich.« Sie war die ganzen letzten Jahre nicht mehr recht gesund gewesen, hatte an Atemnot, Brustkrämpfen, Fieberanfällen gelitten, sich aber nicht schonen wollen. Weite Reisen, davon eine mitten im russischen Winter nach Petersburg; bittere Enttäuschung über den alles versprechenden, wenig haltenden Alexander; der Krieg der Österreicher gegen Napoleon, ihr Sieg bei Aspern, ihr Rückzug nach der Schlacht bei Wagram: zerstörte Hoffnungen, das Joch Napoleons loszuwerden; die wahnwitzige Unternehmung des Majors von Schill, endend vor den Mündungen der Erschießungskommandos und auf den Galeeren; die Hilflosigkeit, nicht helfen zu können, nicht helfen zu dürfen (»... es kommt nichts mehr über meine Lippen, da mein Rat, wie Anno 5, solch fürchterliche Folgen gehabt«); die Rückkehr nach Berlin am 23. Dezember 1809, Reden, Empfänge, Vivats, Fackelzüge, Glockenschall, Kanonendonner (»Es wird einem ganz elend vor Seligkeit ...«); wenige Wochen vorher hatte sie einen Sohn zur Welt gebracht, zehn Geburten und erst zweiunddreißig Jahre alt, barbarisches Los der Frauen ihrer Zeit, besonders jener, die nach dem Gesetz angetreten waren, wonach man ein Herrscherhaus wie ein Gestüt betreiben müsse.

»Meine Seele ist grau geworden ...«, schrieb sie kurz vor ihrem Ende in einem Brief, in dem sie auch über die körperliche Hinfälligkeit klagte. Die Ärzte diagnostizierten eine Lungenentzündung. Das Volk sprach von gebrochenem Herzen. Die Wahrheit ist, dass körperliche Strapazen, seelische Torturen und, nicht zuletzt, permanente Schwangerschaft ihre Lebenskraft frühzeitig aufgezehrt hatten.

Der König ging mit seinen Kindern, der zwölfjährigen Charlotte, die später Zarin von Russland wurde, dem vierzehnjährigen Kronprinzen, späterem König Friedrich Wilhelm IV., und dem dreizehnjährigen Wilhelm, nachmals Kaiser Wilhelm I., in den Garten des Schlosses. Sie pflückten weiße Rosen und legten sie der Toten auf das Sterbebett. Der Baumeister Schinkel wurde beauftragt, im Charlottenburger Schlosspark ein Mausoleum zu errichten. Am Ende einer düster-melancholischen Fichtenallee, die die Verstorbene so gern gemocht hatte.

Das Grabmal aus einem eigens aus Carrara geholten Marmorblock schuf Christian Daniel Rauch, den Angaben des Königs gemäß, »liegend in rührender Stellung in Lebensgröße, in einem Gewande eingehüllt, das aber so leicht und frei sein muss, *dass die Formen des Körpers durchscheinen*«. Letztere Anweisung war verwunderlich. Denn jenes Durchscheinende war seinerzeit der Grund gewesen, der ihn das marmorne Doppelbildnis Schadows, Luise und ihre Schwester Friederike darstellend, in einen Keller hatte verbannen lassen. Mit dem für ihn typischen Kommentar: »Mir fatal!«

JEDER ZOLL EIN DIPLOMAT

Dass Hardenberg Premierminister werden müsse, war das hartnäckige Bestreben der Königin in ihren letzten Wochen gewesen. Es war nicht zuletzt ihr Verdienst, wenn er es tatsächlich wurde, nachdem Napoleon gegen den ihm in Tilsit noch so unangenehmen Mann nichts mehr einzuwenden hatte. Er schien ihm jetzt nicht angenehmer, doch sah er ein, dass Preußen nur unter einem fähigen Premier seine Kriegsschulden würde abtragen können. Und tatsächlich stieg der Kurs der Staatspapiere an der Berliner Börse nach der Ernennung Hardenbergs zum Staatskanzler.

Mit Karl August Freiherr von Hardenberg – ein Name, der in den Schulstuben nur unter dem Terminus »Stein-Hardenbergsche Reformen« firmiert – begann eine wichtige Epoche in Preußens Geschichte. Aus dem Hannoveranischen stammend, fast sechzig Jahre alt nun, dem Gedanken des aufgeklärten Absolutismus verhaftet, war ihm das Volk und seine Erweckung gleichgültig. Ihm genügten demokratische Grundsätze in einem monarchischen Staat. Er personifizierte die andere Möglichkeit, ein Staatsmann zu sein: war Stein leidenschaftlich, unbeugsam, kompromisslos, erfüllt von der Mission, ein einiges Deutschland zu schaffen, blieb Hardenberg stets kühl, anpassungsfähig, das Mögliche vor Augen, und nicht möglich erschien es ihm, Menschen zu einem Bund zusammenzuschließen, deren Vaterland nicht Deutschland war, sondern Bayern, Württemberg, Sachsen, Mecklenburg, Hannover.

Man hat ihm vorgeworfen, dass ihm die hohe sittliche Auffassung vom Staat fehlte, der Berge versetzende Glaube, das Tiefgründende-Untergründige, und, schärfer noch, er sei in seinem Lebenswandel nicht ohne Tadel gewesen und von Widersachern, Weibern, Wechseln sein Leben lang verfolgt worden. Vorzuwerfen war hier jedoch nichts, denn Hardenbergs Talente waren eben anderer Art, und was sein Privatleben betrifft, so war sein Amt davon weniger betroffen als angenommen. Seiner als *falsche Klugheit* verleumdeten Staatskunst, die das Risiko vermied, vor Schwierigkeiten zurückwich und sich lieber nach der Gunst der Stunde richtete, verdankt es Preußen letztlich, wenn die Zeit der napoleonischen Herrschaft einigermaßen überstanden wurde. »Hardenberg befehligte ein Schiff geringeren Tiefgangs, aber er brachte es unversehrt und reich beladen in den Hafen, während es in den Stürmen, denen es Stein hatte aussetzen wollen, leicht hätte untergehen können.« So Hans Haußherr, einer der besten Kenner des *deutschen Metternich*, wie Hardenberg wegen seiner Wesensähnlichkeit mit dem österreichischen Staatskanzler auch genannt wurde.

Der Staatskanzler ging sogleich daran, das Steinsche Reformwerk fortzusetzen, nicht deckungsgleich im Sinne des Vorgängers, doch der großen Linie gemäß, und dass er die unpopuläre Aufgabe übernahm, die viel Last und wenig Lorbeeren brachte, sprach für ihn. Besonders die märkischen Junker, ohnehin erbittert über Bauernbefreiung und Finanzreform, machten ihm das Leben schwer. Stein, der Hardenberg aus der Ferne brieflich, auch bei einem geheimen Treffen irgendwo im Riesengebirge, zu unterstützen versuchte, wetterte in der ihm eigenen kraftvollen Sprache gegen die Herren Notabeln, diese pfiffigen, herzlosen, halbgebildeten Menschen aus den sandigen Steppen Brandenburgs, die nur zu Korporals und Kalkulatoren gemacht seien.

Es ging darum, die Adligen dazu zu bringen, einen Teil der Staatslasten zu übernehmen, ihnen die mittelalterlich anmutende Steuerfreiheit zu nehmen. Das schien nicht unbillig, klang eher, denkt man an den Wandel der Zeiten, selbstverständlich. Der alte Finckenstein, der im berühmten Müller-Arnold-Prozess selbst von Friedrich dem Großen das Recht nicht hatte beugen lassen, und der von der Marwitz aus Friedersdorf, konservativ bis in die Knochen und junkerstolz, waren die Wortführer der Opposition. Sie sahen den Adel nach wie vor als Stützen von Thron und Altar und wichen keinen Fingerbreit von ihren Vorrechten ab.

Hardenberg ließ sie, und das war eigentlich gegen seine jeder Gewaltmaßnahme abholde Natur, auf die Festung Spandau bringen, wo sie fünf Wochen verbrachten – den Widerstand der beiden Eisenschädel und ihrer Standesgenossen vermochte er nicht zu brechen. Sie zahlten weiterhin keine Grundsteuer, Einkommensteuern schon gar nicht, und in der Notabelnversammlung, von Hardenberg als vorläufige Nationalrepräsentation berufen, duldeten sie die beiden anderen Stände, die Städter und die Bauern, lediglich als Berater.

Auch in der Frage der Aufhebung bäuerlicher Erbuntertänigkeit setzten sie ihren Widerstand fort. Stein hatte dekretiert, wie wir wissen, dass mit dem Martinitage 1810 alle Gutsuntertänigkeit aufhöre. Der Erlass aber war in seinen Details mangelhaft ausgeführt, galt auch als vorläufig, und als die endgültige Regulierung kam, war der Freiherr nicht mehr Minister, und die Bauern mussten erfahren, wie teuer ihnen die Freiheit kam.

Sie hatten ihre einstigen Herren dafür zu entschädigen, dass sie ihnen in Zukunft nicht mehr dienstbar waren. Entweder durch Geld – das sie nicht hatten – oder durch Abtretung von Land, was je nach ihrem Rechtsstatus zwischen einem Drittel bis zur Hälfte ihres Besitzes ausmachte. Die adligen Gutsbesitzer dagegen waren ihnen gegenüber zu nichts mehr verpflichtet, nicht zur Bauhilfe, nicht zur Hofwehr, nicht zur Steuervertretung oder zu sonst irgendwie geleisteter Fürsorge. Womit sie, in grotesker Umkehrung des Gesetzes, die eigentlichen Gewinner waren, denn ihr Besitz wuchs ins Unermessliche.

Die Bauern waren frei, vogelfrei. Wer nicht zahlen konnte, wurde aufgekauft, wer nicht mehr lebensfähig war, musste seine Äcker aufgeben. Aus Bauern wurden landwirtschaftliche Proletarier, die Landflucht setzte ein, die große Wanderung von Ost nach West, später schließlich die Auswanderung.

War Hardenberg im Falle der Steuerreform und der Bauernbefreiung vor dem Druck der Reichen und Mächtigen zurückgewichen, womit beide Reformen verwässert, verzögert, unkenntlich waren, auf anderen Gebieten setzte er sich durch. Seinem Prinzip gemäß, wonach dem Volk nicht unbedingt politische Rechte zu übertragen seien, man aber für Freiheit und Gleichheit im bürgerlichen Leben und vor allem in der Wirtschaft sorgen müsse, beseitigte er die Vorrechte der Zünfte, setzte eine allgemeine Gewerbesteuer fest und proklamierte Gewerbefreiheit.

Wer von nun an einen Handwerksbetrieb gründen wollte, einen Gasthof eröffnen, eine Wäscherei betreiben, war nicht mehr abhängig von der Gnade einer Innung oder von der Willkür einer Behörde. Er besaß, von einzelnen Ausnahmen abgesehen, das Recht der Freizügigkeit, der freien Niederlassung und der freien Wahl des gewerblichen Berufes. Obrigkeitliche Konzession, Zugehörigkeit zu einer Korporation, Nachweis eines bestimmten Bildungsgangs oder einer persönlichen Qualifikation waren nicht mehr notwendig. Eine grundlegende Änderung der gesamten Wirtschaftsverfassung, die reiche Früchte tragen sollte, war damit gegeben.

Zwei Jahre später wurde den Juden durch ein eigens erlassenes Edikt die bürgerliche und wirtschaftliche Gleichstellung zugesichert. Lediglich die Zulassung zu den Staatsämtern behielt sich der König vor. Um die Bedeutung des Gesetzes zu würdigen, muss man sich der Zeiten Friedrich Wilhelms I. entsinnen, der sich noch damit vergnügt hatte, die von ihm erlegten Wildschweine den Juden zwangsweise zu verkaufen, wohl wissend, dass ihnen dieses Fleisch nicht koscher war. Und sein Sohn Friedrich II. schrieb in seinem ersten politischen Testament, man solle »die Juden schärfer beaufsichtigen und sie hindern, dass sie in großem Umfang in den Handel eindringen, sorgen, dass ihre Zahl sich nicht vermehrt und ihnen bei jedem Betrug, den sie begehen, das Aufenthaltsrecht nehmen, denn nichts ist dem Handel schädlicher als ihre unerlaubten Geschäfte«.

Zur *jüdischen Nahrung*, wie das genannt wurde, gehörte (von Ausnahmen wie die Glas- und Steinschleiferei, die Graveur- und Medaillierkunst, das Gold- und Silbersticken abgesehen) in erster Linie der Geldverkehr, wobei das Pfandleihen ausschließlich ihre Domäne war. In Berlin waren die einheimischen jüdischen Familien registriert, mit Schutzbriefen versehen und einer Sondersteuer unterworfen. Fremde Juden mussten die Stadt nach vierundzwanzig Stunden wieder verlassen.

Dieses friderizianische Judenrecht war jedoch in der Praxis längst durchlöchert worden. Besonders nach der zweiten und dritten polnischen Teilung, als Zehntausende von Juden zu Einwohnern Preußens wurden. Die Verleihung von Generalprivilegien an einzelne jüdische Familien, die Verwandlung eines Juden in einen Christen mittels der Taufe, und damit in einen gleichberechtigten Bürger, taten ein Übriges. Bahnbrechend für die Emanzipation war besonders die Entstehung einer gebildeten, wohlhabenden jüdischen Oberschicht, die das gesellschaftliche Leben in Berlin befruchtete. Die Salons der Rahel Levin Varnhagen und der Henriette Herz sind bereits genannt worden.

Hardenberg hatte ganz im Gegensatz zu Stein immer mit Juden verkehrt, sich auch von ihnen, seiner ewigen Schulden wegen, in finanzieller Hinsicht helfen lassen, ausschlaggebend für das *Edikt betreffend die bürgerlichen Verhältnisse der Juden*, wie ihm Böswillige nachsagten, war das nicht. Ähnlich wie Wilhelm von Humboldt erschien ihm ein Antisemitismus als unwürdig für einen Mann der Aufklärung und des Liberalismus. 1812, im Jahre des Edikts, gab es in Preußen 70000 Juden. Sie wurden nun preußische Staatsbürger, unter der Bedingung, deutsche Familiennamen anzunehmen. Aus Juda wurde *Löwe*, aus Benjamin *Wolf*, aus Naphtali *Hirsch*; wer in Speyer geboren war oder in Auerbach oder in Wertheim nannte sich *Spiro, Urbach, Wertheimer*, und wer den schönen Klang liebte, wählte Rosenblüth, Goldfarb, Feigenbaum. Niemandem wurde ein Name aufgezwungen, wie es in Galizien die österreichischen Behörden taten, die arme und deshalb wehrlose Juden kurzerhand *Kanalgeruch* tauften oder *Pulverbestandteil* oder *Heringshose*.

Gleiche Rechte zogen in Preußen auch gleiche Pflichten nach sich. Man durfte zum Militär, später musste man es. In den Befreiungskriegen kämpften über 400 jüdische Freiwillige für ein Land, das nun auch offiziell ihr Vaterland war. 72 von ihnen erhielten für ihre besondere Tapferkeit das Eiserne Kreuz, einer den Pour le mérite, 23 wurden wegen besonderer Bewährung zu Offizieren befördert. Jüdische Ärzte taten ihren Dienst an der Front mit der gleichen Selbstverständlichkeit wie jüdische Krankenschwestern in den Lazaretten.

»Die Geschichte des Krieges wider Frankreich«, schrieb Hardenberg seinem Hamburger Gesandten 1815, »hat bereits bewiesen, dass sie des Staates, der sie in seinem Schoß aufgenommen, durch treue Anhänglichkeit würdig geworden sind ...«

HUMBOLDT – MINISTER DES GEISTES

Hardenberg war unfreiwillig ein Ein-Mann-Ministerium. Zwar blieb ihm Stein als Ratgeber aus der Ferne treu – ohne zu wissen, dass der, dem er riet, zu seinem Sturz einst beigetragen hatte –, Niebuhr aber und Schön, die alten Mitstreiter aus Königsberger Tagen, weigerten sich, die undankbare Aufgabe eines Finanzministers zu übernehmen. Und Humboldt, den Leiter der Sektion für Kultus und Unterricht, der gern Außenminister geworden wäre, fürchtete er wegen seines Ehrgeizes, seiner diplomatischen Begabung, seiner ganzen Persönlichkeit, mit einem Wort: Der Mann war ihm zu ähnlich. Er komplimentierte ihn nach Wien auf den dortigen Gesandtenposten, wo er ein hohes Salair hatte, aber wenig Chancen, Hardenbergs Kreise zu stören. Wilhelm von Humboldt war nicht Kämpfer genug, um dagegen anzugehen. Wien mit seinen Kunstsammlungen, Bibliotheken, Museen, wissenschaftlichen Instituten verlockte ihn, und die Kultur war sein eigentliches Gebiet.

In den knapp anderthalb Jahren seiner Tätigkeit in Berlin hatte er das Wort seines Königs in die Tat umgesetzt, wonach Preußen die materiellen Verluste durch geistige Kräfte ersetzen müsse. Die Volksschulen, kleinen Kasernen ähnlich, befreite er vom sturen Drill, der aus Auswendiglernen und Im-Chor-Sprechen bestand. In den neuen humanistischen Gymnasien sollte die Beschäftigung mit der Antike dazu dienen, die Schüler zu begeistern, zu veredeln, ihnen die Kenntnisse vermitteln, die ein gehobenes Bürger- und Beamtentum benötigte.

Es war nicht seine Schuld, dass solcher Art geschaffene Bildungsunterschiede später zur Vertiefung der Klassengegensätze führten. Und auch nicht, dass seinem Bildungsideal ein Griechenbild zu Grunde lag, das klassisch marmorkühle, bleiche Bild einer griechischen Welt, wie sie so gewiss nicht existiert hat. Für uns heute demnach das *falsche* Griechenbild, da-

mals aber das richtige und einzig mögliche. Humboldt schuf
ein für viele Länder vorbildliches Erziehungswesen, das, bis
ins Detail durchgebildet mit Schuljahr, Schulgeld, Wochen-
stunden, Versetzungsvorschriften, Prüfungsordnung (Abitur!),
Schulverwaltung, anderthalb Jahrhunderte überdauerte. Aus
diesen Schulen gingen Männer hervor, die Deutschlands führende Stellung in der Philologie, der Geschichtsschreibung,
der Philosophie, der klassischen Gelehrsamkeit und später
auch in den Naturwissenschaften begründeten.

Humboldt, der Minister des Geistes, der perikleische Staatsmann, wie man ihn genannt hat, war von einer Vielseitigkeit,
die heute im Zeitalter des Spezialistentums undenkbar wäre.
Sprachforscher von Weltruf, Philosoph, Kulturhistoriker, setzte er sich, der enge Freund Schillers und Brieffreund Goethes,
ein Denkmal mit der Begründung der Berliner Universität.
Dort, im alten Prinz-Heinrich-Palais Unter den Linden, lehr-
ten und forschten von nun an Männer wie der Rechtsgelehrte
Savigny, der Philosoph Fichte, der Theologe Schleiermacher,
der Begründer der rationellen Landwirtschaft Thaer, der Mediziner Hufeland, der Althistoriker Niebuhr, Namen, die heute
weithin unbekannt sind; auch an der Spree, wo ihre Träger
wirkten, kennt man sie nur noch von den Straßenschildern.
Ihr Ziel war, die Studenten zu bilden, und nicht, wie heute,
sie nur auszubilden.

Wenn es je gelungen ist, Berlin und Weimar, Friderizianis-
mus und Idealismus, zu einer Symbiose zu führen, Wilhelm
von Humboldt war dieses Kunststück mit seiner Universität gelungen. Da jene Männer gern vergessen werden, die
die Kärrnerarbeiten leisten und damit das eigentliche Werk
erst ermöglichen, in diesem Fall die Reform des Bildungswe-
sens, seien sie hier ausdrücklich erwähnt. Es waren Johann
Wilhelm Süvern und Ludwig Nicolovius.

Was Humboldt nicht werden durfte, wurde, das heißt blieb,
Goltz, nämlich Außenminister, eine *wohlgepuderte Nullität*,

189

wie ihn Luise genannt, die besonders Frau Goltz verabscheut hatte wegen ihres dümmlich-arroganten, aber auch intriganten Wesens. Zusammen mit seinen Ministerkollegen hatte er unter Altenstein, Hardenbergs Vorgänger, die Abtretung Schlesiens vorgeschlagen, um die Kriegsschulden endlich loszuwerden. Eine Tat, die Preußens Wiederaufstieg gänzlich unmöglich gemacht hätte.

Blieb noch Scharnhorst, aber der war unerwünscht, wie der französische Gesandte unmissverständlich zum Ausdruck brachte, und musste als Chef des Allgemeinen Kriegsdepartements zurücktreten. Der König ersetzte ihn auf Vorschlag Hardenbergs durch den Herrn von Hake, einen Strohmann, dazu bestimmt, die Arbeit des Mannes zu decken, der nur an eines dachte, an die Befreiung von Napoleon.

Auch Hardenberg gelang es nicht, das notwendige Geld zur Befriedigung der napoleonischen Ansprüche aufzutreiben, trotz Bauernbefreiung und Gewerbefreiheit, zweier Maßnahmen, die ja letztlich auch die Produktion steigern sollten, trotz des Verkaufs staatlicher Güter und der Enteignung kirchlichen Besitzes im katholischen Schlesien. Doch zu Beginn des Jahres 1811 war immerhin die Hälfte der Summe aufgebracht, und der Staatsbankrott konnte verhindert werden.

Eine Atempause hatte er sich damit verschafft, mehr nicht, doch er nützte sie auf seine Weise. Ein Doppelspiel nahm seinen Anfang, riskant, gefährlich, das niemand anderer hätte wagen können als Karl August von Hardenberg, der Virtuose auf dem diplomatischen Parkett. Täuschung und List, Taktik und verwickelte Manöver, die Bereitschaft, verkannt zu werden, gehörten zu den Regeln. Sie anzuwenden, dafür brauchte es nach des Kanzlers Meinung mehr Courage, als einer Geschützbatterie entgegenzugehen.

Preußen, was die Spionage betraf, bisher ziemlich naiv, besaß nun selbst überall Spitzel, Zuträger, Agenten. Neben Gesandten, die die offizielle Meinung vertraten, gab es die

Sonderbeauftragten, die in Paris, Petersburg, London, Wien inoffiziell tätig wurden. Unterstützt von französischen Diplomaten sogar, die, wie St. Marsan in Berlin (derselbe, der Stein gewarnt hatte und seine Rettung ermöglichte), Napoleon letztlich für einen Korsen hielten und nicht für einen Franzosen, überdies sein auf Eroberung und Unterdrückung gegründetes Imperium nicht für dauerhaft hielten. Selbst die klatschsüchtige Frau des Außenministers Goltz, die alles, was sie von ihrem Mann erfuhr, ihrem Geliebten weitererzählte, dem Botschafter des Westfalenkönigs Jérôme, selbst sie wurde eingespannt, wenn es galt, die Tuilerien mit falschen Nachrichten zu täuschen.

Hardenberg zog kunstvoll die Register. Ergebenheitsadresse an Napoleon (»... ist es meine innerste Überzeugung, dass Preußen nur dadurch sein zukünftiges Glück sichern kann, wenn es Ihrem System, Eure Kaiserliche Majestät, folgt und ...«). Gleichzeitig Sondierung in der Umgebung Metternichs, wie die Stimmung für ein Zusammengehen mit Russland sei. Geheimtreffen mit einem Sonderbevollmächtigten aus England wegen eventueller Subsidien. Gespräche mit dem Zaren, ob er Preußen im Falle eines Falles helfen würde. Abwarten. Schweigen. Verschleiern. Listig sein wie die Schlange. Beschwichtigung der Patriotenpartei, die ständig ihr Kriegsgeschrei ertönen ließ. Prüfung der Eventualität, trotz allem mit Napoleon zusammenzugehen und nicht mit den notorisch unzuverlässigen Russen. Rekognoszierung an der Seine. Geheime Förderung der Scharnhorstschen Aufrüstung: Feldartillerie neu aufbauen, Geschütze gießen, befestigte Lager anlegen, Uniformen schneidern und – dreimal so viele Mannschaften ausbilden, wie der Vertrag es gestattete, mit Hilfe des Krümpersystems, eines Schnellkurses von vier Monaten. Erneuter Treueschwur für Napoleon, erneute Fühlungnahme mit Alexander. Immer zwei Sehnen auf dem Bogen. Wendung nach links, nach rechts. Der qualvolle Seufzer gegenüber einem

Vertrauten: »Wenn Sie wüssten, was es mich kostet, vor den Augen von ganz Europa die schmachvolle Rolle zu spielen, die ich jetzt spiele.«

Sie kostete ihn gewiss gelegentlich Überwindung, diese Rolle, im Allgemeinen aber spielte er sie mit Leidenschaft. Gepflegt, sorgfältig gekleidet, doch mit jenem Schuss Lässigkeit, die den Kavalier ausmacht, vermittelte er jedem das Gefühl, nur für ihn da zu sein. Den Kopf beim Gespräch leicht geneigt, beutete er sogar seine Schwerhörigkeit aus, indem er sich Passagen wiederholen ließ, sich Gesprächspausen verschaffte, sich später auf Hörfehler berief. Und niemand verstand es besser, dem überaus schwierigen Friedrich Wilhelm so Vortrag zu halten, dass selbst Ungenießbares schmackhaft wurde.

Der König, er war seit dem Tod Luises verändert, der Schmerz schien das Kantige abgeschliffen, das Verkrampfte gelöst zu haben. Bei den Fahrten über Land ließ er die Kutsche halten, um einen Augenblick dort zu weilen, wo er mit Luise gewesen war, zog auch, sich unbeobachtet glaubend, das Taschentuch heraus, mit dem er der Sterbenden die Stirn getrocknet, und drückte es an die Lippen. Zugänglicher, aufgeschlossener, ja irgendwie liebenswürdiger, wie er jetzt wirkte, blieb er sich in Grundsatzfragen jedoch selber treu.

AUF POESIE IST DIE SICHERHEIT DER THRONE GEGRÜNDET

Als Gneisenau im August 1811 in einer Denkschrift wieder den Gedanken eines Volksaufstands gegen Napoleon aufgriff, schrieb Friedrich Wilhelm an den Rand die Bemerkung: »Als Poesie gut.« Der Feuerkopf Gneisenau erwiderte ihm daraufhin: »Religion, Gebet, Liebe zum Regenten, zum Vaterland, zur Tugend sind nichts anderes als Poesie, keine Herzenserhebung ohne sie. Wer nur nach kalter Berechnung seine Handlungen regelt, wird ein starrer Egoist. Auf Poesie ist die Sicherheit der Throne gegründet ... und zwar von der edelsten Art; an ihr will ich mich aufrichten mein Leben lang.«

Stolze Worte, voller Würde und edlem Anstand, doch war trotzdem kalte Berechnung im Augenblick besser am Platz. Einem Staat den Volkskrieg zu empfehlen, der zerstückelt war, an dessen Grenzen eine hochgerüstete Armee stand, dessen Festungen an Oder und Weichsel von französischen Truppen besetzt waren, der keine festen Zusagen anderer Mächte besaß, einen Krieg mit Heckenschützen also, verbrannter Erde, Hinrichtung von Landesverrätern, Verbringung der Frauen und Kinder in die Wälder, Bewaffnung der Bauern mit Sensen und Hacken, als seien die braven Einwohner Preußens den fanatischen Guerillas Spaniens ähnlich, das musste in der Tat wie Poesie erscheinen.

Noch dazu in den Augen eines Königs, dessen kalter Nüchternheit jeder Gefühlsüberschwang abhold, der aber auch gebranntes Kind war. 1806 hatten die Patrioten ihn zum Krieg gedrängt, und es war schief gegangen. 1809 waren sie, mit Ausnahme Scharnhorsts, wieder vorstellig geworden, an der Seite Österreichs in den Krieg zu ziehen, und Österreich war geschlagen worden. Sein Zaudern entsprang gewiss nicht der staatsmännischen Tugend des Abwartenkönnens, es kam seiner Natur entgegen, die Entscheidungen scheute. Und in seiner Natur lag es auch, an das Überleben des Hauses Hohenzollern zu denken, jener Dynastie, deren Aufstieg Preußens Aufstieg bedeutet hatte. Das Werk des Großen Kurfürsten, Friedrich Wilhelms I. und des großen Friedrich, seiner Ahnen, nicht zu gefährden – und Napoleon hatte gezeigt, wie wenig Umstände er selbst mit alteingesessenen Herrscherhäusern machte, siehe Portugal, siehe Spanien –, das war nichts anderes als der Trieb zur Selbsterhaltung.

Was nicht heißt, dass die Herren Stein, Scharnhorst, Gneisenau, Clausewitz, Arndt, Fichte, Schleiermacher Unrecht hatten. Auch sie handelten, wie sie glaubten handeln zu müssen. Sie waren bereit, Preußen und die Dynastie Hohenzollern um Deutschlands willen aufs Spiel zu setzen. Sie dachten national, dachten deutsch, bekämpften jeden, der anders dachte, und traten leidenschaftlich für den Anschluss an Russland ein. Ihrer Geisteshaltung des Alles-oder-Nichts, ihrer Zähigkeit, ihrem Hass war es zu verdanken, dass der Freiheitswille nicht erlosch.

Im Frühjahr 1812 allerdings schien es, als sei alle Hoffnung zerstört, diese Freiheit jemals zu erlangen.

Die Freundschaft zwischen Napoleon und Alexander, in Tilsit und auf dem Erfurter Fürstentag sentimental und glanzvoll beschworen, war abgekühlt, die Teilung der Welt am Gegensatz der Interessen gescheitert. Was besonders Polen und den Orient betraf. Der Zar war irritiert, als das Land seines Vetters, des Großherzogs von Oldenburg, kurzerhand von Napoleon kassiert wurde, er fühlte sich bedroht durch den Ausbau des Herzogtums Warschau zu einer französischen Operationsbasis, wie er überhaupt den immer stärker zutage tretenden Imperialismus seines Vertragspartners mit Sorge betrachtete.

An die Verpflichtung, die Kontinentalsperre zu unterstützen, fühlte Alexander sich nicht mehr gebunden. Sie hatte sein Land wirtschaftlich hart mitgenommen. Russland brauchte England, um dort sein Getreide, sein Vieh, Holz, Flachs, Talg zu verkaufen und Industrieprodukte sowie Kolonialwaren einzukaufen. Der Ukas vom Silvestertag 1811, mit dem das Kontinentalsystem praktisch aufgekündigt wurde, bedeutete das Ende des russisch-französischen Frühlings. Das im April des darauf folgenden Jahres in Paris den Franzosen überreichte Ultimatum, alle Besatzungstruppen aus Polen, Preußen und Schwedisch-Pommern hinter die Elbe zurückzuziehen, war lediglich der Punkt auf dem »i«.

Napoleons Plan, England in die Knie zu zwingen, das verhasste Britannien, das militärisch seiner Insellage wegen nicht zu besiegen war, wirtschaftlich aber sehr wohl, dieser Plan war damit vereitelt. Das jedoch vermochte er nicht einzusehen. Wer sich ihm entgegenstellte, musste vernichtet werden.

»Ich habe meine Bestimmung noch nicht erfüllt«, sagte er, »ich will beenden, was kaum begonnen. Aus allen Völkern Europas muss ich *ein* Volk machen und aus Paris *die* Hauptstadt der Welt!«

Dem Zaren ließ er die Drohung übermitteln: »Wir werden unsere Brückenköpfe nicht nur an die Donau vortreiben, sondern auch an Njemen, Wolga und Moskwa; und wir werden damit für zweihundert Jahre die Gefahr der Einfälle aus dem Osten bannen.«

Heiratet eine Deutsche

Es war die Sprache des vom Wahn der Cäsaren Getriebenen, von allen Feinden der Diktatoren der gefährlichste. Maßlos auch die Art, mit der er seine Macht durch verwandtschaftliche Bande abzusichern sich bemüht hatte. Nepotismus *à la Corse* hatte Stiefsohn Eugen Beauharnais zum Vizekönig Italiens gemacht, Bruder Joseph zum König von Spanien, Bruder Ludwig zum König von Holland, Bruder Jérôme zum König von Westfalen, Schwager Murat zum König von Neapel, Schwester Elise zur Großherzogin der Toskana, Schwester Pauline zur Herzogin von Guastalla.

Er selbst hatte, nach vergeblicher Werbung um des Zaren vierzehnjährige Schwester, die Hand Marie Louisens aus dem Hause Habsburg erbeten. Obwohl er sich einmal geschworen hatte: »Keine Österreicherin auf dem französischen Thron, das würde an Marie Antoinette erinnern!«, (die man bekanntlich geköpft hatte). Doch die Aussicht auf einen Thronerben (den

Josephine ihm nicht hatte gebären können) und die Hoffnung, der Glanz der ehrwürdigsten Krone Europas möchte sein Haus ehrlich machen, ließ ihn den Schwur vergessen.

Das Geschäft war rasch perfekt. Kaiser Franz, in dem Glauben, durch die Auslieferung seiner Tochter an Frankreich seine Position in Europa zu stärken, gab sein Jawort. Der neue Schwiegersohn ließ sich flugs scheiden. Den Papst benötigte er dazu nicht, wie sonst bei Fürstlichkeiten der Brauch und die Pflicht. Pius saß als sein Gefangener fern von Rom in Savona und wäre ohnehin störrisch gewesen. Eine obskure Pariser Behörde namens »Kirchliche Gerichtsbarkeit« beschloss, dass die Ehe zwischen Napoleon und Josephine keine wirkliche Ehe gewesen sei und deshalb null und nichtig.

Die Erwählte war nicht glücklich über die Wahl des *kleinen Korsen*, wie sie ihn verächtlich nannte, hatte früher auch geäußert: »Die arme Prinzessin, die den mal kriegt, kann ich nur bedauern.« Nachdem sie es nun selbst geworden war, ergab sie sich in ihr Schicksal und sagte brav: »Wenn die Interessen des Reiches und meines Vaters auf dem Spiel stehen, muss ich sie berücksichtigen und nicht meine Gefühle.« Der Ehekontrakt konnte von den Bevollmächtigten unterzeichnet werden.

Napoleon hatte nicht die Geduld, die Ankunft der ferngetrauten Braut abzuwarten, fuhr ihr entgegen, stieg nach stürmischer Begrüßung in ihre Kutsche, ließ in Compiègne halten, führte die ihm bis dahin Unbekannte in seine dortigen Gemächer und entjungferte sie. Den jungen Männern seines Gefolges pflegte er später den Rat zu geben: »Heiratet eine Deutsche. Sie sind die besten der Welt. Sanft, gut, unverdorben und frisch wie Rosen.«

Preußen war, wie bei Hardenberg beobachtet, bemüht gewesen, die Gegensätze der beiden Großmächte für sich auszunutzen, hatte auf beiden Schultern getragen, war schließlich, nachdem durch unentschlossenes Lavieren der Zeitpunkt verpasst war, mit Russland zusammenzugehen, von Frankreich zu einem Bündnis gezwungen worden. Es gab dabei keine Bündnispartner, sondern lediglich einen – französischen – Herrn und einen – preußischen – Knecht: Letzterer hatte ohne Gegenleistungen ein 20 000 Mann starkes Hilfskorps im Falle eines französisch-russischen Krieges zu stellen, den Durchmarsch der Grande Armée zu gestatten und ihre Verpflegung zu gewährleisten. Was das in praxi bedeutete, zeigte sich, als *der Fall* eintrat. Die Franzosen rückten nicht ein, sie fielen ein. Die Magazine wurden geleert, die Vorräte beschlagnahmt, darunter jene, die insgeheim für einen Befreiungskrieg angelegt worden waren. Allein für den Train beschlagnahmten sie über 100 000 Pferde. Plünderung, Erpressung waren an der Tagesordnung gegenüber einem Land, das durch Krieg, Kriegsentschädigung, Kontinentalsperre am Rand seines Existenzminimums angekommen war. Die befreundeten Franzosen von 1812 benahmen sich unfreundlicher als 1806, da sie noch Feinde waren.

Die Patrioten waren empört über das aufgezwungene Bündnis und voller Zorn auf einen König, der ihre Meinung bestätigte, wonach auf deutschen Fürstenthronen die Erbärmlichkeit sitze. Hunderte von Offizieren, fast ein Viertel des Offizierskorps, nahmen ihren Abschied, dem Beispiel Gneisenaus, Boyens, Clausewitzens folgend, verließen Preußen und nahmen Dienst in England oder Russland. In Petersburg war der Freiherr vom Stein bereits an hoher Stelle tätig geworden: als Berater des Zaren und, wie es der ihm assistierende Ernst Moritz Arndt formulierte, als Stellvertreter Deutschlands und der möglichen Entwicklung der Dinge, die sich für Deutschland ergeben könnte. Boyen wurde zum Militärexperten eines Deutschen Komitees, das den Widerstand von Russland aus organisieren sollte. Clausewitz war Oberstleutnant im russischen Generalstab und Generalquartiermeister der Deutschen Legion, einer als Elite gedachten Truppe deutscher

Soldaten und Offiziere, dazu bestimmt, einst den Befreiungskampf nach Deutschland zu tragen.

Karl von Clausewitz gab in seiner »Bekenntnisschrift« der
Stimmung jener Patrioten leidenschaftlichen Ausdruck, die
an Preußen verzweifelten. Es ist eine Schrift, deren Worte jenen, die den Zweiten Weltkrieg erlitten haben, schrill
in den Ohren klingen müssen. Wurde sie doch damals von
schlechten Deutschen für ihre schlechte Sache missbraucht.
Ihre geschichtliche Bedeutung kann solch Missbrauch nicht
mindern.

»Ich sage mich los«, heißt es in dem Bekenntnis, »von der
leichtsinnigen Hoffnung einer Errettung durch die Hand des
Zufalles, von der dumpfen Erwartung der Zukunft, die ein
stumpfer Sinn nicht erkennen will;

von der kindischen Hoffnung, den Zorn eines Tyrannen
durch freiwillige Entwaffnung zu beschwören, durch niedrige
Untertänigkeit und Schmeichelei sein Vertrauen zu gewinnen;

von der falschen Resignation eines unterdrückten Geistes-
vermögens; von dem unvernünftigen Misstrauen in die uns
von Gott gegebenen Kräfte; von der sündhaften Vergessenheit
aller Pflichten für das allgemeine Beste;

von der schamlosen Aufopferung aller Ehre des Staates und
Volkes, aller persönlichen und menschlichen Würde ...

Ich glaube und bekenne, dass ein Volk nichts höher zu ach-
ten hat als die Würde und Freiheit seines Daseins ...«

MOSKAU BRENNT

»Welcher Weg führt am schnellsten nach Moskau?«, fragt
Napoleon herrisch den in seinem Hauptquartier zu Wilna er-
schienenen russischen General.

Der General antwortet: »Karl XII. marschierte über Poltawa.«

Der Kaiser beendet das Gespräch abrupt. Er hat verstanden. Bei Poltawa war 1709 das nach Russland eingefallene Heer des Schwedenkönigs Karls XII. vernichtet worden. Nun, dieser Karl hatte 45 000 Mann gehabt, er dagegen verfügt über mehr als das Zehnfache. Mit 556 000 Mann, das größte Heer, das die Welt gesehen, war er aufgebrochen und hatte am 24. Juni mit dem Gros die Memel überschritten. Die Grande Armée repräsentierte längst nicht mehr die Grande Nation. Es war eine Fremdenlegion, zusammengesetzt aus Polen, Österreichern, Italienern, Dänen, Neapolitanern, Schweizern, Portugiesen, Spaniern, Kroaten, Dalmatinern und – Deutschen.

Neben den 240 000 Franzosen bildeten sie das stärkste Kontingent. Mit 30 000 Bayern, 28 000 Westfalen, 26 000 Sachsen, 15 000 Württembergern, 7000 Badenern, 7000 Hessen, 3000 Würzburgern, 2000 Mecklenburgern, mit Soldaten aus Anhalt, Berg, Frankfurt am Main, Schwarzburg. Die 20 000 Preußen marschierten unter Marschall MacDonald durch die Ostseeprovinzen. Dass man sie dort, am linken Flügel, einsetzte, war für die Geschichte ihres Staates entscheidend …

Vierzehn Tage nach dem Memelübergang hatte diese Armee bereits 135 000 Mann von ihrem Bestand eingebüßt. Jeder weitere Tag kostete ein Regiment, jeder Marsch mehr Menschen und Pferde als ein blutiges Gefecht. Der Feind war nicht der Feind, sondern die Ruhr, der Hunger, die Fahnenflucht. Dieses Land war selbst im Sommer die Hölle. Dörrende Glut und kein Trinkwasser, die Straßen durch Schlaglöcher oder Morast unpassierbar, armselige Dörfer mit verwahrlosten Hütten. Innerhalb kurzer Zeit brach der Nachschub zusammen. Die Heeresverwaltung, daran gewöhnt, dass der Krieg den Krieg ernährte, versagte angesichts deprimierender Armut und riesiger Entfernungen.

Bald lagen Tausende marode am Straßenrand, verstopften die Lazarette, füllten die eilig ausgehobenen Massengräber. Der Gestank der Pferdekadaver, der Qualm der brennenden

Dörfer, die Schüsse der Exekutionskommandos, das Morden der Marodeure – Napoleon war bereits ein geschlagener Mann, bevor er Moskau erreicht hatte.

Mit den Beinen seiner Soldaten war *hier* keine Schlacht zu gewinnen. Die Beine des Feindes waren schneller, und man bekam von ihnen nur die Fersen zu sehen. Eine Legende allerdings die Überlieferung, wonach die Russen die Große Armee planmäßig in das Innere des riesigen Landes gelockt hätten, um sie zu dezimieren und Mütterchen Russlands gebenedeiten Boden anschließend in einem nationalen Krieg zu befreien.

Barclay de Tolly und Bagration, die Befehlshaber der beiden 111 000 und 37 000 Mann starken russischen Westarmeen, verabscheuten sich gegenseitig zu sehr, um einem Plan folgen zu können, fürchteten überdies die Übermacht des Gegners und das Genie seines Feldherrn. Ihr Rückzug entsprang keiner Tugend, sondern der Not. Dass diese Not schließlich zur Tugend wurde, war nicht ihr Verdienst. Immer dann, wenn sie Feindberührung bekamen, wurden sie geschlagen. So bei Witebsk, bei Smolensk, bei Polotsk, bei Scherwardino.

Das änderte sich wenig, nachdem Kutusow das Oberkommando übernommen hatte. Der alte Schlagetot, einäugig, narbenzerfurcht, in den Kriegen gegen die Türken bewährt, hatte schon in Austerlitz seine beste Zeit hinter sich gehabt, war so dick geworden, dass man ihn auf kein Pferd mehr heben konnte, und pflegte Schlachten vom Lotterbett aus zu leiten. Als Symbolfigur eines vaterländischen Heldenmythos schien er jedoch wichtig genug, um vom Zaren berufen zu werden. Tolstoi hat Väterchen Kutusow in seinem Roman »Krieg und Frieden« ein Denkmal gesetzt, wie es großartiger – und unverdienter – nicht denkbar wäre.

Bei dem Dorf Borodino stellte sich das russische Heer endlich zum Kampf.

Ein weiterer Rückzug nach so vielen Rückzügen schien wegen des nur 110 Kilometer entfernt liegenden Moskau, der

Metropole des heiligen Russland, schon aus Gründen nationalen Stolzes nicht denkbar. Am Abend vor der Schlacht küsste Kutusow die aus dem brennenden Smolensk gerettete Schwarze Muttergottes, sprach mit seinen Soldaten das »*Gospodi pomilui* – Gott erbarme dich unser!«, zog sich am anderen Morgen aber hinter die Front in sein luxuriöses Zelt zurück – während seine Generale fielen, darunter Bagration, während 50 000 seiner Soldaten getötet und verwundet wurden.

Makaber auch das Verhalten des Oberbefehlshabers auf der Gegenseite, der das bekommen hatte, was er auf dem Vormarsch ersehnt hatte: eine Schlacht. Gleichgültig bis zur Apathie, ohne Reaktionen, nicht mehr fähig, die Truppen durch sein Beispiel anzuspornen, wirkte Napoleon wie gelähmt. Er lebte nur auf, wenn er das per Reiterstafette aus Paris übersandte Bild seines einjährigen Sohnes betrachtete, ließ sich auch durch Marschall Neys Flehen nicht dazu bewegen, die Garde zum alles entscheidenden Einsatz zu bringen.

Der halbe Sieg, den er dennoch erkämpfte, öffnete ihm zwar den Weg nach Moskau, glich aber einem Pyrrhussieg. Als die Türme Moskaus aus dem Dunst auftauchten, war die Grande Armée auf 95 000 Mann zusammengeschmolzen. Besonders gelitten hatten die Truppen der Deutschen: Von den Bayern war nur noch jeder zweite Mann übrig, die Sachsen lagen, zu Tausenden hingemetzelt vom gehackten Blei der russischen Kanonen, vor den Verhauen der Borodiner Rajewskischanze; der württembergische Kommandeur meldete seinem König alleruntertänigst von einer *außerordentlichen Verminderung* seines ihm anvertrauten Kontingents.

Vor den Toren Moskaus dann das vergebliche Warten auf die Delegation mit den Torschlüsseln; der Einmarsch schließlich in eine Hauptstadt, die, von ihren Bewohnern verlassen, einen gespenstischen Anblick bot; die ersten Brände, entzündet durch den Leichtsinn der an den Biwakfeuern sich wärmenden Soldaten und die Zerstörungswut der Plünderer, geschürt von starkem Wind. Die Hauptursache jedoch lag in planvoller Brandstiftung, ausgeführt von den Kommandotrupps des Gouverneurs Rostoptschin (der beim Verlassen der Stadt die Feuerspritzen mitgenommen hatte).

Moskau, die Stadt aus Holz, brennt wie eine Fackel, das große Feuer wirft seinen blutigroten Schein über ganz Europa. Heldenstück oder Bubenstück, Opfergang oder Verbrechen? »Eine Tat, ebenso nutzlos wie furchtbar. Nichtswürdig, das Werk von Jahrhunderten und eine der schönsten Städte der Welt zu vernichten«, meinte Napoleon, und er stand mit dieser Meinung nicht allein. Auch Russen teilten sie.

Fünf Wochen blieb er in Moskau. Es waren fünf Wochen zu viel. Die Hoffnung, Alexander würde nach der Zerstörung seiner Hauptstadt um Frieden bitten, erfüllte sich nicht. Die eigenen Briefe an *den guten Freund*, wie er Alexander nannte, wurden so wenig beantwortet wie ein Waffenstillstandsangebot.

»Jetzt erst beginnt mein Krieg«, hatte der Zar geäußert, nachdem er sich vergewissert hatte, dass seine Offiziere sich vor nichts fürchteten, es sei denn davor, dass er mit Napoleon Frieden schließe. Und er fügte hinzu: »Wenn es das Schicksal will, dass meine Dynastie zum Untergang verurteilt ist, werde ich lieber meinen Bart bis auf die Brust wachsen lassen und in Sibirien Kartoffeln essen, ehe ich die Schande meines Landes und meiner braven Untertanen unterschreibe.«

Am 19. Oktober 1812 verließ Napoleon Moskau mit einem Heer, das aus 50 000 Soldaten bestand und etwa ebenso vielen Nichtkombattanten. Die Stadt war keineswegs total zerstört, wie immer wieder berichtet wird. Ein großer Teil der in Kellern gelagerten Vorräte war nicht durch das Feuer vernichtet, sondern durch Plünderung und Unverstand vergeudet worden. Der verbliebene Rest hätte immer noch ausgereicht, die Soldaten für den Rückzug einigermaßen zu versorgen, doch schleppten sie an diesem warmen Herbsttag meist etwas anderes mit als Proviant und Munition. Klaviere zum Beispiel,

Kanapees, Heiligenbilder, Teppiche, Stoffballen, Bojarenmän-
tel, Truhen mit Kirchensilber, Wodkafässer, Kisten mit Chi-
narinde, goldgerahmte Gemälde, Münzsammlungen.

Eine fantastische, abenteuerliche, groteske Parade, die Napoleon hier abnahm. Er wusste, wie gefährlich ein solcher
Tross für die Schlagkraft einer Armee war, aber er vermochte
diesem Treiben keinen Einhalt mehr zu gebieten. »Nur keine
Affaire jetzt«, sagte er zu Ney. Nur keine Schlacht, zurück
nach Smolensk ins Winterquartier. Doch allzu bald geriet er
mit Kutusow zusammen, der ihm den Weg durch die vom
Krieg verschonten Provinzen zu versperren suchte. Die Soldaten mussten dieselbe Straße zurückmarschieren, die sie
gekommen waren, bis zum bitteren Ende. An diesem Ende
jedoch trug der russische Winter den geringeren Anteil.

Die Geschichte des Untergangs der Grande Armée in einem
Inferno von Eis und Schnee, wie sie in unseren Schulbüchern
steht, ist eine Legende. Französische Historiker des 19. Jahrhunderts, an Subjektivität und Einseitigkeit den preußisch-
deutschen Geschichtsschreibern weit überlegen, haben sie
auf Grund von Napoleons Bulletins (»… die außerordentliche
und allzu vorzeitige Gewalt des Winters«) gewoben. Den
Elementen zu unterliegen, gegen die selbst Götter vergebens
kämpfen, schien ihnen weniger unehrenhaft, als von einem
Feind geschlagen zu werden. Auch den Romanciers, Thea-
terdichtern, Malern schien es dramatischer, einen Helden zu
schildern, der wie König Lear auf öder Heide umherirrt, vom
grausamen Glanz des Schnees erblindet, an seinem Glück ver-
zweifelnd, während seine unbesiegbaren Krieger von der Kälte
gemordet dahinsinken.

Die napoleonische Armee war, wie erwähnt, schon auf dem
Hinmarsch eine geschlagene Armee. Die Kälte hat ihr Schicksal lediglich besiegelt. Und wenn man von einem Gnadenstoß
spricht, dann war der Gnadentod langsam und qualvoll. Von
den Lanzen der Kosaken durchbohrt, von den Bauern gefol-

tert, vom Frost an den erloschenen Biwakfeuern steif gefroren, starben die Soldaten dahin. Eine Szenerie, die der Dante'schen Hölle glich: Pferde, denen man bei lebendigem Leib die Zunge herausriss, um den Hunger zu stillen; am Wege Liegengebliebene, über die die Räder der mitgeschleppten Kanonen rollten; Verwundete, die sich mit dem eigenen Bajonett umbrachten; Offiziere, die sich von Aas ernährten.

In diesem Chaos von Unmenschlichkeit, wo einer des anderen Wolf war, gab es aber auch ergreifende Beispiele von Nächstenliebe und Kameradschaftlichkeit. Blinde wurden geführt, Schwerverwundete auf den Schultern getragen, Hungernde teilten ihren letzten Bissen.

Etwa 40 000 Soldaten erreichten Smolensk, mussten es wieder verlassen, um ihre Hoffnung, hier Schutz, Wärme, Nahrung zu finden, grausam betrogen. Eingehüllt in Säcke, Strohmatten, Frauenunterröcke, schleppten sie sich dahin – Gespenster in Lumpen. Unter ihnen einer in grünem Samtpelz mit einer Mütze aus Marderfell, gestützt auf einen Birkenstock: ihr Kaiser. Sie erreichten die Beresina, die zum Fluss ohne Wiederkehr zu werden drohte. Ohne Furt, ohne Brücken, mit treibendem Eis, auf beiden Ufern die Russen, so bot sie sich dar, und dass den Franzosen der Übergang gelang, war den Pionieren des Generals Eblé zu verdanken, die für den Bau zweier Pontonbrücken ihr Leben opferten. Nur noch die kampffähigen Truppen retteten sich, 30 000 Versprengte, Verwundete, Nachzügler verdarben im Grauen des Feuers und des Eises auf dem östlichen Ufer.

MIT MANN UND ROSS UND WAGEN

Am Morgen des 10. Dezember 1812 stieg ein Monsieur de Rayneval, der Sekretär des Herzogs von Vicenca, im »Hôtel de Saxe« in Warschau ab und wartete, frierend das winzige

Zimmer durchmessend, bis der Abbé de Pradt, Frankreichs Botschafter, eingetroffen war.

»Sie sehen, mein Lieber«, sagte der Sekretär und wies auf seinen etwas merkwürdigen Aufzug, »Sie sehen, vom Erhabenen zum Lächerlichen ist nur ein kleiner Schritt.«

Es war Napoleon, der, unter falschem Namen, auf dem Wege nach Paris in Warschau Station machte. Er schien vernünftige Gründe zu haben für seine plötzliche Reise: In Paris war es zu einem – wenn auch bereits niedergeschlagenen – Putsch gekommen; er musste eher in der Hauptstadt sein als die Nachricht von seinem Desaster; auf seinem Thron war er in diesem Moment wichtiger als an der Spitze seiner Armee.

Napoleons Russlandfeldzug kostete vierhunderttausend Tote, Vermisste, Verwundete und hunderttausend Gefangene (von denen die meisten umkamen!). Nur jeder zehnte Soldat etwa kehrte von der Höllenfahrt nach Hause zurück. Besonders hohe Verluste hatten die Deutschen erlitten. Von 30 000 Bayern kamen 28 500 um, von 26 000 Sachsen 22 500, von 15 000 Württembergern 14 000, von 7000 Badenern 4000, und von den 30 000 Westfalen sahen nur 450 ihre Heimat wieder. Die häufigste Eintragung in den Regimentslisten lautete – hier werden düstere Erinnerungen aus jüngerer Zeit wach – : »Verschollen in Russland, 1812, hinterher ohne Nachricht.« In Fritz Reuters, des plattdeutschen Dichters, Zeitbild »Ut de Franzosenlid« antwortet der Möller Voss auf die Frage, wie es seinem Sohn Karl gehe, mit den Worten: »Korlen hewwen de Franzosen mitnahmen nach Ruszland un hei's nich wedder komen.«

Angesichts dieser Bilanz des Schreckens ist die Frage erlaubt, ob nicht der Feldherr, der *seine lieben Kinder,* wie er die Soldaten nannte, in diesen Krieg geführt hatte, mit ihnen hätte ausharren müssen. Gleichgültig, ob das *vernünftig* gewesen wäre oder nicht. Tolstoi meinte, dass der kleine Mann, hätte er sich verhalten wie Napoleon, der Feigheit geziehen worden wäre. In seinem Fall jedoch werde dieses Verhalten

»von den Geschichtsschreibern als etwas Großes und Genia-
les hingestellt. Und wenn sie am Ende ihres Lateins sind, um
eine Handlung zu rechtfertigen, rufen sie feierlich den Begriff
der historischen Größe zu Hilfe, als ob dieser den Begriff von
Gut und Böse ausschließen könnte.«

»Wie kann man einen Stein an der Tafel des Zaren dulden! Glaubt Alexander, dieser Mann könne ihn lieben?«, hatte
Napoleon einen dem Hof in Petersburg nahe stehenden russischen General gefragt. Er ahnte, wie gefährlich dieser Mann
ihm werden konnte. Am Hof eines Monarchen, der leicht be-
einflussbar war, unstet, darüber hinaus ständig auf eine vom
Kanzler Romanzoff angeführte Gegenpartei Rücksicht nehmen musste. Seine Ahnung trog ihn nicht. Der kleine Freiherr
zahlte ihm heim, was er durch die Ächtung erlitten hatte.

Dabei ging es ihm gar nicht um Rache, es ging ihm um die
Befreiung Deutschlands. Bei jeder Audienz, mit jeder Denkschrift brachte er sein *Ceterum censeo* vor: Es genüge nicht,
die Feinde aus dem Lande zu treiben, der Zar müsse seine
Heere in das Herz Europas führen, Österreich und Preußen
sein Bündnis anbieten, England auf seine Seite ziehen und
Deutschland eine politische Ordnung geben, die der Nation
die Unabhängigkeit wiedergebe und sie instand setze, die Welt
vor den Aggressionen Frankreichs zu bewahren.

»Sire«, beschwor er Alexander I., »Sie werden sich an die
Spitze der Mächte Europas setzen; Sie haben die erhabene Rolle
des Wohltäters und Friedensbringers zu spielen!«

Er war klug genug, um die Gefahr zu spüren, die in seinen Beschwörungen lag. Ein wiedererrichtetes, mit Russland
verbundenes Polen, die Kosaken an der Weichsel, ja an der
Oder, hieße das nicht, den Teufel durch den Beelzebub ersetzen? Und er schien sich selbst zu beruhigen, wenn er an den
Pazifikator und Wohltäter im gleichen Atemzug appellierte:
»Russland ist zu groß und gerecht, um sich vergrößern und
das allgemeine Misstrauen erregen zu wollen.«

Anfang Januar 1813 rief ihn der Zar in sein Hauptquartier nach Wilna, dann nach Suwalki. Er fuhr mit seinem Schlitten die Rückzugsstraße entlang, an der die Wölfe sich mästeten und die Raben, auf der die Gefangenen mit Peitschen vorangetrieben wurden, viele Deutsche darunter, ursprünglich gedacht für den Dienst in der Deutschen Legion, nun zum sicheren Tod bestimmt. Zum gleichen grausigen Tod wie die in Wilnas Klöstern liegenden 15 000 Kranken und Verwundeten, deren Hilflosigkeit sie nicht vor Rache schützte.

Der achtzehnjährige Primaner Ferdinand August schrieb damals jene Verse, die die Älteren unter uns noch von der Schule her kennen: »Es irrt durch Schnee und Wald umher das große mächt'ge Franzenheer. Der Kaiser auf der Flucht, Soldaten ohne Zucht ... Trommler ohne Trommelstock, Kürassier im Weiberrock, Ritter ohne Schwert, Reiter ohne Pferd. *Mit Mann und Ross und Wagen, so hat sie Gott geschlagen.*« Wer sich über die Grenze nach Ostpreußen retten konnte von den Resten der Großen Armee, war einigermaßen sicher. Die Bewohner dieser östlichsten Provinz Preußens hatten durch den Vormarsch am härtesten gelitten, waren ausgeplündert worden, in die Wälder vertrieben, gebrandschatzt, dem Hunger ausgeliefert. Bei den meisten jedoch schlug angesichts der Flüchtenden der Hass in Mitleid um, in Mitleiden. Warum die Deutschen nicht wie die russischen Bauern zu Knüppel, Axt und Sense griffen, woher die *barmherzige Geduld kam mit den frevelhaften Räubern*, wie Ernst Moritz Arndt schrieb, über so viel Humanität waren die Franzosen am meisten verwundert.

Der Brigadegeneral und Adjutant Napoleons Ségur machte sich seinen – französischen – Reim darauf, als er Königsberg erreicht hatte: »Die Deutschen nahmen uns aus Trägheit oder aus Furcht mit zahmer Fügsamkeit auf. Ihr Hass hielt sich innerhalb der Grenzen des Kaltsinns, und da sie selten aus eigenem Antriebe handeln, mussten sie, in Erwartung eines Signals, unser Elend erleichtern helfen.«

Ausländische Historiker haben die wackeren Ostpreußen ihres *Kaltsinnes* wegen sogar verspottet. Golo Mann bemerkt dazu mit einer gewissen Resignation: »Es ist den Leuten schwer recht zu machen. Wäre die Nation wirklich dem Ruf Heinrich von Kleists gefolgt: ›Schlagt sie tot! Das Weltgericht … [fragt euch nach den Gründen nicht]‹, so würde man echt deutsche Barbarei und Tücke finden, wo man so echt deutsche Zahmheit und Bürgergehorsam findet.«

Das Signal aber, von dem Ségur gesprochen hatte, kam. In einer Weise allerdings und von einer Seite, von der aus die Franzosen es nicht erwartet hatten.

DIE MÜHLE VON POSCHERUN

Am 29. Dezember 1812 ist der General Yorck, Chef des unter französischem Oberbefehl im Ostseeraum operierenden preußischen Korps, in seinem Quartier zu Tauroggen, einer litauischen Kleinstadt. Er schaut schweigend auf Clausewitz, den Parlamentär der Russen, meint schließlich nach langem Nachdenken: »Ihr habt mich.«

Er setzt hinzu: »Sagt dem General Diebitsch, dass wir uns morgen Früh auf der Mühle von Poscherun sprechen wollen und dass ich jetzt fest entschlossen bin, mich von den Franzosen und ihrer Sache zu trennen.«

Als ein junger Offizier von der Massenbachschen Kavallerie seine Begeisterung kaum zügeln kann, fährt er ihn an: »Ihr habt gut reden, ihr jungen Leute, mir Alten aber wackelt der Kopf auf den Schultern.« Am anderen Morgen reitet er in Begleitung seines ersten Adjutanten, des Majors von Seydlitz, zur Mühle und schließt dort mit dem General Diebitsch, der in Begleitung des Grafen Dohna erschienen ist – zusammen mit Clausewitz sind das fünf Preußen! –, die *Konvention von Tauroggen*. Es ist ein Neutralitätsvertrag, der die Preußen zwischen Memel und Tilsit so lange Gewehr bei Fuß verharren lässt, bis ihr König über ihre weitere Verwendung, sei es an französischer oder an russischer Seite, entschieden habe.

Ein preußischer General, mit der Großen Armee ausgezogen, doch vor dem Untergang bewahrt geblieben, hatte Weltgeschichte gemacht. Tauroggen bedeutete die Aufkündigung des preußisch-französischen Bündnisses, das Zusammengehen mit Russland, den Rückzug der Franzosen bis über die Weichsel. Höher noch war die moralische Wirkung einzuschätzen.

Leopold von Ranke, der große Historiker, damals siebzehnjährig, schrieb, dass die Nachricht aus Tauroggen auch dem weit Entfernten wie ein Blitzstrahl erschien, der den Gesichtskreis durchzuckte und veränderte.

Napoleon spürte Ähnliches, als er dem preußischen Gesandten in Paris beschied: »In militärischer Hinsicht ist es gar nichts, in politischer aber sehr viel.«

Tauroggen war das Signal. Das Signal für die Erhebung der Preußen … Der dreiundfünfzigjährige Yorck, der es gegeben hatte, bekannte später, dass sein Haar bleich geworden sei, so qualvoll habe er in den Nächten davor mit sich gerungen. Sein König nämlich hatte ihn allein gelassen, mit vagen Andeutungen und halbherzigen Ordres. Dabei gehörte Yorck nicht zu denen, die die Welt Preußens für reformbedürftig hielten. Für ihn war sie die beste aller Welten, Friedrich der Große sein lieber Gott und eine Person wie Stein ein Teufel.

Dieser Mann, als Vorgesetzter scharf wie gehacktes Eisen, doch stets fürsorglich, als Untergebener so unbequem, dass er im Bayrischen Erbfolgekrieg seinem Kommandeur, der eine Altardecke mitgehen ließ, den Befehl verweigerte (und dafür ein Jahr Festung kassierte), dieser erzkonservative, bis in die Knochen königstreue Mann tut das Schlimmste, was ein preußischer Offizier zu tun imstande ist: Er handelt wider den Befehl seines Königs.

Dergestalt, dass er, nur seinem Gewissen folgend und einer einmal für richtig erachteten Tatsache – »Jetzt oder nie ist der Moment, Freiheit, Unabhängigkeit und Größe wiederzuerlangen ...« – die Fronten wechselt. Womit er ein Beispiel gibt für das, was wahres Preußentum ausmacht: Bei allem Gehorsam zu wissen, wann man *nicht* zu gehorchen hat. Zwei Jahre vorher hatte ein anderer Preuße, Heinrich von Kleist, dieses Problem in den Mittelpunkt seines Schauspiels »Prinz Friedrich von Homburg« gestellt.

»Ich erwarte nun sehnsuchtsvoll den Ausspruch Ew. Majestät«, schrieb Yorck an Friedrich Wilhelm III., »ob ich gegen den wirklichen Feind [Frankreich] vorrücken, oder ob die politischen Verhältnisse erheischen, dass Ew. Majestät mich verurteilen. Beides werde ich mit treuer Hingebung erwarten, und ich schwöre Ew. Majestät, dass ich auf dem Sandhaufen ebenso ruhig wie auf dem Schlachtfeld, auf dem ich grau geworden bin, die Kugel erwarten werde.«

Die Verhältnisse erheischten es, dass der König die Tat seines Generals verurteilte. Die Franzosen waren noch in seinem Land, und die Gefahr bestand, ausgehoben und nach Frankreich als Geisel verbracht zu werden. Er schrieb deshalb dem französischen Oberkommandierenden, dass er die Konvention nicht anerkenne und Yorck des Oberbefehls entsetze, ließ darüber hinaus Tauroggen durch das preußische Kabinett offiziell missbilligen. Doch auch innerlich missbilligte er: Insubordination war ihm zuwider, aus was für edlen Gründen sie auch immer vorkam, und wenn er gekonnt, hätte er den »Jakobiner« namens Yorck vor ein Kriegsgericht gestellt.

DER GROSSE BLUFF

Mitte Januar 1813 war es, als der Staatskanzler Hardenberg den französischen Botschafter St. Marsan und die hohen Offiziere der Besatzungsmacht zum Dönhoffplatz bat. Vor seinem dortigen Palais stand wie immer jene Obstfrau, die weniger mit Obst handelte als mit Informationen darüber, wer hier ein und aus ging. Das war diesmal kein Geheimnis, und die fremden Gesandten konnten sich ihr Geld sparen. Hardenberg teilte St. Marsan mit, dass der König nach Breslau zu gehen beabsichtige. In der Hauptstadt Schlesiens sei seine Anwesenheit zurzeit dringend erforderlich – des neuen Hilfskorps wegen, das er Napoleon bekanntlich zu stellen habe. An die Bevölkerung Berlins werde ein Aufruf ergehen, sich gegen das französische Militär weiterhin so zu betragen, wie es einem Alliierten zukomme. Er äußerte wiederholt seine Entrüstung über Yorck, schlug auch vor, und das war beinahe schon zu viel des Guten, zur Vertiefung der preußisch-französischen Freundschaft den Kronprinzen mit einer Prinzessin aus dem Hause Bonaparte ehelich zu verbinden.

Die Herren blieben einigermaßen arglos. Sie wussten zwar, dass das anfängliche Entgegenkommen eines Großteils der Bevölkerung längst in Abneigung umgeschlagen war und jeder sie für die überall herrschende Not verantwortlich machte, waren aber weit davon entfernt, deswegen an eine bevorstehende Rebellion zu glauben. Hier hielten sie es mit ihrem Herrn, der an Marschall Davoust geschrieben hatte: »Urteilen Sie doch selbst, was zu befürchten ist von einem so braven, so vernünftigen, so kalten, so geduldigen Volk, von jeder Ausschreitung weit entfernt, dass kein einziger meiner Männer während des Krieges in Deutschland ermordet wurde ...« Und er hatte hinzugesetzt: »Diese Deutschen, pah, sie werden niemals werden wie die Spanier.«

Spanier wurden sie nicht, aber viele von ihnen, besonders in Preußen, begannen sich darauf zu besinnen, was sie eigentlich waren: Deutsche. Um deutsch sein zu können, mussten sie die Franzosen loswerden. Das aber ging nicht ohne Krieg. Selbst einen zu führen, einen Volkskrieg nach tirolerischem

und spanischem Vorbild, hätte nicht ihrem Charakter entsprochen. Außerdem waren sie zur Ordnung erzogen worden,
zur Unterordnung. Und wenn es auch schien, dass die von
Napoleon zitierte Bravheit, Geduld und Vernunft bis zum
Äußersten strapaziert war – in Ostpreußen war man bereits
darangegangen, 20 000 Landwehrmänner gegen die Franzosen zu bewaffnen –, warteten sie dennoch auf ein Wort ihres
Königs.

Sie warteten und erfuhren von der Königlichen Kabinettsorder über die Formation von Jägerdetachements, gebildet aus
Freiwilligen, die wohlhabend genug seien, sich zu bekleiden
und beritten zu machen. »... um dadurch vorzüglich solchen
jungen Männern Gelegenheit zur Auszeichnung zu geben, die
durch ihre Bildung und ihren Verstand ohne vorherige Dressur
gute Dienste leisten und geschickte Offiziere und Unteroffiziere abgeben können.« Und sie lasen die Verordnung, die sich
*auf die längst anerkannte Verbindlichkeit eines jeden waffen-
fähigen Bürgers* bezog, sein Vaterland zu verteidigen. Was
praktisch die allgemeine Wehrpflicht bedeutete.

Noch immer jedoch kein Wort darüber, ob sich diese Wehr-
haftmachung gegen Russland oder gegen Frankreich richtete. Obwohl beim Volk hierüber kaum Zweifel herrschten.
Auch die Franzosen waren inzwischen misstrauisch geworden. Hardenberg fiel es immer schwerer, den Verdacht des mit
nach Breslau übersiedelten Botschafters St. Marsan zu zer-
streuen.

Friedrich Wilhelm zögerte die Entscheidung hinaus, hoffte
immer noch, Österreich zum Bundesgenossen zu gewinnen,
verlangte von Russland Unmögliches – die Rückgabe aller
ehemaligen polnischen Provinzen Preußens –, begnügte sich
endlich damit, von den in Breslau versammelten Patrioten und
dem Volk gedrängt, sich die Wiederherstellung seines Landes
in den Grenzen vor 1806 und eine Entschädigung im Norden
Deutschlands für eventuelle Gebietsverluste im Osten garan-

tieren zu lassen. Ferner seien Ostpreußen und Schlesien durch neu zu gewinnende Länder miteinander zu verbinden. In zwei Geheimartikeln verpflichtete sich der Zar, die Waffen nicht niederzulegen, bevor Frankreich endgültig besiegt sei.

Dieser Vertrag wurde am 27. Februar 1813 in der polnischen Stadt Kalisch geschlossen. Ein bedeutsames Datum, datiert doch von hier an eine russisch-preußische, russisch-deutsche Freundschaft, die bis in die Spätzeit Bismarcks währte.

Der Mann, dem das Bündnis letztlich zu verdanken war, der noch im letzten Moment die von Kleinbürgern wie Goltz, Kalckreuth, Ancillon aufgebauten Hindernisse beseitigt hatte, lag derweilen in einer schäbigen Mansarde des Breslauer Gasthauses »Zum Zepter«, durch eine typhöse Infektion gefährlich erkrankt, und hatte Gelegenheit, über den Dank vom Hause Hohenzollern nachzudenken. Der König erkundigte sich nicht einmal nach seinem Befinden. Alexander war es, der unmittelbar nach seiner Ankunft *Preußens getreuesten Untertan*, wie er ihn nannte, besuchte und ihn in ein besseres Quartier bringen ließ. Auf dem Quartierzettel stand in winzigen Buchstaben »Stein, Freiherr«.

Ein Volk steht auf

Der König rief, und alle, alle kamen, diese Verszeile hat man später in den Satz verwandelt *Als alle, alle riefen, kam endlich auch der König.* Doch war sein Zaudern hier verständlich und dem gestellten Ziel, wie man heute weiß, höchst dienlich. Es ging buchstäblich um Sein oder Nichtsein seines Staates. Was kein Geringerer als der vernachlässigte Stein anerkannte, wenn er später schrieb, dass der Beitritt Preußens zu dem von Russland begonnenen Kampf gewagt war. Denn die eigenen Kräfte waren beschränkt und die russischen noch schwach. Kaum 40 000 Mann hatte Alexander zwischen Oder und Elbe aufmarschieren lassen. Der Blutzoll, den der Einfall Napoleons gekostet hatte, war im Verhältnis nicht viel geringer gewesen als der der Großen Armee.

Am 20. März erschien in den Zeitungen unter der Überschrift »An mein Volk« ein Aufruf, wie er in der Geschichte Preußens bis dahin unbekannt war: Ein Monarch legte Rechenschaft ab über die Ursachen des bevorstehenden Krieges und bat seine Untertanen, ihm bei diesem Kampf zu helfen.

»Brandenburger, Preußen, Schlesier, Pommern, Litauer! Ihr wisst, was Ihr seit fast sieben Jahren erduldet habt, Ihr wisst, was Euer trauriges Los ist, wenn wir den beginnenden Kampf nicht ehrenvoll enden. Erinnert Euch an die Vorzeit, an den großen Kurfürsten, den großen Friedrich. Bleibt eingedenk der Güter, die unter ihnen unsere Vorfahren blutig erkämpften: Gewissensfreiheit, Ehre, Unabhängigkeit, Handel, Kunstfleiß und Wissenschaft ... Große Opfer werden von allen Ständen gefordert werden: denn unser Beginnen ist groß und nicht geringe die Zahl und die Mittel unserer Feinde.

Ihr werdet jene lieber bringen für das Vaterland, für Euren angeborenen König als für einen fremden Herrscher, der, wie so viele Beispiele lehren, Eure Söhne und Eure letzten Kräfte Zwecken widmen würde, die Euch ganz fremd sind ... Aber welche Opfer auch vom Einzelnen gefordert werden mögen, sie wiegen die heiligen Güter nicht auf, für die wir sie hingeben, für die wir streiten und siegen müssen, wenn wir nicht aufhören wollen, Preußen und Deutsche zu sein.

Es ist der letzte entscheidende Kampf, den wir bestehen für unsere Existenz, unsere Unabhängigkeit, unseren Wohlstand; keinen anderen Ausweg gibt es als einen ehrenvollen Frieden oder einen ruhmvollen Untergang. Auch diesem würdet Ihr getrost entgegengehen um der Ehre willen, weil ehrlos der Preuße und der Deutsche nicht zu leben vermag.«

Es waren die richtigen Worte, veröffentlicht zur rechten Zeit, und ihre Wirkung war brisant. Das Volk, das nun aufstand, der Sturm, der nun losbrach, ließen Friedrich Wilhelm die geheime Angst vor der eigenen Courage vergessen. Hatte er doch, als man ihm riet, Freiwillige aufzurufen, den nun schon wieder klassischen Satz von sich gegeben: »Ganz gute Idee sein, aber keiner kommen.«

Wenige Tage nach dem Aufruf sah er vom Fenster seines Quartiers, wie Hunderte von freiwilligen Studenten aus Berlin mit ihren Wagen über das Pflaster der schlesischen Hauptstadt rollten. Von fünfundvierzig Primanern des Gymnasiums zum Grauen Kloster zum Beispiel zogen neununddreißig den Soldatenrock an, von fünfundfünfzig Sekundanern zweiunddreißig. In Jena, Halle, Göttingen leerten sich die Hörsäle, und die Studenten zogen über die preußische Grenze, um sich in die Freikorps einzureihen, von denen das Lützowsche das berühmteste werden sollte. Die Teilnahme der studentischen Jugend und der Schüler war, gemessen an ihrem zahlenmäßigen Anteil an der Bevölkerung, ungewöhnlich hoch. Man hat deshalb von einem Vorrang der gebildeten Kreise an den Befreiungskriegen gesprochen. Was ganz natürlich gewesen sei, denn, so wörtlich, wahre Vaterlandsliebe ist erst bei einem gewissen Grad von Bildung möglich.

Die dürre Statistik zeigt ein anderes Bild. Von den etwa 25 000 bis 27 000 Freiwilligen waren rund 2000 Studenten, Schüler, Ärzte, Apotheker, Anwälte, Architekten, Gutsbesitzer, allein 10 300 dagegen Handwerker! Diese traditionell königstreue Schicht war damit am stärksten vertreten. Auch die Zahl der Ökonomen, Förster, Jäger, Kaufleute konnte sich sehen lassen. Gering dagegen das Echo im Proletariat der Städte und unter den Bauern der erst seit kurzem von der Leibeigenschaft befreiten Gebiete – Angehörige zweier gesellschaftlicher Schichten, die sich fragen mussten, welche Güter sie eigentlich verteidigen sollten.

Fast das ganze Volk also war beteiligt, und der eher nüchterne Scharnhorst bestätigt es, wenn er schrieb: »Es ist eine

Lützow's wilde Jagd.

Leipzig, den 24ften April 1813 auf dem Schneckenberge.

Was glänzt dort vom Walde im Sonnenschein?
  Hört's näher und näher brausen.
Es zieht sich herunter in düsteren Reih'n,
Und gellende Hörner erschallen darein,
  Und erfüllen die Seele mit Grausen.
Und wenn ihr die schwarzen Gesellen fragt,
Das ist Lützow's wilde, verwegene Jagd.

Das Lützowsche Freikorps, Sammelbecken der patriotischen Studenten.
Das Lied schrieb der junge Kriegsfreiwillige Theodor Körner, gefallen
1813 bei Gadebusch.

große und herzerhebende Zeit. Es wird mir schwer, mich der
Tränen zu enthalten, wenn ich all diesen Edelmut, diesen
hohen deutschen Sinn, gewahr werde. Welches Glück gelebt
zu haben, bis diese weltgeschichtliche Zeit eintrat. Nun mag
man gerne sterben …«

Der Kampf gegen Napoleon war populär. Seit 1806 hatte
beinahe jeder in den preußischen Provinzen die Fremdherrschaft auf irgendwelche Weise zu spüren bekommen. Die
Bauern hatten ihr Vieh verloren, ihre Pferde, die Bürger waren
verarmt durch ewige Einquartierung, die Kaufleute ruiniert
durch Kontinentalsperre und Handelsbeschränkungen. Die
Daumenschraube der Steuern, die Last der Kontributionen,
die Verheerungen durch die landauf, landab ziehende Solda-
teska, der Schmerz um die Gefallenen, Verschleppten, Um-
gekommenen hatten allmählich ein Klima der Erbitterung
geschaffen.

Doch war mehr nötig als diese Schule des Leidens, um aus dem freiwilligen Jäger, dem Landwehrmann, dem zum Landsturm Aufgebotenen und dem in der Linie stehenden aktiven Soldaten einen zu allem entschlossenen Befreiungskrieger zu machen. Jenes *geistigen Bands* bedurfte es, gewoben von Patrioten wie Gneisenau, Clausewitz, Stein, Scharnhorst; von den Romantikern, die in der ruhmvollen Kaiserzeit des Mittelalters die Schicksalsgemeinschaft aller Deutschen aufspürten; von den Klassikern, auf deren Werke man stolz war; von den protestantischen Pfarrern, die aus dem Kampf für die Freiheit einen Kreuzzug machten; von Publizisten und Poeten vom Format eines Arndt, Schenkendorf, Körner, Kleist mit ihren Kriegsliedern; von Philosophen wie Fichte mit seinen »Reden an die deutsche Nation«, einem Versuch, dem zerstrittenen Volk der Deutschen den Glauben an sich selbst zu geben, das Bewusstsein einer Sendung; von Theologen wie Schleiermacher, der als Voraussetzung einer Befreiung eine sittliche und religiöse Erneuerung predigte.

Der Stolz auf das wieder entdeckte Vaterland, das Gefühl, eine große Vergangenheit und eine gemeinsame Kultur zu haben, Königstreue und christliches Pflichtgefühl (symbolisiert durch das am Geburtstag Königin Luises gestiftete Eiserne Kreuz), das Bewusstsein, dass durch die Fremdherrschaft die Grundrechte der Existenz bedroht waren, ein Quantum Nationalismus, ja Chauvinismus – und der Ruf des Königs, alles das musste zusammenkommen, damit in Preußen die Flammenzeichen loderten.

Vom Geist der Resignation und Unterwerfung des Jahres 1806, im Refrain des Soldatenlieds festgehalten »Das Vaterland ist undankbar und dafür sterben? – O du Narr!«, war nichts mehr zu spüren. Die in nur sieben Jahren eingetretene Wandlung kam einem Wunder gleich: statt ängstlicher Entsagung zähe Entschlossenheit zum Widerstand, statt kaltem Egoismus mitreißendes Gemeinschaftsgefühl.

Wenn man wie Voltaire die Kriege in gerechte und ungerechte einteilt (wobei der Franzose fast alle zu letzteren rechnete, den Sklavenaufstand unter Spartacus aber ausdrücklich ausnahm), mag der Freiheitskrieg der Preußen zu den gerechten gezählt werden. Jedenfalls war er kein Angriffs- oder Eroberungskrieg. Es wirkt heute noch ergreifend, wenn man auf den zeitgenössischen Darstellungen die Menschen betrachtet, wie sie zu den Sammelstellen kommen, wie Ehepaare das Gold ihrer Trauringe für Eisen geben, Mädchen ihr Haar abschneiden lassen, Gutsbesitzer ihre Pferde bringen, Bauern ihre Leiterwagen, Beamte einen Teil ihres Gehalts, adlige Fräulein ihren Schmuck, Kaufleute ihre Waren, Handwerksmeister die neu gefertigten Stiefel, Hosen, Wämser, Sättel, Beile, Messer, Seile, Fässer, Schulklassen die Leinenbinden und Charpiewatte, alte Frauen die wollenen Socken, leinenen Hemden, das Selbstgestrickte.

Das missbrauchte Wort vom heiligen Ernst, hier trifft es zu. Theodor Körner, Dichter und Soldat, schrieb in Vorahnung seines Todes einen Brief an seinen Vater, der dokumentarischen Wert hat für den Geist der Zeit: »... jetzt ist es bei Gott die mächtige Überzeugung, dass kein Opfer zu groß sei für das höchste menschliche Gute, für seines Volkes Freiheit. Vielleicht sagt dein bestochenes väterliches Herz: Theodor ist zu größeren Zwecken da, er hätte auf einem anderen Feld Wichtigeres und Bedeutendes leisten können ... Aber, Vater, meine Meinung ist die: Zum Opfertod für die Freiheit und für die Ehre seiner Nation ist keiner zu gut, wohl aber sind viele zu schlecht.«

Sechseinhalb Millionen Taler betrug der Wert dessen, was das Volk zu den Sammelstellen brachte. Opfer, die es mit ermöglichten, dass das ausgeblutete Land zwischen 1813 und 1815 280 000 Mann – eine ungeheuerliche Zahl! – ins Feld stellen konnte. Entscheidend jedoch wirkte sich die von Scharnhorst und seinem Mitarbeiter immer wieder geforder-

te und nun verwirklichte totale Mobilmachung aller Wehr-
fähigen aus.

Zur Zeit des Märzaufrufs waren es gerade 68 000 Mann, die
in der Linie standen, wie die aktive Friedensarmee genannt
wurde. Sie stellte altgediente Soldaten ab für die Reserveba-
taillone. Ehemalige Fähnrichte, ältere Kadetten und kriegs-
erfahrene Unteroffiziere beförderte man zu Offizieren. Die
Krümper, jene in Schnellkursen vor der Nase der Franzosen
ausgebildeten Männer, wurden gemeinsam mit den neuen
Rekruten unterwiesen. Exerziert wurde nur insoweit, dass jeder die Kommandos verstand und die Richtung während des
Marsches einhielt. Das Schießen geübt dagegen so lange, bis
nach raschem Laden ein Ziel auf vierzig Meter Entfernung getroffen wurde. Was mit den zum Teil wahren Donnerbüchsen
ähnelnden Gewehren nicht einfach war.

Es fehlte überall an Waffen und an Ausrüstung. Bei den
pommerschen Reservebataillonen besaß nur jeder zweite eine
Jacke, ein Kleidermangel, den man durch von England gelie-
ferte, ursprünglich für die portugiesische Armee bestimmte
Paradeuniformen zu beheben suchte. Die auf 120 000 Mann
angewachsene Landwehr wies Kompanien auf, bei denen nur
das erste Glied Gewehre trug, aus dem zweiten ragten Piken
und Lanzen empor. Nur die Flügelmänner hatten Schuhe, und
die Kavalleristen waren mit dunklen Mänteln angetan, die die
Zunft der Leichenträger selbstlos gespendet hatte.

Dass die solcherart bewaffneten und ausgerüsteten Männer im Feuer nicht in Massen desertierten, sondern Bravour
bewiesen, war die gelungene Probe auf das Werk der Reformer.

Herr Lieutenant, ich bin ein Mädchen!

Auch junge Mädchen zogen die Uniform an. Elf von ihnen
sind namentlich bekannt, doch werden es viel mehr gewesen

sein, denn die Dunkelziffer war hier naturgemäß hoch. In den repräsentativen Geschichtswerken werden sie unterschlagen, wie auch in modernen Werken über die Geschichte der Frau und der Familie. Vielleicht genierte man sich ihrer, weil man sie für Mannweiber, für Flintenweiber hielt. Sie waren aber in erster Linie Patrioten, nutzten ihre Chance, die ihnen die Ausnahmesituation bot, um aus ihrer unverschuldeten Unmündigkeit auszubrechen. Bezeichnenderweise entstammten sie fast alle den unteren Volksschichten, in denen die Frau besonders rechtlos war. Anna Lühring aus Bremen ging nachts über das Eis der Weser, erreichte nach vierzehntägigem Fußmarsch Münster, wo sie sich die Haare abschnitt, ihre Brüste einschnürte und sich als Eduard Kruse beim Lützowschen Freikorps meldete. Sie wurde in das 3. Bataillon eingereiht, das Friedrich Ludwig Jahn führte, der berühmt-berüchtigte Turnvater. Als ihre Identität während des Vormarsches über Lüttich, Nivelles, Givry offenbar wurde, schickte man sie nicht nach Hause, sondern sorgte dafür, wie es im Regimentsbericht heißt, dass nur *ehrenfesteste Männer das Nachtquartier mit ihr teilten.*

Die Niedersächsin Johanna Stegen schleppte im Kugelhagel bei Lüneburg Munition an die Front und brachte Verwundete ins Lazarett. »Zwei Kugeln nahmen die Flucht durch den Saum von mein Kleidt und eine durch die Schürtze, aber dennoch ließ ich mich nicht schrecken und holte immer mehr herbei. Schließlich kam eine geflogen, die nahm mir an der linken Wange die Haarlocke.«

Friederike Krüger aus Friedland in Mecklenburg kämpfte bei Großbeeren und Dennewitz, meldete sich freiwillig zum Sturm auf eine Geschützbatterie, wurde zweimal verwundet, mit dem Eisernen Kreuz ausgezeichnet und zum Unteroffizier befördert. Die Jüdin Esther Manuel brachte es bei der Kavallerie zum Wachtmeister. Von Eleonore Prohaska, die in einem Potsdamer Waisenhaus aufwuchs, sind uns Briefe aus dem

Feld überliefert, die die Unterschrift tragen«Leonore, genannt August Renz, Freiwilliger Jäger bei dem Lützowischen Freikorps im Detachement erstes Bataillon«.

In einem von ihnen bittet sie den Bruder, ihr zu verzeihen, denn »ich war im Innern meiner Seele überzeugt, keine schlechte oder leichtsinnige Tat zu begehen; denn sieh nur Spanien und Tirol, wie da die Weiber und Mädchen handelten!«

In einem anderen heißt es: »Uns ist gesagt, dass wir schon in drei Tagen an den Feind kommen, es ist also vielleicht das letzte Mal, dass ich mit dir, geliebter Bruder, eine Unterhaltung habe; ich bin zwar sehr müde, wir haben in fünf Tagen wohl an dreißig Meilen zurückgelegt (etwa 225 Kilometer), und morgen um zwei Uhr marschieren wir schon weiter. Es ist mir bis jetzt noch immer geglückt, ganz unerkannt zu bleiben. Wegen meiner Stimme necken sie mich; da habe ich mich für einen Schneider ausgegeben, die können auch feine Stimmen haben.«

In dem Gefecht bei Gadebusch, in dem Theodor Körner fiel, zeichnete sie sich durch Tapferkeit vor dem Feind aus, kämpfte dann an der Göhrde, übernahm nach der Verwundung des Tambours die Trommel und führte, den Sturmmarsch schlagend, die Männer nach vorn, bis ihr von einer Kartätschenkugel der Oberschenkel zerschmettert wurde. Im Niedersinken klammerte sie sich an den Mantel des neben ihr gehenden Offiziers, riss ihre Litewka auf und rief: »Herr Lieutenant, ich bin ein Mädchen!«

Die preußische Jeanne d'Arc, wie man sie nannte, starb acht Tage darauf und wurde mit militärischen Ehren beigesetzt.

Die patriotische Begeisterung außerhalb Preußens hielt sich in Grenzen. Man dachte nicht gesamtdeutsch, und Napoleon war vielen weniger furchtbar als der Befreier Alexander mit seinen Kosaken. Die Rheinbundstaaten Bayern, Württemberg, Baden, Hessen hatten keineswegs nur gelitten unter den

Franzosen. Sie waren größer geworden, wirtschaftlich freier, besser verwaltet und gerechter gerichtet. Sie lieferten dem Korsen die von ihm verlangten Soldaten, warteten im Übrigen ab, wohin die Waage sich neigen würde. Erst dann wäre es Zeit zu dem Entschluss, entweder dem alten Herrn treu zu bleiben oder zu den neuen Herren überzulaufen.

Die Fürsten spürten, dass das, wie Körner schrieb, kein Krieg war, von dem die Kronen wissen. Hier schien das Volk am Werk, und einer der Ihren konstatierte: »Es wird am Ende besser getan sein, das welsche napoleonische Joch noch zehn, zwanzig Jahre länger zu tragen als das Gefühl der Stärke zu sehr an die Kleinen zu bringen.«

Die Vorsichtigen, die Mahner und Warner, zu denen auch Goethe gehörte (»Rüttelt nur an euren Ketten, der Mann ist Euch zu groß, ihr werdet sie nicht brechen«), schienen Recht zu behalten. Trotz des Desasters in Russland schien Napoleon mit seinem förmlich aus dem Boden gestampften Heer vom Nimbus seiner Unbesiegbarkeit nichts verloren zu haben.

Die »Tölpel« haben gelernt

Bei dem Dorf Großgörschen unweit von Leipzig griff er Anfang Mai die zahlenmäßig weit unterlegene russisch-preußische Armee in einer Umfassungsbewegung an, wobei er, um seinen Leuten ein Beispiel zu geben, in beinahe selbstmörderischer Weise sein Leben einsetzte, zwang sie zum Rückzug über die Elbe, konnte aber sein Ziel, den Gegner durch seine Übermacht zu erdrücken, mangels einer schlagkräftigen Kavallerie nicht erreichen.

Die Lorbeeren, die er errang, waren blutiger denn je. 20 000 Mann, diesmal überwiegend Franzosen, blieben tot oder schwer verwundet auf den Äckern zwischen Groß- und Kleingörschen, Rahna und Caja. Ein Verlust, der doppelt so hoch war wie der der Verbündeten, bei denen besonders die Preußen mit solcher Leidenschaft kämpften, dass er ihnen ein Kompliment besonderer Art machte. »Wie? Keine Trophäen? Keine Gefangenen? Und so ein Gemetzel?«, herrschte er seine Stabsoffiziere an. »*Ces animaux ont appris quelque chose* – Diese Tölpel haben einiges gelernt.«

Napoleon blieb der Trost, dass Sachsens König ihm nun seine Streitkräfte und die von ihnen besetzte Festung Torgau auslieferte. Er konnte nicht ahnen, dass die gleichen Sachsen entscheidend zu seinem Untergang beitragen würden. Und die Preußen nicht, dass Gerhard Scharnhorst, der Kopf und die Seele des Widerstands, an der bei Großgörschen erlittenen leichten Verwundung sterben musste. Der Rückzug, den sie antraten, war geordnet, aber es war ein Rückzug, und so etwas ist der Moral einer Truppe noch nie dienlich gewesen. Blücher, der alte Fuchs, wusste das, ließ seine Leute an sich vorbeimarschieren und wiederholte in seinem mecklenburgischen Platt ständig, auf die Munitionsknappheit anspielend: »Dat Pulver is alle. Darum jehen wir zurück bet hinder de Elbe, Kinder. Wer nu seggt, dat wir reterieren, dat is en Hundsfott, en schlechten Kerl!« Und: »De Franzosen sind et jewahr jeworden, mit wem se zu dun hebben. Se wern sich besinnen ...« Sie besannen sich nicht lange. Drei Wochen später kam es bei Bautzen, wo ihnen der Übergang über die Spree verwehrt werden sollte, zu einem neuen Treffen. Von Generalen geführt, die untereinander uneins waren und aufeinander eifersüchtig, in deren Dispositionen der Zar ständig eingriff – wie überhaupt zwischen den Russen Barclay, Wittgenstein und den Preußen Yorck, Blücher, Gneisenau keine Harmonie herzustellen war –, dazu wieder erschreckend in der Minderzahl, wären die Verbündeten diesmal trotz wiederum glänzender Tapferkeit der Vernichtung nicht entgangen. Wenn der Marschall Ney rechtzeitig zu seinem Flankenstoß angetreten wäre ...

Zwei Niederlagen innerhalb von drei Wochen ließen die Hochstimmung in Preußen verfliegen wie Rauch im Wind. Der König sah sich bereits wieder in Memel, als die Truppen an ihm vorbei in Richtung Osten zogen. Einige erfolgreich geführte Nachhutgefechte und die Abwehr eines Vorstoßes auf Berlin vermochten den Mut nicht zu heben. »Ich habe nie ein Korps gesehen«, schrieb der Freiwillige Jäger Mebes, »in welchem ein so vorzüglicher Ton herrscht wie bei uns; vom Kommandeur an bis zum schlechtesten Pulverknecht glüht alles für König und Vaterland, und du wirst dir also unsere Verzweiflung denken können ...« Wie nun sollte Österreich angesichts eines derart glücklos begonnenen Feldzugs dazu gebracht werden, an der Seite der Alliierten in den Krieg einzugreifen? Hatte man nicht Bautzen auch deshalb riskiert, um durch einen Sieg Habsburg endlich davon zu überzeugen, dass die Verbündeten die besseren Bataillone besaßen?

In dieser Situation der Enttäuschung, der Bitternis und Ratlosigkeit, in der die Russen, der ewigen Querelen mit den Preußen ohnehin müde, bereits daran dachten, den Weg in Richtung Heimat einzuschlagen und Napoleon einen guten Mann sein zu lassen, ließ sich der Korse überraschenderweise auf Waffenstillstandsverhandlungen ein. Neben dem Versäumnis, Preußen nicht vollständig ausgelöscht zu haben, als er die Macht dazu besaß, war das sein zweiter großer Fehler – wie er auf St. Helena, seinem letzten Verbannungsort, bekannte.

Von seinen Spitzeln, Agenten, Zuträgern, die er in alle Höfe Europas eingeschleust hatte, falsch oder unzureichend informiert, wusste er wenig von den Zwistigkeiten seiner Gegner und dem Zustand ihrer Armee, glaubte überdies in Verkennung der tatsächlichen Lage, Schwiegervater Franz auf seine Seite ziehen zu können oder gar mit dem Zar Alexander sein Geschäft zu machen. Verständlich, dass er sein Heer neu organisieren, verproviantieren und vor allem verstärken wollte – allein 90 000 seiner meist blutjungen Soldaten lagen krank und erschöpft in den Hospitälern, über 25 000 Mann waren tot oder verwundet! –, er vergaß aber, dass die Alliierten die Atempause wesentlich dringender brauchten, befand sich doch die russische Armee beinahe im Zustand der Auflösung.

Anfang Juni 1813 wurde der Waffenstillstand unterzeichnet, drei Wochen später lud Napoleon Österreichs Außenminister Metternich nach Dresden, wo er residierte, zu einer Unterredung ein. Habsburg hatte, damit aus dem Waffenstillstand ein Friede werde, folgende Bedingungen gestellt: Auflösung des Herzogtums Warschau, Rückgabe der ehemals zu Österreich gehörenden serbokroatischen Gebiete, die Wiederherstellung Preußens nach dem Status von 1806, die Auflösung des Rheinbunds und die Unabhängigkeit der Hansestädte.

Das waren hohe Forderungen an einen Mann, der gerade zwei Schlachten gewonnen hatte. Metternichs Einsatz bei diesem Politpoker war riskant, aber er wagte ihn in der Zuversicht, letztlich die besseren Karten zu haben.

Der einem rheinischen Adelsgeschlecht entstammende Clemens Graf Metternich hatte die Heirat Napoleons mit Marie-Louise betrieben oder, wie der Fürst de Ligne das nannte, die Kopulation der jungen Kuh mit dem Minotaurus, war dafür mit einem kostbaren Tafelgeschirr belohnt worden (*Service pour service*, witzelte man am Pariser Hof), hatte seinem Kaiser aber die zur Erholung notwendige Atempause verschafft, auch dafür gesorgt, dass die für den Russlandfeldzug zu stellende Hilfstruppe keinen Schaden erlitt. Der *Fürst der Mitternacht*, der *ministre à deux faces*, wie ihn Treitschke nannte, besonders die Demokraten und Liberalen hassten ihn, ist erst in jüngerer Zeit gerechter beurteilt worden. Was angesichts der bei ihm besonders intensiven Verflechtung von Politischem und Privatem zugegebenermaßen nicht einfach war.

Das Schlüsselwort zu seiner Existenz hat Metternich kurz vor seinem Tod immer wieder mit zittriger Hand auf ein Blatt Papier geschrieben: »Gleich – ge – wicht der Kräf – te«. Dieses Gleichgewicht wollte er auch 1813 gewahrt wissen, dergestalt, dass Frankreich zwar besiegt werden musste, aber nicht geschwächt; Preußen gestärkt wurde, ohne zu stark zu werden; Russlands Gewicht in der europäischen Waagschale kein Übergewicht sein dürfe; Österreichs Stimme dagegen im Konzert der Mächte stets zu hören wäre.

WAS SIND SCHON EINE MILLION MENSCHEN?

Die Schilderung seiner Unterredung mit Napoleon im Marcolinipalast ist von einigen Historikern in ihrem Wert als historisches Dokument angezweifelt worden, weil er selbst sie verfasst hat. Doch dürfen wir mit Friedrich Hartau meinen, dass sie als literarisches Produkt jene höhere Wahrheit besitzt, die Urkunden nicht haben können. Wir geben sie hier gekürzt wieder.

Napoleon (den Degen an der Seite, den Hut unter dem Arm): »Sie wollen also den Krieg? Gut, Sie sollen ihn haben. Ich habe bei Lützen [Großgörschen] die preußische Armee vernichtet; ich habe die Russen bei Bautzen geschlagen; auch Sie wollen an die Reihe kommen. Es sei!«

Metternich: »Krieg und Frieden liegen in der Hand eurer Majestät. Das Schicksal Europas, seine Zukunft und die Ihrige. Die Welt bedarf des Friedens. Um diesen Frieden zu sichern, müssen Sie in die mit der allgemeinen Ruhe zu vereinbarenden Grenzen zurückkehren, oder aber Sie werden in dem Kampf unterliegen. Heute können Sie Frieden schließen, morgen dürfte es zu spät sein.«

Napoleon: »... was will man denn von mir? Dass ich mich entehre? Nimmermehr! Ich werde zu sterben wissen, aber ich trete keine Handbreit Bodens ab. Eure Herrscher, geboren auf dem Throne, können sich zwanzigmal schlagen lassen und doch immer wieder in ihre Residenz zurückkehren; das kann ich nicht, ich, der Sohn des Glücks! Meine Herrschaft überdauert den Tag nicht, an dem ich aufgehört habe, stark und deshalb gefürchtet zu sein. Ich habe die Verluste des vergangenen Jahres ausgeglichen, sehen Sie einmal die Armee an nach den Schlachten, die ich gewonnen!«

Metternich: »Und gerade die Armee ist es, die den Frieden verlangt.«

Napoleon: »Nicht die Armee, nein, meine Generale wollen den Frieden! Ich habe keine Generale mehr. Die Kälte von Moskau hat sie demoralisiert. Ich sah die Tapfersten weinen wie die Kinder.«

Metternich: »Der Augenblick ist da, wo Sie und Europa sich gegenseitig den Handschuh hinwerfen; Sie werden ihn aufheben, Sie und Europa, und nicht Europa wird es sein, das im Kampf unterliegt!«

Napoleon: »Ich nehme die Herausforderung an. Aber ich kann Sie versichern, im nächsten Oktober sehen wir uns in Wien! Dann wird es sich zeigen, was aus euren guten Freunden, den Russen und Preußen, geworden ist.«

Der Kaiser unterbricht seinen Gesprächspartner immer wieder, um nach Art der Diktatoren sich in weitschweifigen Monologen zu ergehen, in denen er mit der Stärke seiner Armee prahlt, von der Zuverlässigkeit seines Geheimdienstes, von dem unverzeihlichen Fehler spricht, eine österreichische Erzherzogin geheiratet zu haben, und immer wieder davon, dass an seiner Niederlage in Russland ausschließlich der General Winter schuld sei.

Metternich unterbricht ihn schließlich und fragt: »Ist Ihre jetzige Armee nicht eine verfrühte Generation? Ich habe Ihre Soldaten gesehen, es sind Kinder. Und wenn diese jugendliche Armee, die Sie heute unter die Waffen gerufen haben, dahingerafft sein wird, was dann?«

227

Hier wäre das Gespräch um ein Haar abgebrochen worden. Napoleon erregt sich derart, dass er, bleich vor Zorn, mit verzerrtem Gesicht, seinen Hut in die Ecke schleudert. Er weiß sehr wohl, worauf Metternich anspielt, auf die *Marie-Louises*. So geheißen, weil sie im Namen der Gattin des Korsen, die während seiner Abwesenheit die Regentin spielen muss, ins Feld geschickt wurden. Eine Generation von Schulbuben war das: tapfer, patriotisch, an einen Kaiser glaubend, dem sie zu nichts Besserem taugten als zu Kanonenfutter.

Metternich lässt sich nicht, wie die meisten Gesprächspartner des französischen Kaisers, einschüchtern. Er bleibt kühl, gelassen, antwortet mit Festigkeit: »Öffnen wir die Türen, und mögen Ihre Worte von einem Ende Frankreichs bis zum anderen ertönen. Nicht die Sache, die ich vertrete, wird dabei verlieren.«

Napoleon fasst sich auf der Stelle, sagt in ruhigerem Ton: »Die Franzosen können sich nicht beklagen; um sie zu schonen, habe ich die Deutschen und die Polen geopfert.«

Metternich: »Sie vergessen, Sire, dass Sie zu einem Deutschen sprechen.«

Die Schlussworte der über acht Stunden dauernden Unterredung erinnern uns in fataler Weise an jene, die in den letzten Wochen des Zweiten Weltkrieges auf deutscher Seite fielen.

Napoleon: »Es kann mich den Thron kosten, *aber ich werde die Welt unter seinen Trümmern begraben.*«

IV DER MARSCH NACH PARIS

DER VON BLÜCHER KANN SICH ZUM TEUFEL SCHEREN

Am 11. August 1813 flammten auf den Hügeln um Prag Feuer auf, die weit ins Land hineinleuchteten. Als Signale gedacht, die Truppen des Fürsten Schwarzenberg zu alarmieren, bedeuteten sie die Kriegserklärung Österreichs an Frankreich. Napoleon hatte sich auch während des verlängerten Waffenstillstands und eines Friedenskongresses nicht retten lassen wollen, wie Metternich es beabsichtigt hatte. Doch waren nicht Hochmut oder Hybris daran schuld, sondern des Korsen bereits im Dresdner Gespräch ausgedrückte Erkenntnis, dass er, der emporgekommene Soldat, vor dem französischen Volk niemals als ein durch Kleinmut und Nachgiebigkeit Unterlegener dastehen durfte. Er wusste, wie sehr seine Existenz abhängig war vom Schlachtenglück.

Die Würfel waren gefallen, und zum fünften Mal in einer Generation traten Millionen von Menschen auf beiden Seiten zu einem Krieg an, wie er grausamer, verheerender, verlustreicher nicht denkbar scheint. Es war ein Krieg der Völker Europas und nicht nur ein Befreiungskrieg Preußens. Der Staat der Hohenzollern spielte nicht die Rolle, die unsere Geschichtsbücher ihm zuschreiben. Die Hauptrolle spielten Russland mit seinem unerschöpflichen Menschenreservoir und England mit seinen Millionen an Hilfsgeldern (deren Transaktion bei den Gebrüdern Rothschild aus Frankfurt in guten Händen lag).

Dennoch war Preußens Part von entscheidender Wichtigkeit, und es ist kein Eigenlob, wenn Clausewitz an Gneisenau schrieb, den Chef des Stabes beim Schlesischen Heer:

»Ihre Armee kommt mir vor wie die Spitze von Stahl in dem schwerfälligen eisernen Keil, womit man den Klotz spaltet.« Gneisenaus Kommandierender war Gebhard Leberecht von Blücher, eine jener Gestalten, die von der Legende und der Anekdote umrankt sind, ein Haudegen, doch mehr als das, einer mit jener Ausstrahlung, die im einfachen Soldaten etwas Ungeheuerliches bewirkt: den Tod zu verachten.

Am Nachmittag dieses Augusttages ist Blüchers Platz auf dem Plateau oberhalb des schlesischen Flusses Wütende Neiße. Im Sattel sitzend, die Tabakspfeife im Mund, die er, wenn sie ausgeraucht, mit dem Ruf »Schmidt!« zum Stopfen nach hinten reicht, starrt er, ohne sich um das immer stärker werdende Feuer zu kümmern, auf das linke Ufer hinüber. Dorthin, wo die Franzosen, von der Katzbach kommend, den Übergang vorbereiten.

Seit Tagen regnet es, die Wege sind grundlos, die Flüsse angeschwollen, seine Männer durchnässt, erschöpft. Der Feldzug hat bisher für sie darin bestanden, in mörderischen Kreuz-und-Qermärschen den Franzosen auszuweichen, Märsche, die verlustreicher gewesen sind, als es eine Schlacht gewesen wäre, die man befehlsgemäß nicht liefern durfte. Die Franzosen waren von Napoleon selbst geführt worden, und die allgemeine Direktive lautete, sich nur dann zum Kampf zu stellen, wenn nicht er, sondern einer seiner Marschälle kommandierte.

Nun aber war der Korse, um die Bedrohung seines Hauptquartiers Dresden abzuwenden, umgekehrt und hatte MacDonald das Kommando übergeben, einem Mann, von dem bekannt war, dass er alle Tugenden eines Heerführers besaß, außer der wichtigsten – Fortüne. Blücher greift an, greift gegen den Widerstand seines ganzen Stabes an, instinktiv spürend, dass nur ein Erfolg die zerrüttete Moral wieder aufrichten kann, notfalls ein Ende mit Schrecken einem Schrecken ohne Ende vorzuziehen wäre.

Bei Einbruch der Dunkelheit sind die Franzosen von der russischen und preußischen Infanterie im Bajonettkampf niedergeworfen – schießen hatte man nicht gekonnt wegen des feucht gewordenen Pulvers –, von der mit Blücher vorpreschenden Kavallerie in den reißenden Fluss getrieben, von den an das Steilufer geschleppten Kanonen mit zwölf Pfund wiegenden Vollkugeln und Kartätschen zusammengeschossen. Tausende sind tot, Tausende verwundet, 18 000 geben sich gefangen, über 30 000 Mann verliert der Feind an diesem Tag, und Marschall MacDonald, der Mann ohne Glück, schickt seinem Kaiser einen Meldereiter mit der Botschaft: »*Sire, votre armée du Bobre n'existe plus* – Sire, Ihre Boberarmee existiert nicht mehr ...« Schlesien war damit befreit, die Soldaten nannten Blücher von nun an *Marschall Vorwärts,* und die Kosaken glaubten allen Ernstes, dass der schnauzbärtige Alte mit den lavendelfarbenen Augen in den Steppen am Don geboren sei – wie anders könnte ein Ausländer ein solcher Held sein?

Dass er mit siebzig noch seine Sternstunde erleben würde, danach hatte es nicht ausgesehen, als 1773 bei seinem Regimentskommandeur eine Order Friedrichs des Großen eintraf des Inhalts: »Der Rittmeister von Blücher hat die Erlaubnis, seinen Abschied zu nehmen, und kann, sobald es ihm gefällt, zum Teufel gehen.« Eine barsche Verabschiedung im Stile des *Fridericus rex* und das nur, weil der Rittmeister es gewagt hatte, seinen König in geziemender Untertänigkeit darauf aufmerksam zu machen, dass man ihn trotz untadeliger Conduite bei der Beförderung übergangen habe.

Gebhard Leberecht heiratete, zog sich auf die Klitsche seines Schwiegervaters im Pommerschen zurück, baute Weizen und Rüben an. Von Friedrich Wilhelm II. wieder in Gnaden aufgenommen, nahm er an der Kampagne in Frankreich teil, stieg zum Generalleutnant auf, führte die Nachhut Hohenlohes beim Rückzug von Auerstedt, kapitulierte bei Ratkau erst, nachdem ihm Munition und Verpflegung ausgegangen waren. Später gehörte er, wie erwähnt, zum Kreis der Reformer um Gneisenau. Und Gneisenau war es dann, der nach dem Tod Scharnhorsts – verursacht durch die bei Großgörschen erlittene vernachlässigte Wunde – sein Generalstabschef wurde.

Mit Blücher und Gneisenau verbanden sich soldatische Bravour und kühle Berechnung, der Draufgänger und der Stratege, Arm und Kopf in idealer Weise. Der Marschall hat dieses Verhältnis selbst am treffendsten charakterisiert, als er vor der Verleihung der Doktorwürde in der Universität Oxford trocken bemerkte: »Wenn ich Doktor werden soll, so müssen sie den Gneisenau wenigstens zum Apotheker machen, denn wir zwei gehören nun mal zusammen.«

ANGST VOR NAPOLEON

Was Blücher an der Katzbach errungen hatte, schien vor Dresden wieder verloren zu gehen. Fürst Schwarzenberg, Kommandeur der in Böhmen stehenden Hauptarmee, befehligte gleichzeitig die gesamte alliierte Streitmacht. Von manchem deswegen mit Neid verfolgt, war er keineswegs zu beneiden. In seinem Hauptquartier weilten drei Monarchen, die sich ständig einmischten, allen voran Zar Alexander in seiner Lieblingsrolle als Befreier Europas. Sie glaubten es besser zu können, trauten Schwarzenberg ohnehin wenig zu. Er war in der Tat kein strategisches Genie, hatte überdies zu viel Respekt, ja Angst vor Napoleon. »… wenn ich bedenke, dass mir gegenüber der größte Feldherr unserer Zeit, einer der größten aller Zeiten, ein wahrer Schlachtenlenker steht«, schrieb er während des Feldzugs an seine Frau, »dann, meine liebe Nani, ist es mir freilich, als wären meine Schultern zu schwach und müssten unterliegen unter der Riesenaufgabe, welche auf ihnen lastet.« Und wenn Blücher der erfolgreichste unter den

alliierten Generalen wurde, dann nicht zuletzt deshalb, weil
er als Einziger den Korsen nicht fürchtete.

Schwarzenberg erlitt bei Dresden eine böse Schlappe, musste sich einigermaßen ungeordnet in die Berge zurückziehen,
hatte aber das Glück, den kopflos folgenden General Vandamme mit seinen 8000 Mann einzuschließen und zur Kapitulation zu zwingen. Vandamme, unter den Generalen des Korsen
der brutalste und rücksichtsloseste, wurde vom Zaren an die
Grenzen Sibiriens verbracht. Da der Marschall Oudinot in den
Sümpfen von Großbeeren, der Marschall Ney bei Dennewitz
den preußischen Truppen unterlag – wodurch Berlin zweimal
gerettet war –, auch der Marschall Davoust an der Niederelbe
glücklos blieb, war die *Partie,* wie Militärhistoriker das nennen, wieder ausgeglichen.

Der Ratschlag, sich vor Napoleon zurückzuziehen, seine
Marschälle aber zu attackieren, hatte sich als nützlich erwiesen. Der Mann, der ihn gegeben hatte, war von Napoleon einst
wegen angeblicher Verschwörung nach Nordamerika verbannt
worden. Jean Victor Moreau, wie er hieß, von Beruf General,
war nun zurückgekehrt und stillte seinen Rachedurst in den
Diensten der Verbündeten. Er bezahlte ihn teuer. Bei Dresden
verlor er durch eine Kanonenkugel beide Beine und zog auf
dem Totenbett das melancholische Fazit: »Ich, Moreau, sterbe, von einer französischen Kugel getroffen, mitten unter den
Feinden meines Volkes.«

Ende September, als der Himmel aufriss und der seit Wochen unaufhörlich strömende Regen nachließ, gab Blücher
Order, am Ufer der Elbe eine Stelle zu erkunden, die es ermöglichte, 50 000 Mann möglichst schnell überzusetzen, möglichst in den Flanken gedeckt und mit einem möglichst großen Entfaltungsraum. Das Ergebnis war der Übergang bei
Elster nach zermürbenden Gewaltmärschen unter strenger
Geheimhaltung und das anschließende Gefecht bei Wartenburg. Eine kriegsentscheidende Tat, wie sich herausstellen

sollte. Der Feldzug war wieder in Gang gekommen, Schwarzenberg ließ seine Truppen vom Süden her marschieren, und, vor allem, Prinz Bernadotte von der Nordarmee bewegte sich endlich und überschritt mit seinen Schweden ebenfalls die Elbe – der Ring um Napoleon begann sich zu schließen. Der Elbübergang zeigte eine brillante Zusammenarbeit innerhalb der preußischen Führung. Gneisenau hatte den Plan entwickelt, Blücher den Entschluss zur Ausführung gefasst, Yorck – nun Yorck von Wartenburg genannt – ihn mit seinen Truppen verwirklicht. Was Clausewitz in seinem Buch *Vom Kriege* geschrieben hatte, hier wurde es zur Tat: Der brillanteste Punkt in der Defensive ist ein schnelles, energisches Übergehen zur Offensive.

Blücher, der schon an der Katzbach den Russen die Lorbeeren zuerkannt hatte, zeigte sich auch hier von kluger Bescheidenheit. Beim Diner im halbzerstörten Schloss Wartenburg zog er den Leutnant von Scharnhorst zu sich heran und sprach zur Tischgesellschaft: »Wer alles so bereitet hat, dass wir hier zusammen zum Erfolg wirken konnten, das ist – Ihr verstorbener Vater.« Das Pathos nicht scheuend, fügte er mit dem Blick nach oben hinzu: »… vernimm es, lieber Freund, wie wir alle in die Hand deines Sohnes geloben, dir nachzueifern in Wort und Tat, bis wir das deutsche Vaterland wieder befreit und den preußischen Namen wieder zu Ehren gebracht.«

»DIE GRÖSTE SCHLACHT DI OF DER ERDE STADT GEFUNDEN«

Leipzig, ein Knotenpunkt vieler wichtiger Straßen, reich an Hilfsquellen und umgeben von einem Terrain, das zu kriegerischen Unternehmungen einlud, hatte bereits im Dreißigjährigen Krieg zweimal den Schauplatz einer Schlacht abgegeben, und als Napoleon mit seinen Truppen Dresden verließ und sich auf die Pleiße zu bewegte, wurde offenbar, dass die Stadt auch diesmal die zweifelhafte Ehre haben würde. Was sich in dem verhältnismäßig engen Umkreis an Soldaten, Pferden, Geschützen, Munitionskarren, Bagagewagen versammelte, was an Lagern, Depots, Lazaretten, Befehlsständen, Quartieren eingerichtet wurde, überstieg alles, was die Einwohner bisher erlebt hatten, und ließ einen der Ihren schreiben: »Alles ist mit Uniformen bedeckt und mit Lanzen und Piken vollgedrängt. Man kann kaum ein Stück Erde sehen. Aus allen Richtungen hört man Trommeln, Schlachthymnen und Fanfaren.«

Wer das Reitergefecht bei Liebertwolkwitz einleitete; ob Napoleon von der Anwesenheit der gesamten böhmischen und schlesischen Armee gewusst; warum Tausende geopfert wurden, um viermal das Dorf Markkleeberg zu nehmen und es viermal wieder zu verlieren; weshalb die Franzosen am zweiten Tag einen Waffenstillstand anboten; wann die Reserven der Alliierten eingesetzt wurden; warum die Elsterbrücke, über die die Rückzugstraße ging, in die Luft gesprengt wurde; wie also im Einzelnen die Völkerschlacht bei Leipzig verlief, darüber zu berichten hieße die Zahl der Völkerschlachtbücher um ein weiteres Buch vermehren.

Napoleon verlor die dreitägige Schlacht, weil die Landwehr des Yorckschen Korps die Elite der französischen Armee, Marineinfanterie und Junge Garde, aufrieb; weil seine Sachsen und Württemberger fahnenflüchtig wurden; weil seine Soldaten zu jung waren und seine Marschälle verbraucht; weil ein Gneisenau auf der anderen Seite stand; weil der von beiden Seiten angerufene liebe Gott mit den stärkeren Bataillonen war – er verlor Leipzig auch deswegen.

Im Grunde jedoch wurde er besiegt, weil seine Uhr abgelaufen war. Oder wie Kircheisen in seiner Napoleonbiographie das schlicht nennt: »... man kann sich des Gedankens nicht erwehren, dass höhere Gewalten seinen Fall bestimmten.«

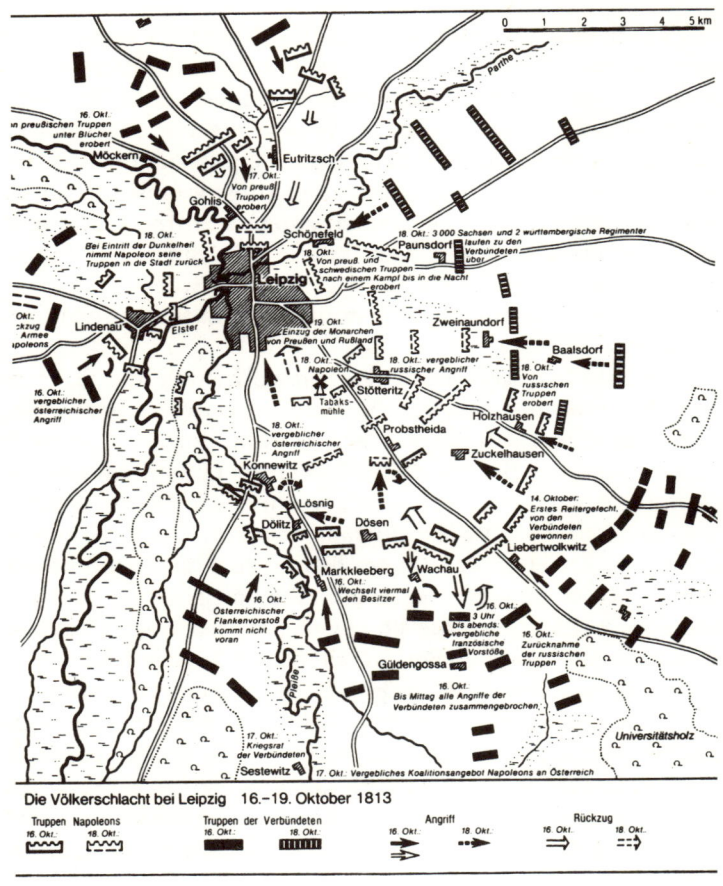

0   1   2   3   4   5 km

16. Okt.:
n preußischen Truppen
unter Blücher
erobert
Möckern

17. Okt.:
Von preuß.
Truppen
erobert

Eutritzsch

Gohlis

18. Okt.:
Bei Eintritt der Dunkelheit
nimmt Napoleon seine
Truppen in die Stadt zurück

Schönefeld

18. Okt.: 3 000 Sachsen und 2 württembergische Regimenter
laufen zu den
Verbündeten
über

Paunsdorf

18. Okt.:
Von preuß. und
schwedischen Truppen
nach einem Kampf bis in die Nacht
erobert

Leipzig

Lindenau

Elster

Zweinaundorf

Okt.:
ckzug der
Armee
poleons

19. Okt.:
Einzug der Monarchen
von Preußen und Rußland

18. Okt.:
Napoleon

18. Okt.: vergebliche
russischer Angriff

Baalsdorf

18. Okt.:
Von
russischen
Truppen
erobert

16. Okt.:
vergeblicher
österreichischer
Angriff

Stötteritz

Tabaks-
mühle

Probstheida

Holzhausen

Zuckelhausen

18. Okt.:
vergeblicher
österreichischer
Angriff

Konnewitz

14. Oktober:
Erstes Reitergefecht,
von den
Verbündeten
gewonnen

Liebertwolkwitz

Lösnig

Dösen

Dölitz

Markkleeberg

16. Okt.:
Wechselt viermal
den Besitzer

Wachau

16. Okt.:
Österreichischer
Flankenvorstoß
kommt nicht
voran

16. Okt.:
3 Uhr
bis abends:
vergebliche
französische
Vorstöße

16. Okt.:
Zurücknahme
der russischen
Truppen

Güldengossa

16. Okt.:
Bis Mittag alle Angriffe der
Verbündeten zusammengebrochen

Universitätsholz

17. Okt.:
Kriegsrat
der Verbündeten

Sestewitz

17. Okt.: Vergebliches Koalitionsangebot Napoleons an Österreich

Die Völkerschlacht bei Leipzig 16.–19. Oktober 1813

Truppen Napoleons   Truppen der Verbündeten   Angriff   Rückzug
16. Okt.:   18. Okt.:   16. Okt.:   18. Okt.:   16. Okt.:   18. Okt.:   16. Okt.:   18. Okt.:

Blücher, mit der deutschen Sprache auf ständigem Kriegs-
fuß, schrieb an seine junge Frau: »... ist die gröste schlacht
geliffert di uf der erde stadt gefunden hat.«

Die Berichte der Soldaten und Zivilisten, die das Inferno von
Leipzig überlebten, zeigen die Kehrseite der Siegermedaille.

Der Gutsbesitzer Christian Gotthelf Zeis erzählt von den bei ihm einquartierten Soldaten, wobei es wenig Unterschied machte, ob sie zu den Freunden oder Feinden gehörten: »Die reiche Ernte auf 300 Scheffel Feld war zertreten ... Das Wohnhaus gewährte den Anblick der gräßlichsten Zerstörung. Die Möbel waren zerhackt, die Bücher zerrissen, selbst die Saiten auf den musikalischen Instrumenten zerhauen und Kisten und Kasten geleert. Die Federn aus den Betten gestübt, mehrere unserer Leute durch Prügel misshandelt.«

Der Leutnant Woisky nach seiner Verwundung im Häuserkampf von Möckern, wo mit Bajonetten, Messern, Säbeln, Gewehrkolben gekämpft wurde: »Wir waren eben einige Schritte so Seite an Seite gegangen mit einem anderen Verwundeten, als ich plötzlich neben mir einen dumpfen Schlag hörte. Ich fiel zu Boden, fühlte mich über und über mit Blut bespritzt und sah neben mir ein Bein. Dann hörte ich den Soldaten rufen: ›Freund, töte mich, um Gottes willen, töte mich!‹ Eine der vielen Kanonenkugeln hatte ihm sein Bein gerade unter dem Bauch weggerissen.«

Die Schilderung eines französischen Brigadiers, der von Schweiß, Blut und Pulverdampf erblindet zwischen den Haufen der aufgeblähten Leichen und Verstümmelten beim Dorf Schönefeld lag, erinnert an den modernen Bombenkrieg: »Unbeschreiblich der Lärm und das Geschrei, das Einschlagen und die Explosion der Granaten, das Heulen, Stöhnen, Brüllen von Mensch und Vieh, die Hilfeschreie der Verwundeten und derer, die lebend unter geborstenem Mauerwerk und brennenden Balken lagen.«

Statistiker haben errechnet, dass in jeder Stunde der Schlacht 1500 Menschen getötet oder verwundet wurden; 23 000 Russen, 16 000 Preußen, 15 000 Österreicher, 280 Schweden, 37 000 Franzosen. Insgesamt über 90 000 Menschen! Und das war dreimal so viel wie die gesamte Einwohnerzahl Leipzigs.

Napoleon, der am Nachmittag des ersten Tages bereits die Glocken hatte läuten lassen und an den König von Sachsen die Botschaft gesandt hatte »*Le monde tourne encore pour nous!* – Noch dreht die Welt sich für uns!«, musste ein weiteres Mal die Reste einer großen Armee zurückführen, doch zogen seine Soldaten diesmal nicht durch Russlands Eiswüsten, und seine Verfolger waren schlecht geführt und zumindest so erschöpft wie die Verfolgten. Typhus und Ruhr forderten mehr Opfer als die immer wieder aufflammenden Gefechte. Dass der verwundete Löwe sich noch zu wehren verstand, zeigte er, als er die Bayern, die ihm bei Hanau den Weg zurück versperren wollten, kurzerhand über den Haufen warf. Eigentlich waren sie ja seine Verbündeten, aber ihr König hatte eingesehen, dass es zwar wenig vornehm sei, einen Mann im Stich zu lassen, dem man sein Königtum verdankte, aber es sich letztlich auf der Seite der Sieger angenehmer lebte.

Die anderen Rheinbundfürsten folgten dem Beispiel der Bajuwaren. Voran der Württemberger, dessen Soldaten bereits bei Leipzig, übrigens gegen seinen Willen, ihre Gewehre umgedreht hatten. Dann der Badener, der seinem Volk den Sieg der Verbündeten partout hatte verschweigen wollen. Schließlich der Hessen-Darmstädter, der Sachsen-Coburger, der Nassauer. Sie alle verließen das sinkende Schiff mit der Angst im Nacken, der Korse könne zurückkehren und, wie er gedroht hatte, ihre Länder verwüsten wie einst Ludwig XIV. die Pfalz.

Die Preußen begrüßten die Herren mit gemischten Gefühlen, weil sie nicht einsehen wollten, dass man Verlierer, verächtlich »das Rheinbundgesindel« genannt, auch noch belohnte, nämlich mit der Garantie ihres Besitzstandes (von Napoleons Gnaden) und ihrer Souveränität. Doch Metternich wollte es so, des Gleichgewichts der Kräfte wegen. Er brauchte die Fürsten als Parteigänger in einem zu gründenden Deutschen Bund. Von den Höfen der anderen Länder kam kein Widerspruch, war man doch mit den Kleinkönigen verschwägert, verschwiegert, vervettert.

Der Zar sagte mit fröhlichem Zynismus zu Stein, als im nunmehrigen Frankfurter Hauptquartier sein Blick Deutschlands Dynasten umfasste: »Woher auch sollte ich Gemahlinnen für meine Großfürsten bekommen, wenn alle diese kleinen Fürsten entthront würden.« Worauf Stein so barsch und unerschrocken wie je antwortete: »Das habe ich freilich nicht gewusst, dass eure Majestät Deutschland als eine russische Stuterei betrachten.«

Nach Hessen-Kassel, Braunschweig, Oldenburg durften die einst vertriebenen Serenissimi zurückkehren, in ihrer ewigen Gestrigkeit sofort bemüht, die alten Zustände wieder herzustellen. Hessens Kurfürst begrüßte mit kindlicher Freude jeden, und das war gleichsam symbolisch, der noch, oder wieder, einen Zopf trug. *König Lustik* von Westfalen hatte unter Mitnahme des Kronschatzes bereits das Weite gesucht. Sachsens König, der sich nicht hatte entscheiden können und ganz zum Schluss noch auf das falsche Pferd gesetzt hatte, wurde als Kriegsgefangener nach Berlin abgeführt.

Kein schön'rer Tod ...

Die Begeisterung, dass die Franzosenzeit nun ein Ende hatte, war so groß wie die Erleichterung, und einst geheime Flugblätter gingen nun offen von Hand zu Hand, wie das mit dem zum Hassgebet gewendeten Vaterunser: »Vater unser Napoleon, der du bist im Himmel zu Paris, entheiligt werde dein Name, wegkomme dein Reich, dein Wille geschehe in der Hölle, aber nicht auf Erden. Gib uns unser Brot, Geld, Blut und alles wieder, was wir dir geben mussten. Bezahle uns unsere Kriegsschulden, dann vergeben wir auch unsern Schuldigern, führe uns nicht in französische Versuchung, sondern erlöse uns von allem französischen Übel. Amen!«

Wer früher die sechzig Meter hohe Ruhmeshalle des monströsen Völkerschlachtdenkmals zu Leipzig betrat, dem wurde in Wort und Bild erzählt, wie die Helden mit dem Feinde stritten, es schwieg aber des Sängers Höflichkeit darüber, wie sie nach einer Verwundung um das eigene Leben kämpften. Auch unsere Historiker taten das mit einigen Sätzen ab, wenn sie nicht gänzlich verstummten. Und für die Schulbücher war das Thema ohnehin tabu.

Gerade Leipzig aber zeigt mit grausiger Deutlichkeit, was sich hinter dem in Geschichtsbüchern üblichen Satz verbirgt: »16.–19. Oktober 1813. Sieg der Verbündeten über Napoleon.«

Die Rede soll sein nicht von den Toten, die zu Zehntausenden von den Bauern in riesige Gruben gekarrt wurden – sie hatten es hinter sich –, sondern von den Verwundeten und Kranken, deren Zahl über 30 000 betrug. Johann Christian Reil von der medizinischen Fakultät der Universität Berlin, einer der führenden Ärzte in Deutschland, visitierte auftragsgemäß die Lazarette der verbündeten Armeen. »Ich tue dies umso williger«, schrieb er in seinem Bericht, »als in dieser tatenreichen Zeit auch die Untaten nicht für die Geschichte verloren gehen dürfen.« Er betont, dass er nur einzelne Züge des schauderhaften Gemäldes zu geben vermag, sei doch das Ganze selbst für tatkräftige Naturen nicht erträglich. Die Verwundeten »liegen geschichtet wie die Heringe in ihren Tonnen, alle noch in den blutigen Gewändern ... Hat auch nicht ein Einziger ein Hemd, Betttuch, Decke, Strohsack oder Bettstelle erhalten. Ihre Glieder sind, wie nach Vergiftungen, furchtbar aufgelaufen, brandig und liegen in allen Richtungen neben den Rümpfen. Die Binden sind zum Teil von grauer Leinwand, aus Salzsäcken geschnitten, die die Haut mitnehmen. In einer Stube stand ein Korb mit rohen Dachziegeln zum Schienen der zerbrochenen Glieder.

Viele Amputationen ... werden von unberufenen Menschen gemacht, die kaum das Barbiermesser führen können ... An Wärtern fehlt es ganz. Verwundete, die nicht aufstehen können, müssen Kot und Urin unter sich gehen lassen und faulen in ihrem eigenen Unrat. Für die Gangbaren sind zwar offene Bütten ausgesetzt, die aber nach allen Seiten überströmen. In der Petrikirche stand eine solche Bütte neben einer andern, ihr gleichen, die eben mit der Mittagssuppe hereingebracht war. Der Perron [des Gewandhauses] war mit einer Reihe solcher [Fäkalien-]Bütten besetzt, deren träger Inhalt sich langsam über die Treppen herabwälzte.« Von allen Seiten wird er um Hilfe angefleht, um Wasser gebeten, gellen die Schreie der von ihren Schmerzen Gefolterten. Auf dem Hof der Bürgerschule findet er einen Berg aus Kehricht und Sterbenden, die nackt daliegen und von Hunden und Raben angefressen werden.

»... als wenn sie Missetäter und Mordbrenner gewesen wären. Ob Schlaffheit, Indolenz oder böser Wille die Ursache des schauderhaften Loses ist, das meine Landsleute hier trifft, die für ihren König, das Vaterland und die Ehre der deutschen Nation geblutet haben, mag ich nicht beurteilen ... Bei dem Mangel an öffentlichen Gebäuden hat man dennoch nicht ein einziges Bürgerhaus den gemeinen Soldaten zum Spitale eingeräumt.«

Es kann keine Entschuldigung sein, dass das Sanitätswesen bei allen europäischen Armeen mangelhaft entwickelt war, dass besonders bei den Franzosen Scharlatane oder Schlächter den Arztberuf ausübten, dass, wie Reil selbst schreibt, das Schicksal der verwundeten preußischen Soldaten auf anderen Schlachtfeldern günstiger gewesen sei. Johann Christian Reil starb wenige Wochen später in Halle an Typhus, einer Krankheit, die er sich bei der Betreuung der Verwundeten geholt hatte.

Wo ist sein Denkmal?

Nach der Schlacht von Leipzig trafen sich die Verbündeten in Frankfurt, der alten Kaiserstadt, um mit der Feder zu zerstören, was das Schwert errungen hatte. So etwas jedenfalls befürchteten die preußischen Militärs und vertraten hartnäckig die Meinung, dieses Schwert solle nicht eher in die Scheide gesteckt werden, bis Paris erreicht, die französischen Armeen vernichtet, Napoleon beseitigt worden sei. Dass das Schwert ziemlich schartig war, das heißt ihre Truppen sich in einem desolaten Zustand befanden, war indes nicht zu leugnen.

»Unsere Armee ist sehr geschmolzen«, berichtete Gneisenau, »und leidet den bittersten Mangel an Kleidungsstücken. Barfuß und in leinenen Hosen müssen viele der wackeren Soldaten durch die grundlosen Wege waten.« Und wenn Blücher seine Soldaten mit »Meine Kinder« anredete, war das von fataler Doppelbedeutung: Sechs von zehn brauchten sich noch nicht zu rasieren.

Doch wusste man, dass bei den Franzosen nicht nur die Ausrüstung defekt war, sondern auch die Moral. Ihre Truppenverbände waren durch Fahnenflucht gelichtet. Die Achtzehn- bis Vierundzwanzigjährigen lagen auf den Schlachtfeldern des Jahres 1813. Den neuen Jahrgängen war *la gloire* gleichgültig, sie desertierten oder stellten sich erst gar nicht. Frankreich hatte den Menschenschlächter, der niemals Frieden gewährte, satt, wie Jacques Presser in seiner erbarmungslosen Abrechnung schreibt, und dass die Leiermänner an jeder Straßenecke das »*Veillons au salut de l'Empire* – Lasst uns wachen zum Heil des Kaiserreichs« dudelten, half auch nichts.

EINMARSCH IN PARIS

»Die Herren Alliierten«, höhnte Marschall Ney später, »hätten Marsch für Marsch ihre Nachtquartiere bis nach Paris im Voraus bestimmen können.« Die Herren aber waren müde.

Kriegsmüde. Wofür jeder von ihnen einen anderen plausibel
klingenden Grund besaß. Alexander hatte die Verwüstung seines Landes gerächt und eine Position in Westeuropa erreicht
wie kein Zar jemals zuvor. Kaiser Franz wollte seinen Schwiegersohn nicht allzu sehr demütigen, und Metternich dachte
ohnehin nur an das Gleichgewicht. Auch Castlereagh, Englands Bevollmächtigter, war es zufrieden, denn Portugal und
Hannover waren befreit, die Kontinentalsperre zerbrochen.
Friedrich Wilhelm III. hatte erreicht, was er nur zu träumen
gewagt: Der Korse war aus Preußen vertrieben, und reicher
Lohn winkte für die gebrachten Opfer. Warum also durch eine
Fortführung des Krieges alles aufs Spiel setzen?

Die Alliierten machten Napoleon deshalb den Vorschlag –
und sahen sich hiermit in Übereinstimmung mit ihren Völkern, was nicht oft vorkam –, wenn er auf jede unmittelbare
Oberherrschaft in den Ländern rechts des Rheins verzichte,
er ferner die Integrität Spaniens, Hollands, Italiens anerkenne
und über Oberitalien in Verhandlungen eintrete, dass Frankreich dann in den natürlichen Grenzen verbleiben könne, die
die Pyrenäen, die Alpen *und* der Rhein bildeten, Kleinode
wie Köln, Aachen, Koblenz, Trier, Mainz, Worms, Speyer eingeschlossen.

Ein in seiner Großzügigkeit geradezu atemberaubendes Angebot, eins, wie es einem gerade Geschlagenen selten gemacht
wird, dazu einem, der jene, die es ihm machten, zwanzig Jahre
lang erpresst, ausgepresst, gepresst hatte, und es gehörte der
ganze fantastische Hochmut Kaiser Napoleons I. dazu, nicht
sogleich darauf einzugehen.

Frankreich, so kalkulierte er, war noch immer mit Invaso-
ren fertig geworden, wie die Geschichte hinlänglich bewiesen
hatte – 1792 hatte sogar ein zusammengewürfelter Haufen genügt, die Eindringlinge hinauszuwerfen –, Frankreich würde
angesichts eines Einmarschs seinen scheinbaren Defaitismus
rasch ablegen – und Frankreich besaß ihn. Als er sich Ende

243

Januar in Paris von Marie Louise verabschiedete, meinte er: »Weine nicht. Ich werde Papa François [Kaiser Franz, ihren Vater] wieder schlagen. Ich bin bald zurück.« Tatsächlich schien er das eigene Wort wahr zu machen, wonach der Feldherr Napoleon den Kaiser Napoleon retten würde.

Blücher, der in der Neujahrsnacht 1814 über den Rhein bei Kaub gegangen war, ungeduldig und halb krank vor ungewohnter Stubenluft, bekam es bei Brienne sogleich zu spüren, wo er um ein Haar sehr rasch nach Paris gekommen wäre – als Kriegsgefangener. Nur sein schnelles Pferd hatte ihn davor bewahrt. Bei La Rothière machte er die Schlappe wieder wett. Er schlug Napoleon in einer offenen Feldschlacht, wobei er ihm zum ersten Mal direkt gegenüberstand, und zerstörte damit den Nimbus, wonach Franzosen auf eigenem Boden nicht zu besiegen seien.

Dass der moralische Nutzen dieses Sieges größer war als sein strategischer, lag an Habsburgs Schwarzenberg, der wieder einmal nicht eingreifen durfte. Österreich führte den Feldzug nicht nach militärischen, sondern nach politischen Gesichtspunkten und betrachtete allzu gloriose preußische Siege mit gemischten Gefühlen: konnten sie doch die immer noch schwebenden Friedensverhandlungen stören. Sein ständiger Hang zur Defensive trug dann dazu bei, dass die Schlesische Armee bei Montmirail geschlagen wurde, so empfindlich geschlagen, dass Napoleon alle Verhandlungen vorerst blockierte (»Mit Gefangenen unterhandelt man nicht«) und die Verbündeten an Rückzug und Waffenstillstand dachten.

Ein zweites Valmy schien sich anzubahnen, doch wieder war es Blücher mit seinem Vorwärtsdrang, der die Situation rettete, indem er trotz seines um ein Drittel dezimierten Verbands auf Paris losmarschierte, um sich mit dem Korps Bülow, das inzwischen Holland befreit hatte, und einem russischen Korps zu vereinen.

Zusammen mit ihnen gelang der Abwehrsieg bei Laon. Diesmal lag es an den Preußen selbst, wenn daraus kein Ver-

nichtungssieg wurde. Blücher, von Fieber, Ohrenschmerzen
und einer Augenentzündung geplagt, hatte sich einen Roll-
stuhl an den Rand des die Stadt schützenden Felsplateaus
schieben lassen, versuchte von dort die Schlacht zu leiten,
verlor aber bald den Überblick, wurde in ein verdunkeltes
Zimmer gebracht, wo er mit einer Binde vor den Augen sich
im Bett wälzte, immer neue Krankheiten an sich entdeckte –
Wassersucht, Tumor, Krebs, Herzversagen –, von Halluzina-
tionen genarrt wurde und schließlich nur noch zusammen-
hanglos sprechen konnte.

Gneisenau übernahm das Kommando, und der als Stratege bewährte Mann schien plötzlich zu versagen: Er versäumte
es, den Feind verfolgen zu lassen und damit unweigerlich zu
vernichten. Was ihm die herben Vorwürfe der Militärhistoriker aller Couleurs eintrug. Einige haben ihm zugute gehalten,
dass seine Truppen zu erschöpft gewesen seien, dass er sie,
die ohnehin die Hauptlast des Feldzugs getragen hatten, nicht
noch weiteren verlustreichen Kämpfen aussetzen wollte,
denn: Auch bei einem künftigen Friedenskongress würden die
Regimenter zählen, wenn es galt, Forderungen durchzusetzen.

Doch lag der Grund seines Verhaltens wohl einfach darin,
dass es ein anderes Ding ist, einen Schlachtplan auszuarbeiten,
oder die alleinige Verantwortung dafür zu tragen. Hindenburg,
gefragt, warum immer wieder behauptet werde, der eigentliche Sieger von Tannenberg sei Ludendorff gewesen, sein Generalstabschef, antwortete trocken: »Wenn's verloren gewesen
wäre, hätte er es *mir* gelassen.«

Das Gerücht, das unter den Soldaten umlief, Blücher, ihr
Marschall Vorwärts, sei vom Wahnsinn umschattet, kam
nicht von ungefähr. Seine rätselhafte Krankheit fiel ihn pe-
riodisch an, jede Meldung, jeder Vortrag, jede Person wurde
ihm dann, wie sein Adjutant Ferdinand von Nostitz schrieb,
ekelhaft und zuwider. Der lebensprühende, vitale Mann, dem
die Strapazen eines Feldzugs nichts auszumachen schienen,

245

der nach zwölfstündigem Ritt den eigens für ihn mitgeführten *Champagnerwagen* öffnen ließ, bis in die Nacht hinein trank, tafelte, spielte, verfiel in solchen Perioden derart, dass der Kommandeur des russischen Korps bei der Diskussion darüber, ob ein solcher Befehlshaber nicht ersetzt werden müsse, als er dann die Unmöglichkeit einsah, seufzend meinte: »In Gottes Namen, tragen wir diese Leiche mit uns mit.«

Die moderne Psychiatrie hat bei Blücher nachträglich Depressionszustände mit Hypochondrie, Sinnestäuschungen und Beeinträchtigungsideen diagnostiziert und eine melancholische Psychose nicht ausgeschlossen. Doch war die *Leiche* bald wieder lebendig.

Als nach einer weiteren Niederlage Napoleons, gegen Schwarzenberg bei Arcis-sur-Aube, der große Marsch auf Paris endlich begann, lag er in einer offenen Kutsche, angetan mit einem breitkrempigen grünen Damenhut zum Schutz der entzündeten Augen, gab mit gewohnter Umsicht seine Befehle, kletterte beim letzten erbitterten Kampf um den Montmartre aus dem Wagen, stieg auf ein Pferd und leitete den Angriff auf die Vorstadt La Chapelle – der Alte, von dem der Zar kurz zuvor gesagt hatte: »Ich glaube, ohne ihn würden wir noch immer in den Morästen Böhmens stecken.«

Die letzte Schlacht war noch einmal blutig und besonders verlustreich. Napoleon hatte sich teuer verkauft, für Hunderte von Millionen Francs und Zehntausende von Toten. Als die Verbündeten mit Alexander I. und Friedrich Wilhelm III. an der Spitze die Champs-Élysées entlangzogen – seit vierhundert Jahren die ersten feindlichen Soldaten in Frankreichs Hauptstadt! –, ertönten, wie beim Einzug Napoleons in Berlin, die Vivats, nur dass sie diesmal »*Vivent les Alliés!*«, »*Vivent nos libérateurs!*« lauteten. Preußens König, der einstige Gefangene von Tilsit, erlebte seinen persönlichen Triumph, den Gneisenau in die Worte fasste: »Was Patrioten erträumten und Egoisten belächelten, ist geschehen.«

Von den preußischen Soldaten durften nur die Garden einmarschieren – die Reste des Kleistschen und Yorckschen Korps führte man ihres abgerissenen Aussehens wegen verschämt um die Stadt herum –, doch selbst diese Elitesoldaten sahen so aus, dass Friedrich Wilhelm sich bei ihrem Anblick erregt an Yorck wandte: »Haben Sie meine Garden gesehen? Wo sind meine Garden?«

Der Mann von Tauroggen antwortete, auf die elenden Männer zeigend: »Das sind Ihre Garden, Majestät.«

Wie erbarmungslos der Feldzug gewesen war, geht aus dem Brief des Leutnants Alberti an seine Familie hervor: »Dieser furchtbare Krieg, den wir jetzt führen und geführt haben, lässt bei Gott gar keine Beschreibung zu, und alles Ausmalen und Zergliedern des Schrecklichsten, was auf der Erde vorgeht, ist unfähig, die ganze Größe seines Elends zu umfassen.«

Frankreich war Auge um Auge, Zahn um Zahn heimgezahlt worden, was seine Soldaten auf ihren Eroberungszügen angerichtet hatten. Dörfer wurden verbrannt, das Vieh geschlachtet, die Menschen vertrieben, Äcker und Gärten verwüstet, es wurde geraubt, geplündert, gemordet. Und nicht an allem konnte man den Kosaken die Schuld geben.

Sich zu rächen für Erlittenes, solche Gefühle hegte selbst ein Mann vom Format eines Gneisenau. Ein besonders in der Politik verhängnisvolles, aber dessen ungeachtet immer wieder gefordertes Mittel. »Die Vorsehung hat uns hierher geführt«, schrieb er. »Wir mögen Rache nehmen für so viele über die Völker gebrachte Leiden, für so viel Übermut ... Tun wir das nicht, so sind wir Elende, die es verdienen, alle zwei Jahre aus ihrer trägen Ruhe aufgeschreckt und mit der Sklavengeißel bedroht zu werden.« Nach dem Übergang über den Rhein hatte er sich bereits seinen Rachegedanken hingegeben. Gedanken, die genährt wurden durch die Erinnerung an die 1806 begangenen Gräueltaten der Franzosen in Lübeck,

Weimar, Jena. »Kommt die Schlesische Armee zuerst nach Paris, so lasse ich sogleich die Brücken von Austerlitz und Jena nebst dem Siegesmonument sprengen.«

Auf den *Pont d'Iéna* hatte es nach dem zweiten Einmarsch in Paris, 1815, auch Blücher abgesehen. Der hitzige Alte war der Meinung, dass die Brücke nicht zu Ehren des bei Jena siegreichen Napoleon erbaut worden sei, sondern zur Beschimpfung der Preußen, die nationale Ehre es deshalb erfordere, dieses Monument in die Luft zu jagen.

Aber Preußen hatte eben auch einen Grafen von Bülow, von Freund und Feind als Gouverneur von Paris seiner Gerechtigkeit wegen gerühmt, der gegen die Sprengung mit dem Argument Einspruch erhob, sie entspreche als kleinliche Rachemaßnahme nicht der historischen Größe des Geschehens. Und Preußen hatte auch einen Clausewitz, der sachlich fragte, was es denn für einen politischen Sinn habe, Siegesmonumente zu sprengen, Kontributionen zu erpressen, ja Napoleons Kopf zu fordern. »Ich finde, dass unser Benehmen nicht den noblen Charakter hat, der Siegern gerade am schönsten steht … Eine Stellung mit dem Fuß auf dem Nacken eines anderen ist meinen Empfindungen zuwider.«

Ein Ingenieur-Offizier löste das leidige Problem auf seine Weise, indem er die Sprengladung so falsch berechnete, dass die Explosion lediglich Risse in den Quadern verursachte. Anstelle eines neuen Versuchs einigte man sich darauf, die Brücke des Anstoßes von *Pont d'Iéna* in *Pont des Invalides* umzutaufen. Angesichts der nach Hunderttausenden zählenden Kriegsinvaliden in ganz Europa eine salomonische Lösung.

NAPOLEONS ABSCHIED VON DER GARDE

Am 12. April 1814 verzichtete Napoleon für sich und seine Erben auf den Thron Frankreichs. Acht Tage darauf steigt er zum letzten Mal die Marmortreppe in den Schlosshof von Fontainebleau hinab, das Gesicht gezeichnet von dem Selbstmordversuch, den er eine Woche zuvor unternommen hat. Das Gift aber, gemischt aus Tollkirschen, Opium und Nieswurz, das er schon während des Russlandfeldzugs in einem Seidenbeutel an seinem Körper trug, hatte seine Kraft verloren und lediglich starke Krämpfe erzeugt.

Der Abschied von der Alten Garde ist eine Szene, die viele Franzosen noch heute zu Tränen zu rühren vermag. Napoleon dankt den Männern für ihre Treue; er bittet sie, ihr unglückliches Land nicht zu verlassen; er versichert ihnen, dass der Ruhm und die Ehre Frankreichs sein einziger Gedanke gewesen sei. »... wenn ich mich entschlossen habe zu überleben, dann deshalb, weil ich auch weiterhin eurem Ruhm dienen will. Ich werde die großen Taten niederschreiben, die wir gemeinsam vollbrachten. Lebt wohl, meine Freunde, und vergesst mich nicht. Ich möchte euch alle an mein Herz drücken, aber ich will wenigstens eure Fahne küssen.«

Napoleon ist allein. Seine Marschälle haben ihn verraten. Seine Familie hat ihn verlassen. Seine Diener bestehlen ihn zum Abschied. Seine Frau befolgt seinen Rat etwas zu rasch, sich nicht in sein Unglück verfechten zu lassen. Es ist eben, wie Talleyrand kühl konstatiert, nicht jedermanns Sache, sich den Gefahren eines einstürzenden Gebäudes auszusetzen.

Auf der Reise in die Verbannung muss er erleben, wie das ihn früher brausende »*Vive l'empereur!*« sich in ein »*A bas le tyran!*« verkehrt. Der Mann, vor dem Europa zitterte, sieht sich gezwungen, in einen alten Gehrock zu schlüpfen, einen runden Hut aufzusetzen und ein Postpferd zu besteigen, damit er für einen Kurier gehalten werde. Zu einem der alliierten Begleitoffiziere sagt er: »Hatte ich nicht Recht, die Menschen zu verachten?!«

Und er vergisst, dass sie ihn immer nur gefürchtet haben, aber nie geliebt ...

Am selben Abend, da die englische Fregatte mit Napoleon an Bord in Porto Ferraio vor Anker ging, der Hauptstadt der ihm zum Verbannungsort bestimmten Insel Elba, zog in Paris ein dicklicher älterer Herr ein, die große Perücke weiß gepudert, die Uniform schmuddelig und so schwach auf den dünnen gichtbrüchigen Beinen, dass ihn zwei Männer aus seiner Prunkkalesche heben mussten. In einem Lehnstuhl nahm er die Parade der Garnison ab und sagte, jeder Zoll kein König: »*Je suis content.* – Ich bin zufrieden.«

Es handelte sich um Ludwig XVIII., einen Bruder des 1793 hingerichteten Ludwig XVI., Spross des Dynastengeschlechts der Bourbonen, auf den Thron berufen, weil den verbündeten Mächten niemand anderer eingefallen war, sich auch sonst keiner anbot. Auf Bernadotte, den französischen Exgeneral und nunmehrigen schwedischen Kronprinzen, der vom Zaren favorisiert worden war, hatte man sich nicht einigen können. *Louis dix-huit,* von den Parisern spöttisch *Louis biscuit* genannt, war lange in der Fremde gewesen und von den Franzosen so gut wie vergessen. Wenn sie ihn dennoch akzeptierten, dann aus ähnlichen Gründen wie jener hessische Bauer, der über seinen nach dem Umsturz wieder heimgekehrten Kurfürsten meinte: »Und ob er schon ein alter Esel ist, wir nehmen ihn halt doch wieder.«

Das *ancien régime nouveau* wurde akzeptiert, weil alte eingefahrene Gewohnheiten sich eben schwer verdrängen lassen. Außerdem hatte Ludwig versprochen, die Errungenschaften der Revolution im großen Ganzen zu tolerieren. Woran ihn dann die alte Adels- und Priesterclique mit seinem Bruder, dem Grafen Artois, an der Spitze hinderte. Die Bourbonen hatten ebenso wie die zurückgekehrten deutschen Kleinfürsten nichts gelernt und nichts vergessen.

Von den Verbündeten wurde der charakterschwache, bestechliche, geldgierige, degenerierte, träge Monarch, dessen einzige Tugend eine gewisse Gutmütigkeit war, mit Glacéhandschuhen angefasst. Man wollte, wie man bereits in Frankfurt proklamiert hatte, dass Frankreich nicht gedemütigt werde, sondern eine große, starke, glückliche Nation bleibe. Eine beherzigenswerte, nur allzu selten in die Tat umgesetzte Denkart eines Siegers gegenüber einem Besiegten. War doch Rache oft genug der Keim neuer Kriege. Dass die Bourbonen mit so viel Großmut wenig anzufangen wussten, steht auf einem anderen Blatt.

Die Friedensbedingungen zeichneten sich durch Milde aus. Frankreich musste zwar das linke Rheinufer wieder herausgeben, durfte aber die alten deutschen Lande an der Saar behalten, was zusammen mit einigen Grenzkorrekturen sogar zu einer Mehrung des Besitzes – verglichen mit der Zeit vor 1792 – um 150 Quadratkilometer und mehr als eine halbe Million Einwohner führte. Frankreich brauchte entgegen bisherigem ungeschriebenem Völkerrecht keinen Franc Kriegsentschädigung zu zahlen (zur Erinnerung: 1808 fixierte Napoleon allein die *rückständigen* Kontributionen Preußens auf 140 000 000 Francs). Selbst die in ganz Europa zusammengeraubten Kunstschätze blieben in Paris, und es war wie ein Entgegenkommen, dass sich die Preußen wenigstens die Quadriga vom Brandenburger Tor und den Degen Friedrichs des Großen wieder mitnehmen durften.

Der Pariser Friede war für Preußen kein vorteilhafter Friedensschluss, aber es schwiegen doch endlich die Waffen, ein Aufatmen ging durch das Land, und wer dennoch klagte, dass die gebrachten Opfer nicht honoriert worden seien, ließ sich auf den Wiener Kongress vertrösten. Dort an der Donau würden die Repräsentanten der Großmächte auch Preußens Interessen gebührend berücksichtigen.

DER KONGRESS TANZT

Wenn der Wiener Kongress im Volksbewusstsein noch nicht gänzlich vergessen worden ist wie die unzähligen anderen Kongresse des 18. und des 19. Jahrhunderts, dann liegt das nicht so sehr daran, weil hier eine Neuordnung Europas versucht wurde, sondern an einem Bonmot. Es stammt von dem achtzigjährigen Fürsten de Ligne und lautet: »*Le congrés ne marche pas, il danse.* – Der Kongress marschiert nicht (kommt nicht voran), er tanzt.« Mit diesem Wortspiel ist gleichzeitig ein Urteil verbunden: In Wien wurde nicht gearbeitet, in Wien wurde gefeiert. Gefeiert wurde in der Tat. Die phantastische Kulisse der Donaustadt mit den Bauten der Fischer von Erlach und Lukas von Hildebrandt, die wundersame Lage inmitten der Weingärten, der Auen und Wälder, der gesellschaftliche Ehrgeiz der alten Adelsfamilien wie der Esterhazys, Colloredos, Schwarzenbergs, die lebenslustigen Wiener und der nicht ohne Berechnung gastfreundliche Kaiser waren Anlass und Anreiz genug.

Die Feste reihten sich wie die Perlen einer Kette. Bälle in der Hofburg, Redouten im Apollosaal, Premieren im Burgtheater, Jagden im Wiener Wald, Schlittenfahrten in Schönbrunn, Feuerwerke im Prater, lebende Bilder, Aufzüge, Revuen, Ballette, Maskenzüge. Man feierte den Jahrestag der Völkerschlacht von Leipzig, den Prediger Zacharias Werner, den Dirigenten Beethoven und seine Schlachtensymphonie, den Komiker Ignaz Schuster, selbst den Todestag des unter der Guillotine gestorbenen Ludwig XVI. beging man zwar in Schwarz, doch festlich. Die fünf Kaiser und Könige, elf Fürsten, neunzig bevollmächtigten Gesandten und dreiundfünfzig nicht ganz so Bevollmächtigten genossen nach so vielen Kriegen das Leben, und das Witzwort machte die Runde: »Der Kaiser von Russland liebt für alle. Der König von Bayern trinkt für alle. Der König von Württemberg frisst für alle. Der König von Dänemark redet für alle. Der König von Preußen arbeitet für alle. Und der Kaiser von Österreich zahlt für alle.«

Letzteres kostete Franz I. zwischen 40 und 50 Millionen Franken – allein die kaiserliche Tafel verschlang pro Tag 50 000 Gulden –, aber da er ohnehin bankrott war, trug er es mit der den Habsburgern eigenen edlen Resignation, vergaß dennoch nicht, die Erwerbssteuern zu erhöhen, so empfindlich zu erhöhen, dass die Wiener den hohen Herrschaften bei ihren pompösen Umzügen protestierend zuriefen: »Fohrt's nur hi mit unsre fuffzig Perzent!«

Auf diesem Jahrmarkt der Eitelkeiten jedoch wurde nicht nur geliebt, gelacht, getanzt, getrunken, sondern auch gearbeitet, und zwar von jenen namenlosen grauen Beamten, die auf den politischen Konferenzen auch heute noch die Hauptlast tragen. Neun Bände Akten mit insgesamt 4683 Seiten zeugen davon, erarbeitet in den Sitzungen und Konferenzen der Ausschüsse, Unterausschüsse, Kommissionen. Wobei jene Ergebnisse ihren Niederschlag nicht fanden, die aus Begegnungen am Rande der Szene zustande kamen, auf dem Parkett, beim Bankett, im Salon.

Was der Volksmund über Friedrich Wilhelm sagte, traf auf jeden Fall für seine Delegation zu. Sie demonstrierte die preußischen Tugenden des Fleißes, der Redlichkeit und Pflichttreue. An ihrer Spitze der Staatskanzler Hardenberg, nun schon im fünfundsechzigsten Lebensjahr, doch vital genug, die Arbeit mit dem Vergnügen harmonisch zu vereinen, wie eh und je Lebenskünstler und Arbeitspferd zugleich. Unterstützt wurde er von Wilhelm von Humboldt, allgemein anerkannt durch seine scharfsinnigen Denkschriften, und von einem Stab glänzend vorbereiteter Experten, darunter der Geheime Rat Hoffmann, dessen profunde Kenntnisse in Geographie und Bevölkerungsstatistik besonders von jenen gefürchtet wurden, die sich bereits ihren eigenen Atlas entworfen hatten.

Durch so viel Tüchtigkeit macht sich niemand beliebt, aber die Preußen waren ohnehin nicht populär in Wien. Der Verlust Schlesiens war, obwohl nun ein dreiviertel Jahrhundert her, noch immer nicht verschmerzt. Die Erinnerung daran wurde geweckt, als die Berliner Herren ganz Sachsen forderten. Das gewerbefleißige, am weitesten industrialisierte Land in Deutschland, schon vom großen Friedrich heftig begehrt, schien ihnen der gerechte Lohn für die im Befreiungskrieg gebrachten Opfer an Gut und Blut.

Sachsen gehörte zwar rechtmäßigen Besitzern, den Wettinern, die aber hätten, so Preußen, ihr Anrecht darauf verwirkt, weil Friedrich August III. Napoleons Verbündeter gewesen war. Zu diesen Verbündeten hatten andere Souveräne auch gezählt, die von Bayern, Baden, Württemberg zum Beispiel. Sie aber waren nicht so töricht gewesen, dem Korsen bis zum Schluss treu zu bleiben, sondern rechtzeitig übergelaufen. Ein Faktum, das Talleyrand mit gewohnt geistreichem Zynismus kommentierte: »Verrat ist eine Frage des Datums.«

Frankreichs Bevollmächtigter, Charles Maurice de Talleyrand, kannte sich aus in der Materie. Als Bischof unter den Bourbonen, Gesandter der Girondisten während der Revolution, Großkämmerer unter Napoleon, nun wieder im Dienst Ludwigs XVIII., hatte er bisher noch jeden verraten, dem er gedient. Was er etwas anders sah: Er habe niemanden verlassen, bevor derjenige sich selbst verließ. Der Herzog, von den Wienern wegen eines verkrüppelten Fußes der *hinkende Teufel* genannt, war anfangs von den Siegern nicht zugelassen worden zu den Verhandlungen. Mit der schwer zu widerlegenden Behauptung, er vertrete kein besiegtes Land, sondern ein von Napoleon befreites, war es ihm gelungen, immer größeren Einfluss zu gewinnen. In seinem Quartier, dem in der Johannesstraße gelegenen Palais Kaunitz, wurde er zum Wortführer der vielen Kleinen, die fürchten mussten, benachteiligt zu werden, deshalb zu allem zu benutzen waren, was gegen die

Großen ging. Talleyrand war selbstverständlich *für* Sachsen, weil man doch einen von Gott gewollten Herrscher, einen *legitimen* Souverän – und das Wort Legitimität wurde zum Schlagwort des Kongresses – nicht seines Thrones berauben dürfe. Dabei war ihm der Sachse herzlich gleichgültig, ein durch Sachsen gestärktes Preußen dagegen keineswegs. Preußen als eine ernst zu nehmende Großmacht und Wortführer eines geeinten Deutschlands war ihm ein Albtraum. »Wer kann die Folgen berechnen«, schrieb er an seinen König nach Paris, »wenn eine Masse wie die deutsche, zu einem einzigen Ganzen gemischt, aggressiv würde? Wer kann sagen, wo eine solche Bewegung Halt machen würde?« In Metternichs Politik des Gleichgewichts der Kräfte passte Preußens sächsischer Traum so wenig wie in Lord Castlereaghs, dem Vertreter Englands, Vorstellungen einer *balance of power*. Noch dazu, da die sächsische Frage nicht zu trennen war von der polnischen Frage. Denn: Der Zar forderte die Wiederherstellung eines Königreichs Polen, in Personalunion mit Russland, versteht sich, und unter Einverleibung der polnischen Provinzen Preußens, wofür Friedrich Wilhelm als Entschädigung Sachsen erhalten sollte. Der Länderschacher aber würde nicht nur bedeuten, dass dem Preußenadler Schwingen wuchsen, sondern auch, dass der russische Bär direkt vor den Toren Mitteleuropas stand. Frankreich/Österreich/England und Russland/Preußen versicherten, ihre Einstellung werde ausschließlich von dem Gedanken an das zukünftige Wohl Europas bestimmt. Ein Argument, uns Heutigen wohl bekannt, und doch nicht glaubwürdiger geworden. Die Wiener und die hunderttausend Besucher, an dem ganzen Kongress und seinen Ergebnissen nur mäßig interessiert, da man ja *eh nix machen* könne, begannen zum ersten Mal aufzuhorchen.

Die Chronique scandaleuse hatte bis dahin über die Bordellbesuche des Prinzen Karl von Bayern berichtet; über den Bauch des württembergischen Königs (für den man an der Tafel einen Halbkreis heraussägen musste); über Marie Louise und ihren neuen Galan, den Grafen Neipperg, und dass sie, nach eigener Aussage, Napoleon nie geliebt habe, sondern nur den Glanz seines Throns; und auch darüber, wie die Gräfin Széchenyi-Guilford den eroberungssüchtig auf sie eindringenden Zaren mit den Worten zurückwies: »Halten Majestät mich für eine Provinz?«

Jetzt aber klangen andere Töne auf bei *diesem jämmerlichen Handel, dem mit Ländern und dem mit Menschen,* wie der Erzherzog Johann seufzte. Franz I., normalerweise ausreichend damit beschäftigt, die vertraulichen Berichte seiner Geheimpolizei über das Intimleben der Kongressteilnehmer genießerisch zu studieren, hatte auf die ständige Drohung, Friedrich August von Haus und Hof zu verjagen, mit den Worten reagiert: »Wann das g'schieht, dann schieß i.« Da Friedrich Wilhelm darauf bemerkte, in diesem Fall keinen Schuss schuldig zu bleiben, und Alexander nicht ohne Logik darauf hinwies, wie viele Soldaten er in Polen zu stehen habe – ein paar hunderttausend –, kam es zur Krise. Sie wurde verschärft, als Alexander mit Metternich aneinander geriet, ja ihn zum Duell forderte wegen eines vertraulichen Billets, in dem ihn die österreichische Seite zum Lügner gestempelt hatte. Da beide Herren außerdem um die Gunst derselben Dame buhlten, vermischte sich Privates mit Politischem, was bekanntlich eine besonders brisante Mischung ergibt.

Sich damit zu beschäftigen, sind beim Wiener Kongress selbst jene nicht herumgekommen, denen Privates-Intimes-Amouröses nicht des Berichtens wert erschien, ja überhaupt keiner Beachtung würdig. Doch ist die Historie nicht nur eine Geschichte der Ideen, sondern der Menschen, und deren Entscheidungen werden nicht selten von sehr Persönlichem beeinflusst, von Liebe und Hass zum Beispiel, von Ärger, Abneigung, Überarbeitung, einer guten Mahlzeit, einer schlaflosen Nacht oder davon, um beim Thema zu bleiben, dass Metternich eifersüchtig war auf den Zaren, Hardenberg schlecht hörte, Friedrich Wilhelm immer noch um Luise trauerte, Franz I. eh alles fad fand.

Wie klein werden beispielsweise weltgeschichtliche Haupt- und Staatsaktionen, wenn wir dem Gespräch lauschen zwischen dem österreichischen Kaiser und dem damals achtjährigen Sohn Napoleons. Napoleon II.: »Wo ist denn mein Vater?«

Kaiser Franz I.: »Dein Vater ist eing'sperrt.«

Napoleon II.: »Warum ist er denn eing'sperrt?«

Kaiser Franz I.»Weil er net gut getan hat; und wenn du net gut tust, wirst halt auch eing'sperrt.«

DER STREIT UM SACHSEN

Diesen Dialog verdanken wir einem Brief des Komponisten Zelter an Goethe. Auch die meisten anderen Interna des Kongresses stammen aus Briefen, allerdings aus abgefangenen Briefen. Eine eigens eingerichtete Polizei- und Zensur-Hofstelle ließ die Schreiben in den *Schwarzen Kabinetten* öffnen, kopieren, wieder verschließen und, möglichst ohne allzu große Verzögerung, weiterexpedieren. Die Beamten bedienten sich dabei rauchloser Kerzen, über die die mit Siegellack verschlossenen Briefe so lange gehalten wurden, bis das Siegel vorsichtig auseinander gezogen werden konnte. Nach der Abschrift drückte man das Siegel mit Hilfe einer rasch angefertigten Petschaft oder, bei Dauerkunden, eines sorgfältig nachgestochenen Stempels wieder in den Lack. War der Brief chiffriert, kam er zur Dechiffrierung in das *Ziffernkabinett*, war er mit unsichtbarer Tinte geschrieben, machte man die Schrift sichtbar und wieder unsichtbar.

Empörung über so viel Gastfreundschaft wäre fehl am Platz. Das Briefgeheimnis wurde von allen Höfen Europas gering geachtet. Geheime Abschriften, so genannte Interzepte, waren üblich, Napoleons Postverwaltung öffnete grundsätzlich alle Briefschaften, und unsere mit einem Postmonopol versehenen Thurn und Taxis machten nicht zuletzt durch auf solche Art erlangte Informationen ihr Vermögen.

Die Wiener zeichneten sich lediglich durch besondere Gründlichkeit aus. Was auf dem Postweg nicht zu erlangen war, mussten die Papierkörbe hergeben. Zerrissenes setzten sie mit Hilfe winziger Siegellackteilchen kunstreich wieder zusammen. Reste von Konzepten und Entwürfen wurden aus der Asche herausgeklaubt. Ein vom Grafen bis zum Stubenmadl reichendes Netz von Confidenten, beamteten Aushorchern und Geheimpolizisten lag über den Hauptquartieren der ausländischen Mächte und hielt jede für wert erachtete Information in seinen Maschen fest. Bisweilen wusste Metternich eher vom Inhalt eines Briefes als sein Empfänger, oder er äußerte zur Herzogin von Sagan, seiner Geliebten, dass er gespannt sei, ob ihm Talleyrand etwas von dem Inhalt des Briefes erzählen werde, den der Franzose von Hardenberg erhalten habe.

Da auch die hohen Gäste Abwehragenten unterhielten, Spitzel bezahlten, Spione beschäftigten, und alle wussten, dass die anderen wussten, was man von ihnen wusste, herrschte zumindest hier wenn auch augenzwinkerndes Einverständnis. Das meiste Vergnügen an den geheimen Confidentenberichten hatte der Gastgeber Franz I. selbst, der sich königlich, besser kaiserlich, amüsierte, wenn er beim Déjeuner las, dass »der englische Botschafter das Fräulein von Kohary beim Walzer in den H ... gekneift« habe. Neben Wissenswertem Unsägliches, neben Hochpolitischem Klatsch, die Lektüre der im Wiener Staatsarchiv liegenden Papiere der Geheimen Polizey ist erregend und rührend zugleich.

Indiskretionen spielten auch bei den Verhandlungen über die sächsisch-polnische Frage eine Rolle. Immer wieder berichteten die Confidenten von der unterwürfigen Haltung, die

Friedrich Wilhelm dem Zaren entgegenbrachte. »Sie heißen ihn den Schatten des Russen«, klang es aus einem der Berichte, und in einem anderen wurde ein Ausspruch von ihm vermerkt: »*Je ferai comme l'Empereur Alexandre.* – Ich halte es so wie der Kaiser Alexander.«

Liebedienerei jedoch konnte man dem Preußenkönig nicht vorwerfen. Er war nur biedersinnig genug, um Loyalität zu zeigen, Loyalität und Dankbarkeit gegenüber einem Monarchen, der an der Befreiung Preußens den größten Anteil hatte. Außerdem hatte er trotz aller Bedenken auf die russische Karte gesetzt, und dieser Einsatz sollte sich auszahlen.

Man führte nämlich keinen Krieg gegeneinander, man ging einen Kompromiss ein, eine Übereinkunft, bei der jeder glaubte, die größten Zugeständnisse gemacht zu haben. Doch sind die Verträge, mit denen keiner der Partner so recht zufrieden ist, noch immer die haltbarsten. Preußen bekam dabei etwa zwei Fünftel Sachsens, von Polen behielt es aus den früheren Erwerbungen Westpreußen mit Danzig und Thorn sowie das Gebiet um Posen und damit die ersehnte Landbrücke zwischen Schlesien und den Provinzen; auch Vorpommern, bisher immer noch schwedisch, wurde nun preußisch, dergestalt, dass Schweden es erst einmal an Dänemark abtrat, um von Dänemark Norwegen zu bekommen, Preußen den Dänen dafür das Herzogtum Lauenburg geben konnte, das hannoveranisch gewesen war, wofür die Hannoveraner Ostfriesland erhielten, während Preußen, um den vertraglich zugesicherten vormaligen Umfang zu erreichen, Kurtrier, Kurköln, Aachen, Jülich, Berg erhielt, Ansbach und Bayreuth aber den Bayern lassen musste.

»Der gute alte Wiener Kongress«, schrieb Blücher, »gleicht einem Jahrmarkt in einer Kleinstadt, wo ein jeder sein Vieh hintreibt, es zu verkaufen oder zu vertauschen.«

Seine Schlussfolgerung, dass Preußen einen tüchtigen Bullen hingebracht habe und einen schäbigen Ochsen eingetauscht, lässt ihn das Ergebnis des Kongresses zu sehr aus der Sicht des sich um die Früchte des Sieges betrogen glaubenden Soldaten beurteilen. Sein Vaterland konnte sehr wohl zufrieden sein; denn im Konzert der in Wien versammelten Großmächte hatte es nur die zweite Geige gespielt. Zwar zerfiel seine Landmasse noch immer in zwei Teile, wie die Karte zeigt, doch hatte es sich durch die Einverleibung der Westgebiete neuen Herausforderungen zu stellen: für die Weiterentwicklung eines jungen Staatsgebildes eine wichtige Voraussetzung. Durch die Orientierung nach Westen, wo man, wenn auch nicht gar so gern, die Wacht am Rhein bezog, verflocht Preußen seine Interessen unauflöslich mit denen des übrigen Reiches.

Von diesem Reich waren noch 39 Staaten übrig geblieben und die meisten ihrer Vertreter wohl darin einig, sich irgendeine Form des Zusammenlebens zu schaffen.

Dass man *einem* Volkstum angehörte, *eine* Geschichte hatte, *eine* Sprache sprach, soviel schien man in gemeinsam erlittener Not begriffen zu haben. Wie diese die deutschen Staaten umfassende Klammer auszusehen habe, darüber allerdings war man sich keineswegs einig. Ein Bundesstaat? Zwei Bundesstaaten? Ein Staatenbund? Eine Wiedererrichtung des alten Reiches mit einem Kaiser an der Spitze? Die Angst der Kleinen vor den Mächtigen war zu groß, die Eifersucht zwischen Österreich und Preußen zu heftig, die Furcht des Auslands vor einem geeinten Reich zu stark, als dass man sich zu einer Lösung durchrang, die Dauer versprochen hätte.

So kam der *Deutsche Bund* dabei heraus, eine lockere völkerrechtliche Vereinigung mit einem ständigen Gesandtenkongress unter österreichischem Vorsitz in Frankfurt, dem Bundestag. Im Grunde nichts anderes als eine Interessengemeinschaft deutscher Fürsten. Der Publizist der Freiheitskriege Joseph von Görres nannte den Bund in seinem »Rheinischen Merkur« eine jämmerliche, unförmliche, missgeborene, ungestaltete Verfassung. Die Optimisten trösteten sich damit, dass es mehr war als nichts, mehr zum Zusammenhalt taugend als das alte Reich in seinen letzten Jahrzehnten.

Die Hundert Tage

In der Nacht vom 8. zum 9. März 1815 wird Blücher in seinem Berliner Haus aus dem Schlaf geweckt. An seinem Bett steht Gneisenau. »Napoleon ist aus Elba geflohen und am 1. März in Frankreich gelandet«, sagt er.

Der Alte ist mit einem Schlag hellwach. »Dies ist das größte Glück, was Preußen begegnen konnte! Nun fängt der Krieg von neuem an, und die Armee wird alle in Wien begangenen Fehler wieder gutmachen!« Wenige Tage vorher war auf einer Bergstraße in den französischen Alpen Erstaunliches geschehen. Napoleon, auf seinem Marsch nach Paris beim Dorf Laffray einem Bataillon des 5. Linienregiments begegnend, das aus Grenoble entsandt worden war, um ihm, den die Großmächte in Wien für vogelfrei erklärt hatten, den Garaus zu machen, steigt vom Pferd, nähert sich der feindlichen Phalanx auf zwanzig Schritt und ruft: »Soldaten vom fünften Regiment, erkennt ihr mich wieder?«

Der befehlshabende Offizier gibt das Kommando »Feuer!« Die Gewehre richten sich auf ihn.

Der kleine Mann mit dem merkwürdigen Hut öffnet den Mantel, schlägt ihn zurück. »Wenn einer unter euch ist, der seinen Kaiser töten will, der mag es tun.«

Die dreißig Sekunden, die jetzt vergehen, entscheiden über ein Schicksal. Es fällt kein Schuss. Die Soldaten werfen ihre Waffen weg und rufen: »*Vive l'Empereur!*«

Die magische Gewalt, die von dem petit corporal ausgeht, hat nichts von ihrer Wirkung eingebüßt. Auch Marschall Ney verfällt ihr, Ney, der Ludwig XVIII. versprochen hatte, er werde Napoleon in einem eisernen Käfig nach Paris bringen. Der

Exkaiser kann seinem Versprechen gemäß, keinen Schuss auf einen Franzosen abzufeuern, in die Tuilerien einziehen, in das Schloss, aus dem Ludwig tags zuvor ausgezogen war, nachdem man ihn gebeten hatte, er möge an der Spitze des Adels und der Deputierten Bonaparte entgegenziehen. Der Bourbone aber hatte wenig Sinn für heldische Posen.

»Wo sind bloß meine Pantoffeln?«, fragte er auf der hastigen Reise nach Belgien immer wieder. »Sie hatten sich so schön meinen Füßen angepasst.«

Napoleons Hundert Tage hatten begonnen. Blücher war wieder zum Oberbefehlshaber der preußischen Armee ernannt worden. Es gab nicht wenige, zu denen auch Staatskanzler Hardenberg gehörte, die ihn nach nunmehr fünfundfünfzigjähriger Dienstzeit für zu gebrechlich hielten. Am legendären Ruf des Marschalls Vorwärts aber kam niemand vorbei, und Gneisenau, der wie Scharnhorst sein Leben gegeben hätte, um einmal eine Schlacht selbst zu leiten, musste sich wieder mit der undankbaren Rolle des zweiten Mannes begnügen, des Stabschefs. Auch er sollte bald einsehen, dass selbst ein kränkelnder Blücher durch nichts zu ersetzen war.

Der Beginn des Feldzugs war wenig ermutigend. Die aus den preußisch gewordenen Gebieten Sachsens stammenden Männer, über das Schicksal ihrer geteilten Heimat ohnehin verunsichert, sollten zum ersten Mal für ihren neuen König in den Krieg ziehen und dabei von ihren sächsisch gebliebenen Landsleuten getrennt werden (die man dem Herzog von Wellington zugeteilt hatte). Es kam zu Protesten, zu Unruhen, schließlich rotteten sich vor dem Hauptquartier der Preußen unweit Lüttichs die Meuterer zusammen, begannen, Napoleon lauthals als ihren Beschützer zu feiern (»Preußischer Kuckuck, warte! Uns hilft Bonaparte!«), warfen mit Pflastersteinen die Fenster ein, und Blücher, der partout mit dem Säbel auf sie einhauen wollte, musste sich vor seinen eigenen Soldaten in Sicherheit bringen.

Die Ruhe wurde mit Waffengewalt wieder hergestellt, und Blücher schrieb anderntags an seine Frau: »Es tut mir nur leid, dass ich morgen vier Menschen als Rebellen totschießen lasse. Die Sachsen aber müssen meinen Namen mit Ehrfurcht zu nennen lernen. Ich hatte mich diesen Menschen mit Vertrauen übergeben und nicht einmal eine Schildwache behalten ...« Dem Sachsenkönig teilte er, zornig und unglücklich zugleich, mit, dass er zum ersten Mal in seinem Soldatenleben das Kriegsrecht in seiner schärfsten Form habe zur Anwendung gebracht. Deutsche Zwietracht – ein deutsches Dauerverhängnis.

Der Kriegsplan der umständehalber wieder alliierten Russen, Österreicher, Engländer und Preußen war eigentlich kein Plan zu nennen. Er basierte auf dem primitiven Grundsatz der Überzahl. Masse sollte Klasse erdrücken. An letzterer war nicht zu zweifeln, gemessen an der Begeisterung, mit der Napoleon von den noch unter den Fahnen stehenden Soldaten empfangen worden war. Es war ihm in der Tat gelungen, ein schlagkräftiges Heer aufzustellen mit den Veteranen und den kriegserfahrenen Männern als Stamm, die die deutschen Festungen wie Torgau, Stettin, Danzig noch lange nach der Leipziger Schlacht besetzt gehalten hatten. Der Zahl nach war Napoleons Heer, wie erwähnt, den verbündeten Truppen um ein Vielfaches unterlegen. Diese jedoch verharrten wieder einmal in Untätigkeit, lagen an den Grenzen im Quartier und warteten auf den Befehl zum gemeinsamen Einmarsch.

Napoleon reagierte mit gewohnter Perfektion. Es galt, ehe dieser Befehl kam, jene Formationen anzugreifen, die Paris am nächsten lagen. Das waren die britischen Verbände in der Nähe von Brüssel und die deutschen in der Nähe von Namur. Diese beiden Armeen an ihrer Nahtstelle – Charleroi, Quatre-Bras und Sombreffe – zu trennen, sie nacheinander zu vernichten, das war Napoleons Plan.

Sein Stoß traf zuerst die Preußen, weil, so legte er später auf St. Helena dar, »... ich sicher war, dass die Engländer den

Preußen nicht zu Hilfe kommen würden, wenn ich diese zuerst angriff; während Marschall Blücher, dieser Feuerkopf, Wellington eiligst unterstützt hätte, selbst wenn er nur zwei Bataillone gehabt.« Er traf sie bei Ligny mit solcher Vehemenz, dass ihr Zentrum durchbrochen, ihre Infanteriekarrees niedergeritten, ihr Marschall bei dem Versuch, die drohende Niederlage durch eine Kavallerieattacke zu wenden, unter sein tödlich getroffenes Pferd geriet und in ein Feldlazarett zwischen Tote und Sterbende gelegt wurde.

Gneisenau, der Wellington die Schuld gab an der Niederlage, weil er sein Versprechen, einen Entlastungsangriff zu unternehmen, nicht gehalten hatte, Gneisenau wollte ursprünglich den Rückzug zur deutschen Grenze antreten, gab dann aber den berühmt gewordenen Befehl, den gefahrvollen Weg nach Nordwesten einzuschlagen. Berühmt geworden deshalb, weil seine Truppen dadurch in Kontakt mit den Briten blieben und rechtzeitig bei Waterloo eingreifen konnten.

ER FAND SEIN WATERLOO

Waterloo. Eine Schlacht, die zum Inbegriff der Schlacht wurde. Ein Name, der Erinnerungen weckt, Ressentiments aufrührt, Chauvinismus wiederbelebt; zum Sprichwort geworden für jemanden, der auf irgendeinem Gebiet eine endgültige Niederlage erlitten hat: *sein Waterloo finden;* auch in aller Erinnerung durch das Wort Sir Arthur Wellesleys, des Herzogs von Wellington: »Ich wollte, es würde Nacht oder die Preußen kämen!« Es ändert wenig, dass er in Wirklichkeit gesagt hat: »Unser Plan ist ganz einfach: die Preußen oder die Nacht. In jedem Fall *ausharren!*«

Die Literatur über Waterloo ist unüberschaubar. Wie die Schlacht wirklich verlief, ist dennoch nicht zu erfahren. Stendhals Schilderung in seinem Roman »Die Kartause von Parma«

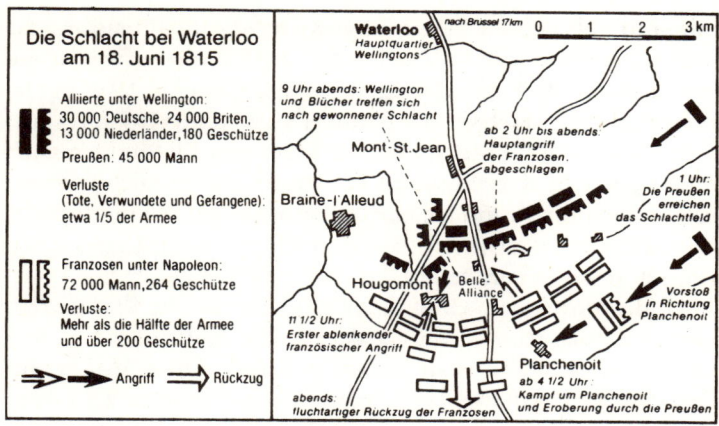

Die Schlacht bei Waterloo
am 18. Juni 1815

Alliierte unter Wellington:
30 000 Deutsche, 24 000 Briten,
13 000 Niederländer, 180 Geschütze

Preußen: 45 000 Mann

Verluste
(Tote, Verwundete und Gefangene):
etwa 1/5 der Armee

Franzosen unter Napoleon:
72 000 Mann, 264 Geschütze

Verluste:
Mehr als die Hälfte der Armee
und über 200 Geschütze

⇒ ⇒ ⇒ Angriff   ⇒ Rückzug

Waterloo
Hauptquartier
Wellingtons

nach Brüssel 17 km   0   1   2   3 km

9 Uhr abends: Wellington
und Blücher treffen sich
nach gewonnener Schlacht

ab 2 Uhr bis abends:
Hauptangriff
der Franzosen.
abgeschlagen

Mont-St.Jean

1 Uhr:
Die Preußen
erreichen
das Schlachtfeld

Braine-l'Alleud

Hougomont   Belle-
Alliance

Vorstoß
in Richtung
Planchenoit

11 1/2 Uhr:
Erster ablenkender
französischer Angriff

Planchenoit
ab 4 1/2 Uhr:
Kampf um Planchenoit
und Eroberung durch die Preußen

abends:
fluchtartiger Rückzug der Franzosen

Ein Mythos unter den großen Schlachten der Weltgeschichte: Waterloo.

oder Grabbes Darstellung in seinem Drama »Napoleon und
die Hundert Tage«, sie sind so *wahr* oder so *unwahr* wie die
Berichte der Augenzeugen, die Beschreibungen der Historiker,
die Analysen der Militärschriftsteller. Einer von ihnen, Henri
Houssaye, meinte, dass es, um eine Schlacht zu schildern, so
vieler Jahre des Studiums bedürfe, wie die Schlacht Stunden
gedauert habe. Selbst dann sei man vor Irrtümern nicht gefeit.

Gehen wir über die Fehler hinweg, die im Falle Waterloo
besonders den Franzosen angelastet wurden (»Wenn der linke
Flügel bei Ligny seine Pflicht getan hätte ...«, »Wenn die Kavallerie nicht verheizt worden wäre ...«, »Wenn die Garde früher zum Sturm angetreten wäre ...«), Wellington hat zumindest ebenso viele Fehler gemacht (17 000 Mann setzte er trotz
dringender Hilferufe seiner Unterführer nicht ein). Beachtens-
werter sind die Helden dieses schrecklichen Schauspiels, angesichts derer ein Dramenautor mutlos werden könnte. Da
ist der Marschall Ney, der mit zerfetzter Uniform und zer-
brochenem Degen immer wieder nach vorn geht (»Soldaten,

folgt mir, ich will euch zeigen, wie ein Marschall Frankreichs stirbt«), der Tod aber will ihn nicht, noch nicht, er wartet auf ihn im Jardin du Luxembourg in Paris, wo Michel Ney im Dezember wegen Hochverrats füsiliert wird. Und Grouchy; ausgesandt mit 30 000 Mann und 100 Kanonen, die Preußen nach ihrem Desaster von Ligny zu verfolgen, irrt er in Regen und Schlamm umher, und als er die Kanonen von Waterloo hört, folgt er ihrem Ruf nicht, sondern führt seinen inzwischen sinnlos gewordenen Befehl aus.

Und Cambronne, Chef einer Division der in Schlachtgewittern bewährten Alten Garde, der die Aufforderung, sich zu ergeben, mit den Worten beantwortet: »Die Garde stirbt, aber sie ergibt sich nicht!« So hat man es in den Sockel seines Denkmals in Nantes gemeißelt. (Was er wirklich gesagt hat, hätte dort auch nicht hingepasst: »*Merde! – Scheiße!*«)

Und der britische Hauptmann Mercer, der die Nacht nach dem Gemetzel der Zweihunderttausend auf dem Schlachtfeld verbringt; inmitten der Toten und Verstümmelten (es sind insgesamt 45 000: 25 000 Franzosen, 5000 Engländer, 7000 Preußen) kritzelt er in sein Tagebuch: »Ein Pferd erregte mein schmerzlichstes Interesse. Es hatte beide Hinterbeine verloren und saß die lange Nacht hindurch auf seinem Schweif, blickte umher, als erwarte es Hilfe, und stieß immer wieder ein lang gezogenes, melancholisches Wiehern aus.«

Und Wellington, in Spanien bewährt als gefährlichster Gegner der Franzosen, Brite *from top to toe*, von unüberbietbarem Standeshochmut, ein Verächter seiner Soldaten, ungeliebt, aber hoch geachtet, selbst im chaotischen Schlachtgetümmel kühl bis ans Herz hinan; ganz Gentleman, verbietet er einem seiner Scharfschützen (»Sir, ich glaube, ich kann ihn erwischen!«), auf den plötzlich auf Schussweite sich nähernden Napoleon zu feuern.

Und Blücher, dieser *wundervolle alte Knabe*, so Wellington, der das Unwahrscheinliche zum Ereignis macht: eine geschlagene, erschöpfte, verzweifelte Truppe zu sammeln, umzugruppieren, moralisch wieder aufzurichten, erneut ins Feuer zu führen und dadurch die Entscheidung zu erzwingen.

Und Napoleon selbst, der, nach vergeblichem Warten auf den unglückseligen Grouchy und einem Versuch, die Garde persönlich nach vorn zu führen, in den Mahlstrom der zurückflutenden Soldaten gerät, seinen Reisewagen erreicht, ihn Hals über Kopf wieder verlassen muss, weil das nervenzerfetzende Hurra der überall auftauchenden Preußen ertönt, die mit dem *letzten Hauch von Ross und Mann* die Verfolgung aufgenommen haben. Und die Muschkoten des 55. Infanterieregiments stehen starr vor den unter den Sitzkissen des Wagens entdeckten Goldmünzen in Millionenwert.

Bei dem Gasthof *La Belle Alliance* treffen sich in der späten Dämmerung jenes 18. Juni die beiden siegreichen Feldherrn, während von irgendwoher Musik ertönt, »*God save the king*« und »Nun danket alle Gott«. Blücher, lahm und zerschunden von seinem Sturz, beugt sich im Sattel vor, um Wellington zu umarmen. »Mein lieber Kamerad«, sagt er. »*Quelle affaire ...*« Die anmutige Gunst des Zufalls, dass der Hof »Das schöne Bündnis« hieß, damit zum Symbol preußisch-englischer Waffenbrüderschaft werdend, konnte den Herzog nicht davon abhalten, die Schlacht »Waterloo« zu taufen, nach dem Namen seines letzten Hauptquartiers, und nicht Belle-Alliance.

Ein erster Zwiespalt, der größer wurde, je mehr Zeit verstrich, und in den gegenseitigen Behauptungen gipfelte: *Wir haben die Schlacht von Waterloo gewonnen.* Napoleon sei, so die Engländer, praktisch schon geschlagen gewesen, als die Preußen kamen. Wellington hätte das Weite suchen müssen, so die Preußen, wenn Blücher nicht rechtzeitig auf dem Kampfplatz erschienen wäre.

Die Fachleute haben den alten Streit begraben, indem sie etwas feststellten, was der Laie schon immer gewusst hatte: den unter Wellington kämpfenden Truppen (ein Drittel von ihnen stammte übrigens aus Braunschweig, Hannover, Hessen-Nassau) und den unter Blücher gebühre der gleiche Anteil am Lorbeer des Sieges.

»Welch ein Roman ist doch mein Leben«, hat Napoleon einmal gesagt. Nun war die Zeit gekommen, das letzte Kapitel aufzublättern. Es trug die Überschrift »St. Helena«, wobei der Untertitel »Oder der an den Felsen geschmiedete Prometheus« zu sehr an die Napoleonlegende erinnern würde. An dieser Legende hat Napoleon selbst mit Fleiß und Geschick gearbeitet, als er dem ihm in die Verbannung gefolgten Grafen Las Cases, später auch dem General Gourgaud, das achtteilige *Mémorial de Sainte-Hélène* diktierte, das, in mehrere Sprachen übersetzt, zu einem Bestseller wurde, wie man heute sagen würde.

In seinem *Mémorial* zeichnet er der Nachwelt das Bild eines Menschen, der stets das Gute gewollt und nicht dafür verantwortlich gemacht werden könne, wenn es von seinen Widersachern bisweilen ins Böse gekehrt wurde. Seine Feldzüge waren keine Eroberungskriege, sondern Kreuzzüge für die Einigung Europas; seine Eroberungen wurden unternommen, um die Völker vom Joch ihrer Tyrannen zu befreien. So sah er sich, so wollte er gesehen werden, doch vermag so viel Subjektivität seine eigentlichen Verdienste nicht zu verdunkeln. Sie lagen auf dem Gebiet der Verwaltung und Rechtspflege, die er modernisierte, verbesserte, reinigte. Wovon in Deutschland besonders die Rheinbundstaaten profitierten. Wie er überhaupt in Deutschland durch die Zerstörung des alten Reiches feudale Sonderrechte und kleinstaatliche Zersplitterung weitgehend beseitigte und dem modernen Staats- und Nationalgedanken zum Durchbruch verhalf.

Auf jenem armseligen Felsen im fernen Weltmeer, St. Helena genannt, lebte Napoleon noch sechs Jahre. Schikaniert von seinen britischen Bewachern, gepeinigt von der Sehnsucht nach Frankreich, krank gemacht von einem ungewohnten Klima, siechte er dahin. Was viele als ein ihm gemäßes Los ansahen, zugeteilt von der Göttin Nemesis, der Wahrerin des rechten Maßes und der Rächerin des Frevels.

Gefragt, wann er wohl am glücklichsten gewesen sei in seinem Leben, hat er, kurz vor seinem Tod am 5. Mai 1821, geantwortet: »Vielleicht in Tilsit. Ich war dort siegreich, diktierte Gesetze, Könige und Kaiser machten mir den Hof.«

Die Ermordung des Staatsrats von Kotzebue

Der Mann, der damals am Ufer der Memel im Regen stand und wartete, bis er seinem Bezwinger den Hof machen durfte, hieß Friedrich Wilhelm III. Er erlebte die Genugtuung, dass der Sohn der Hölle, wie seine Gemahlin Luise den Korsen nannte, endlich dorthin zurückgekehrt war. Er selbst regierte noch viele Jahre über ein Land, das, durch erneuten Landgewinn im *Zweiten Pariser Frieden* vergrößert, eine Ausdehnung von 278 000 Quadratkilometern erreichte. Auch dieser zweite Friede war milde für Frankreich, denkt man an die Zehntausende von Menschen, die dafür bei Waterloo hatten sterben müssen.

Seine Bedingungen lauteten im Wesentlichen: Abtretung des westlichen Saarlands mit Saarbrücken an Preußen, Zahlung von 700 Millionen Francs Kriegsentschädigung, Herausgabe aller geraubten Kunstwerke (dazu gehörten die flämischen Meisterbilder, die Mediceische Venus aus Florenz, die bronzenen Rosse des Markusdoms von Venedig). Ludwig XVIII. durfte wieder nach Paris zurückkehren, und die Verbündeten versicherten ihm erneut, dass man nicht gegen die Franzosen, sondern gegen Napoleon Krieg geführt habe.

Den nunmehr zehn Millionen Einwohnern seines Staates vermochte Friedrich Wilhelm während seiner restlichen Regierungszeit den Frieden zu erhalten, und das waren fünfundzwanzig Jahre. Was sich auf seiner Waagschale gut ausnimmt. Weniger gut sah es mit dem inneren Frieden aus. Das auf dem Wiener Kongress gegebene Versprechen, *es solle eine Repräsentation des Volkes* gebildet werden in Anerkennung der Waffentaten eben dieses Volkes, hielt er nicht.

Zusammen mit den Herrschern Russlands und Österreichs schloss er eine Heilige Allianz, der später bis auf England alle europäischen Monarchen beitraten. Wie sie war er der Meinung, dass Menschen patriarchalisch geleitet und behütet werden müssen, im Sinne einer großen christlichen Familie, der *nation chrétienne,* deren gemeinsamer Souverän Jesus Christus sei und deren Verfassung die Heilige Schrift. Die Väter dieser Familie, die Souveräne, seien lediglich Beauftragte, dazu verpflichtet, Frieden und Gerechtigkeit walten zu lassen und sich gegenseitig zu helfen, falls dagegen verstoßen werde.

Es ist angesichts von derart menschheitsbeglückend sich gebenden Wendungen grundsätzlich Vorsicht am Platze, denn die angestrebten Ideale waren zu verschwommen, um als Grundlagen rechtsstaatlicher Normen zu dienen, der Passus der gegenseitigen *brüderlichen Hilfe* war besonders suspekt. Zwar bezeichnete Metternich den Vertragstext als ein *tönendes Nichts,* gerade er aber verstand es, die Heilige Allianz zusammen mit dem *Vierbund* der Siegermächte Russland, England, Österreich, Preußen in ein Machtinstrument zu verwandeln.

Mit seiner Hilfe ließen sich jene Männer bekämpfen, die es nicht aufgeben wollten, für die Ideale der Freiheit, der rechtlichen und sozialen Gleichberechtigung zu kämpfen und damit die endlich erstrittene Ruhe wieder zu stören. Metternich handelte hierbei nur logisch: Er war der erste Mann eines Staatsgebildes, in dem viele Völker lebten und in dem jedes Volk bestrebt war, seine Selbstbestimmung zu erlangen.

Das traf für Preußen zwar nicht zu, der Gedanke der Restauration, der Wiederherstellung des Alten, aber entsprach
der Mentalität des Preußenkönigs. Ihm waren die Reformer
stets zuwider gewesen, genauso wie jene Patrioten, die den
Spruch »Das ganze Deutschland soll es sein« ständig im Munde führten. Ihm hatte selbst Blücher als ein *Jakobiner* gegolten. Die lästigen Mahner, die an die Einlösung seines Verfas-
sungsversprechens zu erinnern wagten, fertigte er ungnädig
ab: Versprochen habe er die Konstitution, den Zeitpunkt ihrer
Einführung möge man gefälligst ihm überlassen. Und wenn es
nach ihm und dem konservativen Landadel, den Junkern, gegangen wäre, hätte man sogar die von Stein in Gang gebrachten Reformen, wenn nicht rückgängig gemacht, so doch stark
beschnitten. Beim Edikt über die Bauernbefreiung gelang das
sogar weitgehend.

Hätte er je geschwankt zwischen den fortschrittlichen Gneisenaus, Humboldts, Boyens und den erzkonservativen Müffl-
lings, Wittgensteins, Mecklenburgs, zwei Ereignisse waren es,
die solches Schwanken beseitigt hätten. Im Oktober 1817 versammelten sich etwa 500 Studenten, um mit Feuer, Fackeln
und Gesang die Erinnerung an Luther und die Völkerschlacht
bei Leipzig wachzuhalten. Sie gehörten der *Burschenschaft*
an, einer vor zwei Jahren in Jena von jungen Kriegsteilneh-
mern gegründeten Vereinigung, auf deren schwarzrotgoldenen Fahnen der Ruf nach einem einheitlichen Deutschland
stand und die Losung »Ehre, Freiheit, Vaterland«.

Vom Bier und der eigenen Begeisterung berauscht, warfen
sie zum Schluss der Veranstaltung *das Vaterland entehrende,
der Freiheit feindliche Schriften* in die Flammen, den Zopf,
den Schnürleib, den Korporalstock, Symbole der Reaktion,
gleich hinterher. Und sie hielten Reden wider der Tyrannen
Anmaßung.

Bei allem ehrlichen Enthusiasmus war auch viel studenti-
scher Übermut im Spiel. Preußen und Österreich aber genüg-

te das, den toleranten Herzog von Weimar, von ihnen ironisch der *Altbursche* genannt, unter Druck zu setzen. Dass man gegen die Burschenschaftler rücksichtslos vorgehen konnte, dafür lieferten sie selbst den Anlass. Einer der ihren, der Theologiestudent Karl-Ludwig Sand, stach August von Kotzebue, einem Literaten und Agenten des Zaren, das Messer ins Herz und sich selbst ein anderes in die Brust. Nach vierzehn Monaten war er so weit wiederhergestellt, dass man ihn köpfen konnte (wobei vornehme Bürgerfrauen ihre Schnupftücher in sein Blut tauchten).

Die Ermordung des *Verräters am deutschen Wesen* Kotzebue durch einen wirrköpfigen Jüngling war Metternich willkommen. Er bemühte sich, »aus der Gelegenheit, die der vortreffliche Sand auf Kosten des armen Kotzebue geliefert hat, die möglichste Partie zu ziehen«. Er machte sich Friedrich Wilhelm geneigt, ja hörig, zitierte die wichtigen Mitglieder des Deutschen Bundes nach Karlsbad und erzielte eine einstimmige Verabschiedung von Beschlüssen, mit deren Hilfe die Universitäten überwacht, Zeitungen und Bücher zensiert, alle »demagogischen« Bewegungen im Keim erstickt werden sollten.

In der traurigen preußischen Praxis bedeutete das die Entlassung Ernst Moritz Arndts, Professors der Geschichte in Bonn; die polizeiliche Bespitzelung Schleiermachers; das Verbot einer Neuauflage von Fichtes »Reden an die deutsche Nation«; die Verhaftung des Turnvaters Jahn, eines Mannes, der als deutschtümelnder Nationalist unangenehm genug war, doch kein Hochverräter, und das Verbot des von ihm erfundenen *Turnens*, womit Kniebeuge und Bauchwelle als staatsfeindlich erklärt waren; die Vertreibung von Görres nach Frankreich.

Staatsverbrechen wurden durch die Demagogenverfolgungen nicht ans Licht gebracht, dafür war der Schaden, den sie anrichteten, gravierend. Für Männer wie den Kriegsminister

Boyen und den gerade zum Minister für Verfassungsfragen
ernannten Wilhelm von Humboldt gehörten die Karlsbader
Beschlüsse mit zu den Gründen ihres Rücktritts. Der Freiherr vom Stein zog sich auf seine westfälischen Güter zurück. Gneisenau lobte und beförderte man so lange, bis er
keinen Einfluss mehr besaß. Bürgerliche Existenzen wurden
vernichtet, die Zahl der Auswanderer stieg, in Paris bildete
sich eine ganze Kolonie emigrierter Deutscher, und Amerika
sah sich bereichert um etliche kluge Köpfe. Weit schlimmer
noch wirkte sich die Zerstörung des aufkeimenden Gefühls
für Mitverantwortung aus, eines neu erwachten bürgerlichen
Gemeinsinns. Resignation machte sich breit, man fühlte sich
betrogen um die Früchte eines Krieges, von dem man die Freiheit erwartet hatte, der aber allenfalls die Befreiung von Napoleon gebracht. Der Dichter Uhland beschwor, an die Tage von
Leipzig gemahnend, in geradezu rührender Weise die Fürsten:
»Vergaßt ihr jenen Tag der Schlacht, an dem ihr auf den Knien
laget, und huldigtet der höhern Macht? Wenn eure Schmach
die Völker lösten, wenn eure Treue sie erprobt, so ist's an
euch, nicht zu vertrösten, zu leisten jetzt, was ihr gelobt.«

Herr Biedermeier und der Vulkan

Dazu waren die Fürsten nicht bereit, und wie überall begrüßte
man es auch in Preußen, dass der Bürger sich daraufhin und
überhaupt in sein Schneckenhaus zurückzog, sich seiner Familie hingab. Enttäuscht, getäuscht, kriegsmüde, wie er war,
entsagte er der Politik und den Versuchen, die Privilegien des
Adels infrage zu stellen. Er entsprach ganz jenem Philister,
von dem Georg Herwegh in seinem »Wiegenlied« sang: »Und
wenn man dir alles verböte, ach, gräme dich nicht zu sehr. Du
hast ja Schiller und Goethe! *Schlafe*, was willst du mehr?«
Ein anderer Schriftsteller, Georg Kinkel, lässt den zipfelmüt-

zigen Michel sagen: »Stets nur treu und stets loyal und vor
allem stets zufrieden, so hat Gott es mir beschieden. Folglich
bleibt mir keine Wahl, ob des Staates alten Karren Weise lenken oder Narren, dieses geht mich gar nichts an: *denn ich bin
ein Untertan.*«

Dieser Untertan war, zurückgeworfen in seine Welt, der
Träger einer eigenen, einer eigenartigen Kultur, nach der sich
später viele Generationen seufzend sehnten. Sie wurde zum
Inbegriff einer guten alten Zeit, in der das Leben beschaulich
schien, die Sitten tugendsam, die Ansprüche bescheiden. Die
Zeit der Tagebücher und Briefe, der Hausmusik und des Thea-
terbesuchs, der schwärmerischen Liebe, des stillen Glücks im
Winkel war es, über die unsichtbar der Vierzeiler als Motto
stand »O wie lieblich ist's im Kreis trauter Biederleute! Welt
und Mensch gewinnt dabei eine bess're Seite.« Wenn wir diese
vom gebildeten Bürgertum getragene Epoche, das Biedermeier,
beneiden, dann auch wegen der Sicherheit ihres Geschmacks,
die sich in der Wohnkultur zeigte, dort, wo das Schlichte mit
dem Zweckmäßigen sich zum Behaglichen verband.

Biedermeiers aus Preußen sahen mit Bewunderung und
Grausen auf die erste Eisenbahn zwischen Potsdam und Ber-
lin, vor deren gesundheitsschädigender Geschwindigkeit die
Ärzte warnten. Sie erlebten, wie das Zollgesetz von 1818
zum *Deutschen Zollverein* führte und in der Silvesternacht
1833/34 die Schlagbäume zwischen achtzehn deutschen Ländern zerbrachen, und sie sangen jubelnd mit Hoffmann von
Fallersleben »Schwefelhölzer, Fenchel, Bricken, / Kühe, Käse,
Krapp, Papier, / Schinken, Scheren, Stiefel, Wicken, / Wolle,
Seife, Gran und Bier, / Pfefferkuchen, Lumpen, Trichter, /
Nüsse, Tabak, Gläser, Flachs, / Leder, Salz, Schmalz, Pup-
pen, Lichter, / Rettich, Rips, Raps, Schnaps, Lachs, Wachs! /
Und ihr andern deutschen Sachen, / tausend Dank sei euch
gebracht! / Was kein Geist je konnte machen, ei, das habet
ihr gemacht: / Denn ihr habt ein Band gewunden / um das

deutsche Vaterland, / und die Herzen hat verbunden,/ mehr als unser Bund, dies Band.«

Biedermeiers wandten sich geniert ab, wenn sie jenen begegneten, die ihre Arbeitskraft als Ware verkauften, zum Leben zu wenig, zum Sterben zu viel damit verdienten und Proletarier genannt wurden. Eine Menschenklasse, über die die Romantikerin Bettina von Arnim einen höchst unromantischen Bericht geschrieben hatte unter dem Titel »Dies Buch gehört dem König« und in dem es hieß: »... Vor dem Hamburger Thore [in Berlin], im so genannten Vogtland, hat sich eine förmliche Armen-Colonie gebildet ... Sie hungern lieber bis aufs Äußerste, als dass sie sich der Exmission aussetzen, denn sie wissen, dass sie alsdann der Polizei in die Hände fallen, ins Arbeitshaus kommen und ihr Leben, gehetzt von den unmenschlichen Polizeigesetzen, aushauchen ... Viele in den Familienhäusern essen morgens trockenes Brot, mittags gar nichts, abends eine Mehl- oder andere Suppe. Von einem halben Lot [Gersten-]Kaffee trinken 5 Personen zweimal. Eine Frau hat mit einem fremden Weber ein Zimmer zusammen gemietet und hilft ihm bei der Arbeit, um wenigstens einen Anhaltepunkt zu haben. Manchmal aber verdienen beide nichts ... In 400 kleinen Stuben wohnen 2500 Menschen.«

So gesehen glich das Leben der Biedermeiers einem Spaziergang auf vulkanischem Boden. Denn unter der Oberfläche von Harmonie und Entsagung brodelten die gesellschaftlichen, wirtschaftlichen und geistigen Kräfte ...

V AUFSTAND IM MÄRZ

DIE ABENTEUER DES HERRN VON BISMARCK

Am Abend des 19. März 1848 hörte der Rittergutsbesitzer
Otto von Bismarck-Schönhausen, der gerade zu Gast bei seinem Gutsnachbarn war, dass es in Berlin zu revolutionären
Ausschreitungen gekommen sei und Friedrich Wilhelm IV.
sich in der Gewalt der Aufständischen befinde. Das jedenfalls
berichteten einige Damen, die sich aus der Residenz in die
Altmark geflüchtet hatten. Bismarck beschloss auf der Stelle,
seinen König zu befreien, fuhr auf die Dörfer zu den Bauern
und fragte, ob sie bereit wären, ihn dabei zu unterstützen.
Sie waren bereit, und er begann die Gewehre zu zählen, ließ
durch reitende Boten Pulver aus der nahen Kreisstadt holen,
hisste auf dem Schönhauser Kirchturm eine Flagge mit dem
Eisernen Kreuz.

Mit einem geladenen Revolver in der Tasche fuhr er anderntags nach Potsdam, wo er sich von *spionartigen Zivilisten* verfolgt sah, und bot dem General Prittwitz, der auf Geheiß des
Königs die Truppen aus Berlin hatte abziehen müssen, durch
seine Bauern Hilfe an. Prittwitz antwortete trocken: »Schi-
cken Sie uns lieber Kartoffeln und Korn.« Wenn er jedoch von
allerhöchster Stelle einen Befehl bringen könne, Berlin wieder
zu besetzen, dann ...

Bismarck ließ sich den Bart scheren, setzte einen Schlapp-
hut mit schwarzrotgoldener Kokarde auf und fuhr nach Berlin,
wo ihn ein befreundeter Kammergerichtsrat trotz der Verklei-
dung erkannte. »I Jotte doch, Bismarck! Wie sehn Sie aus!« In
das Schloss konnte er auch mit einem Empfehlungsschreiben
nicht vordringen, kehrte unverrichteter Dinge nach Potsdam

zurück und versuchte nun, den Prinzen Wilhelm zu erreichen, der, wegen der Kinderlosigkeit des Monarchen, zum Thronfolger bestimmt war.

Im Stadtschloss traf er jedoch nur dessen Frau, die Prinzessin Augusta, die nicht bereit war, ihm den Aufenthaltsort ihres Gemahls mitzuteilen. Sie mochte den Mann nicht, der da so herrisch auftrat und ihr, wenn auch verhüllt, nichts Geringeres vorschlug als eine Konterrevolution. Da der König nicht mehr handlungsfähig sei und der Thronfolger als reaktionär beim Volk verhasst, komme nur Augustas siebzehnjähriger Sohn Friedrich Wilhelm als künftiger König infrage; wobei sie, die Prinzessin, bis zu seiner Volljährigkeit die Regentschaft übernehmen müsse.

Augusta, Urenkelin Katharinas der Großen, Nichte des Zaren, verschwieg, dass sie gerade von der Pfaueninsel zurückgekommen war, wo Wilhelm auf der Flucht nach England, wozu ihn der Volkszorn gezwungen, Zwischenstation gemacht hatte. Sie glaubte zu spüren, dass man ihre liberale Gesinnung für etwas Reaktionäres missbrauchen wollte, und entließ einen Gast ungnädig, in dem sie von nun an nichts anderes sehen würde als einen skrupellosen Intriganten. Nach des späteren Kanzlers eigenen Worten machte sie ihm mehr Schwierigkeiten als alle fremden Mächte und Parteien zusammen.

Bismarck gab nicht nach in seinen Bemühungen, den Marsch auf Berlin zustande zu bringen, traf sich erneut mit den Generalen, brachte seine Bauern aus Schönhausen nach Potsdam, musste aber gerade an diesem Tag erleben, wie wenig der König, den er aus den Händen des Pöbels glaubte retten zu müssen, von dieser Rettung etwas wissen wollte. In der Marmorgalerie des Stadtpalais dankte er den Offizieren der Garde für ihre Treue, sprach von dem abnormen Zustand Berlins, sagte dann: »... und dennoch fühle ich mich dort so sicher wie in Ihrer Mitte, meine Herren. Dies Gefühl verdanke ich den braven Bürgern Berlins. Ihnen wird es, hoffe ich, auch ferner gelingen, die Ruhe der Stadt aufrechtzuerhalten ..., und nur wenn sie mich darum bitten, werde ich mich bewegen lassen, die Truppen zum Schutz der Bürger wieder herbeizurufen.«

Bismarck kehrte nach Schönhausen zurück, enttäuscht, zornig, in dem Gefühl, einen Narren aus sich gemacht zu haben, und es war ihm nur ein schwacher Trost, dass sich in der Marmorgalerie Entrüstung breit gemacht, ein Murren und Aufstoßen der Säbel, wie es ein König von Preußen inmitten seiner Offiziere noch niemals gehört hatte.

Ein Unternehmen hatte geendet, das abenteuerlich anmutet, besonders wenn man bedenkt, dass sein Held kein Jüngling war von siebzehn, sondern ein Mann von dreiunddreißig, ein Familienvater, Gutsbesitzer, Abgeordneter. Doch ist das Abenteuerliche, das Außergewöhnliche, das jeder Regel und Norm Spottende ein Schlüssel zu Bismarcks Existenz. In diesem Menschen scheint alles sich zu widersprechen. Widersprüchliches, das sich bereits im Äußeren zeigt: ein Hüne mit merkwürdig hoher Stimme, auf dem mächtigen Körper ein zierlicher Kopf, an den kräftigen Armen fein gestaltete Hände. Einer, den man in seiner Heimat den *tollen Bismarck* nennt, und so sensibel, dass er in entscheidenden Situationen Weinkrämpfe bekommt; ein eiserner Kanzler mit höchst labilem Nervensystem; kraftmeiernd und zweiflerisch, hart und sentimental, bei Ärger und Enttäuschung unter Gesichtsschmerzen leidend, wie überhaupt bei ihm Seelisches sich unmittelbar im Körperlichen manifestiert.

Das abgegriffene Wort vom Menschen in seinem Widerspruch, hier wird es offenbar. Man kann deshalb über Bismarck alles schreiben, weil alles auf irgendeine Weise richtig *und* falsch ist. Der reaktionäre, menschenverachtende Junker, der Deutschlands Einheit schmiedende Titan, der mit dem Teufel paktierende Machiavell ohne Treu und Glauben, der aus grauer Vorzeit auferstandene germanische Held, der Böse-

wicht shakespeareschen Formats, ein Vorläufer Hitlers, der
den Frieden Europas bewahrende weise Staatsmann – es gibt
kein Etikett, das man ihm noch nicht umgehängt hätte.

Jede Generation ist bestrebt, die Geschichte neu zu schreiben, weil sie Vergangenes aus ihrer Gegenwart heraus neu zu
sehen glaubt. Im Falle Bismarcks pflegen sich dabei die Bilder-
stürmer mit den Weihrauchschwenkern abzuwechseln. Aber
niemand, wo immer er steht, kann verkennen, so Bismarcks
kritischster Biograph Erich Eyck, dass der Preuße die beherr-
schende Figur seiner Zeit war und mit ungeheurer Kraft ihr die
Wege gewiesen hat. Und niemand kann sich der faszinieren-
den Anziehungskraft dieses Menschen entziehen, der im Guten wie im Bösen immer eigenartig und immer bedeutend ist.
Größeren Reichtum hat die Natur nur selten in einer Person
vereint.

Ihn möglichst oft selbst sprechen zu lassen, ihn, der das
Wort meisterlich zu handhaben verstand und von seinen Rä-
ten immer wieder forderte, den Gedanken in die bestmög-
liche Form zu gießen, erscheint unabdingbar, will man sich
ein Bild, ein Bismarckbild, machen.

Ein Fluch dem König, dem König der Reichen ...

Was nun war geschehen an jenen beiden Märztagen in Berlin,
die Bismarcks Parforcetour veranlasst hatten? Besser noch,
wie war es zu den Ereignissen gekommen, die wir die Revolution von 1848 nennen? Angefangen hatte es wieder einmal
in Paris.

In Paris, wo der Geldadel an die Stelle des Geburtsadels
getreten war und sich als nicht weniger korrupt und ausbeu-
terisch erwiesen hatte, hatte das Volk im Februar 1848 den
so genannten Bürgerkönig Louis Philippe vertrieben und die

Republik ausgerufen. Die Flamme des Aufruhrs griff über den Rhein und fand Zündstoff genug. In Baden, Württemberg, Bayern, in Darmstadt, Nassau, Sachsen, in Hannover und Kassel gingen die Bürger auf die Straße, schickten Delegationen zu ihren Fürsten, verlangten, dass sie in Zukunft wählen durften, öffentlich ihre Meinung sagen, sich versammeln, unzensierte Zeitungen lesen und sich für ein vereintes Deutschland einsetzen, ohne dafür bestraft zu werden.

Die Fürsten, verschreckt, geängstigt, bewilligten die Forderungen meist so rasch, als habe es sich bei dem bisherigen Unterdrückungssystem lediglich um ein Missverständnis gehandelt. Sie entließen die reaktionären Minister, erkannten die Landtage als Regierungspartner an und leiteten die Ausarbeitung einer Konstitution ein oder dort, wo es bereits eine gab, ihre Revision. Dabei war das Ganze ein Aufstand à la Michel, es wurde kaum Blut vergossen, und vor den Thronen machte man Halt. Man wollte keine Revolution, man wollte Reformen.

Auch in Wien beabsichtigte man nicht, dem Kaiser zu nehmen, was dem Kaiser zukam, dafür umso mehr einem Mann, mit dessen Namen sich alles verband, was gestrig war: Zensur, Spitzelwesen, Polizeiterror. »O Metternich, o Metternich, ich wollte, dass das Wetter dich tief in den Boden schlüge!«, hatte man an der Donau schon seit Jahren gesungen. Jetzt wollte man Ernst damit machen. Die Demonstranten zogen plündernd und brandschatzend durch die Vorstädte. In der Hofburg beriet zagend die erzherzogliche Familie, und sie beschloss – Dank vom Hause Habsburg –, den ihnen seit fast vier Jahrzehnten ergeben dienenden Minister dem Volkszorn zu opfern. Clemens Metternich, im fünfundsiebzigsten Lebensjahr nun, rettete sich vor der Gefahr, gelyncht zu werden, und ging nach England ins Asyl, begleitet von einer Grabschrift des Dichters Grillparzer: »Hier liegt, für seinen Ruhm zu spät, der Don Quichotte der Legitimität, der Falsch und Wahr nach

seinem Sinne bog, zuerst die anderen, dann sich selbst belog;
vom Schelm zum Toren ward bei grauem Haupte, weil er
zuletzt die eigenen Lügen glaubte.«

Die Nachricht vom Sturz des bestgehassten Mannes ging
wie ein Lauffeuer durch Europas Metropolen. In einer von ihnen, in Berlin, wo sie drei Tage danach, am 16. März, eintraf,
wirkte sie auf doppelte Weise ... Auch in Preußen hatte es
seit langem gegärt. Politisch und sozial. Die Einwohnerzahl
war seit 1816 rapide gewachsen. Innerhalb einer Generation
waren aus zehn Millionen sechzehn Millionen geworden.
Für sie alle war Raum da, aber nur für die Hälfte von ihnen
Brot. Auch nicht auf dem flachen Land, wo noch immer der
überwiegende Teil des Volkes lebte – besser, sein Leben fris-
tete –, hatte doch die unzulängliche Agrarreform die Zahl der
Bauernstellen verringert, statt sie zu vermehren. Instleute,
Kätner, Saisonarbeiter, Mägde, Knechte streiften als Gelegen-
heitsarbeiter und Bettler umher, oder sie zogen in die Städte,
wo sie in den Elendsvierteln die Not der durch die Maschine
stellungslos gewordenen Handwerker und der unterbezahlten
Fabrikarbeiter vermehrten.

Um zu überleben, mussten in den Familien die Frauen arbeiten und die Kinder. Wer sich dagegen wandte, dass Sechs-
bis Zwölfjährige vom Morgengrauen bis zur Dämmerung
schufteten, bekam vom Innenminister, Friedrich Freiherr von
Schuckert, zu hören, dass Fabrikarbeit von Kindern kein Ideal-
zustand sei, letztlich jedoch weniger schädlich als der Erwerb
geistiger Bildung. Wer erfährt, dass Ende der Dreißigerjahre
die Arbeit in Fabriken, Berg- und Hüttenwerken für Kinder
unter neun verboten wurde und für jene zwischen neun und
zwölf auf täglich zehn Stunden begrenzt, weiß genug über die
soziale Situation der Zeit.

Es war zu Unruhen gekommen, Empörungen, ja Aufständen, wie dem der schlesischen Weber, deren Not so himmel-
schreiend war, dass die sonst eher gutmütigen, sogar ängst-

lichen Menschen zu den Waffen griffen. Und Heinrich Heine schrieb im Pariser Exil: »Ein Fluch dem König, dem König der Reichen, den unser Elend nicht konnte erweichen, der den letzten Groschen von uns erpresst und uns wie Hunde erschießen lässt – wir weben, wir weben.«

Ein Aufstand, der spontan aus der Not geboren ward, hinter dem weder Hintermänner noch eine Organisation standen, wie jener König mutmaßte. Auch an den Grundfesten seines Throns wollten sie nicht rütteln, die zu Proletariern gewordenen Arbeiter, Bauern, Handwerker. Ihre Bittschriften trugen die Anrede »Allerdurchlauchtigster König« und waren im Ton maßvoll, ja ehrerbietig. In einer Petition vom März 1848 wurde »Abhilfe erbeten der jetzigen großen Not und Arbeitslosigkeit aller Arbeiter und Sicherstellung ihrer Zukunft. Der Staat blüht und gedeiht nur da, wo das Volk durch Arbeit seine Lebensbedürfnisse befriedigen und als fühlender Mensch seine Ansprüche geltend machen kann. Wir werden nämlich von Kapitalisten und Wucherern unterdrückt; die jetzigen bestehenden Gesetze sind nicht imstande, uns vor ihnen zu schützen.«

Ihr König aber hörte sie nicht, brauchte ihnen nicht zuzuhören, weil sie allein standen. Die Bürger scheuten ein Bündnis mit ihnen, weil sie in den Proletariern den Pöbel sahen, und wer konnte wissen, ob nach einem gemeinsam errungenen Sieg ihnen dieser Pöbel ihren Besitz ließ oder ob es zur Herrschaft der Kanaille kommen würde, mit Chaos und Anarchie? Dem Bürgertum ging es auch nicht so sehr um soziale Reformen, sie hatten ein politisches Ziel, und das hieß *Konstitution.* Eine Verfassung, in der ihnen jene Grundrechte garantiert würden, mit denen allein sich ein menschenwürdiges Leben führen ließe. Versprochen war ihnen die Verfassung, wie schon gesagt, nicht nur einmal. Der das Versprechen abgegeben hatte, der 1840 verstorbene dritte Friedrich Wilhelm, nun der *Hochselige* genannt, konnte nicht mehr gemahnt werden. Sein Nachfolger, der vierte Friedrich Wilhelm, wegen seiner vielen Ansprachen der *Redselige* geheißen, war von seinem Gottesgnadentum derart durchdrungen, dass er Hinweise auf das Verfassungsversprechen des Vaters als Majestätsbeleidigung ansah.

Dabei hatte bei Amtsantritt dieses Hohenzollern alles so gut angefangen. Er löste die berüchtigte Kommission zur Untersuchung demagogischer Umtriebe auf, entließ Hunderte der Aufwiegelung und des Hochverrats verdächtige Studenten aus den Gefängnissen, rehabilitierte die verfolgten Patrioten Arndt und Jahn, machte sogar einen ehemaligen Demagogen zum Kultusminister und berief die Gebrüder Grimm, die zusammen mit fünf anderen Göttinger Professoren drei Jahre zuvor gegen den Verfassungsbruch ihres hannoverschen Landesherrn protestiert und deswegen ihre Ämter verloren hatten, in die Preußische Akademie der Wissenschaften. Dass er gleichzeitig reaktionär gesinnte Männer zu Kabinettsministern und Adjutanten machte, war leicht verwirrend, aber man sah darüber hinweg, bis man merkte, dass alles an diesem Herrscher wirr war.

Wohl die unglückseligste Figur auf dem Thron der Hohenzollern, dieser Friedrich Wilhelm IV., und selbst preußenfromme Historiker haben hier wenig retten können. Einer von ihnen, Heinrich von Treitschke, nannte ihn den größten aller Dilettanten, und Ranke flüchtete in die Erklärung, dass er mehr Gemüt gehabt habe, als ein Staat vertragen könne. Unstet, fahrig, zu konzentrierter Arbeit nicht imstande, war er, wie sein Lehrer einmal sagte, ständig ein Raub des Augenblicks, will heißen, er ließ sich allzu schnell begeistern, überwältigen von allem, was auf ihn einströmte.

Ein Romantiker, ein Mystiker, einer, der es gut meinte mit den Untertanen und sie bei seiner Thronbesteigung gefragt hatte: »Wollen Sie mir helfen und beistehen, die Eigenschaften immer herrlicher zu entfalten, durch welche Preußen mit seinen nur vierzehn Millionen den Großmächten der Erde zugesellt ist – nämlich: Ehre, Treue, Streben nach Licht, Recht und Wahrheit – ? Oh ! Dann antworten Sie mir mit dem klaren, schönsten Laut der Muttersprache, antworten Sie mir ein ehrenfestes Ja!« Ja, sie konnten sich ihm anvertrauen, war er doch ein Gesalbter mit unmittelbarem Zugang zum Herrn. »Es gibt Dinge, die man nur als König weiß«, sagte er, »die ich selbst als Kronprinz nicht gewusst und erst als König erfahren habe.«

Bei aller Verstiegenheit und allem Hochmut war dieser König durchaus nicht unsympathisch. Im Gespräch immer wieder bestrickend durch Bildung und Belesenheit, durch Witz und Witze, unter denen er die echt berlinischen bevorzugte, redegewandt und vielsprachig, wechselte er leger vom Deutschen ins Französische, vom Italienischen ins Holländische, ja ins Sanskrit, vielfältig talentiert überhaupt, ein begabter Zeichner, seine nach Tausenden zählenden Zeichnungen zeugen von seiner Sehnsucht nach der Vergangenheit: Tempel, Dome, Altäre, südliche Gestade; Sehnsüchte, der wir die Vollendung des Kölner Doms verdanken, den Wiederaufbau der Hohenzollernstammburg, den der Burg Stolzenfels – und dreihundert Kirchen; er war fromm, wenn auch nicht frei von Frömmelei. Er wünschte sich sehnlich, seine Untertanen möchten wieder echt christlich und gläubig leben. Dazu war es nötig, die Kirche zu reformieren, damit sie ihrer Aufgabe, den Gottesstaat auf Erden zu verwirklichen, besser nachkommen könne. Bildung, Humanität, Religiosität und Friedfertigkeit (Antimilitarist war er nämlich auch), das schienen keine schlechten Voraussetzungen dafür, das andere Preußen zu repräsentieren. Doch waren es nur Scheintugenden, solche, die nicht gelebt, sondern mehr gespielt wurden. Unbewusst gespielt. Der vierte Friedrich Wilhelm war kein Heuchler, er war auf seine Art stimmig, in sich konsequent. Wenn man nicht so weit gehen will, ihn für einen fürstlichen Psychopathen zu halten, dann doch für einen im Sinne der Heineschen Verse, und damit für alles andere als für einen Herrscher: »Ich ward ein Zwitter, ein Mittelding, das weder Fleisch noch Fisch ist, das von den Extremen unserer Zeit ein närrisches Gemisch ist.«

ALLES BEWILLIGT!

Verschwommenheit, Undurchsichtigkeit, Unehrlichkeit bewies er besonders bei dem Bemühen, das Verfassungsversprechen des Vaters doch noch zu verwirklichen. Wenn seine Preußen denn durchaus mitregieren, mitverwalten, mitbeschließen wollten mit ihrem beschränkten Untertanenverstand, dann zu *seinem* Preis. Und der hieß: Bewilligung neuer Steuern, im speziellen Fall die einer öffentlichen Anleihe zwecks Baues einer Eisenbahn zwischen Berlin und dem östlichen Teil der Monarchie, ein volkswirtschaftlich wie militärisch gleich interessantes Projekt. Zu seinem Preis – *und* zu seinen Bedingungen.

Wie die aussahen, erfuhren im April 1847 sechshundert aus den acht Provinzen in die Hauptstadt zitierte Abgeordnete. In ihrer jeweiligen Heimat saßen sie in den Provinziallandtagen säuberlich nach Ständen getrennt – Ritterschaft, Bürgerschaft, Bauernschaft – und mussten sich in jeder Sitzung sagen, dass sie nichts zu sagen hatten. Das sollte sich, hofften sie, in dem nunmehr konstituierten *Vereinigten Landtag* ändern.

Der König aber teilte ihnen in einer Eröffnungsrede im Weißen Saal des Schlosses mit, »dass es keiner Macht der Erde je gelingen soll, mich zu bewegen, das natürliche, gerade bei uns durch seine innere Wahrheit so mächtig machende Verhältnis zwischen Fürst und Volk in ein konventionelles, konstitutionelles zu wandeln, und dass ich es nun und nimmermehr zugeben werde, dass sich zwischen unsern Herrgott im Himmel und dieses Land ein beschriebenes Blatt gleichsam als eine zweite Vorsehung eindränge, um uns mit seine Paragraphen zu regieren und durch sie die alte, heilige Treue zu ersetzen.«

Appelle solcher Art jedoch waren längst nicht mehr zugkräftig. Die Abgeordneten hatten überhaupt nichts gegen das *beschriebene Blatt,* und wenn sie es schon nicht bekommen konnten, dann wollten sie zumindest mehr, als nur zur Begutachtung von Gesetzen herangezogen werden und zur Beratung. Sie forderten das Recht, beim Budget, in Heeresangelegenheiten und auswärtigen Geschäften mitzusprechen, und verlangten, dass der *Vereinigte Landtag* regelmäßig einberufen werde. Auf taube Ohren stoßend, rächten sie sich auf ihre Weise und lehnten es in ihrer überwiegenden Mehrheit ab, die Eisenbahnanleihe zu bewilligen. Mit der feinen Begründung: da sie keine Rechtsgarantien für ihre Existenz besäßen, fühlten sie sich auch nicht befugt, die Verantwortung für 30 Millionen Taler zu übernehmen.

Friedrich Wilhelm, vom Zaren und von Metternich seit Jahren immer wieder gemahnt, dem Volke nicht den kleinen Finger zu reichen, müsse er doch bald beide Hände reichen, er sprach von offenem Ungehorsam, von geheimer Verschwörung und erklärtem Abfall von allem, was guten Menschen heilig sei. Verärgert, verletzt, verstört schickte er die Herren nach einigen Wochen wieder nach Hause.

Es folgten die Märztage des Jahres 1848 in Berlin, wo die Unruhe – und die Unruhen – sich verstärkten. Über 7000 Personen standen unter Polizeiaufsicht. Borsig hatte 400 Arbeiter entlassen müssen. Die Börsenkurse fielen. Das gesellschaftliche Leben kam zum Erliegen, und in den Vergnügungsetablissements traf man sich nicht mehr zum Vergnügen, sondern um zu debattieren. In einem der populärsten, den »Zelten« im Tiergarten, wurden von einer tausendköpfigen Menge Resolutionen verfasst. Oft in rührender Naivität. Immer wieder forderte man Pressfreiheit, worunter viele nichts anderes verstanden, als dass sie nicht mehr *gepresst* werden wollten. »Wo jeht's 'n hier zur Revolution?«, fragten Neuhinzukommende. Man bestimmte eine Deputation, die dem König die Forderungen der Bürger überbringen sollte, und als der Polizeipräsident meinte: »So was lieben Majestät überhaupt nicht!«, und stattdessen den Postweg empfahl, war man's auch zufrieden.

Die gemütlichen Revoluzzer allerdings wurden ungemütlich, als Kavallerie ihre Versammlung »Unter den Zelten« auseinanderzutreiben versuchte. Nach einer Verordnung von 1798 (!), so die Behörden, seien Versammlungen verboten. Auch in der Innenstadt gingen die Kürassiere bei Volksaufläufen nicht mehr mit dem flachen Säbel vor, sie hieben scharf ein. Überall tauchte jetzt Militär auf. Berlin schien bis an die Zähne bewaffnet, und der alte Widerwille der Berliner gegen das Militär – »Der Schlag ist nichts wert«, hatte schon der Soldatenkönig festgestellt und sich lieber in Potsdam aufgehalten –, er brach verstärkt hervor. Bald fielen die ersten Schüsse, gab es laut »Staatszeitung« die ersten *beschädigten Personen*, wurden zum ersten Mal Barrikaden errichtet. Vor dem Palais des Thronfolgers, eines Vertreters der harten Linie – »Nur kräftig schießen auf die Leute!« – und deshalb *Kartätschenprinz* genannt, kam es zu Krawallen.

Am 16. März dann die Nachricht aus Wien und damit der Umschwung: Die Verfechter der Verständigung, die Tauben, wie man heute sagen würde, setzten sich gegenüber den Falken durch. Nicht aus der Einsicht, dass dem Volk endlich gewährt werden müsse, was dem Volk zukomme – eine Verfassung mit den garantierten Grundrechten des Menschen –, eher aus Angst vor den Folgen einer Verweigerung. Deputationen aus dem Rheinland, vom Berliner Magistrat erhoben ihre Forderungen, wiesen auf die drohender werdende Situation hin. Eine Massenpetition des Volkes von Berlin war angekündigt. Die Fürsten anderer deutscher Länder drängten zum Einlenken. In der Angst seines Herzens beschwor der sächsische

Johann den *liebsten besten Freund* an der Spree, er möge die Sache nicht auf die äußerste Spitze treiben. »Misslingt eine gewaltsame Unterdrückung, so ist das Schicksal aller Fürsten Deutschlands entschieden, und glaube mir, die öffentliche Meinung ist zu stark, als dass ihr auf die Länge entgegenzuarbeiten sei. Man kann nicht mit dem Kopf durch die Wand.«

Ehe man sich etwas abpressen ließ, sollte man es lieber freiwillig herausrücken. Das hätte den zusätzlichen Reiz für den König, als Gnaden- und Segensbringer aufzutreten. Eine Rolle, die ihm auf den Leib geschrieben war. Wie alle Hohenzollern war er ja guten Willens. Tragischerweise hatte er es in diesem Fall um einen Tag zu spät gut gemeint. Als am Vormittag des 18. März die Ausrufer in den Straßen ihr »Alles bewilligt!« verkündeten, und das hieß Aufhebung der Zensur, beschleunigte Einberufung des Vereinigten Landtags, Pressefreiheit, Versammlungsfreiheit, eine Verfassung, sowohl für Preußen *als auch für den deutschen Bund* ein neuer Ministerpräsident, als diese Konzessionen öffentlich wurden, befand sich das Volk von Berlin bereits in jener Stimmung, die entsteht, wenn man zu lange, in zu großer Ungewissheit auf etwas gewartet hat. Die Erfüllung des Wunsches bewirkt dann ein Warum-denn-nicht-gleich-so-Gefühl und wird nicht mehr als positiv empfunden, sondern als Schwäche ausgelegt. Das Individuum schwankt zwischen Dankbarkeit und Aggressivität, und wo die Seelenlage sich einpendelt, hängt von Imponderabilien ab. Eine Erkenntnis der Psychologie des Individuums, die umso mehr für die Masse gilt.

VERRAT! MEUCHELMORD!
MAN SCHIESST AUF DAS VOLK!

Die Zehntausende, die um die Mittagszeit des 18. März bei herrlichem Frühlingswetter zum Schlossplatz zogen, brachten ihre Vivats und Lebehochs aus, als der König auf dem Balkon erschien. Ihre freudige Bewegtheit über das »Alles bewilligt!« schlug um, als sie die vor dem Schloss postierten Soldaten bemerkten. Ihre Anwesenheit, normalerweise eine Selbstverständlichkeit, wirkte nach den Zusammenstößen der letzten Tage wie ein rotes Tuch, und sofort flammten die Rufe auf: »Weg mit dem Militär!«, »Soldaten raus!« Ob man sich im Schloss nun bedroht fühlte, ob die Scharfmacher in der Umgebung des Monarchen ihre Chance erkannten, steht dahin. Jedenfalls bekam der Kommandeur des Gardekorps, von Prittwitz, den Befehl, dem Skandal da unten ein Ende zu machen und den Schlossplatz zu säubern.

Die Gardedragoner reiten, erst im Schritt, dann im Trab, auf die Menge zu, bekommen Unterstützung von den mit Gewehren und Trommelschlag vorgehenden Grenadieren des Kaiser-Franz-Regiments – da krachen zwei Schüsse. Sie sind nicht mit Absicht abgefeuert worden, niemand wurde durch sie verletzt, und bei der späteren Untersuchung gibt der Unteroffizier Heftgen wahrheitsgemäß an, jemand habe ihm mit dem Stock auf den Zündstift seines Gewehrs geschlagen; der Grenadier Kühn sagt aus, bei ihm sei der Abzugshahn am Säbel hängen geblieben. Davon weiß in diesem Moment natürlich niemand etwas. Der Knall zweier Gewehre genügt, die bis dahin einigermaßen friedliche Menge in einen rasenden, tobenden Haufen zu verwandeln und eine blutige Revolution auszulösen. »Verrat! Meuchelmord! Man schießt auf das Volk!« Das Gerücht eines durch das Militär verursachten Massakers mit Hunderten von Toten pflanzt sich in Windeseile fort. Der neue Ministerpräsident Graf Arnim steigt, eine weiße Fahne schwenkend, auf den Platz hinunter. An einem Schlossfenster erscheint ein Transparent mit der Aufschrift »Missverständnis!!!«

Alles vergeblich.

Als ob die Erde sich öffne, so ein Augenzeuge, braust es durch die Stadt. Das Straßenpflaster wird aufgerissen, die Waffenläden werden geplündert, die Häuser erstürmt. Zwölf Barrikaden erheben sich im Nu in der Königstraße, aufgetürmt aus Droschken, Omnisbuswagen, Wollsäcken, aus Balken, umgestürzten Brunnengehäusen. Selbst die Obstbude von Mutter Schmidecke in der Friedrichstraße, einer populären Berlinerin, muss zum Barrikadenbau herhalten. »Die Bude muss nu' mal dran jlauben, Mutterken«, sagen die Bürgerkrieger, »deine Äppel aba retten wa dir.« Und sie verpacken die Boskops und Renetten sorgfältig in große Kiepen.

Auf den abgedeckten Dächern stapeln sich Pflastersteine, Ziegel, die Granitplatten der Trottoirs. Sie sind als Wurfgeschosse gedacht. Primitiv auch die anderen Waffen: Beile, Äxte, Mistgabeln, uralte Säbel, Reiterpistolen, Gewehre aus der Zeit der Befreiungskriege. Theodor Fontane, damals noch Apotheker in der Neuen Königstraße, schildert, wie er in die Requisitenkammer des Königstädter Theaters einbricht. Der Held wider Willen findet »Degen, Speere, Partisanen und vor allem kleine Gewehre. Wahrscheinlich waren es Karabiner, die man fünfzehn Jahre früher in dem beliebten Lustspiel ›Sieben Mädchen in Uniform‹ verwandt hatte, hübsche kleine Gewehre mit Bajonett und Lederriemen, die, nachdem sie den theaterfreundlichen guten alten König Friedrich Wilhelm III. manch liebes Mal erheitert hatten, jetzt, statt bei Lampenlicht bei Tageslicht, wieder in der Welt erschienen.«

Der Widerstand, der mit solcher Bewaffnung geleistet wird, ist, und hier wäre das Wort am Platze, nur als heldenhaft zu bezeichnen. Die Schlossergesellen Glasewald und Zinna verteidigen ihre Barrikade Jäger-, Ecke Friedrichstraße mit Klauen und Zähnen. Die Barrikade am Köllnischen Rathaus, vom Maschinenbauer Sigrist befehligt, bleibt trotz fünfmaligen Sturmangriffs in den Händen der Volkskämpfer. Die Mitglieder der Schützengilde bewähren sich am Alexanderplatz als tödlich sichere Scharfschützen. Der Drechslergeselle Hesse, ein gedienter Artillerist, wird mit seiner kleinen Messingkanone, die er mit in Wollstrümpfe gefüllten Murmeln lädt, zum Helden des Tages. Unter den aktiven Kämpfern sind in erster Linie Arbeiter, darunter die von Borsig mit ihren Eisenstangen, und Handwerker, einige Hundert Studenten, nur wenige Bürger. Alles in allem ist es eine Revolution der kleinen Leute, nicht die des wohlhabenden Bürgertums. Ein Aufgebot von etwa drei- bis viertausend Mann (bei einer Bevölkerungszahl von 400 000), das sich einer Übermacht an Militär gegenübersieht!

Der Kampf der Soldaten gegen die Arbeiter und Handwerker, anfangs eher zögernd begonnen – »Seht ihr nicht, dass ich in den Dienst muss?!«, hatte der Premierleutnant von Kräwell an der Schiffbauerdamm-Barrikade geflucht, und man hatte ihm bereitwillig einen Durchschlupf geschaffen –, war von Stunde zu Stunde härter geworden. Die Truppen, im Straßenkampf unerfahren, verunsichert, weil ihnen Landsleute gegenüberstanden, erschrocken über die Tapferkeit dieser Zivilisten, mussten von ihren Offizieren nach vorn getrieben werden gegen die »Canaille«, gegen das »Lumpenpack«. Bald wurde kein Pardon mehr gegeben, Kampfunfähige niedergemetzelt, Gefangene misshandelt, die für Bürgerkriege typische Grausamkeit begann zu grassieren.

Schließlich wurde Artillerie eingesetzt. Zwischen vier und fünf Uhr, berichtet der Augenzeuge, prasselt die erste Kartätsche von der Kurfürstenbrücke auf die Königsstraße hinab. Sie vermag die Barrikade nicht zu zerstören. Kanonendonner folgt Schlag auf Schlag; die Barrikade wankt; zerrissene Leichen liegen an den Straßenecken, zwischen fünf und sechs Uhr kommen Infanteriepiketts. Man schießt auf sie von den Dächern, man schleudert Steine. Gegen sieben Uhr ist die Straße eingenommen unter großem Blutvergießen.

Im Schloss herrscht inzwischen höchst unpreußische Unordnung, Unentschlossenheit. Professoren, Generale, Minister, Stadtverordnete hasten durch die endlosen Zimmerfluchten. Nächtliches Kommen und Gehen. Antichambrieren in dunklen Vorzimmern. Durch die dicht verhängten Fenster dringt Feuerschein, tönt das Geschrei der Kämpfenden, das Rollen der Infanteriesalven, Trommelschlag, das ununterbrochene Sturmläuten der Kirchenglocken.

Der König, von allen Seiten bedrängt, übernächtigt, von dem Gedanken gefoltert, dass seine Untertanen, denen er doch alles bewilligt hatte, zu den Waffen gegriffen haben, dass in diesen Augenblicken Hunderte getötet und verwundet werden – Friedrich Wilhelm verbirgt seinen Kopf in den Händen, ein Schluchzen schüttelt ihn. Er, der unmilitärischste aller Preußenkönige, ist der Situation nicht gewachsen. Verstärkung der Truppen? Abzug der Truppen? Waffenstillstand?

JESUS, MEINE ZUVERSICHT

Gegen Mitternacht rang der König sich zu dem Befehl an die Truppe durch, die Stellung zu halten und nicht weiter vorzugehen. Einigermaßen erleichtert setzte er sich an den Schreibtisch und schrieb eine Proklamation »An meine lieben Berliner«.

»Eine Rotte von Bösewichtern, meist aus Fremden bestehend ..., haben die erhitzten Gemüter von vielen meiner treuen und lieben Berliner ... mit Rachegedanken erfüllt ... An Euch, Einwohner meiner geliebten Vaterstadt, ist es jetzt, größerem Unheil vorzubeugen. Erkennt, Euer König und treuester Freund beschwört Euch darum, bei allem, was Euch heilig ist, den unseligen Irrtum! Kehrt zum Frieden zurück, räumt die Barrikaden, die noch stehen, hinweg, und entsendet an mich Männer voll echten alten Berliner Geistes, mit Worten, wie sie sich Eurem König gegenüber geziemen, und ich gebe Euch mein königliches Wort, dass alle Straßen und Plätze von den Truppen sogleich geräumt werden sollen und die militärische Besetzung nur auf die notwendigen Gebäude des Schlosses, des Zeughauses und weniger anderer, und auch nur auf kurze Zeit, beschränkt werden wird. Hört die väterliche Stimme Eures Königs, Bewohner meines treuen und schönen Berlins, und vergesst das Geschehene, wie ich es vergessen will und werde in meinem Herzen, um der großen Zukunft willen, die unter dem Friedenssegen Gottes für Preußen und durch Preußen für Deutschland anbrechen wird.

Eure liebreiche Königin und wahrhaft treue Mutter und Freundin, die sehr leidend darniederliegt, vereint ihre innigen, tränenreichen Bitten mit den meinigen.«

Man muss nicht soweit gehen, hier von weibischem Flehen und salbungsvoller Schlauheit zu reden, von feiger Herablassung und frömmelnder Falschheit, es ist eher ein Dokument grenzenloser Naivität. Der König zeigte sich hier *in nuce,* so wie er war und seine Untertanen sah: als Kinder, Landeskinder eben, gutherzig, leicht verführbar, doch ebenso leicht wieder auf den Pfad der Tugend zurückzubringen, wenn man nur die richtigen Worte fand. Diese Wirkung aber hatte die Proklamation nicht. Die Gutwilligen fühlten sich nicht ernst genommen, die weniger Gutwilligen sahen in ihr eine Kapitulation und die Bestätigung, dass letztlich nur Gewalt zum Ziele führe. Dabei war das, was der König vorschlug, der Situation angemessen. Das Volk war erbittert genug, um weiterzukämpfen, und wenn auch das Militär am Ende gesiegt hätte, Tausende wären auf beiden Seiten umgekommen, halb Berlin zerstört worden.

Die Truppen wurden schließlich gänzlich abgezogen, wobei ungeklärt bleibt, ob der Abzug in dieser Form gewollt war oder das Chaos von Befehlen und Gegenbefehlen ihn in Gang gesetzt hatte.

Und es geschah jene erhabene schauerliche Demonstration, wie sie die Geschichte der Revolutionen bis dahin nicht kannte. Das Volk bahrte seine Toten auf, schmückte sie mit Lorbeerzweigen, entblößte ihre Todeswunden und brachte sie klagend, anklagend, seinem König dar. Bahre für Bahre wurde auf dem Schlosshof abgestellt. Die Angehörigen traten vor und verkündeten, wer dort kalt und erstarrt lag.

»Unser einziger Sohn. 15 Jahre alt.«

»Der Vater unserer Kinder.«

»Mein Bruder. Niedergeschossen, nachdem er sich ergeben.«

Friedrich Wilhelm, mit seiner Frau am Arm, nahm, einer Ohnmacht nah, die Parade der Leichen ab, begleitet vom Jammern der Frauen, den Drohungen der Männer, und dann der Schrei hinauf zur Galerie, wo er stand: »Hut ab!« Er nahm die Militärmütze ab und hörte schweigend, wie die Trauernden den Choral »Jesus, meine Zuversicht« anstimmten. Die Königin mit erloschener Stimme: »Nun fehlt bloß noch die Guillotine.« Es war eine Ehrfurchtsbezeugung Friedrich Wilhelms, aber man hatte ihn dazu gezwungen, und damit glich es einer Demütigung. Nach der Tragödie dann ein Satyrspiel auf demselben Schauplatz, wie ja bei dieser Revolution die Tragik immer wieder von der Komik, der unfreiwilligen, konterkariert wurde. Ob denn nun wirklich *alles* bewilligt sei, wollte eine Gruppe auf dem Schlossplatz versammelter Bürger wissen, und der auf einem Tisch Rede und Antwort stehende Fürst Lichnowsky beeilte sich zu versichern: »Ja, alles, meine Herren!« »Ooch det Roochen?« »Ja, auch das Rauchen.« »Ooch im Tierjarten?« »Ja, auch im Tiergarten darf nun geraucht werden, meine Herren.« »Na, denn können wa ja zu Hause jehen«, hieß es überall, und in kurzer Zeit räumte die Menge den Platz.

Theodor Fontane, in seinem Bericht über die Märztage stets bemüht, sie keinen Augenblick als mehr erscheinen zu lassen, als sie es waren, aber freilich auch nicht als weniger, meint dazu: »Unsere Leute sind nicht darauf eingerichtet, sich untereinander zu massakrieren; solche Gegensätze haben sich hierzulande nicht ausbilden können.«

Man blieb trotz aller Schrecknisse königstreu, freute sich über das »Alles bewilligt!«, und die Bürgergardisten, denen sich der König nun mangels seiner eigenen Garde anvertraute, probierten eifrig die nagelneuen, im Zeughaus empfangenen Gewehre aus. An den Gräbern der im Friedrichshain bestatteten hundertdreiundachtzig Märzgefallenen tönte kein Rachegeschrei. »Aber sühnen wollen wir dieser Toten Blut, indem wir das heilige Vermächtnis annehmen, wofür sie gestorben sind. Wachet, und strebet, und denket der blutig mahnenden Schatten eurer Brüder, die wahrlich nicht für ein Kleines zu sterben gedachten«, hieß es in einer der Gedenkreden.

Welcher Anstand, welcher Gerechtigkeitssinn diese einfachen Menschen beseelte, zeigte sich in der Forderung, man möge auch den im Straßenkampf gefallenen Soldaten (die amtliche Verlustliste gibt 3 Offiziere, 17 Unteroffiziere und Gemeine an, in Wirklichkeit waren es weit mehr) ein ehrenvolles Begräbnis bereiten. Mit dem Ehrengeleit des Volkes.

Zornig war man nur auf die Garde und ihre Offiziere. Die ganze Wut der Berliner aber traf den Prinzen Wilhelm, den späteren Kaiser Wilhelm I. »Eher soll Berlin mit all seinen Bewohnern zugrunde gehen«, soll er gesagt haben, als es um die Frage des Rückzugs des Militärs ging. Ein Gerücht, doch galt er nicht zu Unrecht als Vertreter der Militärpartei und war so gehasst, dass der König ihm um seiner Sicherheit willen den Befehl gab, nach England zu reisen. Aus der Reise wurde eine erniedrigende Flucht. Verkleidet, unter falschem Namen, mit gefälschten Papieren, in ständiger Angst, entdeckt zu werden, schlug er sich durch, und als Wilhelm endlich London erreichte, sagte er erschöpft zum preußischen Botschafter: »Man muss jetzt Demut üben, die Throne wanken.«

Aber sie wankten gar nicht. Auch der preußische Thron stand fest. Es hätte des Umritts nicht bedurft, den Friedrich Wilhelm IV. durch die Straßen seiner Residenz unternahm, angetan mit schwarzrotgoldenen Armbinden, den so genannten deutschen Farben, begleitet von den neuen Ministern, von Bürgerschützen, Stadtverordneten, Studenten. Der nun wieder Redselige proklamierte, dass er, dem Beispiel alter deutscher Herzöge folgend – die bei niedergetretener Ordnung mit dem Banner sich an die Spitze des Volkes zu stellen pflegten –, die Leitung für die Tage der Not übernehme.

»Rettung aus dieser doppelten dringenden Gefahr kann nur aus der innigsten Vereinigung der deutschen Fürsten und Völker hervorgehen. Mein Volk, das die Gefahr nicht scheut, wird mich nicht verlassen, und Deutschland wird sich mir mit Vertrauen anschließen. Preußen geht fortan in Deutschland auf.«

Eine Proklamation von romantischem Überschwang und schöner Unglaubwürdigkeit. Wer den König kannte, wusste, dass ihm nichts weniger am Herzen lag, als Preußen in irgendetwas aufgehen zu lassen. Eher schon Deutschland in Preußen. Umritt und Proklamation waren eine Flucht nach vorn, der Versuch, durch die Identifizierung mit der populären nationalen Bewegung die eigenen Schwierigkeiten vergessen zu machen. »Friedrich Wilhelm IV. hatte am 21. März die Hand nach Deutschland ausgestreckt«, schreibt Veit Valentin, der Geschichtsschreiber der deutschen Revolution. »Niemand hatte diese Hand erfassen wollen, denn sie war blutig und zitterte. Nun wandte der König sich wieder zurück nach Preußen.«

Hier zeigte er sich wieder von seiner anderen Seite. Er berief mit Camphausen und Hansemann zwei Herren zu Ministerpräsident und Finanzminister, die liberal gesinnt waren, dem Bürgertum entstammten und aus dem Rheinischen kamen, ließ durch den Landtag ein neues Wahlrecht verabschieden, das eine allgemeine, freie, gleiche Wahl vorsah, versprach persönliche Freiheit, Versammlungsrecht, allgemeine Bürgerwehrverfassung, Ministerverantwortlichkeit, unabhängigen Richterstand, Vereidigung des stehenden Heeres auf die neue Verfassung und war's zufrieden, als Ende Mai eine preußische Nationalversammlung im Schauspielhaus zusammentrat.

Das schien alles sehr fortschrittlich, zu fortschrittlich, denn jene, die nicht so schnell fortschreiten wollten, begannen sich zu sammeln und schlossen sich zu einer Partei zusammen, zur Partei der Konservativen. Mit der »Neuen Preußischen Zeitung«, wegen ihres unter dem Titel prangenden Eisernen Kreuzes kurz »Kreuzzeitung« genannt, als Organ. Zu ihren Mitarbeitern gehörte Bismarck. Bismarck war auch eines der Mitglieder der Kamarilla, eines Ratgeberkreises des Königs um den Generaladjutanten Leopold von Gerlach. Bei den Wahlen zur Nationalversammlung durchgefallen, arbeitete er zusammen mit Gerlach insgeheim daran, ein neues Kabinett einzusetzen. Das alte, aus Liberalen gebildete, galt ihm als ein Haufen von Kastraten, die sich dem Druck der Straße beugten und gegen die auf der linken Seite sitzenden Abgeordneten, die Demokraten, kein Mittel fanden.

WRANGEL, DER BLUTHUND

Der Schwung der Revolution in Preußen erlahmte. Den Bürgern war das alles ein wenig unheimlich geworden. Ohne sie aber konnte der vierte Stand, die Arbeiterschaft, seine Ziele nicht durchsetzen. Als nun die Abgeordneten beim Verfassungsentwurf dem König sein Gottesgnadentum nehmen wollten (bei der Eingangsformel strichen sie von dem Satz »Wir Friedrich Wilhelm von Gottes Gnaden« die drei letzten Worte), ja auf Antrag von links alle Adelstitel kurzerhand für abgeschafft erklärt wurden, sie außerdem verlangten, Preußen möge den Revolutionären in Wien zu Hilfe eilen, vor dem Schauspielhaus sich wieder die Leute zusammenrotteten und die Versammlung unter Druck setzten, war der König so frei, endlich eingreifen zu können.

Zum neuen Ministerpräsidenten ernannte er den Grafen Brandenburg, illegitimen Sohn Friedrich Wilhelms II. mit der Gräfin Dönhoff, von seinen legitimen Verwandten der *Bastard von Preußen* genannt. Auch der Name Bismarcks hatte zur Diskussion gestanden, der König aber schrieb an den Rand der Liste: »Als Minister nur zu gebrauchen, wenn das Bajonett schrankenlos waltet.« Er dachte wohl an die Vorhaltungen, die Bismarck ihm auf der Terrasse von Sanssouci wegen der Märztage gemacht hatte.

Der König damals: »Was werfen Sie mir denn eigentlich vor?«

Bismarck: »Die Räumung Berlins.«

»Die habe ich nicht gewollt.«

Die Königin setzte hinzu: »Daran ist der König ganz unschuldig, er hatte seit drei Tagen nicht geschlafen.«

Bismarck: »Ein König muss schlafen können.«

Graf Brandenburg verkündete Anfang November, dass die Nationalversammlung sich in das Städtchen Brandenburg an der Havel bemühen möchte. In der Residenz sei sie, des Terrors der Straße wegen, offensichtlich nicht mehr frei in ihren Entschlüssen. Die Abgeordneten protestierten und gelobten, keinen Fingerbreit zu weichen. Daraufhin trat der General Wrangel in Aktion.

Friedrich Heinrich Ernst Graf von Wrangel wird in der Anekdote überliefert als witzelnder, falsches Deutsch sprechender alter Haudegen, eine Art Blücher im Taschenformat. Das war er gewiss *auch*, im 48er Jahr jedoch bewies er noch andere Qualitäten. Seinem Humor, seinem nüchternen Wirklichkeitssinn verdankten einige Tausend Berliner Leben und Gesundheit. Nicht auszudenken jedenfalls, wenn ein Scharfmacher vom Typ der Prittwitzens den Befehl zum Einmarsch *nach* Berlin bekommen hätte.

»Die Musik an die Tete!«, befahl er, als man sich den von der Bürgerwehr besetzten Stadttoren näherte. Mit dem Schellenbaum als Sturmbock nahm er sie, ließ sich nicht provozieren von Schimpfworten wie »Bluthund«, »Gessler«, auch nicht von der Drohung, dass zur selben Stunde, in der er in Berlin einmarschiere, seine in Stettin lebende Frau an einem Laternenpfahl baumeln werde. Beim Passieren des Halleschen Tores soll ihm doch etwas schwül geworden sein, und er soll mit bänglichem Gesichtsausdruck seinen Adjutanten gefragt haben: »Ob se ihr jetzt wohl häng'n?«

Keine Anekdote ist sein Gespräch mit dem Kommandeur der Bürgerwehr, Major Rimpler. Der Major erklärte ihm, auf seine wackeren, auf dem Gendarmenmarkt postierten Wehrmänner weisend, dass er entschlossen sei, die Würde der im Schauspielhaus tagenden Nationalversammlung zu schützen. »Ich weiche nur der Gewalt, Herr General.« Wrangel antwortete schlicht: »Denn sollten Se jetzt weichen, Herr Major, die Jewalt is' da.«

Die Nationalversammlung, das heißt deren Rest, ging nach Brandenburg, blieb ständig beschlussunfähig, wurde gegen jedes Recht schließlich aufgelöst, ohne dass eine Konstitution zustandegekommen wäre. Am selben 5. Dezember 1848 jedoch verkündete Friedrich Wilhelm von sich aus eine Verfassung. Er oktroyierte sie, zwang sie seinem Volk als ein königliches Gnadengeschenk auf, und das ließ nichts Gutes ahnen. Als ihre einzelnen Artikel veröffentlicht wurden, war die Überraschung, oder wie man heute sagen würde, die Sensation, perfekt.

Sie war von solcher Art, dass der österreichische Gesandte verdattert nach Wien berichtete (wo man mit den eigenen Revolutionären blutig aufgeräumt hatte): »Wie ist es möglich, dass die preußische Regierung im Vollbesitz ihrer Macht eine

Verfassung gibt, die bis auf wenige Bestimmungen kaum von der aufgelösten Versammlung hätte liberaler gegeben werden können ...« Bestürzung auch bei den Junkern, die durch einige Artikel ihre »Grundrechte« bedroht sahen, wie die Aufhebung der Privatgerichtsbarkeit, die Abschaffung der gutsherrlichen Polizei, den Verzicht auf eine rein feudale erste Kammer. Und die Liberalen waren verärgert, dass ihnen durch so viel Liberalität ihr Programm gestohlen wurde.

Die Oktroyierung dieser Verfassung war ein Staatsstreich. Dessen ungeachtet enthielt sie die Garantie der wichtigsten bürgerlichen Grundrechte: Gleichheit vor dem Gesetz, Freiheit der Presse; das Recht, sich zu versammeln, ein frei gewähltes Abgeordnetenhaus. Die volle Gewalt des Monarchen, die führende Rolle des Adels und der Armee blieben gewahrt. Die Verfassung stellte somit eine kunstvoll konstruierte Verbindung dar der neuen Freiheit von 1848 mit der Autorität der Krone. Wenn es auch den Konservativen mit einigem Erfolg gelang, ihr noch einige Giftzähne zu ziehen, wie sie das ausdrückten: zum Beispiel die Beseitigung der allgemeinen, gleichen, freien Wahl zugunsten eines Dreiklassenwahlrechts.

Ein viel geschmähtes Gesetz, das das Recht zu wählen an Besitz, Einkommen und Steuerleistung band. Das hieß in der Praxis, die wenigen Höchstbesteuerten (das waren etwa sechs Prozent der Wähler) durften genauso viele Wahlmänner küren wie die größere Zahl der mittleren Schichten (etwa 17 Prozent) und die große Masse der gering besteuerten Bürger (75 bis 80 Prozent). Das sieht höchst ungerecht aus und wird auch nicht besser durch die Argumentation, dass derjenige, der dem Staat mehr gibt, vom Staat auch mehr bekommen soll, mehr Recht, mehr Einfluss, und so würden es ja auch die Engländer halten und die Franzosen mit ihrem *Census*.

Volkes wahre Stimme war mit dem Dreiklassenwahlrecht nur unzulänglich zu ermitteln. In Berlin konnte nur jeder

Zwanzigste zur Wahlurne gehen. Wenn die Erfinder glaubten, sich damit ein Abgeordnetenhaus konservativer Jasager zu schaffen, so irrten sie. Die Wahlen ergaben bis zum Ende des 19. Jahrhunderts häufig genug Parlamente, in denen die Opposition die Mehrheit hatte. »Man möchte den Hut abnehmen vor dem Volk, das sich so verhält, und auch vor dem Staat, der das hinnimmt«, schreibt Freund. Mit dem System eines Herrenhauses, in dem vom König ernannte Persönlichkeiten, sprich die Angehörigen des alten Adels, saßen, und dem aus den Wahlen hervorgehenden Haus der Abgeordneten ließ es sich, nehmt alles nur in allem, leben.

Die Gesetze, die hier beraten und verabschiedet wurden, die Verwaltungsleistungen, die dadurch erbracht, galten im 19. Jahrhundert für viele Länder als vorbildlich. So ist dem Dichter Hebbel, bei aller verständlichen Enttäuschung über Nicht-Erreichtes, zuzustimmen, der im Hinblick auf das ganze Deutschland meinte: »... der Absolutismus ist doch, wie es scheint, beseitigt, und dass der nicht wiederkehren kann, möchte ich hoffen. Das ist denn freilich schon ein unendlicher Gewinn.«

Um dieses ganze Deutschland aber wurde inzwischen in Frankfurt leidenschaftlich gestritten ...

Das ganze Deutschland soll es sein

Mit Frankfurt verbanden sich romantische Erinnerungen an der alten Kaiser Herrlichkeit und ihre Krönungen. Tradition genug, um die Stadt zum Sitz des ersten deutschen Parlaments zu machen. 584 Abgeordnete waren gewählt worden, und da Deutschland laut Kant ein Titelland war, im Unterschied zu Frankreich, dem Modeland, Italien, dem Prachtland, England, dem Launenland, Spanien, dem Ahnenland, waren Rang und Stand dabei ausschlaggebend gewesen. Allein 99 Professoren waren darunter, 100 höhere Verwaltungsbeamte, 150 Richter und Staatsanwälte, 60 Rechtsanwälte, 35 Geistliche, 50 Schriftsteller und Publizisten, 38 Kaufleute und Industrielle, 37 Gutsbesitzer, 10 Militärs, ein Bauer und kein Arbeiter.

»Nachmittags um 3 Uhr geschah am 18. Mai die Eröffnung des Deutschen Reichstags im alten Kaisersaal«, berichtet der Abgeordnete Theodor Paur, ein Professor. »Hier sah ich zum ersten Mal eine Reihe der größten Männer, die unser deutsches Vaterland aufzuweisen hat, versammelt. Die alten Kaiserbilder blickten, wie aus schwerem Traum erwachend, auf uns nieder. Was ich dabei empfand, kann ich nicht ausdrücken ... Kanonendonner geleitete unseren Zug durch ein glänzendes Spalier der Nationalgarden bis in die Paulskirche, welche zum Sitzungssaal der Nationalversammlung eingerichtet ist.«

Es war eine Elite, vornehmlich des Bürgertums, die sich hier versammelt hatte, eine besonders für das Ausland überraschende Demonstration, wie viele Köpfe es in diesem krähwinkligen Deutschland gab, wie viele Talente im Verborgenen geblüht hatten. Dahlmann, Duncker, Gervinus, Raumer, Waltz, die großen Historiker; Ernst Moritz Arndt, Friedrich Theodor Vischer, Ludwig Uhland, die Dichter; Jacob Grimm, einer der Göttinger Sieben; Mohl, Welcker, Beseler, die Staatsrechtler – um nur einige aus der illustren Gesellschaft zu nennen.

Idealisten die meisten von ihnen, ehrlich strebend bemüht, das hinter dem Präsidentenstuhl in riesigen Lettern geschriebene Wort wahrzumachen: »Des Vaterlandes Größe, des Vaterlandes Glück, oh, schaffe sie, oh, bringe sie dem Volk zurück!« Idealisten, keine Professionals. Sie kannten keine organisierten Parteien, allenfalls Klubs, die sich im »Steinernen Haus«, im »Café Milani«, im »Württemberger Hof« zusammenfanden. Auch Fraktionen waren unbekannt und die dazugehörige, jede Persönlichkeit einebnende Fraktionsdisziplin unserer Tage.

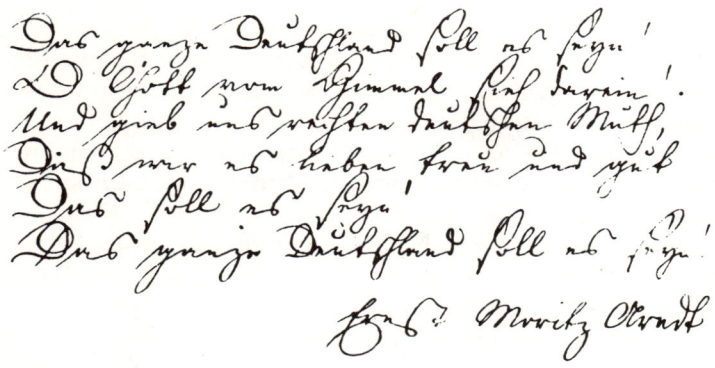

Das ganze Deutschland soll es sein! O Gott vom Himmel, sieh darein!
Und gib uns rechten deutschen Mut, Dass wir es lieben treu und gut. Das
soll es sein! Das ganze Deutschland soll es sein!

Die Hoffnung aller Patrioten hatte Ernst Moritz Arndt mit seinem Gedicht zum Ausdruck gebracht.

Man war lediglich *gesinnt*, entweder monarchisch, das
heißt, man glaubte die Einheit Deutschlands am besten aufgehoben bei Kaiser und Königen, oder republikanisch, sah
also das Heil in der Souveränität des Volkes. Jeder Abgeordnete fühlte sich an niemand anderen gebunden als an sich
selbst, und so stimmte er auch ab. Wahrhaft paradiesische
Zustände, scheint es uns. Wer die Reden der Abgeordneten
liest, ist überdies beeindruckt von dem hohen Niveau, das
hier herrschte. Unglücklicherweise jedoch war die Redezeit
nicht begrenzt, und da alle so viel zu sagen hatten nach so
vielen Jahrzehnten erzwungenen Schweigens, kam es zu endlosen Redeschlachten. Dreißig Verbesserungsvorschläge zu
einem einzigen Punkt der Tagesordnung, Wortklauberei, Redelust, ja Redesucht, dazu der Mangel an Selbstverleugnung,
zu schweigen, wenn ein anderer schon dasselbe gesagt hatte.
»Geht es so fort, so sitzen wir übers Jahr noch hier«, klagte der Abgeordnete Fuchs, Gerichtsdirektor aus Breslau, und

Herwegh reimte: »Zu Frankfurt an dem Main, sucht man der Weisen Stein. Sie sind gar sehr in Nöten: Moses und die Propheten, Präsident und Sekretäre, wie er zu finden wäre, im Parla-, Parla-, Parlament, das Reden nimmt kein End!« Der Berg kreißte endlich doch, aber er gebar ein Mäuslein: eine Reichsregierung mit provisorischer Zentralgewalt. Leider hatte sie weder ein Zentrum noch Gewalt. Dazu der Erzherzog Johann von Österreich als vorläufiges Oberhaupt, ein Mann, für den das Wort galt, das Napoleon vom Papst gesagt hatte: »Wie viele Divisionen hat er?« Seine Machtlosigkeit zeigte sich, als die Truppen der deutschen Bundesstaaten auf ihn vereidigt werden sollten – und es nicht wurden. Johann, auch genannt Johann ohne Land, ein verbindlicher Mensch und wie geschaffen dafür, Berlin nicht zu verprellen und den Weg nach Wien offen zu halten, musste unter diesen Umständen eine unglückliche Figur abgeben.

Die Abgeordneten diskutierten ungerührt weiter über die Grundrechte des deutschen Volks. Geistreich, ideenreich, inhaltsreich. Eine Verfassung wollten sie schaffen für ein Reich, das noch nicht existierte. Die Feuer der Eloquenz flammten über Wochen, über Monate. Und als sie aufblickten von ihren Redekonzepten, um endlich die Verfassung zu beraten, mussten sie feststellen, dass die Entwicklung sie überholt hatte.

Die Fürsten zitterten nicht mehr vor Revolutionären, sie hatten sich wieder etabliert. In Wien hatte die Gegenrevolution den Fürsten Felix von Schwarzenberg an die Spitze gebracht, einen Machtpolitiker, der die eigenen Standesgenossen genauso verachtete wie das aufrührerische Volk mit seinen *zeitgemäßen Lappalien,* diese Demokraten, gegen die nur Soldaten halfen. Den Abgeordneten der Nationalversammlung Robert Blum, als Leiter einer Parlamentarierdelegation zu den Revolutionären nach Wien entsandt, ließ er erschießen. Die Todesstrafe für einen Mann, der sich an den Barrikadenkämpfen beteiligt hatte, das war eine blutige Demonstration gegenüber den Abgeordneten der Paulskirche. Des Inhalts: »Alle solltet ihr an die Wand gestellt werden!« Schwarzenberg war nicht geneigt, dem Paragrafen zwei des in Frankfurt beratenen Verfassungsentwurfs zuzustimmen, in dem es hieß: »Kein Teil des Deutschen Reiches darf mit nichtdeutschen Ländern zu einem Staat vereinigt werden.« Die von Deutschen bewohnten Länder Österreichs würden demnach in das Reich aufgenommen werden, die Ungarn, Kroaten, Slowenen, Illyrer, Venetier, Lombarden, Polen blieben draußen. Sich selbst in zwei Teile zu zerreißen wie Rumpelstilz, war in der Tat eine märchenhaft naive Forderung, und das um eines Großdeutschland willen, das keiner weniger mochte als Schwarzenberg. Ihm schwebte ein Großösterreich vor, eine Führungsmacht seligen, aber nicht erloschenen Angedenkens, denn: Österreichs Fortbestand in staatlicher Einheit sei ein europäisches Bedürfnis!

In Frankfurt trat jetzt der Österreicher Schmerling als Ministerpräsident zurück. Heinrich von Gagern, als vorübergehender Leiter des hessischen Märzministeriums einer der wenigen, die etwas vom Geschäft der Politik verstanden, trat an seine Stelle. Gagern hatte die Zeichen erkannt, dass es mit der Losung »Das ganze Deutschland soll es sein« nichts mehr war und man nun *kleindeutsch* vorangehen müsse, *ohne* Österreich, aber *mit* einem Staat, der über Macht, sprich eine Armee, verfügte und dessen Souverän erst kürzlich gesagt hatte, dass sein Land fortan in Deutschland aufgehe.

Der Freiherr von Gagern machte sich auf, reiste nach Berlin und fragte an, ob der König von Preußen bereit wäre, sich zum neuen Reichsoberhaupt wählen zu lassen. Als Kaiser! Eine Kaiserkrone, etwas so Hehres, Heiliges, Hohes, dargeboten von einem, der ihm vorkam wie ein Reisender mit einem Musterkoffer – »Und hier hätten wir noch ganz was Ausgefallenes ...« –, diesen imaginären Reif, aus Dreck und Letten gebacken, von Bäckers und Metzgers Gnaden, wollte Friedrich Wilhelm nicht. Eine Krone hätten nicht Untertanen zu vergeben, sondern Fürsten, alles andere sei ein Akt der Revolution. Direkt Nein aber sagte er nicht zu dem Angebot, er umarmte den Freiherrn sogar zum Abschied, und dabei haftete doch wie bei allen Paulskirchern der Ludergeruch der Revolution in seinen Kleidern. Wie er diesen Geruch doch seit den Berliner Märztagen verabscheute ...

In Frankfurt ließ man sich nicht entmutigen. Dieser König hatte oft genug seine Meinung geändert. Ende März 1849 wurde der Verfassungsentwurf für den künftigen Bundesstaat angenommen, der eine einheitliche Spitze vorsah, ein konstitutionelles Ministerium, einen aus zwei Häusern, dem Staatenhaus und dem Volkshaus, bestehenden Reichstag. Am anderen Tag, dem 28. März, wurde Friedrich Wilhelm IV. zum Reichsoberhaupt gewählt. Bei 290 Jastimmen und 248 Stimmenthaltungen.

Diesmal fuhr eine ganze Delegation von Kaisermachern an die Spree. Die Krone aber schien dem König diesmal unannehmbarer denn zuvor, hatte er doch mit ihrer Entgegennahme auch eine Verfassung anzuerkennen, bei der die radikale Linke noch zwei Änderungen durchgesetzt hatte als Preis für ihre Zustimmung. Danach war das dem Reichsoberhaupt zuerkannte Veto gegen die Beschlüsse des in geheimer Wahl gewählten Reichstags nicht mehr absolut, sondern lediglich aufschiebend. Eine solche Klausel erschien ihm wie ein Hundehalsband, mit dem er zum Leibeigenen des Parlaments würde.

Auch war er ehrlich davon überzeugt, dass die tausendjährige Krone deutscher Nation, die edelste überhaupt, nach historischem Recht nur einen Herrscher Österreichs zieren dürfe. In einem solchen Fall wolle er gern als Erzkämmerer das silberne Waschbecken dem Kaiser bei der Krönung halten. Eine Vorstellung, die ganz seinen romantischen Ideen einer Wiederbelebung des Heiligen Römischen Reiches Deutscher Nation entsprach.

Die Delegation betonte die begeisterten Erwartungen, die Hoffnung auf einen gesegneten Entschluss, und der König, den Blick gen Himmel gerichtet, denn *der mache das Auge klar und das Herze groß,* antwortete: »Ich bin bereit, durch die Tat zu beweisen, dass die Männer sich nicht geirrt haben, welche ihre Zuversicht auf meine Hingebung, auf meine Treue, auf meine Liebe zum gemeinsamen Vaterland stützten. Aber ich würde ihr Vertrauen nicht rechtfertigen, ... wollte ich, mit Verletzung heiliger Rechte und meiner früheren feierlichen Versicherungen, ohne das freie Einverständnis der gekrönten Häupter, der Fürsten und der Freien Städte Deutschlands, eine Entschließung fassen, welche für sie und für die von ihnen regierten deutschen Stämme die entscheidendsten Folgen haben darf.«

Ein Mitglied der Delegation schrieb, dass in vielen Augen von sehr ruhigen, ja kalten Männern Tränen zu sehen gewesen seien. Alle spürten sie, da sprach einer vergebens viel, um zu versagen. Sie, die ehrlichen Herzens ausgezogen waren, den uralten Traum zu verwirklichen, der da hieß »Das ganze Deutschland soll es sein«, kehrten nach Frankfurt zurück und mussten zusammen mit den anderen Abgeordneten erleben, auf welch erbärmliche Weise dieser Traum endete. Österreich rief als erste Macht seine Vertreter zurück, andere Staaten folgten, schließlich war nur noch ein Rumpfparlament vorhanden, das von Frankfurt nach Stuttgart mehr flüchtete als übersiedelte und dort Mitte Juni von württembergischem Militär auseinandergejagt wurde wie eine Räuberbande.

Noch brutaler ging man gegen die Aufständischen vor, die in Sachsen, in Baden, in der bayrischen Pfalz auf die Barrikaden gegangen waren, um die Verfassung und die Einheit doch noch zu erzwingen. Die Fürsten wandten sich an Preußen um Hilfe, und Friedrich Wilhelm war sich nicht zu schade, die Blutarbeit durch seine Soldaten verrichten zu lassen. Die Ordnung war binnen kurzem wieder hergestellt, denn Deutschland musste ordentlich sein, wenn er seine eigenen Pläne verwirklichen wollte, ein Reich der Deutschen zu schaffen. Es sollte ein Kleindeutschland werden, ein Ersatzdeutschland, doch schien das besser als überhaupt kein Deutschland.

WOFÜR IHR STARBT, EINIG UND FREI ZU SEIN

Für diese Deutsche Union übernahm er die verpönte Reichsverfassung, änderte sie in seinem Sinne – absolutes Veto, Dreiklassenwahlrecht –, ging mit den Monarchen Sachsens und Hannovers ein *Dreikönigsbündnis* ein und rief 148 Erbkaiserliche, einen Teil jener Partei, die ihm die Kaiserkrone angeboten hatte, nach Gotha zu einer Sympathiekundgebung. Ein Bundesstaat unter Leitung eines Fürstenkollegiums schwebte ihm vor, dem der Preußenkönig präsidierte. Ein *engerer* Bund das Ganze, mit Österreich liiert in Gestalt eines *weiteren* Bundes. Achtundzwanzig Fürsten waren mit Überredung oder Zwang davon überzeugt worden. Die Bayern jedoch und die Württemberger, fürchtend, Preußen führe nichts anderes im Schilde als eine rechtswidrige Vergrößerung seiner Macht, machten nicht mit. Als auch Österreich Einspruch erhob, wollte der König von Sachsen (den Friedrich Wilhelm gerade gerettet hatte) ebenfalls nicht mehr. Das neue Parlament der Union fand sich zwar noch in Erfurt zusammen, sah sich aber dem von Österreich in Frankfurt einberufenen alten Bundestag gegenüber. In das uralte Lied deutscher Zwietracht, von zwei Orchestern schriller und misstönender gespielt als je zuvor, mischten sich bald kriegerische Töne. Der Kurfürst von Hessen, eine besonders perverse Erscheinung unter den deutschen Serenissimi, wollte seine geschundenen Untertanen um neue Steuern erpressen. Doch *wie* die Zeiten sich geändert hatten, bewies der Sturm der Empörung, der sich erhob und seine Durchlaucht aus dem Land fegte wie Spinnenweb.

In Frankfurt flehte er den Bundestag um Hilfe an, und obwohl man auch hier vor ihm ausspuckte, erhielt er sie, denn
durch eine Besetzung Kurhessens konnte man Friedrich Wilhelm vielleicht ein wenig demütigen. Kurhessen war Preußens Brücke zwischen seinem östlichen und westlichen Teil,
seine militärischen Etappenstraßen führten dort hindurch.
Und alsbald marschierten von Frankfurt beauftragte Truppen
auf die von Erfurt geheuerten zu, wobei fünf österreichische
Husaren und der Schimmel eines preußischen Trompeters
beschädigt wurden. Die »Völkerschlacht von Bronzell«, wie
man das Scharmützel ironisch nannte, hätte sich dennoch
zu einem Krieg auswachsen können, wenn nicht Nikolaus I.
eingegriffen hätte. Zu fragen, was den Zaren aller Reußen
irgendwelche Querelen im Hessischen interessierten, hieße
die europäische Verzahnung der deutschen Frage verkennen.
Petersburg beobachtete besonders seit dem Wiener Kongress
Westeuropa mit Argusaugen und war darauf bedacht, keine
Macht zu mächtig werden zu lassen. Die Ruhe herzustellen,
und sei es die Ruhe des Friedhofs der Jahre vor 48 mit ihren
Unterdrückungspraktiken, war dem Zaren oberstes Gebot. Er
befahl seinen Schwager Friedrich Wilhelm an den Verhand-
lungstisch, drohte sogar mit Krieg und nahm im Übrigen, Verwandtschaft hin, Verwandtschaft her, Partei für Österreich.
Im »Gasthaus zur Krone« im mährischen Olmütz kam es zu
einem Vertrag, der, je nach politischer Couleur, als Demütigung Preußens, als taktischer Sieg, als Rettung aus tödlicher
Gefahr bezeichnet wurde.

Das Ergebnis: Preußen musste seine Truppen aus Hessen zurückziehen, eine Strafexpedition, Bundesexekution genannt,
gegen Schleswig-Holstein zulassen, die Deutsche Union aufgeben, der Wiederherstellung des Deutschen Bundes von 1815
zustimmen. Gedemütigt aber wurde auch die andere deutsche
Macht: Schwarzenberg musste auf alle Pläne hinsichtlich
Großösterreichs verzichten.

Die Zeit schien stillzustehen, das Rad der Weltgeschichte sich zurückzudrehen, der Bund der drei Schwarzen Adler, vor einem Menschenalter zwischen Preußen, Österreich und Russland geschlossen, feierte Urständ – eine gespenstische Szenerie.

Die Nationalversammlung hat die Chance, ein einheitliches Deutschland zu schaffen, unter Geschwätz begraben. Sagen die Kritiker der Paulskirche. Und: Die Einheit hätte geschmiedet werden müssen, als das Eisen noch heiß war, als alle Gewalten, Mächte und Stände angstvoll vor der Revolution Schutz suchten. Die Aufgabe jedoch, einen Staat der Deutschen zu schaffen *und* eine Verfassung für die Deutschen, ging über die Kraft und die Fähigkeit der Abgeordneten. Sie hielten sich für berufen, waren aber nicht erfahren genug in ihrem neuen Beruf, dem des Parlamentariers. Warum die 48er Revolution gescheitert ist, dafür sind mannigfaltige Gründe angeführt worden, ist viel Tinte geflossen, doch man macht es sich wohl nicht zu leicht, wenn man feststellt: Die Zeit war, was das Bewusstsein betrifft und die gesellschaftliche Realität, noch nicht reif.

Dann hätte eben der Preußenkönig, so die Kritiker weiter, wie er bei seinem Umritt versprochen, sich an die Spitze der nationalen Bewegung setzen müssen, um mit Gewalt, einen Krieg mit Russland und Österreich riskierend, die Einheit zu schmieden. Er selbst hat darauf eine Antwort gegeben. Als der Reichsminister von Beckerath in ihn drang, die Kaiserkrone doch noch anzunehmen, dabei an sein Preußentum appellierend, an seine großen Ahnen, sagte er: »Ich bin kein Friedrich der Große.«

Die deutsche Frage legte sich schlafen, klagte der liberale Historiker Hermann Baumgarten, und die deutsche Ehre schlief neben ihr. Doch war es gerade die Ehre dieses Volkes, die die Revolution von 1848 gewahrt hatte, die historische Würde. Wer meint, dass hierfür wenig zu kaufen sei, täuscht sich über die Symbolkraft solcher Vorgänge. Auch der Aufstand des 20. Juli 1944 war ein gescheiterter Aufstand, für das Gewissen einer Nation aber, möchte man sagen, lebensnotwendig. Die Inschrift auf dem Gedenkstein der Märzgefallenen im Berliner Friedrichshain nimmt diesen Gedanken auf, wenn sie verkündet: »Das Denkmal habt ihr selber euch errichtet, nur ernste Mahnung spricht aus diesem Stein; dass unser Volk niemals darauf verzichtet, wofür ihr starbt, einig und frei zu sein.«

DER JUNKER UND DIE FROMMEN

»Ich war heute bei General Gerlach, und während er mir von Verträgen und Monarchen dozierte, sah ich wie im Garten unter den Fenstern der Wind wühlte in Kastanien und Fliederblüten und hörte die Nachtigallen und dachte, wenn ich mit dir am Fenster der Tafelstube stünde und auf die Terrasse sähe und wusste nicht, was Gerlach redete.«

Es war Bismarck, der das 1851 schrieb. Für seine Frau Johanna. An dem Tag, da man ihm den wichtigsten Posten anvertraut hatte, den es in der preußischen Diplomatie gab, den des Gesandten und Bevollmächtigten beim Deutschen Bundestag in Frankfurt. Die lyrische Kraft dieser Zeilen mag den Leser so überraschen wie der Umstand, dass jemand anlässlich einer zukunftsreichen Beförderung daran denkt, dass es doch besser wäre, zu Haus am traulichen Herd zu bleiben. Es war keine Sentimentalität, es waren die beiden Seelen in Bismarcks Brust.

Die Sehnsucht nach arkadischem Glück auf eigener Scholle trug er zeit seines Lebens in sich. Doch als er sie sich hatte erfüllen können auf seinen pommerschen Gütern, in den Jahren zwischen 1838 und 1848, langweilte er sich *zum Hängen*, trank die Krautjunker, Philister, Ulanenoffiziere *mit freundlicher Kaltblütigkeit* unter den Tisch, träumte von Dreschhafer, Mist, Stoppelroggen, weckte seine Gäste mit Pistolenschüssen, verschlang Shakespeare, Byron, Chamisso, Lenau, Feuerbach, Uhland, Heine, Spinoza, viel Historie, aber auch Thaers »Grundsätze der rationellen Landwirtschaft«, Sprengels »Lehre vom Dünger« und die »Anweisungen zur doppelten Buchführung in der Landwirtschaft«. Manchmal spielte er mit dem Gedanken, in den Orient zu gehen, *um einige Veränderung in die Dekoration meiner Komödie zu bringen und meine Zigarren am Ganges statt an der Rega zu rauchen,* aber er blieb daheim und begnügte sich mit seinem schlechten Ruf, der so weit ging, dass ein adliges Gutsfräulein, um das er warb, ihm ihre Hand nicht geben durfte.

Dabei bewährte er sich als fortschrittlicher Landwirt, steigerte die Erträge, baute die auf den Gütern lastenden Schulden ab, zeichnete sich nach der Übernahme des Schönhausischen Guts als Deichhauptmann an der Elbe aus, half seinen Bauern, deren Abgott er wurde, doch wenn er abends im Lehnsessel saß und Champagner mit Porter trank, sein Lieblingsgetränk, dachte er darüber nach, was das alles für einen Sinn habe für einen Dreißigjährigen.

Nach dem Sinn hatte er schon während seiner Tätigkeit am Stadtgericht in Berlin und als Regierungsreferendar in Aachen gefragt, um dieser Laufbahn dann, gerade einundzwanzig geworden, Valet zu sagen. Verstört von der Aussicht, einst als Geheimer Rat zu enden, *trocken vom Aktenstaub, hypochondrisch, brust- und unterleibskrank vom Sitzen,* angeödet von einer Bürokratie, die jeden selbstständigen Gedanken unterdrückte. In diesem Beamtenensemble wollte er nicht die zweite Geige spielen, sondern Musik machen, wie er sie für gut erkannte – oder gar keine.

Er war Landwirt geworden und saß da und klagte: »Ich habe das unglückliche Naturell, dass mir jede Lage, in der ich sein könnte, wünschenswert erscheint, und lästig und langweilig, sobald ich darin bin.« Die Rettung aus so viel Lebensüberdruss und Lebensleere kam durch eine Frau. Er liebte sie

312

vom ersten Augenblick, ohne ihr diese Liebe jemals gestehen
zu können. Marie von Thadden auf Trieglaff, eine Nachbarin,
war mit einem seiner Freunde verlobt. Sie war sehr fromm,
vertrat als Pietistin ein auf persönlicher Heilserfahrung be-
ruhendes Christentum, eines, das Glaube und Frömmigkeit,
Gehorsam und Tugendstreben miteinander verband, und war
zu Tränen gebracht angesichts dieses wilden Mannes, der vor-
gab, nicht glauben zu können, und allen Argumenten mit den
Worten begegnete: Wer sei er schon, er, ein Mensch in seiner
Nichtswürdigkeit, Nichtigkeit; warum solle Gott sich auch
nur um ein Stäubchen von ihm kümmern?!

Alle Versuche, diesen Ketzer zu retten, scheiterten. Für ihn
blieb Gott ein unerforschliches Rätsel, und spöttisch zitierte er
aus Boyens Preußenlied sein eigenes Glaubensbekenntnis: »Er-
fülle deine Bürgerpflicht, nach deinem Glauben frag' ich nicht.«

Eines Tages fand er die Freundin auf dem Krankenbett, von
einem Virus befallen, der schon ihre Mutter, ihren Bruder dahingerafft hatte. Bismarck war in tiefer Seele erschüttert. Zum
ersten Mal seit seinem sechzehnten Lebensjahr vermochte er
wieder zu beten. Gott erhörte sein Gebet nicht, Marie starb,
doch hat er diesen Tag als den Tag seiner Bekehrung angesehen
zum wahren, echten Christentum. Nie vergaß er, mit welch
ungetrübter Heiterkeit die Kranke dem Tod entgegenging, als
sei er nichts anderes als eine Vorausreise, der ein fröhliches
Wiedersehen folgen musste.

Der Herzenswunsch Marie von Thaddens war es gewesen,
dass Bismarck das junge Mädchen heirate, das ihm bei ihrer
Hochzeit als Tischdame an die Seite gesetzt worden war. Johanna von Puttkamer mit Namen. Ein Wesen wie ein frischer
sprudelnder Gesundbrunnen, eine Arznei für kranke Herzen,
eine schöne pikante Blume, über die noch nie ein Gifthauch
gegangen, eine wahre Johanna aus Hinterpommern, hatte
Marie geschwärmt, und wir spüren, wie emphatisch-gefühls-
betont der pietistische Kreis war.

Bismarck schätzte Johanna, verehrte sie, lernte sie schließlich lieben, erhielt ihr Jawort – mit der Einschränkung allerdings, auch ihr Vater müsse »Ja« sagen. Der Brief, den Bismarck daraufhin schrieb, ist eine Mischung aus aufrichtigem Bekenntnis und diplomatischer Delikatesse, von manchem als eines der bedeutsamsten Dokumente menschlicher Existenz bezeichnet. Zumindest ist es eines für die weitere Entwicklung seines Verfassers, und als der Brief einige Jahre nach des Kanzlers Tod veröffentlicht wurde, schwankten seine Leser zwischen Unglauben und Bewunderung.

Bismarck wusste, dass die frommen Puttkamers aus Reinfeld ihre Tochter nur einem gläubigen Christen anvertrauen würden und sein bisheriges Leben den Beweis dafür nicht geliefert hatte (Johannas Mutter: »Der Wolf holt immer gerade die besten Schafe ...«), rückhaltlose Offenheit also am Platz war. Er schrieb von der schlechten Gesellschaft jeder Art, in die er hineingeraten war und, bald verführt, bald Verführer, jede Sünde für erlaubt gehalten habe, eine düstere Schilderung seines Ich, gegen die sich die Umkehr, die Wandlung vom Saulus zum Paulus durch den Tod Mariens, umso eindrucksvoller abhob. Er habe wieder beten gelernt und gehe nun auch zum heiligen Abendmahl.

»Welchen Wert Sie dieser erst zwei Monate alten Regung meines Herzens beilegen, weiß ich nicht; nur hoffe ich, soll sie, was auch über mich beschlossen sein mag, unverloren bleiben.« Und: »Ich enthalte mich jeder Beteuerung über meine Gefühle und Vorsätze in Bezug auf Ihr Fräulein Tochter ... Auch mit Versprechung für die Zukunft kann Ihnen nicht gedient sein, da Sie die Unzuverlässigkeit des menschlichen Herzens besser kennen als ich, und meine einzige Bürgschaft für das Wohl Ihres Fräulein Tochter liegt nur in meinem Gebet, in dem Segen des Herrn ...«

Der Antwortbrief enthielt kein Ja und kein Nein, aber das Zugeständnis, er möge eine endgültige Antwort vor Gott und hier in Reinfeld suchen. Unser Bräutigam machte auf eine Weise davon Gebrauch, die ihn später berühmt machen sollte: durch kühnen Zugriff vollendete Tatsachen zu schaffen. »Wer weiß, welchen Weg diese Verhandlungen genommen hätten, wenn ich nicht durch eine entschlossene Umarmung meiner Braut die Sache zum sprachlosen Erstaunen der Eltern in ein anderes Stadium gerückt hätte, in welchem binnen fünf Minuten alles in Richtigkeit geriet.«

Nachdem er sich weidlich an der Verblüffung der anwesenden Kaschuben, wie er die Hinterpommern nannte, ergötzt hatte und an dem Verdruss der alten Damen, nicht vorher von allem gewusst zu haben, kehrte er in dem Gefühl nach Hause zurück, eine Frau *von seltnem Geist und seltnem Adel der Gesinnung* errungen zu haben. 1847 heiratete er seine Johanna, und 1887 sandte der Reichskanzler Fürst von Bismarck ihr eine Depesche, in der es hieß: »Ich danke Gott und danke dir für 40 Jahre unwandelbarer Liebe und Treue. Es waren 14 610 Tage, daneben 2088 Sonntage und zehn 29. Februare. Gute und schlimme [Tage], aber doch viel mehr gute.« Hunderte von Briefen an die Gemahlin, teilnahmsvolle, liebreiche, herzerwärmende Briefe beweisen, dass die telegrafisch übermittelten Worte nicht mit den bei Ehejubiläen üblichen sentimentalen Floskeln gleichzusetzen waren. Ohne Gott, ohne Johanna, ohne Kinder wäre ihm das Leben nicht lebenswert erschienen.

Hecht im Karpfenteich

Der Weg nach Frankfurt hatte ihn über die Stationen des Vereinigten Landtags, der Zweiten Preußischen Kammer und des Erfurter Parlaments geführt, auf deren Bänken er als kompromissloser Abgeordneter der Konservativen sich mehr verhasst als beliebt gemacht hatte. Er war, wie wir gesehen haben, ein erbitterter Feind der Revolution, wandte sich gegen die Annahme der Kaiserkrone durch Friedrich Wilhelm, warnte vor dem deutschen Schwindel der Paulskirche, lehnte die Reichsverfassung ab und berief sich immer wieder auf sein Stockpreußentum.

»Mein Vaterhaus ist Preußen, und ich habe mein Vaterhaus noch nicht verlassen und werde es nicht verlassen.« Er bekämpfte die Deutsche Union und verteidigte beredt die Olmützer Punktation, als sei ihr Abschluss ein Ruhmesblatt Preußens. Dem Sohn des in Wien füsilierten Abgeordneten Blum bekannte er, als er bereits der Alte vom Sachsenwald geworden war: »Ich bin damals 1848 und die Folgezeit ein scheußlicher Junker gewesen. Ich hätte Ihren Vater auch erschießen lassen, wenn ich das hätte tun können ...«

Der Verteidigung der wesentlichen Grundsätze der Regierungspolitik hatte er es mitzuverdanken, dass man ihn zum Bevollmächtigten beim Bundestag in Frankfurt machte. Und seinem Eintreten für Österreich, das er in einer Rede als eine alte deutsche Macht gepriesen hatte, die oft und glorreich das deutsche Schwert geführt. Österreich beherrschte den wieder ins Leben zurückgerufenen Deutschen Bund, und eine Zusammenarbeit mit diesem Staat wäre eine Garantie für den endgültigen Garaus jeglicher revolutionärer Bestrebungen. Der kaiserliche Präsidialgesandte Graf Thun mag erfahren haben, dass der Neue aus Berlin ein politischer Säugling genannt wurde, vom Prinzen von Preußen mit der Bezeichnung *dieser Landwehrleutnant* sogar als für seine Aufgabe ungeeignet abqualifiziert, doch durfte er gedeihliches Miteinander erwarten.

Bismarck selbst hegte keine Zweifel an seiner Qualifikation, war überzeugt davon, dass Gott dem, dem er ein Amt gebe, auch Verstand leihe, war nur besorgt um seine Johanna, der er schrieb: »Mein süßes liebstes Herz, warum so traurig, es ist ja so schön im fremden Land. Was sprichst du von langer Trennung, mein Engel? Mach dich mit dem Gedanken vertraut, dass du mit musst in den Winter der großen Welt; woran sonst soll ich mich wärmen?« Er merkte rasch, dass am Main nur mit Wasser gekocht wurde und die Kunst, mit vielen Worten wenig zu sagen, von allen Mitgliedern beherrscht wurde.

Es waren nicht mehr die Abgeordneten der Paulskirche, die nach Wissen und Gewissen entschieden, es waren ihren jeweiligen Regierungsherrn verpflichtete Abgesandte, in ihrer Mehrzahl unselbstständige, zopfige, kleinkarierte Beamte, damit beschäftigt, die komplizierte Abstimmungsmaschinerie zu bedienen und jedem sein (Stimm-)Recht zukommen zu lassen: Zwergstaaten wie Waldeck, Lippe, Gotha, Königreichen wie Bayern, Württemberg, Sachsen, Großmächten wie Österreich, Preußen, außerdeutschen Staaten wie Holland, Luxemburg gleichermaßen, die Botschafter Russlands, Frankreichs, Englands nicht zu vergessen.

Der Junker aus Schönhausen (von dem das Berliner satirische Blatt »Kladderadatsch« gesagt hatte, wenn er wirklich *geschickt* sei, würde er am Main *schön hausen*) wurde bald zum Hecht im Karpfenteich. Seinen neuen Kollegen überlegen durch seinen Geist, seinen Witz, seine Weltkenntnis, verblüffte, ja schockierte er sie, die jedes Wort ängstlich wogen, vor allem durch seine Offenheit. Einer, der in jeder Situation das Wort widerlegte, wonach ein Gesandter entsandt werde, um für das Wohl seines Landes zu lügen. Lord Beaconsfield, den Repräsentanten des englischen Königshauses, ließ so viel Kühnheit geradezu erbleichen, Graf Thun, als Vertreter Österreichs Präsident des Bundestags, war derart verwirrt, dass er nach Wien berichtete, die Offenherzigkeit dieses Herren grenze ans Groteske.

Der Graf war ohnehin irritiert von Bismarck, weil der entgegen jeder Erwartung Habsburgs Vorherrschaft nicht anzuerkennen bereit war, eine doch selbstverständliche Vorherrschaft, denn was war Österreich, was war Preußen, wer das

317

nicht aus den Geschichtsbüchern ersah, dem müsste ein Blick auf die Landkarte genügen. Dieser Preuße jedoch beanspruchte nicht nur Gleichberechtigung, er störte jede Sitzung durch Prinzipienstreitereien, spannte stets ein Pferd hinten an, wenn Österreich eins vorn aufschirrte, ja demonstrierte seine Anmaßung eines Tages dadurch, dass er, das ungeschriebene Vorrecht des Präsidenten, während der Sitzungen rauchen zu dürfen, missachtend, für seine Zigarre um Feuer bat. Auch die anderen Gesandten begannen nun zu rauchen, allerdings erst nach geraumer Zeit, weil sie, wie Bismarck sarkastisch meinte, erst ihre Regierungen fragen mussten. Selbst die Nichtraucher steckten sich todesmutig eine Zigarre an.

Thun legte sich nach seelischen Erregungen meist ins Bett, wozu ihm der *schreckliche Bismarck* häufig genug verhalf (»... habe ihn gleich in der ersten Sitzung wieder ins Bett geärgert«). Auch sein Nachfolger Prokesch-Osten, ausgezogen, Preußen auf eine unschädliche Größe zu reduzieren, war ihm nicht gewachsen und verließ den unangenehmen Posten nach zwei Jahren. Seine Hinterlassenschaft bestand aus einer Beschreibung Bismarcks als »hochmütige, gemeine Natur, voll Dünkel und Aufgeblasenheit; ohne Rechtsbewusstsein faul, ohne gediegenes Wissen und ohne Achtung für dasselbe; voll des Neides und Hasses gegen Österreich«.

Wahr ist zumindest, dass Bismarcks Abneigung gegen Österreich wuchs, weil, wie er es in seiner bildkräftigen Sprache ausdrückte, der Schafspelz dieses Bundesgenossen so fadenscheinig geworden sei, dass auch die blindesten Austromanen den räudigen Wolfspelz durchscheinen sähen. Was Schwarzenberg in der Zeit von Olmütz einmal gesagt hatte, »*Avilir la Prusse, après démolir* – Preußen schwächen, dann vernichten«, dieses Motto war für ihn in Frankfurt tägliche Praxis.

In einem seiner Gespräche mit Thun klang aus beider Worten zum ersten Mal unterschwellig die Möglichkeit einer bewaffneten Auseinandersetzung hervor. Thun meinte, Österreich und Preußen sollten aufeinander nicht eifersüchtig sein, andernfalls man keinen Frieden habe, sondern nur einen Waffenstillstand. Bismarck antwortete, niemals werde sein Land der Erbschaft Friedrichs des Großen entsagen, eher würde die Entscheidung durch den Degen vorhergehen müssen. Auch in der Frage der Aufnahme Österreichs in den *Zollverein* prallten die beiden Mächte aufeinander. Den Höhepunkt des sich immer stärker abzeichnenden Dualismus jedoch bildete der Krimkrieg.

1853 schien es dem Zaren Nikolaus an der Zeit, der Macht seines Reichs im Orient endgültig zu ihrem Recht zu verhelfen, die Donaufürstentümer, das heutige Rumänien, loszureißen, vielleicht sogar in den Besitz der von der Türkei beherrschten Meerengen zu kommen. Aggressionen, die sich einigermaßen mit dem Schutz der auf dem Balkan unter türkischer Herrschaft lebenden Christenvölker begründen ließen. Die Türkei galt schon damals als *der kranke Mann am Bosporus,* sie war aber nicht krank genug, um sich gegen die Zerschlagung ihres Reiches nicht zu wehren. England und Frankreich traten an ihre Seite, schickten ihre Flotten ins Schwarze Meer und belagerten die Festung Sewastopol auf der Krim. Der erste Stellungskrieg der Weltgeschichte mit Trommelfeuer und Grabenkämpfen hatte begonnen, entsetzlicher Vorläufer einer grauenerregenden neuen Kriegsart. Die Festung fiel, und man kam, 1856, in Paris zusammen, um den Frieden zu schließen, Russlands Niederlage damit besiegelnd.

Preußen wurde anfangs nicht nach Paris eingeladen, weil England verärgert war, dass der sonst so bewährte Festlanddegen seine Schuldigkeit nicht hatte tun wollen. Es war neutral geblieben, hatte darüber hinaus verhindert, dass Österreich, das dem Bund der Westmächte beigetreten war, den Deutschen Bund gegen eine angebliche Bedrohung durch Russland einsetzen konnte. Beschlossen worden war lediglich eine bewaffnete Neutralität zur Abwehr drohender Gefahr in *jeder* Richtung. Bismarck sah in den Donaufürstentümern keine

gesamtdeutschen Interessen berührt. Er wollte kein sentimen-
tales Bündnis, bei dem das Bewusstsein, eine gute Tat getan zu
haben, der einzige Lohn aller Opfer war. »Es würde mich ängs-
tigen, wenn wir vor dem möglichen Sturm dadurch Schutz
suchten, dass wir unsere schmucke und seefeste Fregatte an das
wurmstichige alte Orlog-Schiff von Österreich koppelten ...«

Wichtig war, Russland nicht zu brüskieren, sich seine Dankbarkeit zu verdienen, schien doch die Zeit, wo man sie nötig
haben würde, nicht allzu fern. Denn, so Bismarck, Deutschland und Österreich pflügten beide denselben streitigen Acker.
Sie atmeten einer dem anderen die Luft vor dem Mund fort,
einer müsse weichen oder der andere gewichen werden. Das
sei, wie unwillkommen sie auch sein mochte, die unignorier-
bare Tatsache.

DER GRÖSSTE GEDANKE HÄNGT AB VON EINER FASER IM GEHIRN

Diese Politik bei Friedrich Wilhelm durchzusetzen war kompliziert, bei einem König, der, wie Nikolaus spottete, jeden
Abend als Russe zu Bett ging und jeden Morgen als Engländer
wieder aufstand und, so kann man hinzufügen, nachts von
Kaiser Franz Joseph lieblich träumte, sich überdies von Partei-
en und Cliquen umgeben sah, von denen die Liberalen mit England marschierten, die gemäßigten Konservativen an der Seite
der Westmächte Österreich aus dem Deutschen Bund drängen
wollten, die Altkonservativen von der »Kreuzzeitung« es dagegen mit dem Zaren hielten, Prinz Wilhelm wiederum empört feststellte, der russische Rubel rolle bis in die Vorzimmer
des Berliner Schlosses.

Wenn Herr von Bismarck eine vollständige diplomatische
Erziehung hätte, hat einer seiner österreichischen Gegen-
spieler einmal gesagt, wäre er einer der ersten Staatsmänner

Links: Auf dem Wiener Kongress hatte Fürst Metternich – hier mit Englands Castlereagh und Preußens Hardenberg – das Heft fest in der Hand.

Unten: Fünf Kaiser und Könige, elf Fürsten und neunzig bevollmächtigte Gesandte rangen in Wien um die Neuordnung Europas.

Folgende Seiten: Die Zeit des Biedermeier brachte der Hauptstadt Preußens einen glanzvollen kulturellen Aufstieg. Auf Berlins Prachtstraße Unter den Linden stand auch das Palais Friedrich Wilhelms III.

Rechts: Alltag in der Parochialstraße. Der Maler Eduard Gärtner gehört zu den liebevollen Schilderern berlinischen Lebens.

Unten: »Ein Fluch dem König, dem König der Reichen ..., der den letzten Groschen von uns erpresst, und uns wie Hunde erschießen lässt ...« schrieb Heinrich Heine über den Aufstand der schlesischen Weber.

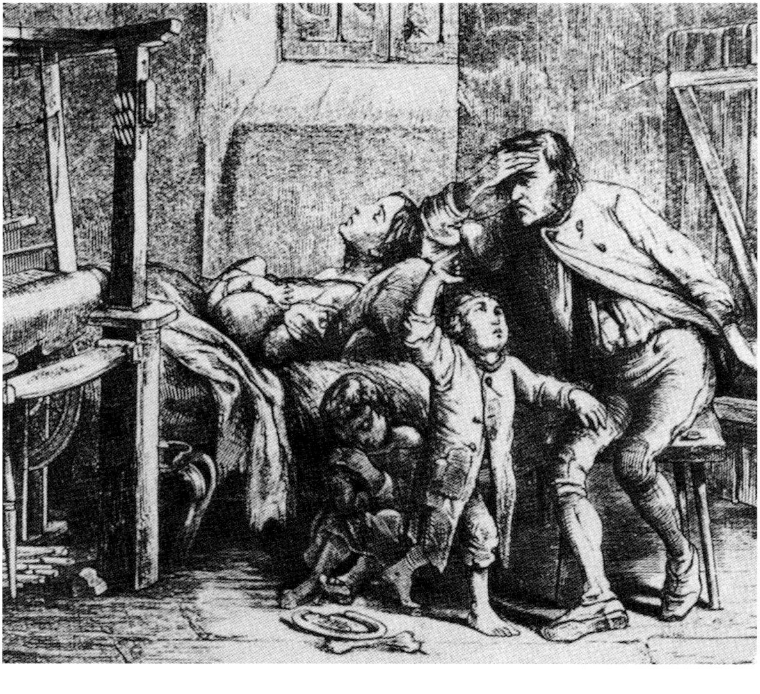

Oben: Die »tollen Tage« des Jahres 48. Die Barrikade am Köllnischen Rathaus in Berlin, vom Maschinenbauer Sigrist befehligt, blieb trotz fünfmaligem Sturmangriffs in den Händen der Aufständischen.

Unten: Es war eine Elite, vornehmlich des Bürgertums, die sich in der Frankfurter Paulskirche am 18.5.1848 versammelte, um die ersehnte Einheit Deutschlands zu schaffen.

Oben: Friedrich Wilhelm IV., der unglückseligste aller Hohenzollernherrscher. Sprunghaft, hochfahrend, verstiegen, dabei gutmütig, wohlmeinend, besten Willens, besaß er laut Ranke mehr Gemüt, als ein Staat vertragen konnte.

Vorhergehende Seiten: Den Choral »Jesus meine Zuversicht« stimmten die Trauernden an, als die Märzgefallenen im Schloßhof aufgebahrt waren. »Hut ab«, ertönte ein Schrei, als der König auf der Galerie erschien.

Links: Drei Frauen am Rande der Geschichte(n). Königin Augusta, die Gemahlin Wilhelms I., aufgewachsen am Weimarer Musenhof, erbitterte Feindin Bismarcks, versuchte, politischen Einfluss zu gewinnen.

Unten links: Kronprinzessin Viktoria, älteste Tochter der Queen Viktoria. Hochgebildet, willensstark, ehrgeizig, übte sie zeitlebens einen starken Einfluss auf ihren Mann aus, den späteren Kaiser Friedrich III.

Unten rechts: Johanna von Bismarck, von der der eiserne Kanzler sagte: »Alles, was ich geworden bin, verdanke ich meiner Frau …«

Folgende Seite, Mitte links: Wilhelm I., im siebten Lebensjahrzehnt erst auf den Thron gekommen, war kein Wilhelm der *Große,* aber ein *groß*artiger Herrscher, einer, der die preußischen Tugenden stets vorlebte.

Unten links: Der Feldzugsplan gegen die Dänen stammte vom Chef des Generalstabes Helmuth von Moltke. »Nu mach ma wieder'n schönen Plan«, riefen ihm die Berliner auch beim Ausbruch des deutsch-französischen Krieges zu.

Rechts oben: Am 18. April 1864 begannen die Preußen mit dem Sturm auf die Düppeler Schanzen. Das Unternehmen gelang nicht zuletzt durch die Unterstützung der Artillerie, die mit ihren neuen Kruppgeschützen das stark befestigte Werk zusammenschoss.

Rechts unten: Aus der Frühzeit der Fotographie: König Wilhem I. am Morgen der Schlacht bei Königgrätz 1866. Vorn von links nach rechts: Prinz Carl, der Großherzog von Mecklenburg-Schwerin, Bismarck, Roon, Moltke, Generalmajor Podbielski, König Wilhelm I.

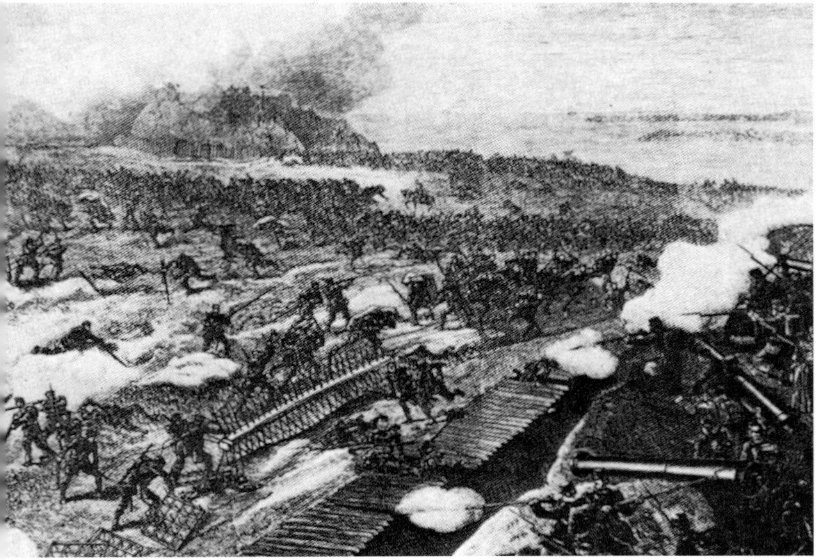

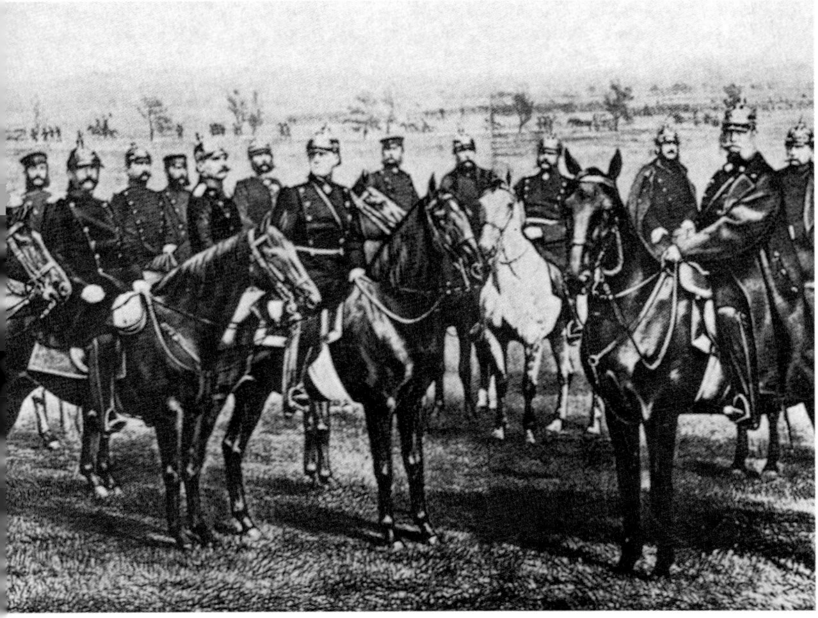

Oben: Ohne Eisenbahn keine Industrialisierung. Der erste Eisenbahnzug Preußens fuhr zwischen Berlin und Potsdam.

Unten: Nicht durch Eisen und Blut, sondern durch Eisen und Kohle sei das Deutsche Reich entstanden, meinte ein englischer Historiker. Die Fabrikanlagen der Firma Borsig um 1847, steinernes Zeugnis einer industriellen Revolution.

Links: Bad Ems oder das Vorspiel zum Kriege. Am 13. Juli 1870 trifft der französische Botschafter Benedetti König Wilhelm auf der Kurpromenade und versucht, die Forderungen seiner Regierung in diplomatisch ungewöhnlicher Form durchzusetzen.

Unten: Moltke beim Generalvortrag im Großen Hauptquartier in Versailles. Der uralte Gegensatz zwischen den Politikern und den Militärs führen zu schweren Zerwürfnissen.

Folgende Seiten: Hier könne er *etwas seines Pinsels Würdiges erleben,* telegrafierte der Kronprinz an Anton von Werner. Der Kaiserproklamation im Spiegelsaal von Versailles am 18. Januar 1871 wurde von dem Maler in einem berühmten Gemälde festgehalten.

Oben: Im Morgengrauen trafen sich Bismarck und Napoleon III. auf einer Landstraße bei Frénois. Der französische Kaiser suchte günstigere Kapitulationsbedingungen zu erreichen.

Unten: Die Niederlage im Krieg von 1870/71 ließ den ruf nach Revanche in Frankreich nie verstummen. Eine antideutsche Propagandazeitung zeigt eine Darstellung des Friedensschlusses, bei dem Bismarck und Moltke die arme Mutter Frankreich zur Unterschrift zwingen.

Deutschlands. Friedrich Wilhelm schien derselben Meinung zu sein, als er seinen Gesandten auf eine Mission nach Wien schickte, auf die, seiner Meinung nach, hohe Schule der Diplomatie. Avisiert als ein Mann, der von vielen geehrt, von manchen gehasst werde, benutzte Bismarck die Zeit, sich von Franz Joseph I. ein Bild zu machen, von einem jungen Mann von zweiundzwanzig, seit dem unzeitigen Tod seines Ministerpräsidenten Schwarzenberg kühn gewillt, die Geschicke seines Landes in die eigene Hand zu nehmen. Bismarck erstellte sich ein genaues Psychogramm, das selbst des Kaisers Tanzsitten und seine sexuellen Neigungen berücksichtigte, auch eine aufschlussreiche Äußerung Seiner Majestät registrierte: »Mit den Pickelhauben muss ich schon einmal raufen.«

Wichtiger noch war Bismarcks Besuch in Frankreich, wo der Mann unumschränkt herrschte, ohne den keine europäische Rechnung zu machen war, hatte er doch im Krimkrieg den despotischen Zaren in seine Grenzen verwiesen und der französischen Armee etwas von der *gloire* vergangener Zeiten zurückgegeben: Napoleon III. Der Ehe zwischen Ludwig Bonaparte und Hortense Beauharnais entstammend, damit ein Neffe des großen Napoleon (doch wie die Fama raunte, in Wirklichkeit ein *Sohn* Napoleons I., aus einer Verbindung also von Stiefvater und Stieftochter) hatte der dritte Napoleon ein bewegtes Leben hinter sich.

In Deutschland aufgewachsen und zur Schule gegangen, nach jahrelanger Verbannung in Amerika in die Heimat zurückgekehrt, wegen zweier Putschversuche gegen den Bürgerkönig Louis Philippe zu lebenslänglicher Haft verurteilt, war er als Maurer verkleidet nach London entflohen. 1848 erneut in Frankreich auftauchend, wurde er, die napoleonische Legende propagandistisch nützend, mit überwältigender Mehrheit vom Volk zum Präsidenten der Republik gewählt, um schließlich, durch einen Staatsstreich mit diktatorischen

Vollmachten ausgestattet, zum Kaiser der Franzosen proklamiert zu werden.

Eine interessante Persönlichkeit, ein abenteuerlicher Lebenslauf, für Bismarck wichtig genug, es eine Reise wert erscheinen zu lassen. Er zweifelte nicht, dass er dem französischen Herrscher eines Tages auf höchster Ebene gegenübertreten und seine Kenntnisse dann brauchen würde. Die Einwände seiner konservativen Freunde vom Typ der Gerlachs, dass man mit Bonapartisten, deren Herrschaft sich auf der Volkssouveränität gründe, nicht verhandeln dürfe, schob er beiseite. »Sympathien und Antipathien in Betreff auswärtiger Mächte vermag ich vor meinem Pflichtgefühl im auswärtigen Dienste meines Landes nicht zu rechtfertigen, weder an mir noch an anderen … Wir müssen mit den Realitäten wirtschaften und nicht mit Fiktionen.«

Beide Männer verspürten von der ersten Stunde an eine gegenseitige Anziehungskraft. Dass Napoleon sich nur deshalb angezogen fühlte, weil er spürte, in Bismarck seinem Schicksal zu begegnen, hieße ihn für einen Hellseher halten. Ihm imponierte dieser Mann einfach deshalb, weil er sich turmhoch erhob über das Mittelmaß der anderen an den Pariser Hof delegierten Gesandten. Bismarck selbst registrierte, kühl bis ans Herz hinan, dass der starke Mann Europas, Louis Napoleon, ihm nicht sonderlich imponiere, Frankreich zähle ihm ohne Rücksicht auf die jeweilige Person an der Spitze als ein Stein in dem Schachspiel der Politik, ein Spiel, in welchem er nur seinem König und seinem Lande zu dienen berufen sei.

Die Tage dieses Königs aber begannen sich ihrem Ende zuzuneigen, die Tage seiner Herrschaft, und damit, so schien es, auch die Karriere des von Bismarck auf Schönhausen.

Auf der Rückreise von einem Besuch bei Kaiser Franz Joseph, im Juli 1857, erlitt Friedrich Wilhelm IV. den ersten Schlaganfall. Ein langes, dreieinhalb Jahre währendes Sterben begann. Die Ärzte beruhigten ihn, sprachen aber insgeheim von einem Wetterleuchten, dem der Blitz bald folgen würde. Ein zweiter Gehirnschlag traf ihn bei einem Theaterbesuch. Er lähmte die Glieder, löschte das Gedächtnis, machte das Sprechen zur Qual. Sätze, die er anfing, brachte er nicht zu Ende, er suchte nach Wörtern. »Was ist das hier? Wie nennt ihr es?« Er klagte, dass ihm eine finstere Decke vor dem Verstand hinge, durch deren Ritzen nur gelegentlich das Licht sich stehle.

Ende Oktober legte die Königin ihm nahe, er möge zumindest vorübergehend seinem Bruder, dem Prinzen Wilhelm, die Regierungsvollmacht übertragen. »Das habe ich längst gewollt, nur nicht sagen können«, meinte er. Er unterzeichnete eine Order und sagte im Berliner Dialekt, den er gern benutzte: »Scheene ...« Er ließ sich sinken, und wenn er auftauchte aus der Dämmerung seiner Krankheit, zeigte er wohl auf seinen Kopf und sagte: »Alles tot, ich bin lebendig begraben.« Selbst in der neuesten Literatur kann man noch lesen, dass Friedrich Wilhelm in jenem Sommer 1857 geisteskrank geworden sei, genauer: eine *psychopathische Anlage sich aktualisiert habe,* ja bereits Stil und Inhalt seiner Jugendbriefe psychopathische Züge aufwiesen. Davon jedoch kann keine Rede sein, es sei denn, man setzt die nach Schlaganfällen eintretenden Ausfallerscheinungen und den geistigen Abbau mit einer Geisteskrankheit gleich.

»Was sind wir?«, grübelte Ranke am Totenbett des wohl unglückseligsten aller Hohenzollernkönige. »Der größte Gedanke hängt ab von einer Faser im Gehirn.«

Eine neue Ära

Prinz Wilhelm, seit Oktober 1858 nun auch offizieller Regent und damit praktisch der neue Herrscher, war schlichten Gemüts, mit der vom Vater ererbten Aversion gegen alles

Genialische, der Neigung zum Zaudern. Auch die Sparsam-
keit stammte von Friedrich Wilhelm III. Die Kosten für seine
Krönung zum Beispiel zahlte er aus eigener Kasse, und wenn
nach Truppenparaden das von den Stabsoffizieren ersehnte
Diner herannahte, zog er eine Semmel aus der Rocktasche.
Vom Militärischen verstand er etwas, wie wir noch sehen
werden, er war Soldat mit Leib und Seele und verkörperte die
preußischen Tugenden in seinem Pflichtbewusstsein, seinem
Fleiß, seinem Gerechtigkeitsgefühl, seiner Redlichkeit, in
seiner ganzen Art, mehr zu sein als zu scheinen; aber auch
die Untugenden, das Beschränkte, das Steif-Pedantische, die
Übertragung militärischer Kategorien auf das zivile Leben, der
Glaube, dass die Welt nicht sicherer ruhe auf den Schultern des
Atlas als der preußische Staat auf seiner Armee, Denkweisen,
die ihn zum Kartätschenprinz hatten werden lassen.

Sechzig Jahre alt war er im März 1857, zu einer Zeit, wo
des Königs Krankheit noch nicht offenbar geworden war. Er
hatte den Geburtstag, zusammen mit seinem 50-jährigen Mi-
litärdienstjubiläum, gefeiert wie einer, der vom tätigen Leben
Abschied nimmt und nur noch in den Kindern weiterzuleben
wünscht. Die ihm gewidmete Festschrift sah er als einen Ne-
krolog an, sich selbst als einen Greis, und er lächelte nach-
sichtig, wenn man ihn an Radetzky erinnerte, der mit ein-
undachtzig seine erste Schlacht gewann. Nein, er hatte keine
Zukunft mehr.

Die Stunde dann, da der Thronfolger, der dem Thron innerlich bereits entsagt hatte, doch noch gerufen wurde, in ein
Amt, das er vielleicht einmal ersehnt hatte, das ihm jetzt jedoch wie ein Felsstein erschien, der sich auf seine Seele wälzte. Der Prinz von Preußen war noch durchaus rüstig zu Beginn
seines siebten Jahrzehnts, hatte jene Statur, die ihm den leicht
abschätzigen Namen *der schöne Wilhelm* eingetragen hatte:
hoch gewachsen, kräftig, die ebenmäßigen Züge beherrscht
von zwei Augen in einem unwahrscheinlichen Blau, soldatisch

im Auftreten, Respekt erheischend. Wer ihm begegnete, empfand die Vornehmheit seines Wesens, die natürliche Würde, hier war ein Herr.

Kavalier alter Schule auch in seinem Charakter, der ihn bestimmte, an Altem und Hergebrachtem festzuhalten und sich vor raschen Veränderungen zu hüten. Das wirklich Veraltete werde die Zeit selbst beseitigen und leichter sei es, einzureißen als aufzubauen. »Es soll nur die sorgliche und bessernde Hand angelegt werden, wo sich Willkürliches oder gegen die Bedürfnisse der Zeit Laufendes zeigt.«

Derart dem Alten und Bewährten zugeneigt, musste es verwundern, dass die Minister, die er berief, in ihrer Mehrzahl keineswegs konservativ waren, sondern gemäßigt liberal und man nicht mit Unrecht von einer nun beginnenden neuen Ära sprach. Ein nur scheinbarer Zwiespalt, erklärbar aus Wilhelms Abneigung gegen die stockkonservative Gruppe Gerlach der »Kreuzzeitung«, deren politische Überzeugung er zwar grundsätzlich teilte, nicht aber ihre intrigante, heuchlerische Art, sie zu vertreten. Leuten ihres Schlages galt jeder als suspekt, der nicht innerhalb der schwarzweißen Grenzpfähle geboren war, ein Rheinländer war nur ein halber Preuße, ein Katholik ein verdächtiger Preuße. Ministerpräsident von Manteuffel, der Mann von Olmütz und gebrandmarkt, musste gehen und mit ihm das gesamte reaktionäre Ministerium. Karl Anton von Hohenzollern-Sigmaringen, der sein Zwergfürstentum an die mächtigere Berliner Verwandtschaft abgetreten hatte und dafür Mitglied ihres Hauses geworden war, wurde zum neuen Ministerpräsidenten ernannt. Er hatte wie Schleinitz, der neue Außenminister, und einige andere Herren weniger Qualifikation aufzuweisen als Protektion. »Schürzen-Ministerium«, spotteten die Berliner. Die Schürze trug Wilhelms Gemahlin, Prinzessin Augusta, die viel zu leidenschaftlich war, als dass sie sich aus der Politik hätte heraushalten können.

Augusta hasste Bismarck seit jenem Märztag des 48er Jahres, Wilhelm hatte geäußert, dass er keine sonderlich hohe Meinung von ihm hege, und den Österreichern war er nach wie vor unbequem. Das Ergebnis war die Abberufung des preußischen Gesandten in Frankfurt. Für Bismarck ein Schock: Er glaubte, in den acht Jahren einen guten Kampf gekämpft und Achtung für sein Land erworben zu haben. Frankfurt schien ihm sein ureigenes Werk, dazu bestimmt, eines Tages das Problem Deutschland einer Lösung näher zu bringen.

Er schied mit Bitternis, auch mit Wehmut, die Johanna, als ihr Mann Fürst und Reichskanzler geworden war, in die Worte kleidete: »O wie wundervoll waren doch die Frankfurter Jahre – die allerschönsten meines Lebens, wie gesund war mein geliebter Bismarck, wie fröhlich und sorglos flossen unsere Tage dahin! – Und jetzt – ach!« Das Frühjahr 1859 sah ihren Mann bereits als Gesandten in Petersburg, auf einem vornehmen Posten in der europäischen Diplomatie. Bismarck dagegen hat diese Beförderung immer nur als eine Kaltstellung angesehen. Wilhelm, der gesagt hatte, dass er sein eigener Außenminister sein wolle und sein Kriegsminister dazu, denn das verstehe er, wurde bald an diesen Worten gemessen. Italien, dessen Landkarte so bunt war wie die deutsche, das noch dazu zu drei Viertel von fremden Mächten beherrscht wurde, Italien wollte seine Einheit und seine Freiheit. Um sie zu erreichen, war den Führern dieser Einigungsbewegung jedes Mittel recht. Sie saßen vornehmlich in Piemont, einem kleinen Königreich zwischen Meer und Bergen, unbedeutend, aber geführt von einem bedeutenden Mann namens Camillo di Cavour. Um seines Zieles willen musste er die Österreicher aus der Lombardei und Venetien hinauswerfen. Dazu brauchte David einen Goliath, und das sollte Napoleon III. sein. Ein Sieg, lockte Cavour, und an dem sei nicht zu zweifeln, würde Frankreichs Bedeutung als Großmacht steigern, sein Prestige als Heimat der Revolution vermehren, sein Staatsgebiet um

Nizza und Savoyen, den Siegespreis, vergrößern. Napoleon schluckte den Köder, begann einen Krieg gegen Österreich – und brachte Preußen in ein schlimmes Dilemma.

Wenn es sein Ansehen als Großmacht bewahren wollte, musste es in irgendeiner Form Stellung beziehen. Doch wie? Marschierte man mit Österreich gegen Frankreich, könnte man Napoleon für alle Zukunft den Appetit auf das linke Rheinufer verderben, würde damit aber Habsburgs Stellung im Bund stärken und die italienischen Patrioten um ihre Einheit betrügen. Oder sollte man den Krieg Österreichs mit Frankreich sich scharf einfressen lassen, wie es Bismarck vom fernen Petersburg empfahl, um dann mit der ganzen Armee nach Süden aufzubrechen und die Grenzpfähle dort einzuschlagen, wo das Protestantische aufhörte zu überwiegen?

Wilhelm zögerte seine Entscheidung hinaus. Als er schließlich mobil machte, um als bewaffneter Vermittler den Österreichern im Falle einer Niederlage zu helfen, waren sie, bei Magenta und Solferino, nicht nur bereits geschlagen, sondern kamen jeder Vermittlung zuvor durch den raschen Abschluss eines Waffenstillstands in Villafranca. Der kostete sie zwar die Lombardei, aber der Verlust erschien ihnen geringer als der Preis, den sie Preußen für Vermittlung oder Hilfe hätten zahlen müssen.

Dem Prinzregenten blieben der Vorwurf Franz Josephs, er sei von Preußen im Stich gelassen worden, die Blamage, wie Don Quichotte nur mit seinem Schwert in der Luft herumgefuchtelt zu haben, und (Mobilmachungs-)Rechnungen in Millionenhöhe. Dass dieser Mann einer ruhmreichen Zukunft entgegenging und sein Land zu einer echten Großmacht machen würde, dafür hätte selbst Rothschild keinen Taler riskiert. »Wie Preußen eine Großmacht geworden ist, lehrt uns die Geschichte«, schrieb damals die Londoner »Times«, »warum es heute noch als solche gilt, weiß niemand.«

KÖNIGSTREU UND HOHENZOLLERNFROMM

Die Mobilmachung war es, die neue Probleme aufzuwerfen
begann. Es ging dabei nicht um die Kosten, auch nicht, ob
sie zu diesem Zeitpunkt sinnvoll oder sinnlos gewesen sei, es
ging um die Mängel, die sich gezeigt hatten, Mängel im Organisatorischen, in der Führung, in der Schlagkraft allgemein. Die
Bevölkerungszahl hatte sich in zwei Generationen von 11 Millionen auf 18 Millionen erhöht, die Zahl der jährlich einberufenen Rekruten dagegen war mit 41 000 konstant geblieben.
Noch nicht einmal ein Viertel der Wehrtauglichen war das.
Hunderttausende von jungen Männern durften zu Hause bleiben, auch dann, wenn mobil gemacht wurde. Die Gedienten
aus der Reserve und der Landwehr dagegen, überwiegend Fa-
milienväter, hatten auszurücken. Damit war die Wehrpflicht
nicht mehr allgemein, wie das Gesetz es vorschrieb, sondern
ungerecht, noch dazu, da das Los jene bestimmte, die zum
Militär mussten.

Die Zahl der pro Jahr einzuberufenden Bürger auf etwa
65 000 zu erhöhen, die Präsenzzahl des stehenden Heeres damit auf 220 000 – was in der Praxis die Bildung von 39 neuen
Infanterie- und zehn neuen Kavallerieregimentern bedeutete –,
schien einzuleuchten in einer Zeit, in der die Mächte mehr
denn je nach ihren Armeen gewogen wurden. Die Mehrkos-
ten in Höhe von 9,5 Millionen Talern im Jahr waren peinlich
hoch, gewiss, doch Soldaten waren schon immer teuer gewesen und Wehrkraft unbezahlbar.

Wilhelm forderte ferner: die Soldaten drei Jahre lang dienen
zu lassen, keinesfalls die lange Zeit übliche zweijährige Dienstzeit wiedereinzuführen. Zwei Jahre hindurch werde der Soldat
durch Dressur und Instruktion vollständig übermannt, erst im
dritten Jahr lerne er sich führen, bekomme er Sinn für die Würde des Rocks, für den Ernst des Berufes, und ziehe der Standesgeist bei ihm ein, ohne den eine Armee nicht bestehen könne.

Mit dieser Forderung stieß er auf Widerstand. Im Volk fürchtete man, dass mit Ernst des Berufes Kadavergehorsam gemeint war, mit Standesgeist totale Militarisierung, das dritte Jahr nur dazu dienen sollte, den Soldaten königstreu und hohenzollernfromm zu machen. Vom militärischen Standpunkt aus nämlich genügten zwei Jahre für eine gründliche Ausbildung. Die Erfahrung hatte gelehrt, dass eine zu lange Dienstzeit abstumpfte, unwillig machte, die im dritten Jahr Dienenden die meisten Disziplinarstrafen kassierten.

Weiter ging des Königs Bestreben dahin, die Landwehr zu mindern und zu schwächen, sie praktisch in der Linienarmee aufgehen zu lassen. Die Landwehrmänner, deren Vorfahren bravourös in den Befreiungskriegen gekämpft hatten, waren für ihn verkleidete Zivilisten, ohne den *richtigen festen Soldatengeist,* aufsässig dazu, wie sich bei der Niederschlagung der Aufstände in Süddeutschland, 1849, erwiesen hatte, geführt von Offizieren, die zum Teil aus dem Kaufmannsstand und aus Juristenkreisen kamen. Mit solchen *militärisch verkehrten Einrichtungen* seien in modernen Kriegen keine Lorbeeren zu gewinnen. Meinte der neue Kriegsminister.

Er hieß Albrecht von Roan, nannte sich einen Feldwebel in der großen Kompanie des Königs, Armee geheißen, hier war sein Vaterland, hier allein waren die *unreinen gärenden Elemente, die alles infrage stellen,* noch nicht eingedrungen, ein Konservativer, doch so erzkonservativ, dass er sich nicht für geeignet gehalten hatte, den Thronfolger zu erziehen, *ihm die neuen Ideen unserer Tage anzupreisen.* Werkzeug der Junker jedoch, wie die Liberalen meinten, war er nicht. Kein Kommissknopf wie der alte Wrangel, sondern gebildet, weltläufig, kenntnisreich, ein preußischer Offizier wie aus dem Bilderbuch, stand er, trotz inneren Widerstrebens gegen die ganze konstitutionelle Wirtschaft, auf dem Boden der neuen Verfassung.

Wilhelm hatte erkannt, dass niemand anderer als Roon, Generalstäbler, Organisator, Verfasser der Denkschrift zur *vaterländischen Heeresverfassung* geeignet war, ein Reformwerk durchzubringen, das er selbst als eine Existenzfrage Preußens bezeichnet hatte.

Roons Chancen schienen nicht schlecht, wenn man europäische Maßstäbe anzulegen bereit war. Danach hatte Österreich ein Heer von 310000 Mann und eine Dienstzeit von drei bis vier Jahren, Frankreich eines von 420000 und eine Dienstzeit von sieben Jahren, Russland eines von 990000 und eine Dienstzeit von zwölf Jahren. 150000 preußische Soldaten nahmen sich demgegenüber bescheiden aus, auch wenn man die geringere Größe des Landes berücksichtigte. Die Landwehr konnte das Manko nicht ausgleichen. Sie war eine liberale Institution, populär dazu, ihre Gründung verklärt vom Mythos der Befreiungskriege; doch sah man sie ohne Sentiment, wurde ihre Unzulänglichkeit offenbar. Die Landwehrmänner waren schlecht ausgebildet, mangelhaft geführt, leisteten ihre Übungen widerwillig, wenn sie sich nicht zu drücken versuchten. Dass man sie auf dem Marsch nur mit Freibier voranbringen könne oder sie bei Mobilmachungen mit Husarenpatrouillen einfangen müsse, war übertrieben, der für ihren Bestand notwendige Enthusiasmus jedoch gehörte der Vergangenheit an. Ausländische Militärattachés jedenfalls erfüllte ihr Anblick mit Zufriedenheit. Und das sprach gegen die Landwehr.

Die Abgeordneten waren dennoch gegen die Reform. Sie fürchteten eine *Entbürgerlichung* der Eingezogenen, die Entstehung eines Staates im Staat durch die vergrößerte Armee und, hinsichtlich des Offizierskorps, eine Aristokratie des Degens. Die Offiziere entstammten noch immer vornehmlich dem Adel, fühlten sich keineswegs als Angehörige eines Volksheers, sondern als Paladine des Throns. Die anderen Einwände, die die Abgeordneten vorbrachten, scheinen uns merkwürdig vertraut: Ein größeres Heer bedeute größere Kriegsgefahr, mehr Soldaten mehr wirtschaftliche Nöte, die notwendigen Gelder sollten lieber der Wohlfahrt zufließen, der Kultur, und alles laufe doch nur auf die Anstellung von weiteren tausend Leutnants hinaus. Darauf allerdings hatte ihnen der General von Gerlach bereits eine Antwort gegeben, die selbst radikale Demokraten nachdenklich werden ließ. »Ohne die Leutnants«, sagte er, »die bei kurzem Solde und geringem Avancement für alle standesgemäß ertragenen Entbehrungen nichts weiter fordern als das in ihren Familien seit vielen Generationen einheimische Vorrecht, sich, sowie ein Krieg ausbricht, in großen Massen totschießen zu lassen, ohne solche Leutnants … kann die preußische Armee nicht bestehen.«

Die liberale Mehrheit im Abgeordnetenhaus zwang die Regierung, die Militärvorlage zurückzuziehen. Um ihre eigenen – liberalen – Minister nicht zu demütigen, erklärte sie sich Wochen später zu einem Kompromiss bereit und bewilligte sieben Millionen Taler, mit dem Vorbehalt allerdings, dass es sich dabei nicht um eine Bewilligung der Militärvorlage handele, sondern lediglich um ein auf ein Jahr befristetes Provisorium. Doch kann man eine Armee so wenig provisorisch verstärken, wie man provisorisch schwanger werden kann, anders ausgedrückt: So etwas ließ sich nicht mehr rückgängig machen. Genauso handelte Roon, als er kurz entschlossen daranging, neue Regimenter aufzustellen. Wer würde sie guten Gewissens wieder auflösen wollen und damit Millionen vergeuden?

Das Attentat

Als Ende 1861 durch die Wahlen eine neue Partei zum Zuge kam, die sich von den Altliberalen absplitternde Deutsche Fortschrittspartei, als erste über ein wirkliches Programm verfügend, kam es zum Konflikt. Die Fortschrittler, davon überzeugt, die Zukunft ruhe auf dem Bürgertum – mit Männern wie Werner von Siemens, Theodor Mommsen, Rudolf von Virchow, Gustav Freytag in ihren Reihen –, waren nicht bereit, den Wehretat in der gehabten Form noch einmal zu bewilligen. Sie forderten die zweijährige Dienstzeit, die Aufrechterhaltung der Landwehr, machten darüber hinaus deutlich, dass die Vollmachten des Abgeordnetenhauses erweitert, die des Königs und der Herrenkammer eingeschränkt werden müssten. Da beide Seiten nicht geneigt waren, auch nur einen Schritt zurückzuweichen, löste Wilhelm das Haus auf, entließ die Minister und ersetzte sie durch erzkonservative, ihm ergebene Männer.

Aus dem Prinzregenten Wilhelm war inzwischen Wilhelm I. geworden. In Königsberg hatte er sich die mit hundertfünfzig Diamanten bedeckte Krone aufgesetzt, mit eigenen Händen, empfangen aber vom Herrgott, wie auch sein hohes Amt von Gottes Gnaden war. Die Liberalen waren gegen diesen *Akt höherer Weihe.* Er schien ihnen antiquiert und nicht zu vereinen mit dem Wesen eines modernen Verfassungsstaats. Das Volk dagegen hatte eine andere Meinung vom Zeitgeist und sagte sich, monarchisch gesinnt, wie es in seiner Mehrheit war, zu einem richtigen König gehöre auch eine richtige Krönung. Dass Gott dabei im Spiele war, wurde gern geglaubt, war doch der König drei Monate zuvor wunderbarerweise dem Tod durch Mörderhand entgangen. In Baden-Baden hatte ein Student mit einem Terzerol, einer kleinen Taschenpistole, auf ihn geschossen und ihn am Hals verletzt. Sein Motiv: Wilhelm sei nicht fähig und nicht willens, die Einheit Deutschlands herbeizuführen.

Nach der Auflösung des Abgeordnetenhauses waren, im Mai 1862, Neuwahlen angesetzt worden, und sie korrigierten den aufgezwungenen Ruck nach rechts drastisch. Die Konservative Partei, vor vier Jahren mit 224 Abgeordneten eingezogen, hatte jetzt noch ganze dreizehn Sitze, die Fortschrittler zusammen

mit dem verbündeten linken Zentrum dagegen zweihundert-
zweiundvierzig. Selbst Roon wurde angesichts dieser Übermacht schwach und erklärte sich mit der geforderten zwei-
jährigen Dienstzeit einverstanden, wenn die Abgeordneten
das Heeresbudget bewilligten.

Der König aber war nicht bereit, den Weg der Konzessionen
und Kompromisse zu gehen. Nachgiebigkeit erschien ihm
Selbstverrat, und ehe er auf seine dreijährige Dienstzeit verzichte, die inzwischen zur fixen Idee geworden zu sein schien,
würde er lieber abdanken. Sein Sohn Friedrich Wilhelm, der
spätere Kaiser Friedrich III., wäre mit seinen einunddrei-
ßig Jahren vielleicht eher imstande, das Königtum gegen die
Vorherrschaft des Volkes zu verteidigen, und darum ging es
letztlich. Er selbst sah keine Möglichkeit mehr, wie es im
Entwurf der Abdankungsurkunde hieß, seine Pflicht gegenüber der glorreichen Geschichte und dem teuren Vaterland zu
erfüllen. »Es bleibt Uns daher kein anderer Ausweg übrig, als
auf die Ausübung Unserer königlichen Rechte zu verzichten
und dieselben dem recht- und gesetzmäßigen Nachfolger zu
übergeben ...«

Wrangel, das Unikum, fasste ihn am Portepee und polter-
te, dass ein König nicht kneifen dürfe, sein Feldmarschall ihn
zwar nicht vor ein Kriegsgericht stellen könne, *aber vor ein
Jericht Jottes, jewiss doch.* Auch der Kronprinz beschwor den
Vater, auf seinem Posten auszuharren. Und handelte damit
gegen den Rat seiner Frau, der englischen Viktoria, die darauf
drang, das *Opfer anzunehmen.* »Sonst, Fritz, wirst du es einst
bereuen.«

Wer Lust am Spekulieren hat, mag sich ausrechnen, was
aus Preußen, was aus Deutschland geworden wäre, wenn ...
Wenn Friedrich Wilhelm, der 1888, von todbringender Krankheit gezeichnet, den Thron bestieg, bereits jetzt die Zügel in
die Hand genommen hätte, ein Mann, der sich in seinen –
liberalen – Anschauungen, in seinem ganzen Wesen so sehr

unterschied von seinem Vater Wilhelm und eines gewiss nicht getan hätte – Bismarck zu berufen. Selbst in dieser Stunde nicht, in der, wie ein Chronist schrieb, wieder ein Märzlüftlein zu wehen begann und bei den Kommandostellen der Armee versiegelte Order lagen, wie im Falle eines neuen 1848 vorzugehen sei.

In diesen Tagen, da der Kampf zwischen Königtum und Parlament auf des Messers Schneide stand, schickte Albrecht von Roon eine Depesche an den Mann, der als einziger Rettung versprach: Bismarck. *»Periculum in mora. Dépêchez-vous –* Verzug bringt Gefahr. Beeilen Sie sich«, lautete der Text.

VI BLUT UND EISEN

DIE BERUFUNG

In einem Garten von Avignon überreichte ihm Katharina von
Orlow einen Olivenzweig. Er hatte mit der Fürstin und ihrem
Mann, einem russischen Diplomaten, einige Urlaubswochen
in Biarritz verbracht und sie im glücklichen Vergessen der
Welt bis nach Südfrankreich begleitet. Wie ein Knabe, der
weiß, dass die Schule bald anfangen wird, war er sich vorge-
kommen, und der Abschied schwer. Er hatte sich in die nied-
liche Principesse etwas verliebt, wie er an seine Schwester
schrieb, »Du weißt, wie mir das gelegentlich zustößt, ohne
dass es Johanna Schaden tut.« Im Frühjahr hatte man ihn von
Petersburg nach Berlin zurückberufen. Seine Hoffnung, nun
jenen Posten zu erhalten, den er innerlich ersehnte, trotz seiner Beteuerungen, dass das Ministergeschäft eine Schinderei
werden würde und er sich, im Gedanken daran, wie ein kranker Kunstreiter vorkomme, der seine Sprünge machen soll,
diese Hoffnung war trügerisch gewesen, und statt als Ministerpräsident hatte er sich als preußischer Gesandter in Paris
wiedergefunden. Es hatte Tage gegeben, in denen ihm das
Weltgetriebe leer und schal erschienen war, weil es ja doch
»alles nur eine Zeitfrage ist. Völker und Menschen, Torheit
und Weisheit, Krieg und Frieden, sie kommen und gehen wie
Wasserwogen, und das Meer bleibt. Was sind unsre Staaten,
ihre Macht und Ehre, vor Gott anderes als Ameisenhaufen …,
die der Huf eines Ochsen zertritt.«
Elegische Stimmungen, Fatalismen, stärker war der Ehrgeiz des nun siebenundvierzigjährigen Bismarck, der Wille,
doch noch an die Hebel der Macht zu kommen. Die unbändige

Kraft, die er in sich spürte, wollte er nicht weiterhin auf Frühstücksposten vergeuden. Krankheiten, die er in den letzten Jahren hatte durchmachen müssen, Nervenkrisen, was waren sie anderes als, wie man heute sagen würde, Frustrationen, die im Körperlichen sich niedergeschlagen.

Am 21. September 1862, einem Sonntag, sucht Roon nach dem Gottesdienst den König in Babelsberg auf und schlägt vor, Bismarck zum Ministerpräsidenten zu berufen. Wilhelm weicht aus.

»Er wird nicht wollen«, sagt er, »wird es jetzt auch nicht übernehmen; er ist auch nicht da, es kann mit ihm nichts besprochen werden.« Roon erwidert: »Er *ist* da, er wird Euer Majestät Ruf bereitwillig folgen.«

Bismarck ist am Tage zuvor nach vierundzwanzigstündiger Bahnfahrt in Berlin eingetroffen.

Am nächsten Tag steht er vor seinem König, der, die Abdankungsurkunde neben sich auf dem Tisch, ihm mit Reserve begegnet. Der Mensch war ihm von jeher suspekt, ja unheimlich, und seine Umgebung hat nichts versäumt, das Unbehagen zu vergrößern. Die Worte seines verstorbenen Bruders hat er nicht vergessen, wonach der Herr v. B. nur zu gebrauchen sei, wenn das Bajonett schrankenlos walte; und des Hasses ist er sich bewusst, den Augusta dem Gewaltmenschen entgegenbringt, auch der Abneigung der meisten Abgeordneten, die ein Säbelregiment fürchten. Bismarck, die vollendete Frivolität am Ruder, wie Treitschke, einer seiner späteren Lobredner, sagte; Bismarck, der grundsatzlose Junker, der in politischer Kanaillerie Karriere machen will, so ein Liberaler; Bismarck als Ministerpräsident, das war der Bock als Gärtner, meinte der Fürst von Hohenzollern; Bismarck, die unglücklichste Wahl, die man treffen könne, sprach die Großherzogin von Baden, und das Thronfolgerpaar mochte ihn schon gar nicht; Bismarck, die Frivolität, der Zynismus, die Grundsatzlosigkeit, die Anmaßung, die Skrupellosigkeit *in persona*.

Nein, das war kein Mann nach Wilhelms Geschmack. Ihn nicht zu berufen, wie er seinem Sohn versprochen, schien beschlossen. Es kam jetzt nur darauf an, die Berufung an Bedingungen zu knüpfen, die für ihn nicht erfüllbar waren.

Zwei Tage später schrieb Bismarck an Johanna: »Du wirst aus den Zeitungen unser Elend schon ersehen haben. Ich … werde Ministerpräsident und übernehme später auch das Auswärtige … Das alles ist nicht erfreulich und ich erschrecke jedes Mal darüber, wenn ich des Morgens erwache. Aber es muss sein. Ich bin nicht imstande, dir jetzt mehr als diese Zeilen zu schreiben, ich bin umlagert von allen Seiten mit Geschäften jeder Art und kann Berlin in den nächsten Wochen nicht verlassen … ergib dich in Gottes Schickung.«

Wie er einen König, der ihm in jeder Hinsicht misstraute, während einer einzigen Unterredung für sich hatte gewinnen können, darüber hat Bismarck selbst berichtet. Wie bei Autobiographien so oft, wird auch hier Wahrheit gelegentlich von Dichtung überschattet. Tatsache bleibt, dass er Wilhelm auf höchst einfache Weise für sich gewann. Er erklärte sich bereit, den Kampf gegen das Parlament auf Biegen und Brechen zu führen, für die Heeresreform einzutreten, notfalls auch ohne Budget zu regieren. Wie ein kurbrandenburgischer Lehnsmann wolle er seinem Herrn in Not und Gefahr beistehen.

Wie sehr der Lehnsmann gebraucht wurde, zeigte das acht Tage später stattfindende Gespräch im halbdunklen Erster-Klasse-Coupé des fahrplanmäßigen Zuges von Jüterbog nach Berlin. Bismarck hatte Wilhelm von den ersten erbitterten Auseinandersetzungen im Parlament berichtet und, nach einer Pause gedrückten Schweigens, zu hören bekommen: »Ich sehe ganz genau voraus, wie das alles endigen wird. Da vor dem Opernplatz, unter meinen Fenstern, wird man Ihnen den Kopf abschlagen und etwas später mir.«

»Et après, Sire?«

»Ja, après, dann sind wir tot!«

»Ja, dann sind wir tot, aber sterben müssen wir früher oder später doch, und können wir anständiger umkommen? Ich selbst für die Sache meines Königs, und eure Majestät, indem Sie Ihre königlichen Rechte von Gottes Gnaden mit dem eigenen Blut besiegeln …«

Markig gesprochen und genau berechnet. Auf einen Mann, der, fremd in der Politik, schwankend in seinen Entschlüssen, oft mutlos und deprimiert, einen Entscheidungsgehilfen von solchem Format innerlich ersehnt hatte. Ein Bund war geschlossen, der sechsundzwanzig Jahre hindurch währte, durch Höhen und Tiefen führte und nur aufrechterhalten werden konnte, weil zwei voneinander grundverschiedene Männer die Sache über die Person stellten und sich in dem friderizianischen Grundsatz fanden, dass sie nicht nur auf dieser Welt seien, um sie zu genießen, sondern um das zu tun, was sie ihr schuldig zu sein glaubten.

Seiner Gemahlin Augusta von der Ernennung Bismarcks Mitteilung zu machen, blieb Wilhelm nicht erspart. Ja, also Bismarck sei ganz zufällig in Berlin gewesen, auf Kurzurlaub, um seine Familie abzuholen, und da … »Ich weiß, dass Du sehr unzufrieden mit Bismarcks Wahl sein wirst, aber meine innere Stimme sagt mir, dass ich so handeln musste, wenn ich nicht den Staat aufs Spiel setzen wollte … Ich bitte Dich nun, ruhig die nächste Zeit abzuwarten und bei Deiner Rückkehr hierher eine eingehende Unterredung mit ihm zu haben, um Dich à fond zu überzeugen, wie er die Dinge nach *meinem* Befehl vollkommen richtig nach allen Seiten ansieht und beurteilt.«

Die Ehe zwischen Wilhelm und Augusta war aus dynastischen Gründen geschlossen worden. Während bei ähnlichen Verbindungen im Laufe der Jahre eine gewisse Zuneigung entstand, war es hier bei gegenseitiger Respektierung geblieben. Die Geschichte von Wilhelms Brautfahrt ist eine traurige Geschichte und beispielhaft für die Usancen, die auf dem Hei-

ratsmarkt der europäischen Dynastien üblich waren. Geliebt
hatte »Wimpus«, so sein Kosename, Elisa von Radziwill, ein
zartes, schönes Mädchen aus einer polnisch-preußischen Familie, doch nicht ebenbürtig, wie eine Kommission aus sechs
Staatsministern und einem General in Berlin gutachtend befand. Nach jahrelangem qualvollem Hin und Her bekam er
vom Vater, Friedrich Wilhelm III., der auch hier ewig gezaudert hatte, die Order, *die Sache hiermit als völlig erschöpft
und beendigt* zu betrachten, worauf der verhinderte Bräutigam, nachdem ihm anfangs zumute war, als wollte ihm *der
Kopf zerspringen*, erklärte, *in frommer Demut und Unterwürfigkeit ein Schicksal zu ertragen, das ihm der Himmel aufer-
legt.* Der Vater umarmte ihn dafür auf der Pfaueninsel unter
Tränen und verlieh, Höhepunkt unfreiwilligen Zynismus, der
verschmähten Verlobten den Luisenorden, einst gestiftet für
glänzende Beweise der Vaterlandsliebe und Menschenfreund-
lichkeit.

Wilhelm ging nun, nachdem er vorübergehend Trost gefunden hatte bei einem Fräulein von Brockhausen, auf Braut-
schau und hakte auf der ihm mitgegebenen Liste sorgfältig jene
Prinzessinnen ab, die sein Missfallen erregten. Weil sie, wie
eine der Schwedinnen, verwachsen war oder, wie die Nichte
des Königs von Württemberg, so schwerhörig, dass man sie
ständig anschreien musste, oder, wie die Tochter Gustavs IV.
Adolf, vom Kopf her erblich belastet schien oder, wie die
Badenerin, eine Napoleonsche war. Übrig blieb Augusta von
Sachsen-Weimar, gegen die nichts anderes einzuwenden war,
als dass er sie überhaupt nicht mochte. Wieder half ihm ein
Befehl *des teuersten Vaters* aus der Bredouille, der ihm auf
diese Weise gleichzeitig Gottes Walten kundtat, denn die
getroffene Wahl sei gewiss auch *Sein* Wille.

Augusta, achtzehn, versicherte ihm nicht ohne Anzüglich-
keit, dass sie versuchen werde, diejenige zu sein, die er nicht
bekommen hatte, nahm Abschied von Weimar, ein Gedicht

in der Handtasche, das ihr Goethe gewidmet, zu dessen Inhalt Wilhelm nicht unbedingt Ja gesagt hätte. »Alle Pappeln, hoch in Lüften, jeder Strauch in seinen Düften, alle sehn sich nach dir um«, lautete es.

Nach der Geburt von zwei Kindern und nach zwei Fehlgeburten trennten sie sich, wenn nicht vom Tisch, so doch vom Bett. Wenn sie verreist war, genoss Wilhelm ihre Abwesenheit, denn ihre Anwesenheit war anstrengend. »Laura« nannten die Berliner sie, weil sie so lange auf den Thron *jelauat* habe. Darüber vermochte sie nicht zu lachen, wie sie überhaupt humorlos war, immer ein bisschen beleidigt und, aus Mangel an Befriedigung, launenhaft.

»Meine Schwiegermutter«, schrieb die Kronprinzessin Viktoria, »ist zu phrasenhaft und gibt sich nicht natürlich. Sie zermürbt alle, die zu ihrem Hofstaat gehören, auch die Herren, setzt sich nie nieder, redet vierzehn bis fünfzehn Stunden unausgesetzt laut und lang über aufregende Themen mit Dutzenden verschiedenster Personen und ist niemals allein. Sie nimmt nie ein Buch zur Hand …, und während sie all das tut, klagt sie den ganzen Tag über ihre Gesundheit.«

Eine solche Frau, die den König ständig zu beeinflussen suchte, sich dilettantisch, aber zäh in alles einmischte, ihre Minen legte, ihren Anhang mobilisierte und sich immer neue Feinde schuf, zur Gegnerin zu haben, konnte Bismarck das Leben schwer machen und hat seine Nerven, wie er bekannte, auf eine schwere Probe gestellt.

MACHT VOR RECHT?

Am 29. September 1862 stand Bismarck vor der Kommission des Abgeordnetenhauses, die das Budget zu bewilligen hatte und damit die Kosten der umstrittenen Heeresreorganisation. Er zog den Ölzweig hervor, den ihm Katharina von Orlow zum

Abschied verehrt hatte, meinte, dass dieses Friedenszeichen
noch keine Chance habe, und dann kamen jene Worte, die
seinen Feinden ein Schlagwort lieferten, seine – wenigen –
Freunde erbleichen ließen und dazu bestimmt waren, fort-
zeugend immer Böses zu gebären. Die Lust am Wort riss ihn
dazu hin, das Vergnügen an der schlagenden Formulierung,
hierin dem großen Friedrich ähnlich, der manches aussprach,
was andere nur dachten. Der Satz lautete: »Nicht durch Reden und Majoritätsbeschlüsse werden die großen Fragen der
Zeit entschieden – das ist der große Fehler von 1848 und 1849
gewesen –, sondern durch Eisen und Blut.«

Man hat, gleichsam zur Entschuldigung, angeführt, dass
hier Worte benutzt worden seien, die in diesem Zusammenhang bereits existierten – in Schenkendorfs 1813 geschriebe-
nem Gedicht »Das eiserne Kreuz« zum Beispiel (»Denn nur
Eisen kann uns retten/ Und erlösen kann nur Blut«) –, dass
Cavour Gleiches gesagt habe, Disraeli Ähnliches gemeint und
Bismarck, verglichen mit den Großen der Geschichte, eben
nicht der Mann von Blut und Eisen war. Er aber hatte der *un-
vorsichtigen Wahrheit* jenen gefährlichen Klang gegeben, der
ihn fast fünfundzwanzig Jahre später darauf zurückkommen
ließ, als er im Abgeordnetenhaus beklagte, wie schlecht er
damals verstanden worden sei.

Dabei hatte er das ausgesprochen, wovon er überzeugt war.
In einer wenige Monate später stattfindenden Debatte wiesen
die Abgeordneten darauf hin, dass eine Regierung ohne bewilligten Etat verfassungswidrig regiere. Bismarck bemerkte,
wie wichtig in dieser Frage ein Kompromiss sei, dass, wenn er
nicht zustande käme, daraus ein schwerer Konflikt entstehen
könne. »Wer die Macht in Händen hat, geht dann in seinem
Sinne vor.«

Graf Schwerin, ein honoriger Mann und der Untreue gegenüber seinem König nicht verdächtig, antwortete ihm (und
diese Worte wurden nicht berühmt): »Der Satz, in dem die

Rede des Ministerpräsidenten kulminierte, ›Macht geht vor Recht‹ ... ist kein Satz, der die Dynastie in Preußen auf die Dauer stützen kann. Der Satz, auf dem die Größe unserer Dynastie, unseres Landes und die Verehrung, die das Preußische Regentenhaus bisher genießt und fort und fort genießen wird, lautet umgekehrt: ›Recht geht vor Macht!‹«

Bismarcks erste Maßnahmen schienen die über ihn gefällten Vorurteile in Urteile zu verwandeln. Er ging mit äußerster Rigorosität gegen die Opposition vor, disziplinierte die weitgehend liberale Beamtenschaft, wie Strafversetzungen und Herabstufungen genannt wurden, erließ eine *Pressordonanz*, mit deren Hilfe sich missliebige Blätter mundtot machen ließen, löste das Abgeordnetenhaus vorzeitig auf und drohte damit, das Dreiklassenwahlrecht abzuschaffen, das das wirtschaftlich immer stärker werdende liberale Bürgertum begünstigte (was gar nicht im Sinne seiner Erfinder gewesen war), und durch ein allgemeines gleiches Wahlrecht zu ersetzen.

Dass ein Ministerpräsident ohne Budget regierte, galt ihm nicht als ein Verstoß gegen die Verfassung. Dort stand nicht geschrieben, was zu tun sei, wenn Krone, Herrenkammer und Abgeordnetenhaus, die drei für die Gesetzgebung zuständigen Organe, nicht miteinander übereinstimmten. Man sprach von einer Lücke, und die Theorie, mit der die Lücke zu überbrücken war – die Maschine, genannt Staat, durfte ja nicht einfach zum Stillstand kommen –, die Theorie lautete nach seiner Meinung: Die Regierungsgewalt gehört der Krone.

Im Übrigen versuchte Bismarck durch außenpolitische Erfolge innenpolitische Probleme zu lösen. Er glaubte, dass seine Landsleute fast ebenso eitel seien wie die Franzosen: Gewännen sie auswärts Ansehen, ließen sie sich zu Hause viel gefallen. Den Österreichern versuchte er eine Bundesgenossenschaft schmackhaft zu machen, indem er eine Teilung der Interessensphären vorschlug: die Hohenzollern im Norden, die Habsburger im Süden mit dem Schwergewicht in Ungarn, einen Einflussbereich, den Preußen garantieren würde. Andernfalls – auf Lockung folgte die Drohung – andernfalls »*nous croiserons les bajonettes* – werden wir die Bajonette kreuzen«.

Sondierte er hier das Terrain, ernsthafte (Kriegs-)Absichten hatte er nicht. Mit Russland versuchte er ins Geschäft zu kommen, dabei nachdrücklich bemüht, den anderen an solchem Geschäft interessierten Partner vor der Tür stehen zu lassen: Frankreichs Napoleon. Gelegenheit dazu bot der polnische Aufstand gegen die russischen Garnisonen, mit dem die Polen, wieder einmal, ihre Selbstständigkeit erkämpfen wollten. Dass die Flammen der Rebellion auf preußisches Gebiet übergriffen, war zu befürchten, mehr noch, dass ein neuer polnischer Nationalstaat Ansprüche auf Posen und Westpreußen mit Danzig erheben würde, damit *Preußens beste Sehnen* durchschneidend.

Eine preußisch-russische Konvention, abgeschlossen im Februar 1863, ermächtigte die Truppenführer, sich Beistand zu leisten und zur Verfolgung der Aufständischen die beiderseitigen Grenzen zu überschreiten. Populär machte man sich mit derartigen *Menschenjagdabkommen* nicht, wie die Liberalen in Deutschland das nannten, und die Noten der Westmächte gegen den Neutralitätsbruch Preußens waren scharf genug. Der Preis schien Bismarck dennoch nicht zu hoch: die Festigung der preußisch-russischen Freundschaft. Sie sollte sich als unabdingbare Voraussetzung für die Gründung des Reichs der Deutschen erweisen.

Er sei wie ein Pferd, das vor einem neuen Gegenstand scheue, bei Gewaltanwendung störrisch werde, sich aber allmählich gewöhnen lasse, hatte Bismarck mit erschreckender Offenheit über seinen König gesagt, als er sich während der Regierungsbildung mit dem Abgeordneten Twesten von der Fortschrittspartei unterhielt. Woraus hervorging, wie er sich die Rollenverteilung zwischen Lehnsherrn und Lehnsmann dachte. Wilhelm »scheute« zum ersten Mal, als Bismarck in ihn drang, die Einladung zu einem in Frankfurt einberufenen Fürstentag nicht anzunehmen.

Einberufen hatte ihn Franz Joseph mit dem Ziel, den Deutschen Bund zu reformieren: Die deutsche Frage nämlich würde auf irgendeine Weise gelöst werden, und damit das nicht durch Preußen geschehe, musste man rechtzeitig eine österreichische Lösung versuchen. Der Reformplan sah ein Direktorium vor, ein Delegiertenparlament und einen Fürstenrat. Dieser Vorschlag sei kein bloßer diplomatischer Schachzug gewesen, meint der Ritter von Srbik aus der alten österreichischen Historikergarde, sondern der letzte, von Ernst und echter Tragik erfüllte großdeutsche, von Österreich geleitete Versuch, dem alten Bund neue Lebenssäfte einzuflößen. Am Ernst wird man nicht zweifeln und die Tragik nicht leugnen, doch auch nicht übersehen, dass die Reform Österreich zusammen mit den deutschen Mittelstaaten in die Lage versetzt hätte, Preußen jederzeit zu überstimmen, den Bundestag damit zu einem österreichischen Instrument machend.

Um solche Gedanken nicht aufkommen zu lassen, fuhr Franz Joseph nach Bad Gastein, wo Wilhelm gerade zur Kur weilte, und fragte, ob er nicht, bittschön, an den Main kommen wolle, am 16. August, wenn es ginge, da habe er übrigens grad Geburtstag. Wilhelm hätte vielleicht gewollt, denn er war seiner Natur nach konziliant, chevaleresk, immer bemüht, niemanden vor den Kopf zu stoßen, schon gar nicht den Repräsentanten des ehrwürdigsten Kaiserhauses von Europa. Gewiss, ein wenig kurzfristig war der Termin, beinahe schon eine Überrumplung diese Einladung. Das meinte auch sein Ministerpräsident. Bismarck hatte, Böses ahnend, seinen König begleitet und wich ihm nicht von der Seite, als man auf der Rückreise nach Berlin in Baden-Baden Station machte und dort plötzlich der König von Sachsen auftauchte. Entsandt, die Einladung so höflich wie dringlich zu wiederholen.

»Dreißig regierende Herren und ein König als Kurier«, seufzte Wilhelm. Jetzt konnte man nun wirklich nicht mehr Nein sagen, schließlich gab es noch so etwas wie fürstlichen Korpsgeist, und er schickte sich an, den bereitstehenden Extrazug zu besteigen. Bismarck, der seine ganze Arbeit infrage gestellt sah, hielt ihn buchstäblich an den Rockschößen fest. Er fürchtete, dass sein Herr in Frankfurt aus dynastischen Sentimentalitäten weich werden würde. Wenn er nach Frankfurt ginge, beschwor er ihn, würde Preußens deutsche Sendung zu einem erloschenen Auftrag der Geschichte. Wilhelm dachte an die seiner harrenden Kollegen und wehrte sich, wehrte sich so lange, bis er einen Weinkrampf bekam. Schließlich gab er erschöpft nach und unterschrieb den Absagebrief. Bismarck ging hinaus in das Vorzimmer, nahm ein Tablett mit Gläsern und schmetterte es zu Boden. »Jetzt habe ich wieder Atem«, sagte er.

Der Fürstentag war zum Scheitern verurteilt. Ohne die Teilnahme Preußens wurden die Reformbemühungen zu Sandkastenspielen.

Es war ein Sieg Bismarcks, aber einer, der einen Sieg über den König zur Voraussetzung gehabt hatte. Über einen Monarchen, der ganz naiv meinte, dass man im politischen Geschäft auch mit Ehrlichkeit, Offenheit, Ritterlichkeit vorankomme, im Übrigen davon überzeugt war, dass ein König, den Gottes Gnade in sein Amt eingesetzt, es letztlich besser wisse als ein solcher Erleuchtung nicht teilhaftiger Ministerpräsident.

Der Kronprinz erzählte damals, dass sein Vater, wenn Bismarck einen Bund mit dem Teufel vorschlüge, äußern würde: »Bismarck, Bismarck, was machen Sie aus mir?«, um schließlich zu konzedieren: »Wenn Sie jedoch meinen, dass das im Interesse des Staates unerlässlich sei, dann …« Das war die Meinung eines Gegners des Ministerpräsidenten, doch auch Wilhelm schien sich zu fragen, wohin das alles führen würde. Mit einem Mann, der ihm die Familie, der ihm die Abgeordneten, der ihm sein Volk zum Feinde gemacht, eine ganze Welt.

Der Mann selbst zog im September 1863 das Fazit: »Es kommt mir vor, als wäre ich in diesem einen Jahr um fünfzehn Jahre älter geworden ...« Vier Wochen später, im Oktober 1863, wurde der neue Landtag gewählt, der, in seiner Zusammensetzung *liberaler* und *fortschrittlicher* denn je, die Zukunft für Bismarck noch düsterer erscheinen ließ. Zwei Monate später geschah etwas, was der Chef der katholischen Linie des Hauses Hohenzollern als einen gefundenen *und unerhörten Glücksfall für Preußen* bezeichnete. Das Glück lag im Tod Frederiks VII. von Dänemark ...

SCHLESWIG-HOLSTEIN — MEERUMSCHLUNGEN

Der Fall Schleswig-Holstein gehört zu den kompliziertesten Fällen europäischer Dynastengeschichte. Dreiundzwanzig juristische Fakultäten konstatierten resigniert, dass die Rechtslage mehrschichtig sei, das hieß, sie fanden zwischen den einzelnen Schichten des Fürsten-, Bundes-, Landes-, Erbfolgerechts nicht mehr hindurch, und selbst moderne Historiker neigen der Meinung zu, die Englands Premier Palmerston damals in die Worte kleidete: »Die schleswig-holsteinische Frage haben überhaupt nur drei Menschen wirklich verstanden: Der eine war Prinz Albert, aber der ist gestorben; der zweite war ein deutscher Gelehrter, und der ist darüber verrückt geworden; der dritte bin ich selbst, aber ich habe alles wieder vergessen.«

Versucht man das Problem zu vereinfachen, dann hat man zwei kleine Länder, Schleswig und Holstein, die sich in ferner Vergangenheit mit einem mächtigen Nachbarn, Dänemark, verbunden hatten, dergestalt, dass sie dessen König als gemeinsames Staatsoberhaupt akzeptierten, unter Anerkennung ihrer Privilegien und mit der Versicherung, *up ewig ungedeelt* bleiben zu dürfen. Jahrhunderte lang lebten die Einwohner friedlich zusammen in dem meerumschlungenen Ländchen mit den fruchtbaren Marschen, den blitzsauberen Städtchen und dem prächtigen Hafen Kiel, störten sich wenig daran, dass in Holstein (Platt-)Deutsch gesprochen wurde und in Schleswig von einer starken Minderheit Dänisch, bis sie darauf gestoßen wurden, dass sie verschiedenen Nationalitäten angehörten.

Die dänischen Nationalisten wollten sich Schleswig einverleiben und die deutschen Nationalisten am liebsten gleich beide Herzogtümer. Es kam, beginnend mit dem Jahr 1848, zu Aufständen, zu Kleinkriegen, zu Interventionen durch Preußen, durch den Deutschen Bund, durch Dänemark, bis es den Großmächten bedenklich wurde, sich an einer so heiklen Stelle zwischen Nordsee und Ostsee ständig beunruhigen zu lassen. Sie kamen in London zusammen und protokollierten, dass die Personalunion bestehen bleiben müsse, die Autonomie der beiden Herzogtümer jedoch gewahrt.

Neun Jahre später beschloss der Reichsrat in Kopenhagen eine *Gesamtstaatsverfassung* womit Schleswig praktisch zu einer dänischen Provinz wurde, und das war ein Verstoß gegen den Vertrag von London. Die Lage wurde noch verworrener, als der erwähnte Frederik verstarb, sein angeheirateter Neffe Christian aus dem Hause Sonderburg-Glücksburg auf den Thron kam, gleichzeitig aber Friedrich aus dem Hause Holstein-Augustenburg seine Erbansprüche anmeldete, sich zum Herzog von Schleswig *und* Holstein ausrufen ließ, ungeachtet der Tatsache, dass sein Vater diese Ansprüche gemäß Londoner Protokoll gegen einige Millionen dänischer Taler abgetreten hatte. Was Friedrich der Achte aber, wegen seiner Zaghaftigkeit Friedrich der Sachte genannt, für sich, und jetzt war er gar nicht zaghaft, als nicht bindend ansah.

Dänemarks Vertragsbruch empörte ganz Deutschland. In seltener Einmütigkeit sang Hoch und Niedrig das Lied »Schleswig-Holstein meerumschlungen, Schleswig-Holstein stammver-

347

wandt«. Die nationale Bewegung hatte endlich wieder ein Ziel. Da man mit diesem *Stamm verwandt* war, gehörte er eigentlich in den Deutschen Bund, als willkommenes neues Mitglied, mit dem Augustenburger an der Spitze.

Die Lage war verworren, und damit war sie so, wie es sich jemand nur wünschen konnte, der daraus seinen Nutzen ziehen wollte: Bismarck. Der deutsch-nationale Aspekt der schleswig-holsteinischen Frage ließ ihn kalt, und wie schlecht die Deutschen in Schleswig behandelt wurden, war ihm gleichgültig. Er war sich bereits wenige Monate nach seinem Regierungsantritt darüber im Klaren gewesen, dass die dänische Angelegenheit nur durch einen Krieg in einer für Preußen erwünschten Weise gelöst werden konnte. Man brauchte nur einen Anlass abzuwarten. Und der war jetzt da. Wie er ihn nutzte, haben seine Kritiker als ein aus Verschlagenheit, Skrupellosigkeit und Täuschung bestehendes Bubenstück bezeichnet, seine Anhänger dagegen als Meisterstück, gewirkt aus Virtuosität, Geschmeidigkeit und Courage.

Zu bewundern bleibt für Freund und Feind, wie Bismarck Englands Bedenken ausräumte, an den Küsten Schleswig-Holsteins könnte eine deutsche Seemacht entstehen, Napoleon dagegen vorgaukelte, sie würde sehr wohl entstehen und damit England künftig in Schach halten; wie er dem Zaren das Gespenst einer von Norddeutschland ausgehenden Revolution an die Wand malte und immer wieder die Großmächte gegeneinander ausspielte; wie er es fertig brachte, Österreich, dem er in Frankfurt gerade die Suppe versalzen hatte, zu gemeinsamem Vorgehen gegen zwei aufsässige deutsche Volksstämme zu veranlassen, indem er die alte Eifersucht weckte auf eine im Erfolgsfall drohende preußische Vormacht; wie er die Dänen glauben ließ, dass die Engländer sie unterstützen würden, sie dadurch zu bewaffnetem Widerstand ermutigend; wie er den Deutschen Bund überspielte, seinen König überzeugte,

dass alles Rechtens sei, und ihn gleichzeitig begehrlich machte, wie er überhaupt dieses große gewagte Spiel spielte, allein,
ohne Freunde, gegen viele Feinde.

Im Januar 1864 waren die Karten verteilt, und Bismarck
konnte seinen Trumpf ausspielen. Zusammen mit Österreich
stellte er Dänemark das Ultimatum, die gegen das Londoner
Protokoll verstoßende *Gesamtstaatsverfassung* unverzüglich
zu widerrufen. Die Dänen, auf die Hilfe Englands hoffend,
auch auf die von Schweden, wiesen das Ultimatum zurück.
Am ersten Februartag des Jahres 1864 überschritten preußische und österreichische Truppen die Eider. An der Spitze der
60 000 Soldaten umfassenden alliierten Streitmacht (40 000
Preußen, 20 000 Österreicher) stand der Generalfeldmarschall
Wrangel, und wenn man König Wilhelm *fast irrtumslose
Menschenkenntnis* zugesprochen hat, im Falle Wrangel war
der Irrtum mit den Händen greifbar.

Der Alte, nun beinah achtzig, hatte seine Berufung dem
Umstand zu verdanken, dass er schon einmal gegen die Dänen
gezogen war, im 48er Jahr als Oberbefehlshaber der Bundestruppen. Seitdem waren sechzehn Jahre vergangen, und aus
dem energiegeladenen General war ein starrsinniger Greis
geworden, der, auf Kosten seiner Soldaten, den Marschall
Vorwärts spielte. Den vom Chef des Generalstabs, Helmuth
von Moltke, ausgearbeiteten Feldzugsplan missachtete er,
versäumte es dadurch, das Danewerk zu umfassen, ein siebzehn Kilometer langes System von Verteidigungswällen, das
den Weg von Norddeutschland nach Jütland sperrte, und
ermöglichte so den Dänen, in Richtung Düppel zu entkommen. Er ließ keine Gelegenheit aus, Fehler zu machen, und
als er mit der Parole »Drauf mit Gott« befehlswidrig in das
eigentliche Königreich Dänemark eindrang, was ihm aus Berlin einen Rüffel eintrug, telegrafierte er an Wilhelm, dass er
alle Diplomaten an den Galgen wünsche, die seine Soldaten
in ihrem Siegeszug aufhalten wollten. Der Abjott von janz

349

Deutschland, wie ihn Bismarck spöttisch titulierte, wurde schließlich kaltgestellt und bekam zum Trost den Grafentitel. Was die satirische Zeitschrift »Kladderadatsch« zu dem Kommentar animierte »Schlaf Kindchen, schlaf, der Wrangel ist nu' Jraf.«

Am 18. April begannen die Preußen mit dem Sturm auf die Düppeler Schanzen, einem Angriff, der weniger aus militärischen als aus politischen Gründen unternommen wurde. Preußen brauchte, bevor die Großmächte in London zu einer Konsultation zusammentrafen, eine gewonnene Schlacht und König Wilhelm die Bestätigung, dass die Heeresreform notwendig gewesen war und die preußischen Grenadiere in den fünfzig Friedensjahren nicht nur den Parademarsch geübt hatten. Das Unternehmen Düppel gelang nicht zuletzt durch die Unterstützung der Artillerie, die mit ihren neuen Kruppgeschützen das stark befestigte Werk zusammenschoss. 1100 Mann und 70 Offiziere kostete der Sieg über eine dänische Besatzung, die ihre mangelhafte Ausrüstung durch Tapferkeit vergeblich wettzumachen versucht hatte.

GOLD UND EISEN

Nach der Einnahme der Insel Alsen und dem Vordringen der Alliierten bis nach Nordjütland streckten die Dänen, die Sinnlosigkeit weiteren Widerstands gegen die Übermacht zweier Großmächte einsehend, die Waffen, und ihr König musste im Frieden zu Wien auf Schleswig und Holstein verzichten. Bismarck war eigens dazu an die Donau gereist, bestaunt wie ein neues Nilpferd im Zoologischen Garten, schrieb er Johanna. Auf der Terrasse von Schönbrunn begegnete er zusammen mit seinem König einem Kaiser, der nicht recht wusste, was er mit der Kriegsbeute da oben im halbwilden Norden Deutschlands anfangen sollte.

Franz Joseph, dessen *bessere* Hälfte die bezaubernde Sissy war, fragte ganz direkt: »Willst du die Herzogtümer zur preußischen Provinz machen, lieber Wilhelm?«

Wilhelm war noch ganz erfüllt vom Enthusiasmus, mit dem ihn die Schleswig-Holsteiner begrüßt hatten (später, nachdem sie Preußens Wehrpflicht und Preußens hohe Steuern kennen gelernt hatten, waren sie weniger begeistert), und in seinen Ohren klangen die Verse eines ihrer Heimatdichter: »Einst trat ein nord'scher Riese den Fuß in diese Flur, jetzt tragen Feld und Wiese für immer deine Königsspur.« Seine Antwort lautete, ehrlich, rechtschaffen, streng legitim, wie er war: »Ich habe kein Anrecht darauf.«

Er könne sie aber haben. Er müsse nur bereit sein, Österreich gelegentlich zu helfen. Bei der Wiedereroberung der Lombardei zum Beispiel. Dabei wäre Preußen Napoleon III. in die Quere gekommen, seiner italienischen Interessen wegen, ein zu hoher Preis, wo doch die Herzogtümer früher oder später – davon war Bismarck überzeugt – billiger zu haben sein würden. Die beiden Mächte einigten sich auf gemeinsame Verwaltung, was bei Besatzungsmächten noch nie ohne Schwierigkeiten abgegangen ist. Ein Jahr darauf, wieder einmal war das behagliche Gastein der Schauplatz der Verhandlungen, war der Ministerpräsident seinem Ziel schon näher gerückt. Schleswig, der Kriegshafen Kiel und das kleine Herzogtum Lauenburg wurden ausschließlich unter preußische Verwaltung gestellt (wobei Verwaltung praktisch Annexion bedeutete), die Österreicher verwalteten Holstein, sahen sich nun aber geradezu umzingelt von schwarz-weißen Regionen.

Was aber war mit Friedrich VIII., dem man feierlich versichert hatte, dass beide Länder *ungedeelt* unter seine Souveränität kommen würden? Das hatte sich Bismarck schon viel früher gefragt und Friedrich zu einer Unterredung in das Auswärtige Amt nach Berlin gebeten. Er betrat es als »Hoheit«, als Herzog von Holstein, und verließ es gegen Mitternacht als

»Durchlaucht«, als Erbprinz ohne Land. Dazwischen lag eine dreistündige Auseinandersetzung, die Auseinandersetzung des Kaninchens mit der Schlange. Friedrich hatte die Wahl, eine Marionette Preußens zu werden und sich damit bei seinen Landsleuten in Verruf zu bringen oder, die ihm gestellten Bedingungen herunterhandelnd, sich die Preußen zum Feind zu machen. Er versuchte jedermanns Liebling zu sein und war plötzlich niemandes Freund. Oder wie ein britischer Historiker das ausdrückte: »... als der Augustenburger in die laue Juninacht hinauswanderte, wanderte er sich aus der Weltgeschichte hinaus.« Die (Welt-)Geschichte jedoch behielt sich die ihr eigene Ironie vor, indem sie dem Augustenburger sechsundzwanzig Jahre später einen Kaiser als Schwiegersohn zuteilte. Wilhelm II. hieß er und schickte den Mann in die Wüste, der Friedrich dem Sachten so viel Ungemach bereitet hatte: Bismarck.

Österreich hatte Preußen ein prächtiges Land zu erobern geholfen, das, durch seine Küsten, auch noch strategischen Wert besaß, und dabei buchstäblich *pour le roi de Prusse* gearbeitet, für nichts also. Und wenn Bismarck auch meinte, sie seien keine Erwerbsgenossenschaft gewesen, sondern allenfalls eine Jagdgesellschaft, der Beuteanteil für die Habsburger war allzu gering. Sie fühlten sich übervorteilt, gedemütigt, bemerkten, welch falsches Spiel man mit ihnen, die sie doch eine Großmacht repräsentierten, getrieben hatte, und begannen darüber nachzudenken, ob man sich einen Krieg leisten könne. Für die Überlassung des südholsteinischen Lauenburg hatten die Preußen ihnen zwar zweieinhalb Millionen dänische Taler gezahlt, aber für einen Feldzug reichte das nicht. Kriege waren teuer und die Staatsfinanzen ohnehin ruinös.

Auch Preußen hätte sich keinen Krieg leisten können, aber Bismarck hatte seinen Bleichröder, dessen Berliner Bankhaus die Geldgeschäfte der Hohenzollern besorgte und, höchst privat, auch die des Ministerpräsidenten. Gerson Bleichröder,

dessen Vater aus Bleicherode zugewandert war, hörte das Gras
an der Börse wachsen, verfügte über weltweite Finanzkon-
takte – unter anderem vertrat er das Haus Rothschild an der
Spree –, wusste auch Rat, wie der Feldzug gegen Österreich
zu finanzieren war (und half noch einmal, als es 1870 gegen
Frankreich ging). Er riet, die Betriebsrechte der Köln-Minde-
ner Eisenbahn zu verkaufen, und ein neuer Finanzminister,
der die Transaktion zu decken bereit war – denn sie war, da
der Landtag davon nichts wusste, nicht ganz legal –, fand sich
in Herrn von der Heydt auch. So brachte Bleichröder, der als
erster nicht getaufter Jude in Preußen geadelt wurde und als
der reichste Mann Berlins starb, Gold und Eisen in für alle
Partner segensreicher Weise zusammen.

Im Preußen hatte man seit Anbeginn an eine bewaffnete
Auseinandersetzung gedacht. Doch weiß man inzwischen
längst, dass Bismarck keineswegs *nur* daran gedacht hat. Er
hat sich, wie jeder Politiker von Rang, mehrere Wege offen
gelassen, um im entscheidenden Moment den einzuschlagen,
der am raschesten zum Ziel zu führen versprach. Es war ein
Fernziel, und es hieß: die deutsche Frage endgültig zu beant-
worten, sei es mit Österreich, sei es gegen Österreich oder
einfach ohne Österreich, und dabei den mageren Körper Preußens zu runden, denn noch immer waren einzelne Glieder
nicht miteinander verbunden. Konnte das ohne Waffen erreicht werden, umso besser. Kriege bergen Risiken, die letztlich nicht kalkulierbar sind; mit anderen Worten, man kann
sie auch verlieren.

Im Falle Österreich gegen Preußen sah die öffentliche
Meinung des Auslands die Österreicher eindeutig in der, wie
man sich ausdrückte, Favoritenstellung. Und die des Inlands
verdammte einen solchen Krieg als einen Bruderkrieg. Eine
Niederlage hätte sich für Preußen ungleich katastrophaler
ausgewirkt als umgekehrt, hatte es sich doch im Laufe seines
unaufhaltsamen Aufstiegs eine Armada von Feinden geschaf-

fen. Es war mehr als nur ein großes Wort, wenn Bismarck für sich persönlich die Konsequenz zog: »Wenn wir geschlagen werden ... werde ich nicht hierher zurückkehren. Ich werde bei der letzten Attacke fallen. Man kann nur einmal sterben; und wenn man besiegt wird, ist es besser zu sterben.«

Seine Maßnahmen waren deshalb doppelgleisig. Er schöpfte alle Mittel aus, die zu einer friedlichen Verständigung führen könnten, und bereitete sich gleichzeitig auf einen *casus belli* vor. Er fuhr nach Biarritz und machte Napoleon für seine Neutralität Versprechungen – »Grenzverbesserungen« –, die so vage waren, dass man sie im Falle des Falles nicht einzuhalten brauchte, zitierte die Italiener nach Berlin, um sie vertraglich zum Beistand gegen ihren Erzfeind Österreich zu verpflichten, und versuchte, die süddeutschen Staaten zur Nichteinmischung zu überreden.

Wie die Geister stärker werden als jene, die sie rufen, zeigt die Vorgeschichte des preußisch-österreichischen Krieges in erschreckender Anschaulichkeit. Aus Angst, ihre schwerfällige Mobilmachungsmaschine würde zu spät anlaufen, begannen die Österreicher mit Truppenverschiebungen ins Böhmische. Was Preußen wiederum einen *tödlichen Vorsprung* fürchten ließ. Für Bismarck Anlass genug, bei seinem König die letzten Bedenken auszuräumen. Seinem Gefühl allerdings widerstrebe es, wie er mit diabolischer Schläue schrieb, die höchsten landesväterlichen Entschließungen über Krieg und Frieden in zudringlicher Weise beeinflussen zu wollen. »Es ist ein Gebiet, auf dem ich Gott allein getrost überlasse, Eurer Majestät Herz zum Wohle des Vaterlands zu lenken ... Die Überzeugung aber darf ich dabei doch nicht verhehlen, dass uns, wenn es uns jetzt gelingt, den Frieden zu erhalten, die Kriegsgefahr später ... unter ungünstigeren Verhältnissen bedrohen werde.«

Wilhelm, entschlussschwach wie alle seine Vorfahren seit dem großen Friedrich, war allein mit seinen Gewissensqualen. Das Volk, die Abgeordneten, seine Umgebung, die Familie beschworen ihn, Deutschland sich nicht zerfleischen zu lassen. »Ach, lieber Bruder«, schrieb Alexandrine, der Königin Luise zweitjüngste Tochter, aus Mecklenburg-Schwerin, »verhindere einen Krieg mit Österreich, denke an Papa sein Testament!«

Die Entscheidung erleichterte ihm der »liebe Vetter in Wien«, Franz Joseph, der, unter dem Einfluss der Militärs, die Vermittlungsversuche der anderen Großmächte ablehnte, seine Südarmee gegen Italien mobilisierte, schließlich die schleswig-holsteinische Frage vor den Bundestag brachte. Preußen sah darin einen Verstoß gegen das im Gasteiner Vertrag festgelegte Mitbestimmungsrecht, ließ Truppen in Holstein einmarschieren, in der Hoffnung, dass es mit den dort stationierten österreichischen Truppen zu Zusammenstößen und damit zum Krieg kommen würde. Der preußische Befehlshaber und der österreichische aber taten etwas für Generale höchst Ungewöhnliches: Sie dachten nicht daran, sich zu schlagen, und die Österreicher konnten ungeschoren über Hannover in Richtung Heimat abziehen.

Bismarcks Enttäuschung entlud sich in einem Brief an den für Schleswig zuständigen General Manteuffel, doch Franz Joseph enthob ihn aller Sorgen, indem er im Bundestag *zum Schutz der inneren Sicherheit Deutschlands und der bedrohten Rechte seiner Bundesglieder* einen Antrag auf Mobilisierung der Bundesarmee stellte. Er wurde, mit knapper Mehrheit, angenommen. Das war der Krieg. Der Krieg Österreichs, mit Bayern, Sachsen, Württemberg, Hannover, Baden, Hessen-Darmstadt, Kurhessen, Nassau, Meiningen, Liechtenstein, Frankfurt und Reuß ältere Linie, gegen Preußen, das sich des Beistands Mecklenburgs, Oldenburgs und einiger thüringischer Kleinstaaten erfreuen durfte.

Königgrätz

Auf einem Hügel unweit des böhmischen Sadowa verharrt die königliche Suite am Morgen des 3. Juli 1866 und beobachtet die sich entwickelnde Schlacht. Es ist regnerisch, schwül-warm, die Nebel aus dem sumpfigen Grund der Bistritz vermischen sich mit dem Pulverqualm, hüllen die die Kornfelder zerstampfenden Infanteriekolonnen ein, durch den Dunst leuchten die Blitze der unaufhörlich feuernden Kanonen. Bismarck lenkt seinen starkknochigen Fuchswallach an die Seite Moltkes und fragt: »Wissen Sie, wie lang das Handtuch ist, von dem wir hier einen Zipfel gefasst haben?« Moltke antwortet: »Nein.« Und nach einer Pause. »Es sind wenigstens drei Korps, vielleicht aber auch die ganze österreichische Armee.«

Helmuth von Moltke, Chef des Generalstabs, hat den Aufmarschplan entworfen unter Berücksichtigung der modernen technischen Möglichkeiten, Eisenbahn und Telegraf, und das in drei Armeen eingeteilte Heer von Görlitz/Zittau, von Dresden und von Niederschlesien über die Grenze nach Böhmen geführt, den Gegner vor sich hertreibend, wobei es zu Gefechten gekommen war, aber nicht zu einer Schlacht. In der Nacht vom zweiten auf den dritten Juli ist er informiert worden, dass der Feind sich, mit dem Rücken zur Elbe und zu der Festung Königgrätz, zum Entscheidungskampf stelle. »Das ist das Glücklichste was geschehen konnte.« So sein Kommentar.

Jetzt aber sieht es nicht glücklich aus: Die österreichischen Kanoniere, im heimischen Gelände mit den Entfernungen auf den Meter genau vertraut, erzielen mit ihrem Feuer derartige Wirkung, dass die Regimenter der ersten Armee und der Elbarmee zu weichen beginnen. Bismarck, in der Hoffnung, etwas über den Verlauf der Operation zu erfahren, präsentiert seine Zigarrentasche und bemerkt mit einiger Beruhigung, dass Moltke von den beiden Sorten bedächtig die bessere wählt,

schließlich wird der Generalstabschef von seinem obersten
Kriegsherrn in harschem Ton gefragt: »Was haben Sie für den
Fall des Rückzugs beschlossen?« Moltke antwortet: »Hier
wird nicht zurückgegangen. Hier geht es um Preußen.«

König Wilhelm, Bismarck, Moltke, Roon, die auf dem Hügel versammelt sind, geht es wie Wellington bei Waterloo: Sie
warten auf ihren Blücher, auf den Kronprinzen, der, mit seiner Armee vom Nordosten her anmarschierend, den Gegner
in der rechten Flanke packen soll. War der Plan, getrennt zu
marschieren und vereint zu schlagen, ein guter Plan? Sollten
die Kommandeure Recht behalten, die Moltke, diesem dür-
ren, bleichen, abgelebten Mann, der wie sein Vater den Dänen gedient hatte, nichts zutrauten und die Meldung seines
Adjutanten »Das ist ein Befehl des Generals von Moltke!«
mit der Gegenfrage beantworteten: »Wer ist der General von
Moltke?«

Gegen zwei Uhr wendet sich der Generalstabschef, nachdem er das Fernglas kaum mehr abgesetzt hatte, an seinen
König: »Die Armee Seiner Königlichen Hoheit des Kronprinzen greift ein. Die Kampagne ist entschieden, und zwar zu
Höchstdero Gunsten.«

Man hat Moltke später vorgeworfen, dass er Hasard gespielt
habe, aber der Mut zum Risiko gehört zum (Kriegs-)Geschäft
und die Fortüne auch. Eine Binsenwahrheit, selten besser ausgedrückt als in den Worten, die einer der Flügeladjutanten
nach der Bataille an Bismarck richtete: »Exzellenz, jetzt sind
Sie ein großer Mann. Wenn der Kronprinz sich verspätet hätte, wären Sie der größte Bösewicht.«

Gegen sechs Uhr am Abend passierte der österreichische
Oberkommandierende von Benedek eine südlich der Festung
Königgrätz über die Elbe geschlagene Notbrücke. Sein etwa
220 000 Mann starkes Heer hatte 23 000 Tote und Verwundete zu beklagen, 20 000 Soldaten waren in Gefangenschaft
geraten. Dass es nicht vernichtet wurde, verdankte er seinen

Kavalleristen, die mit solcher Vehemenz fochten, dass die preußischen Eskadronen zur Verfolgung nicht mehr fähig waren; und seinen Kanonieren, todesmutigen Männern, die man hingestreckt fand neben ihren Geschützen, mit denen sie den Rückzug ihrer Kameraden bis zur letzten Kanonenkugel gedeckt hatten. Umgeben von Generalen, denen auf nonchalante Weise alles fad war, mit einem Stabschef, der sich angesichts des anmarschierenden Gegners erst mal aufs Ohr legte, hätte Benedek vielleicht mit seinen Soldaten Königgrätz gewinnen können, aber kaum mit seinen Offizieren.

Er selbst allerdings war ohne Hoffnung in die Schlacht gegangen, vor seinem geistigen Auge die Gestalt des in Böhmen einbrechenden Friedrich des Großen, ein Medusenbild, wie der Wiener Geschichtsschreiber Heinrich Friedjung schreibt, das den Sinn der österreichischen Heerführer auch jetzt noch beherrschte. Kurz vor dem Treffen hatte Benedek seinem Kaiser eine Depesche geschickt des Inhalts: »Bitte Eure Majestät dringend, den Frieden zu schließen. Katastrophe der Armee unvermeidlich.« Und nachher bekam der im Telegrafenbüro des Wiener Nordbahnhofs auf Nachricht harrende Franz Joseph eine weitere Depesche: »Vorgestern schon besorgte Katastrophe der Armee heute vollständig eingetreten.«

Bismarck hatte einmal gesagt, dass er gegen Sentimentalitäten wie »Bruderkrieg« *stichfest* sei, was nichts daran änderte, dass dieser Krieg ein Kampf Deutscher gegen Deutsche war. Bei Skalitz fand Oberst Below den schwer verwundeten Chef eines österreichischen Jägerbataillons, kümmerte sich um seine Versorgung und meinte: »Es wird uns bitter genug, auf unsere Landsleute zu schießen.« Als der preußische Artilleriegeneral von Hohenlohe den Befehl zum Feuern gab, traf die erste Kugel seinen Vetter. Der österreichische Prinz Solms schoss auf seinen auf der anderen Seite kämpfenden Bruder. Kronprinz Friedrich Wilhelm beugte sich über den auf den Tod verwundeten Kommandeur des nach ihm benannten österreichischen Regiments und sagte: »Mein armer Oberst, wer hätte gedacht, dass wir uns unter so traurigen Verhältnissen wiedersehen würden.«

Königgrätz war ein Sieg der besseren strategischen Planung, der überlegenen Truppenführung und – des Zündnadelgewehrs M 41. Die von dem Thüringer Dreyse entwickelte Waffe konnte von hinten geladen werden, ermöglichte dadurch das Laden und das Schießen im Liegen, steigerte die Feuergeschwindigkeit auf das Dreifache. Wie verheerend das preußische Schnellfeuer gewütet hatte, erlebte Bismarck, als er gegen Abend über das Schlachtfeld ritt, vorbei an den grässlich verstümmelten Leichen, den schreienden Schwerverwundeten, und er meinte zu seinem Begleiter: »Wenn ich daran denke, dass einmal unser Herbert [sein ältester Sohn] so daliegen könnte, da wird mir doch schlecht.« Später hat er gesagt, dass seine Mühen, den Krieg durch einen Frieden rasch zu beenden, vom Anblick dieses Schlachtfeldes mitbestimmt worden seien.

Der Hauptgrund jedoch war die Furcht vor einem Eingreifen Frankreichs. Napoleon, der einen langen Kampf zweier sich ineinander verbeißender Gegner erwartet hatte, war von Preußens Triumph konsterniert und fühlte das, was der Kardinalstaatssekretär in Rom aussprach: »Il mondo casca – Die Welt stürzt zusammen.« Seine Hoffnung, zwischen erschöpften Gegnern zu vermitteln und die Vermittlungsgebühr in Form von Landgewinn zu kassieren, schrumpfte, und sie würde gänzlich dahin sein, wenn Österreich und Preußen sich ohne ihn einigten. Eines Tages erschien der französische Botschafter Benedetti im böhmischen Hauptquartier, bot Napoleons gute Dienste an und ließ durchblicken, dass noch eine andere Rechnung offen stehe, die über Frankreichs Neutralität.

Bismarck hielt ihn hin, stellte gewisse *Kompensationen* in Aussicht, lenkte sein Interesse bei der Gelegenheit auf Luxemburg, auf Belgien, schließlich gelang es ihm – unerhörter

Kunstgriff – *seine* Bedingungen an Österreich als *Napoleons* Bedingungen für eine Friedensvermittlung hinzustellen. Dazu gehörten: Auflösung des Deutschen Bundes, Errichtung eines Norddeutschen Bundes unter preußischer Führung, Einverleibung Schleswig-Holsteins und – diese Forderung folgte etwas später – die Annexion Hannovers, Kurhessens, Nassaus, der Stadt Frankfurt; Österreich dagegen würde unversehrt bleiben und die im Vormarsch begriffene preußische Armee Halt machen. Maßvolle Bedingungen, die Österreich schonten und Napoleons Prestige als Schiedsrichter Europas wahrten, und so traf das Ja des französischen Kaisers nach einigem diplomatischen Hin und Her auch bald ein.

Das Ja des preußischen Königs dagegen ließ auf sich warten. So wenig kriegslustig er vorher gewesen war, umso kriegerischer gab er sich jetzt, wollte nach dem guten alten Brauch des Siegers den Besiegten strafen, ihm hohe Kriegsentschädigungen abfordern und einiges Land abnehmen. Er dachte dabei an den österreichischen Teil Schlesiens, an ein Stück vom Böhmischen, an Sachsens reiche Stadt Leipzig nebst Umgebung. Hannover, Nassau und Kurhessen dagegen wollte er nicht, dort saßen uralte Dynastien, die man nicht einfach entthronen könne, aber selbstverständlich müsse man im Triumphzug in Wien einmarschieren. Die Generale waren, von Moltke abgesehen, seiner Meinung, desgleichen seine Familie, und daheim begannen jene, die *Kains Brudermord* verdammt hatten, die Habe des Bruders zu verteilen, forderten ganze Arbeit, ziehen Bismarck der Halbheit.

Der Ministerpräsident hielt nichts von Bestrafung. Er war der Meinung, dass es Preußen schlecht anstehe, zu richten und zu rächen. »… wenn wir nicht übertrieben in unseren Ansprüchen sind«, schrieb er an Johanna und zeigte, wie er seine Pappenheimer kannte, »und nicht glauben, die *Welt* erobert zu haben, so werden wir auch einen Frieden erlangen, der der Mühe wert ist. Aber wir sind ebenso schnell berauscht wie verzagt, und ich habe die undankbare Aufgabe, Wasser in den brausenden Wein zu gießen und geltend zu machen, dass wir nicht allein in Europa leben, sondern mit noch drei Mächten, die uns hassen und neiden.« Österreichs Kraft werde man eines Tages noch selbst brauchen, und die Feinde von heute seien die Verbündeten von morgen.

Seine Appelle, weise zu sein und Maß zu halten, trafen, je dringlicher er sie vorbrachte, beim König auf umso stärkeren Widerstand. Im mährischen Nikolsburg, wo man die Unterhändler erwartet, spielen sich Szenen ab, die das Klischee vom temperamentlosen, kühlen, nüchternen Preußen ad absurdum führen. Bismarck ringt mit dem König wie Jakob mit dem Engel, verlässt Türen schlagend Sitzungen, wirft sich weinend aufs Bett, und als er am anderen Morgen in den Hof des Schlosses blickt, spielt er mit dem Gedanken, sich hinabzustürzen. Auch der König bricht des Öfteren in Tränen aus, sitzt dann in einer Ecke seines verdunkelten Zimmers auf dem Sofa, schweigt stundenlang vor sich hin, lässt sich durch Bismarcks probates Mittel, die Rücktrittsdrohung, nicht irritieren und beginnt erst nachzugeben, nachdem der Kronprinz vermittelnd eingegriffen hat.

Man hat ihn überredet, aber nicht überzeugt. Am Rand der Denkschrift, mit der Bismarck ihm noch einmal seine Gründe darlegt, notiert er: »Wenn … vom Besiegten nicht das zu erlangen ist, was Armee und Land zu erwarten berechtigt sind, so muss der Sieger an den Toren Wiens in diesen sauren Apfel beißen und der Nachwelt das Gericht dieserhalb überlassen.«

Dass Bismarck weise gehandelt hatte, darüber war die Nachwelt sich einig, umso uneiniger war sie über Königgrätz und die Folgen. Die kleindeutsche Lösung hat Österreich aus dem Reich ausgeschlossen und, wegen der dadurch bedingten Schwächung seines deutschen Elements, es in eine slawisch-magyarische Südostmacht verwandelt, womit der Damm zerstört wurde, mit dem die Habsburger Jahrhunderte hindurch Asien von Europa fern gehalten hatten – so sagen die einen. Die anderen meinen, dass Österreich seine Ungarn und seine Slawen in ein deutsches Reich niemals hätte integrieren können, sich auch nicht von ihnen trennen wollte, der Versuch einer Lösung im großdeutschen Sinn deshalb gleichbedeutend gewesen wäre mit dem Verzicht auf die Staatswerdung Deutschlands überhaupt und damit auf die Gleichberechtigung neben den anderen Völkern Europas.

Nach dem Frieden von Nikolsburg am 26. Juli 1866 ging Bismarck im gleichen Geist der Mäßigung daran, mit Österreichs deutschen Bundesgenossen ins Reine zu kommen, deren Truppen nach zahlreichen kleineren und größeren Gefechten auseinandergelaufen waren. Er schloss Frieden und verbündete sich gleichzeitig insgeheim mit ihnen unter der Bedingung, dass sie in einem Kriegsfall ihre Soldaten dem Oberbefehl des Königs von Preußen unterstellten, wozu die Württemberger, die Badener, die Bayern umso rascher bereit waren, als der Preuße ihnen beiläufig mitteilte, Napoleon verlange neuerdings wieder einige ihnen gehörende Territorien als *Kompensation*.

Ende September marschierten die heimkehrenden Truppen durch das Brandenburger Tor in Berlin ein, angeführt von König Wilhelm I., Roon, Moltke und Bismarck, der Unter den Linden die Stelle passierte, wo vor wenigen Wochen auf ihn geschossen worden war, nun umjubelt auch von jenen, die damals die schlechte Qualität der deutschen Revolver bemängelt hatten. 352 260 Quadratkilometer umfasste Preußen jetzt mit über 25 Millionen Menschen; die hässliche Lücke zwischen dem östlichen und dem westlichen Teil war gefüllt, ein Schienennetz verband die an Bodenschätzen reichen Gebiete Schlesiens, der Saar, der Ruhr mit den Kornkammern Ostpreußens, den Weinbaugebieten des Rheins, den fischreichen Gewässern an den Küsten Holsteins und Pommerns, und an keiner Grenze mehr wurden die Reisenden von Zollbeamten belästigt. Männer wie Borsig, Siemens, Krupp, Stinnes, Mevissen, Harkort machten das Wort wahr, wonach das Deutsche Reich nicht nur durch Eisen und Blut entstanden sei, sondern auch durch Eisen und Kohle, durch eine industrielle Revolution. Dass die Stadtsilhouette Berlins, in der durch die Bauten Schinkels neue Akzente gesetzt worden waren, neben dem Dom und dem Schloss von einem Börsengebäude beherrscht wurde, war ein Symbol.

Rache für Sadowa

»Das Beste für mich wäre, wenn ich jetzt meinen Abschied nähme. Ich könnte es in dem Bewusstsein tun, dem Lande etwas genützt zu haben ... Ob ich noch schaffen kann, was zu tun übrig bleibt, weiß ich nicht.«

Der Mann, der das sagte, hatte mit seiner Politik bei Königgrätz gesiegt, und er siegte daheim, als die Abgeordneten ihm nachträglich *Indemnität* bewilligten, die *Nichtverdammung* der seit 1862 ohne Budget durchgeführten Verwaltungsakte, wozu, wie erinnerlich, besonders die Zahlungen für die Heeresreform gehört hatten. Etwa ein Drittel des Staatshaushalts betrugen nun die Rüstungskosten (zum Vergleich: Frankreich und Russland gaben zwei Drittel ihres Haushalts für die Armee aus). Im Landtag besaßen inzwischen die Konservativen wieder die Mehrheit. Von den Liberalen hatten sich die Nationalliberalen abgespalten, die sich von nun an, im Gegensatz zu ihrer bisherigen oppositionellen Haltung, an der Neugestaltung des Vaterlandes beteiligen wollten. Von den Konservativen lösten sich die Freikonservativen und beugten sich ebenfalls *vor einem Genie, das alle ihre Vorurteile aufgehoben habe.* Wie erfolgreich der Erfolg sein kann, zeigte sich auch darin, dass sie Bismarck als Preisgeld für Königgrätz, Dotation genannt, 400 000 Taler zuerkannten. Ein Geld, mit dem er die im fernen Hinterpommern gelegene Besitzung Varzin erwarb, ein 22 000 Morgen umfassendes Revier aus Wäldern, Wiesen, Hügeln, Seen, Mooren, Heiden und Wüsteneien, so urtümlich wie unrentabel, doch für den Naturmenschen Bismarck ein *depeschensicherer Zufluchtsort.* Die Rücktrittsgedanken des Ministerpräsidenten entsprachen diesmal keinem politischen Kalkül. Das unberechenbare Spiel, genannt Politik, das stete Risiko bei großen politischen Entscheidungen, der Kampf gegen eine Welt von Feinden hatten seine Nerven strapaziert, ihn schlaflos gemacht, und kamen die Magenkrämpfe, dann half nur Opium. Von Politik durfte niemand sprechen, wenn er auf Rügen, wohin er sich auf den Rat seiner Ärzte für einige Zeit zurückgezogen hatte, unter grünen Bäumen saß und in alten Bilderbüchern blätterte.

Doch hatte er keine Zeit, krank zu sein. Die Aufgaben, die bewältigt werden mussten nach dem preußisch-österreichischen Krieg, glichen den Arbeiten des Herkules. Die Herrscher der im Norddeutschen Bund vereinigten Kleinstaaten nördlich des Mains hatten sich fast alle in ihr – preußisches – Schicksal ergeben. Der aufmuckende sächsisch-meiningsche Herzog musste allerdings zum Thronverzicht »animiert« werden, Karoline von der älteren Linie derer zu Reuß kapitulierte erst vor zwei Kompanien Infanterie, auch der König von Sachsen wurde mit sanfter Gewalt zum Beitritt gezwungen, dabei konnte er doch froh sein, wie die Preußen meinten, dass er als Österreichs Waffenbruder bei Königgrätz seinen Thron überhaupt hatte behalten dürfen. Dieser Bund sei, so höhnten die zu ihrem Glück Gezwungenen, die Allianz eines Hundes mit seinen Flöhen.

Die Bundesverfassung jedoch war dem deutschen dynastischen Föderalismus angepasst und bewährte sich für jene Zeit durchaus. Die Hegemonie Preußens blieb natürlich gewahrt, weil man König Wilhelm zum Bundesfeldherrn berief, Bismarck zum Bundeskanzler und der in allgemeiner, gleicher, geheimer Wahl gewählte Reichstag nur geringe Rechte besaß. Den Liberalen ist es dann in zähen Verhandlungen gelungen, den Status der Abgeordneten zu verbessern, und wenn Bismarck ihnen dabei entgegenkam, so hatte das außenpolitische Gründe. Einer davon hieß: Sadowa.

Nicht Königgrätz, sondern Sadowa nannte man in Frankreich die große Schlacht in Böhmen, und in der französischen Öffentlichkeit erklang immer lauter der Ruf: »*Revanche pour Sadowa* – Rache für Sadowa!« Eine befremdliche Losung, so scheint es, die Franzosen waren dort schließlich nicht geschlagen worden. Sie glaubten aber, es zu sein! Der französische Nationalcharakter in seiner Mischung aus Empfindlichkeit, Stolz und der Sucht nach *gloire* und *grandeur* ertrug es nur schwer, dass Preußen, entgegen jeder Erwartung, gesiegt hatte, Frankreichs Vormachtstellung zu bedrohen begann und damit das europäische Gleichgewicht ungleichgewichtig machte.

Ja, *les prussiens* schienen nicht einmal bereit, dem Kaiser Napoleon den fälligen Tribut für seine Nichteinmischung zu gönnen. Selbst sein bescheidener Wunsch, dem König von Holland, der einer Mätresse wegen in ständigen Geldschwierigkeiten war, das Großherzogtum Luxemburg abzukaufen, wurde ihm nicht erfüllt. Dabei hatte *sein Freund Bismarck* oft genug zu verstehen gegeben, dass er es natürlich fände, wenn Frankreichs Kompensationswünsche durch Luxemburg, auch durch Belgien, befriedigt werden würden. Der nach langen Verhandlungen erzielte Kompromiss, dass Preußen seine dort stationierte Garnison zurückzog, die Festungen geschleift wurden und das Großherzogtum zum neutralen Staat erklärt wurde, konnte Napoleon III. nicht befriedigen. Er, der einen Erfolg gebraucht hätte, war erneut gedemütigt. »Wir sind wie zwei Freunde, die sich im Caféhaus gestritten haben«, meinte Napoleon zu Preußens Botschafter von der Goltz, »und sich nun duellieren müssen, wenngleich sie sich eigentlich lieben.« Und er ging daran, sich nach neuen Freunden umzusehen. Nach Österreich erst einmal, das sich, gerade geschlagen und noch mit heftigen Ressentiments behaftet, regelrecht anzubieten schien, sollte es doch daran interessiert sein, dass Preußen die Mainlinie respektierte und nicht auch noch die süddeutschen Staaten unter seine Herrschaft brachte. Zusammen mit Italien, das den Franzosen den Gewinn Venetiens verdankte, ließe sich dann ein Dreibund gründen. Napoleons heftiges Werben um die Gunst neuer Freunde indes verlief enttäuschend.

Aus Wien bekam er einen Korb (»Unsere Monarchie bedarf jetzt der Erhaltung des Friedens ...«), und König Victor Emanuels Minister fragten erst einmal, wie es denn mit dem Abzug der französischen Truppen aus Rom stehe, die angeblich zum »Schutz des Kirchenstaats« dorthin geschickt worden waren. Der innenpolitische Druck auf den Kaiser wurde stärker – auch der Versuch, Mexiko mit Hilfe französischer Truppen einen Kaiser von Frankreichs Gnaden zu geben, war ja gescheitert –, und die nationalistische Opposition wies ihn darauf hin, dass es nicht genüge, ein Neffe des großen Napoleon zu sein, er müsse auch wie ein Napoleon handeln. Das bezog sich nicht zuletzt auf die Verhinderung einer Vereinigung Deutschlands durch Preußen. Napoleonisch zu handeln war eingestandenermaßen schwierig für jemanden, der nichts Cäsarisches an sich hatte. Napoleon III. war weich, sinnlich, ganz unfranzösisch sentimental, sein Ehrgeiz wurde durch seine Ängstlichkeit paralysiert, und so schwankte er zwischen dem Wunsch, mit Preußen Krieg zu führen, und der Furcht, diesen Krieg und damit seinen Thron zu verlieren. Am 3. Juli 1870 geschah etwas, was ihm unverhofft die Chance bot, die Schlappen der letzten Jahre mit einem Schlag vergessen zu machen. Die Agentur Havas meldete, dass das Parlament in Madrid einen neuen König wählen würde, einen Hohenzollern.

DIE EMSER DEPESCHE

Die Spanier waren, nachdem sie ihre liederliche Isabella vertrieben hatten, auf der Suche nach einem Monarchen. Sie sahen sich dort um, wo die Prinzen und Prinzessinnen auf den Bäumen wuchsen, in Deutschland, und wurden auf den Erbprinzen Leopold von Hohenzollern-Sigmaringen aufmerksam gemacht, Spross der katholischen Nebenlinie der Dynastie. Er erfüllte die gestellten Bedingungen, indem er den rechten Glauben hatte und der richtigen Familie entstammte. Leopolds Vater Karl Anton aber wollte nicht: Ein Sohn war bei Königgrätz gefallen, den zweiten hatte man auf den dubiosen Thron Rumäniens gesetzt, sein dritter Sohn war nun der einzige Erbe.

Bismarck dagegen sah in der Kandidatur die Möglichkeit, Frankreichs außenpolitische Aktivität zu dämpfen, von der sich überall breitmachenden antipreußischen Stimmung abzulenken, überhaupt die Stagnation der von ihm eingeleiteten Politik auf irgendeine Weise zu überwinden. Jedenfalls konnte eine für Napoleon angenehme Lösung der spanischen Frage *schwerlich die für Preußen nützliche sein.* Seinem König versuchte er klarzumachen, dass ein Hohenzoller auf dem spanischen Thron zwei Armeekorps einsparen und seine Dynastie, wie einst die habsburgische, eine hohe Weltstellung einnehmen würde. Wilhelms schlichte Natur schreckte der Gedanke an ein *Tu Felix-Borussianube* eher. Er ließ verlauten, dass er von der Sache nichts halte – um sich dann, wie gehabt, Bismarcks Argumenten zu beugen. Auch die Sigmaringer sagten nun nicht mehr Nein, denn Wilhelm war der Chef ihres Hauses.

Der Ministerpräsident wusch seine Hände in Unschuld und beschied dem misstrauisch anfragenden französischen Botschafter Benedetti, dass es sich bei der spanischen Thronkandidatur um eine rein dynastische, ja private Angelegenheit des Hauses Hohenzollern handele. Er, der sonst alles einkalkulierte, hatte allerdings mit einem nicht gerechnet: mit der Wirkung, die *die spanische Bombe,* wie Wilhelm das Projekt nannte, bei ihrer Explosion in Paris auslöste. Napoleon erkannte sofort die Chance, Preußen in die Schranken zu verweisen und Bismarck zu fassen, ohne dabei alle Deutschen vor den Kopf zu stoßen.

Sein Außenminister Gramont erklärte vor der Kammer, man werde es nicht dulden, dass eine fremde Macht einen ihrer Prinzen auf den spanischen Thron setze, damit die Ordnung Europas störe und die Ehre der französischen Nation gefährde. »Wir hoffen«, fuhr er fort, »dass diese Eventualität sich nicht verwirklichen wird ... Wenn es anders kommen sollte, so würden wir ... unsere Pflicht ohne Zaudern und ohne Schwäche zu erfüllen wissen.«

Botschafter Benedetti eilt nach Bad Ems, wo der Preußenkönig zur Kur weilt, und fordert ihn im Namen seiner Regierung zum Widerruf der Kandidatur auf. Der alte Herr will seine Ruhe haben – dieser Bismarck hat ihn da in etwas hineingeritten, und nun ist er noch nicht einmal zur Stelle –, den Frieden will er auch, und er legt den Sigmaringern per Sonderkurier nahe, doch zu verzichten. Karl Anton tut das im Namen seines Sohnes Leopold, und Wilhelm schreibt erleichtert an Augusta: »Mir ist ein Stein vom Herzen.«

Napoleon hatte dasselbe Gefühl. Frankreich hatte seine Stimme erhoben im Namen der Völker Europas, Preußen hatte auf der Stelle gehorcht, ein Triumph, wie man ihn sich großartiger nicht vorstellen konnte! Der schwache Mensch Napoleon aber ließ sich den Siegeslorbeer wieder entreißen. Bedrängt von einer chauvinistischen Presse, unter Druck gesetzt von den Nationalisten, überwältigt von den durch die Straßen ziehenden Parisern mit ihren Rufen »A Berlin – nach Berlin!«, gab er Benedetti über seinen Außenminister die Weisung, der preußische König möge den Verzicht

Leopolds ausdrücklich billigen und außerdem versprechen, dass auch künftig kein Hohenzoller mehr für Spaniens Thron kandidiere.

Das Prestige einer Großmacht und die Ehre seines Hauses verboten es Wilhelm, diesem Verlangen nachzukommen und den reuigen Sünder zu spielen. Friedfertig, wie er war, ging er soweit, der ersten Forderung nachzukommen. Als Benedetti aber *immer dringlicher und fast impertinent wurde* – die Szene spielte auf der Kurpromenade –, zog er seinen Zylinder und bat höflichst, sich entfernen zu dürfen. Den Geheimrat Abeken wies er an, die Vorgänge Bismarck routinemäßig per Depesche mitzuteilen. Mit dem Hinweis, dass er anheim stelle, die neue Forderung Benedettis und ihre Zurückweisung den Gesandtschaften und der Presse mitzuteilen.

Der Ministerpräsident erhielt das Telegramm, als er mit Moltke und Roon beim Diner saß. Er war unguter Stimmung: Zum ersten Mal sah er sich vor einer außenpolitischen Niederlage. Preußen gedemütigt, ein zweites Olmütz vor Augen, nichts anderes würde ihm bleiben als die Demission. Als er das Telegramm seinen Gästen vorgelesen hatte, begann er, nach erneutem Studium, den Text zu redigieren.

Er zog zwei Sätze zusammen, ließ einen anderen Satz weg, kürzte Umständliches, setzte aber kein Wort hinzu, verschaffte auf diese Weise Generationen von Juristen, Philologen, Historikern die Möglichkeit, sich über die Frage zu streiten, ob hier eine Fälschung vorliege, oder nur eine Zuspitzung. Dabei hatte die Antwort darauf am selben Abend der alte Moltke gegeben, als er den neuen Text mit den Worten kommentierte: »So hat das einen anderen Klang, vorher klang es wie Schamade [ein Rückzugssignal], jetzt wie eine Fanfare.«

Ein Angriffssignal, hätte er hinzusetzen können, und genauso war es von Bismarck gemeint. Wenn es jetzt zu einem Krieg käme, müsste Frankreich ihn erklären, Preußen stand da als ein Land, das um des lieben Friedens willen einen Thron zurückgewiesen hatte, dessen ehrwürdiger Monarch trotz seiner Konzilianz schwer gekränkt worden war; von den Repräsentanten einer Nation, die bekanntlich nur eines im Sinn hatte: Rache für Sadowa!

Der Schlusssatz der berühmt-berüchtigten Emser Depesche lautete nun (nach der Darlegung der von Frankreich erhobenen Forderungen): »S. Majestät der König hat es darauf abgelehnt, den französischen Botschafter nochmals zu empfangen und demselben durch den Adjutanten vom Dienst sagen lassen, dass S. Majestät dem Botschafter nichts weiter mitzuteilen habe.«

Als König Wilhelm die Depesche anderntags in der Zeitung las, rief er bestürzt: »Das ist der Krieg!« Warum das eine Kriegserklärung war, wird nur der verstehen, der sich in die Zeit zurückversetzt, in eine Epoche höchster nationaler Empfindlichkeit, mit ihren Begriffen von Ehre der Nation, von vaterländischem Stolz, von nationalem Gewissen, mit ihrem Nationalhass und ihrem Chauvinismus. Außenminister Gramont jedenfalls sprach für seine Landsleute, als er zu seinem Ministerpräsidenten sagte: »Sie sehen in mir einen Mann, der soeben geohrfeigt wurde.«

Eine Ohrfeige, die den Krieg veranlasste, ihn aber nicht verursachte. Die Ursache lag darin, dass die Deutschen auf dem Weg waren, sich zu vereinen, und den Franzosen diese Vereinigung wie ein Albtraum vorkam, würde doch der seit Jahrhunderten gefürchtete Nachbar noch furchtbarer werden. Planvoll vorbereitet wurde der Krieg von 1870/71 von keiner Seite (auch von Bismarck nicht! Mit dieser Legende ist längst aufgeräumt worden), – aber beide Mächte waren bereit, ihn zu führen; in der Überzeugung, dass man ihn auf die Dauer so wenig verhindern könne wie eine Naturkatastrophe.

DIE BRUST DURCHSCHOSSEN,
DIE STIRN ZERKLAFFT ...

»Expressgut für Paris«, stand auf den Güterwaggons, die mit
einer Geschwindigkeit von genau 22,5 Kilometern pro Stunde durch Deutschland rollten und Bataillon für Bataillon mit
fahrplanmäßiger Pünktlichkeit zur Grenze transportierten.
Die Soldaten sangen, sie besangen einen Strom, den viele von
ihnen zum ersten Mal in ihrem Leben sahen. Auch die auf
den Bahnhöfen wartenden Menschen stimmten das Lied von
der »Wacht am Rhein« an und schrien »Hurra«, selbst in Bayern, in Württemberg, in Baden, in Hessen, in Ländern, die ihre
Bündnistreue pflichtschuldigst erfüllt hatten. Es galt, wie es
im Aufruf an die Armee hieß, das bedrohte Vaterland zu verteidigen, die Ehre und den eigenen Herd, und für diese gerechte
Sache werde der Herrgott mit den Deutschen sein. Wilhelm I.,
König und Oberbefehlshaber, war davon durchdrungen, als
er zum Abschied im Charlottenburger Mausoleum stumme
Zwiesprache mit seiner Mutter gehalten hatte, der vor sechzig
Jahren verstorbenen Königin Luise.

Bald trafen die ersten Siegesmeldungen in Berlin ein und
entfachten einen Sturm nationaler Begeisterung. *Unter Frit-
zens Auge,* wie es in der Depesche des Königs über den Kronprinzen hieß, wurde das elsässische Weißenburg genommen,
zwei Tage darauf die Stadt Wörth, am 6. August fielen die
Spicherer Höhen bei Saarbrücken. Imponierende Erfolge – bei
Wörth war immerhin Marschall MacMahon der Gegner gewesen, Frankreichs ruhmgekrönter Marschall –, doch wäre der
Enthusiasmus daheim gedämpfter gewesen, hätte man den
Preis gekannt, den sie gekostet hatten.

Weißenburg, Wörth und Spichern büßte die Armee mit
dem Tod oder der Verwundung von 603 Offizieren und 16261
Mann, und ein entscheidender Durchbruch war nicht gelungen. Mangelnde Artillerievorbereitung, Frontalangriffe über

deckungsloses Gelände, womöglich mit klingendem Spiel und entrollten Fahnen, die Verantwortungslosigkeit der Generalität gegenüber dem einfachen Soldaten, *Schneid* genannt, trugen die Schuld daran. Da war der Oberbefehlshaber der 1. Armee, von Steinmetz, ein *von krankhaft egozentrischen Instinkten gepeitschter Mann,* der auf den Chef der 2. Armee, den Prinzen Friedrich Carl, eifersüchtig war und ihm keinen Schritt nach vorn gönnte. Oder der Generalleutnant von Kameke, der, ruhmgierig, ehrsüchtig, eine einzelne Brigade gegen die festungsartigen Höhenstellungen von Spichern trieb, obwohl das Gros seiner Division sich noch im Anmarsch befand. »Auf allen vieren wurde der Rand erklommen«, schrieb ein Kompaniechef, »und noch keine hundert Schritt waren zurückgelegt, da wurden wir von Mitrailleusen- und Chassepotfeuer erfasst, welches in wenigen Sekunden die gesamte Truppe auf das Feld streckte.«

Mit dem Chassepot, das besser war als das Zündnadelgewehr, und der Mitrailleuse, einer Vorläuferin des Maschinengewehrs mit einer Schussgeschwindigkeit von 200 Kugeln in der Minute, erzielten die Franzosen eine überlegene Feuerkraft. Sie wirkte sich in besonders verheerender Weise bei Mars-la-Tour aus, wo magdeburgische Kürassiere und märkische Ulanen eine Attacke ritten, die als Heldentat in den preußischen Schulbüchern gefeiert wurde (»Doch von zwei Regimentern, was ritt und stritt, unser zweiter Mann ist geblieben, die Brust durchschossen, die Stirn zerklafft, so lagen sie bleich auf dem Rasen, in der Kraft, in der Jugend dahingerafft – nun, Trompeter, zum Sammeln geblasen«). Den am Feldzug teilnehmenden ausländischen Militärexperten schien es eher eine Wahnsinnstat. Mit Lanze und Pallasch vorgetragene Kavallerieangriffe waren durch die modernen Feuerwaffen zum Scheitern verurteilt. Es klang makaber, wenn der Stabsoffizier des für den Ritt verantwortlichen Generals von Alvensleben seinem obersten Kriegsherrn berichtete: »Diese Attacke beweist, dass die Kavallerie auch heute auf dem Schlachtfeld zu Leistungen befähigt ist wie zu den schönsten Zeiten des Siebenjährigen Kriegs, wenn sie die Opfer nicht scheut ...«

Die Opfer scheuten sie wahrhaftig nicht, die Preußen, die Bayern, die Württemberger, die Sachsen, die Hessen, die hier zum ersten Mal gesamtdeutsch vereint waren und von denen die im Pulverdampf ergrauten französischen Troupiers meinten, sie wären derart unerschrocken kämpfenden Feinden noch nicht begegnet, weder bei Sebastopol noch bei Solferino noch in Algerien. Auch nicht solchen Leutnants, Hauptleuten und Majoren, die ihren Männern im Leben vielleicht nicht immer ein Vorbild waren, aber im Sterben gewiss. »Was für Soldaten!«, sagte Marschall Canrobert, der das festungsartige, auf einer Anhöhe gelegene Dorf St. Privat gegen die anstürmenden preußischen Gardegrenadiere verteidigte.

Es war einer jener Frontalangriffe, die schon Friedrich der Große trotz des damals geringeren Risikos zu vermeiden getrachtet hatte, im Zeitalter der Chassepots und Mitrailleusen aber waren sie unverzeihlich. Befohlen hatte den Angriff der Prinz August von Württemberg, ein General von hoher geistiger Einfalt. Da er jedem Besucher seinen in Russland erlegten Auer*ochsen* zeigte, nannte man ihn den »Brudermörder«. Prinz August hatte den Flankenstoß der Sachsen nicht abgewartet, wohl, weil er ihnen die Lorbeeren eines Sieges nicht gönnte, gab nach einigen Stunden vergeblichen Anrennens dann den Befehl zum Halten und bekam von einem inmitten des Leichenfeldes liegenden schwer verwundeten Offizier die Meldung: »Hier ist bereits alles zum Halten gekommen.«

Bismarck bezeichnete derartige Attacken offen als *unsinnig, ja verbrecherisch* und schrieb aus dem Feld an Johanna, die Generale trieben »Missbrauch mit der todesmutigen Tapferkeit der Leute, nur Faust, ohne Kopf ...« Das preußische Offiziersmaterial reiche qualitativ sowieso nur aus bis zum

Regimentskommandeur. Kronprinz Friedrich Wilhelm, der im Gegensatz zu den Immer-feste-druff-Typen seine Soldaten zu schonen suchte, sagte nach einem verlustreichen Gefecht: »Ich verabscheue dies Gemetzel, ich habe nie nach Kriegsehren gestrebt, und es wird gerade mein Schicksal, von einem Schlachtfeld über das andere geführt zu werden und in Menschenblut zu waten, bevor ich den Thron meiner Vorfahren besteige.«

Bismarck, seit Königgrätz Generalmajor, trug den blauen Rock der Landwehrkavallerie, eine Pickelhaube und bis zu den Oberschenkeln reichende Stiefel, ein martialisches Gewand, das ihm bei den Generalstäblern nicht zur Gleichberechtigung verhalf, der Nachwelt dafür das – falsche – Bild des kriegslüsternen Mannes von Blut und Eisen überlieferte. Wie wenig die Militärs diesen Zivilisten im Kürassierrock mochten, der schon im deutsch-österreichischen Krieg sich lästig eingemischt hatte, bekam Bismarck in Form von schlechten Quartieren und mangelhafter Verpflegung zu spüren und darin, dass sie ihn zu ihren Beratungen nicht hinzuzogen. Beschwerden beim König nützten wenig, und Moltke hatte sich ihm entfremdet. Der uralte Gegensatz zwischen dem Politiker und dem Feldherrn brach von Tag zu Tag mehr auf. Während die Generale den Krieg unter rein militärischen Gesichtspunkten sehen, an den Erfolg von heute zu denken gewohnt sind und sich kaum um die Zeit nach dem Feldzug kümmern, wird der Staatsmann den Krieg als eine Fortsetzung der Politik mit anderen Mitteln betrachten und an das Morgen denken.

»Haste ooch 'n scheenen Plan, Vata Moltke?!«, hatten die Berliner dem 70-jährigen Generalstabschef zugerufen, als er vor dem Potsdamer Bahnhof vorfuhr, um mit dem Großen Hauptquartier an die Front zu rollen. Moltke hatte. Das deutsche Heer, gegliedert in die 1. Armee unter General von Steinmetz (60 000 Mann), in die 2. Armee unter dem Prinzen Friedrich Karl (194 000 Mann), in die 3. Armee unter dem

Kronprinzen (130 000 Mann), sollte aus dem Raum zwischen
Mosel und Oberrhein vorstoßen, den Feind in seinem eigenen
Land stellen und in einer Umfassungsschlacht vernichten.
Was im deutsch-österreichischen Krieg bei Königgrätz gelungen war, gelang gegen Frankreich nicht. Dabei hatten es ihm
die Franzosen leicht gemacht, weil sie wegen ihres Mobilma-
chungschaos nicht aus dem Elsass heraus in die Pfalz vorgehen konnten, um die Süddeutschen von den Norddeutschen
zu trennen. Moltkes Plan glückte nicht, weil die Generale,
wie gesehen, klüger zu sein glaubten, eigenmächtig handelten und sich gegenseitig das Brot neideten. Neue operative
Maßnahmen waren notwendig.

MacMahon hatte sein angeschlagenes Heer mit Hilfe der
Eisenbahn unbehelligt nach Châlons-sur-Marne führen können. Bazaine, der Führer der anderen Heeresgruppe, wurde
auf seinem Weg zur Maas bei Colombes-Nouilly aufgehalten,
umgangen, durch die Schlachten von Mars la Tour-Vionville
und Gravelotte-St. Privat auf die Festung Metz abgedrängt
und dort von der 1. und Teilen der 2. Armee eingeschlossen.

Zusammen mit einer neugebildeten 4. Armee marschierten
die Soldaten des Kronprinzen auf Châlons zu, um dort Mac-
Mahon zu stellen. Eine Entwicklung von höchster Dramatik
begann sich anzubahnen. Die Armee MacMahons, ursprünglich dazu bestimmt, Paris zu schützen, hatte plötzlich Befehl
bekommen, durch einen Marsch in die rechte Flanke der vor-
rückenden deutschen Armeen Metz zu entsetzen und sich mit
Bazaine zu vereinen, der gleichzeitig aus der Festung ausbre-
chen sollte. Ein riskantes, nahezu verzweifeltes Manöver, unternommen, um das angeschlagene Prestige der französischen
Armee, die als die beste Europas galt, wiederherzustellen.

Am 25. August trifft eine Meldung im Großen Hauptquartier ein, wo Moltke mit dreien seiner Herren beim Whist
sitzt, der einzigen Leidenschaft des Schweigers und Machers.
Er liest die Meldung, legt die Karten auf den Tisch und sagt

ungläubig: »Sollten die Kerls so dumm sein ...« Und nach einer kurzen Pause: »Sie sollen ihre Strafe bekommen.« Noch in derselben Stunde gehen die Melder heraus, spielt der Telegraf: Der Generalstabschef befiehlt den auf Châlons zumarschierenden beiden Armeen, mit einer Rechtswendung nach Norden abzudrehen, wobei eine Gruppe den Weg nach Metz zu sperren hat, die andere den Feind vom Westen umfassen soll. Präzision und Pünktlichkeit waren die Voraussetzungen solch umfangreicher Truppenbewegungen, und sie gelangen nicht zuletzt auf Grund heroischer Marschleistungen.

Am Nachmittag des 31. August stellte Moltke lakonisch fest: »Sie sind in der Mausefalle.« Der französische General Ducrot drückte es etwas anders aus: »Wir sitzen hier in einem Nachttopf, in den man uns von allen Seiten hereinscheißen wird.« Gemeint war in beiden Fällen die Stadt Sedan.

Auf einer Anhöhe am linken Maasufer hat sich am 1. September König Wilhelm mit seiner Suite eingefunden, darunter zwanzig deutsche Fürsten, die sich den letzten Akt des Dramas nicht entgehen lassen wollen. Ein lebendes Bild, das von den Malern später immer wieder gestaltet wurde. Durch die Schwaden aus Pulverqualm und dem Rauch brennender Häuser beobachtet Wilhelm, wie die Chasseurs d'Afrique zusammen mit der Infanterie in selbstmörderischem Einsatz den Ring der Belagerer zu durchbrechen suchen. Sie sterben im konzentrischen Abwehrfeuer der deutschen Truppen. Allein 600 Kanonen beschießen die auf engem Raum eingekesselten Franzosen, und die Wirkung ist Entsetzen erregend. Gegen Abend tauchen aus den Rauchsäulen drei Reiter mit einer weißen Fahne auf. Parlamentäre. Sie überreichen dem König ein mit roten Siegeln verschlossenes Schreiben. »Da es mir nicht vergönnt war, inmitten meiner Soldaten zu sterben, bleibt mir nichts, als meinen Degen in die Hände euer Majestät zu legen.« Napoleon hat den Brief geschrieben. Niemand hatte ihn in Sedan vermutet.

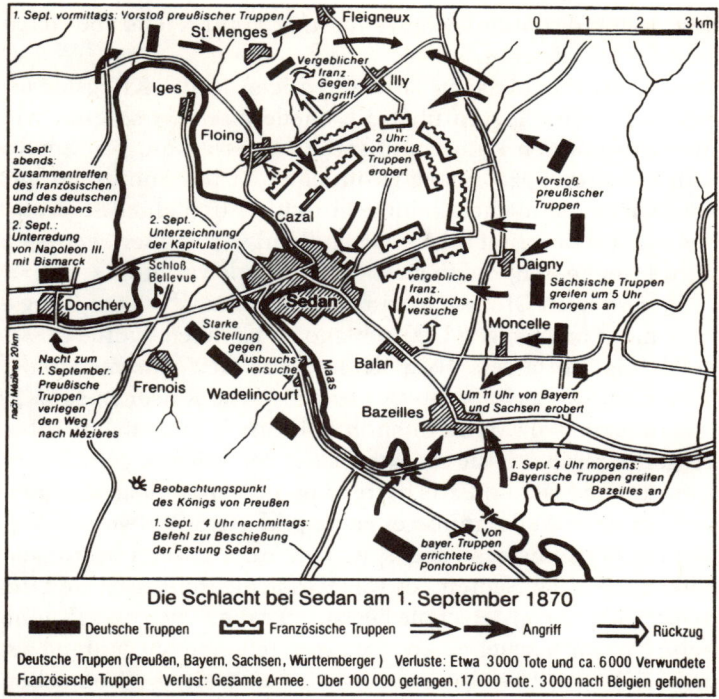

1. Sept. vormittags: Vorstoß preußischer Truppen

Fleigneux

St. Menges

0   1   2   3 km

Vergeblicher
franz.
Gegen-
angriff

Illy

Iges

1. Sept.
abends:
Zusammentreffen
des französischen
und des deutschen
Befehlshabers

Floing

2 Uhr:
von preuß.
Truppen
erobert

Vorstoß.
preußischer
Truppen

2. Sept.:
Unterredung
von Napoleon III.
mit Bismarck

2. Sept.
Unterzeichnung
der Kapitulation

Cazal

Schloß
Bellevue

Sedan

Daigny

Donchéry

vergebliche
franz.
Ausbruchs-
versuche

Sächsische Truppen
greifen um 5 Uhr
morgens an

Moncelle

Nacht zum
1. September:
Preußische
Truppen
verlegen
den Weg
nach Mézières

Starke
Stellung
gegen
Ausbruchs-
versuche

Balan

Frenois

Wadelincourt

Um 11 Uhr von Bayern
und Sachsen erobert

Bazeilles

1. Sept. 4 Uhr morgens:
Bayerische Truppen greifen
Bazeilles an

Beobachtungspunkt
des Königs von Preußen

1. Sept. 4 Uhr nachmittags:
Befehl zur Beschießung
der Festung Sedan

Von
bayer. Truppen
errichtete
Pontonbrücke

Maas

nach Mézières 20 km

Die Schlacht bei Sedan am 1. September 1870

▬ Deutsche Truppen   ﹏ Französische Truppen   ⇒ Angriff   ⇨ Rückzug

Deutsche Truppen (Preußen, Bayern, Sachsen, Württemberger) Verluste: Etwa 3000 Tote und ca. 6000 Verwundete
Französische Truppen   Verlust: Gesamte Armee. Über 100000 gefangen. 17000 Tote. 3000 nach Belgien geflohen

Sedan: Das französische Heer in der Falle.

Im Morgengrauen des anderen Tages wird Bismarck in seinem Quartier von einem französischen General geweckt und
in die Nähe von Frénois geleitet, wo der Kaiser auf der Landstraße seiner harrt. Napoleon ist aschfahl, von Nierenkoliken
gequält, ein todkranker Mann. »Seine Majestät betonte vorzugsweise den Wunsch, günstigere Kapitulationsbedingungen
für die Armee zu erhalten ... In Berührung der politischen
Situation nahm ich meinerseits keine Initiative, der Kaiser
nur insoweit, dass er das Unglück des Krieges beklagte und
erklärte, dass er selbst den Krieg nicht gewollt habe, durch

den Druck der öffentlichen Meinung Frankreichs aber dazu genötigt worden sei.«

104 000 französische Soldaten zogen in die Kriegsgefangenschaft. Ihre Scham über die Niederlage war so groß wie ihr Zorn auf den Kaiser und seine Minister, die von einem militärischen Spaziergang gesprochen hatten und ihnen nur Landkarten deutscher Gebiete einschließlich eines Stadtplanes von Berlin mitgegeben hatten. Und wie immer, wenn sie unterlegen waren, riefen sie: »Man hat uns verraten!«

Wer von den Offizieren sein Ehrenwort gab, bis zum Kriegsende nicht mehr gegen Deutschland zu kämpfen, wurde in seine Heimat entlassen. »Napoleons Sturz ist Wilhelms Höh'«, witzelten die Berliner, als der französische Kaiser in seinem Internierungsort Wilhelmshöh bei Kassel eintraf. Ihr Jubel verhallte rasch, als sie merkten, dass der Krieg nur für Napoleon zu Ende war. In Paris hatte man die Republik ausgerufen, und der neue Außenminister Favre erklärte: »Wir werden keinen Fußbreit unseres Landes, keinen Stein unserer Festungen opfern.« Am 19. September war Paris eingeschlossen und die Belagerung einer Metropole begann, die die Franzosen als eine *heilige Stadt* bezeichneten, die zu retten gleichbedeutend sei mit der Rettung der ganzen zivilisierten Welt, die Deutschen dagegen als ein Sodom an der Seine. Was sie auch immer war, eines war sie ganz offensichtlich: eine gewaltige Festung. Mit 16 Forts, einem 34 Kilometer langen Wall, 94 Bastionen, bestückt mit 3300 Geschützen, verteidigt von 75 000 Soldaten, 100 000 Landwehrmännern und 350 000 Nationalgardisten.

Trotz solch respektabler Zahlen glaubten die Belagerer, sieggewohnt und vom Siegen verwöhnt, ziemlich bald durch den Arc-de-Triomphe über die Champs-Élysées zu marschieren. Wie man dort am raschesten hinkäme, darüber gingen im Großen Hauptquartier die Meinungen auseinander. Sollte man die Stadt im Sturmangriff nehmen? Sie durch ein Bombardement zermürben? Sie planmäßig aushungern? Erst zwei

Tage vor Neujahr waren die Fronten zwischen den *Schie-*
ßern, die sich von dem Bombardement eine entscheidende
Schockwirkung versprachen, und den *Scheißern*, die bei einer
Beschießung den Hass der ganzen Welt fürchteten, so weit ge-
klärt, dass die ersten schweren Belagerungsgeschütze ihr Feuer eröffnen konnten.

In drei Wochen verschossen sie 12 000 Granaten, die einige Tausend Häuser zerstörten, 111 Zivilisten töteten und 270
verwundeten. Das Feuer der Granaten schweißte die fast zwei
Millionen umfassende Einwohnerschaft eher zusammen, als
sie kapitulieren zu lassen. Wie man sich überhaupt in der
Moral der als dekadent und morbide verschrienen Pariser
getäuscht hatte. Denen schien auch der Hunger nichts anzu-
haben. Sie aßen ihre Pferde auf, ihre Hunde und Katzen, den
gesamten Zoologischen Garten und schließlich ihre Ratten,
die sie zu Pastete mit Champignons verarbeiteten oder mit
Zwiebeln dünsteten.

Bismarck wusste, dass die Zeit für die Belagerten arbeitete
und nicht für die Belagerer. Zwar hatte Metz im Oktober kapituliert mit 173 000 Mann, seitdem Innenminister Gambetta
jedoch mit einem Ballon aus Paris entkommen war und in
den Provinzen den totalen Krieg organisierte, schienen neue
Armeen nur so aus dem Boden zu wachsen. In der Heimat
mehrten sich die kritischen Stimmen über diesen *langen,
schrecklichen Krieg*; Österreich, Russland, England begannen
ihre Neutralität zu überprüfen; ein erbarmungsloser Winter
und die ausschließliche Ernährung durch die von einem Herrn
Grüneberg erfundene *Erbswurst* hatte die vaterländische Begeisterung der Soldaten stark abgekühlt.

Es sollte einhundertzweiunddreißig Tage dauern, bis Paris
kapitulierte und Frankreich einen Friedensvertrag unterzeichnete, der es fünf Milliarden Francs Kriegsentschädigung kostete und die Abtretung Elsass-Lothringens. Der Verlust des
schönen Landes am Oberrhein, seit Jahrhunderten Zankapfel

zwischen Deutschen und Franzosen, habe Frankreich derart gedemütigt, dass nie ein wirklicher Friede herrschen konnte. So die historische Kritik des Auslands und zum Teil auch die des Inlands. Doch ein Volk, das sogar für einen Krieg sich rächen wollte, an dem es gar nicht beteiligt war (*»Revanche pour Sadowa!«*), hätte selbst den mildesten Verständigungsfrieden für eine Schmach angesehen.

Der Bundeskanzler hauste in Versailles in der Villa einer Tuchfabrikantin, inmitten eines Chaos aus Feuerholz, Aktenstapeln und Zigarrenkisten. Die Glut des überheizten Kanonenofens, das Licht der in Champagnerflaschen gesteckten Kerzen, die Klänge des vom Vortragenden Rat Keudell maltraitierten Klaviers bildeten das Milieu, in dem Europas Politiker Numero 1 mit den Halbgöttern vom Generalstab herumstritt, französische Unterhändler zur Kapitulation zu bewegen suchte, die Bedingungen eines Friedensvertrags hinsichtlich der Annexion Elsaß-Lothringens entwarf – und die Deutschen an einen Tisch zu bringen unternahm. Das, was die Mehrheit von ihnen ersehnte, was die anderen Völker Europas längst erreicht hatten, sollte endlich Wirklichkeit werden: die nationale Einheit.

DIE DEUTSCHE EINHEIT WIRD GEMACHT

Die Chance, ein Reich zu gründen, war unter dem Eindruck der in Waffenbrüderschaft errungenen Siege von Preußen, Bayern, Sachsen, Hessen, Württembergern, Badenern günstig. Was die deutschen Stämme Jahrhunderte lang getrennt hatte, ihre Zwietracht untereinander und ihre Eifersucht aufeinander, machte das Einigungswerk noch schwierig genug. Bismarck seufzte nach einer besonders zermürbenden Verhandlung: »Wenn ich doch nur einmal auf fünf Minuten die Gewalt hätte, zu sagen: So wird es und so nicht! Dass man sich nicht mit Warum und Darum abzuquälen, zu beweisen und zu betteln hätte bei den einfachsten Dingen.« Wie nebensächlich schienen ihm solche Probleme wie die zukünftige Gestalt einer einheitlichen Flagge. Sollten sie doch Grün nehmen oder Gelb-Grün mit Tanzvergnügen oder die Farben von Mecklenburg-Strelitz.

Das natürlich sagte er den in Versailles erscheinenden Delegationen der süddeutschen Länder nicht, sondern nur Artigkeiten. Er ließ ihnen das Gefühl, dass sie alles freiwillig taten, und kam ihren Sonderwünschen nach Möglichkeit entgegen – unter Inkaufnahme eines erbitterten Streites mit dem Kronprinzen und seinem Motto »Und willst du nicht mein Bruder sein, so schlag' ich dir den Schädel ein«. Hauptsache, dass sie nicht gegen sein Grundprinzip verstießen, wonach man sich nicht fragen dürfe, was *kann* gemeinsam sein, sondern was *muss* gemeinsam sein.

Den Württembergern gestand er eine eigene Briefmarke zu und einen eigenen Kriegsminister, den bayrischen Herrn, seinen schwierigsten Partnern, dass sie – aber nur im Frieden! – ihre Soldaten allein befehligen durften, ihre Eisenbahn und Post selbstständig betreiben, ihr Bier in eigener Hoheit besteuern. Im Übrigen machte er sich ihre Uneinigkeit zunutze und spielte sie gegeneinander aus, indem er zum Beispiel den Bayern mitteilte, dass Baden, Hessen, Württemberg bereits im *Reichsomnibus* säßen und die Bajuwaren nicht gut mit dem Einspänner hinterherzockeln könnten. Auf diese Weise bekam er die Unterschriften, kraft derer die Süddeutschen dem Bund der Norddeutschen beitraten, künftig das *Deutsche Reich genannt,* allmählich zusammen. Und das Einverständnis der Reichstagsabgeordneten dazu.

»Die deutsche Einheit ist gemacht und der Deutsche Kaiser auch«, konnte er endlich verkünden und lud seine Tafelrunde zu Champagner ein. Ein voreiliger Trinkspruch. Wilhelm wollte König bleiben und nicht Kaiser werden, ein Titel, der

ihm vorkam wie der eines *Charaktermajors.* So wurden die an
der Hauptmannsecke hängen gebliebenen Offiziere genannt,
die zum Abschied den »Charakter« eines Majors verliehen
bekamen. Der alte Herr war Preuße von Geburt, als Spross
berühmter Preußen erzogen worden, er dachte preußisch, lebte preußisch und fürchtete, dass sein preußisches Königtum
durch den Kaisertitel verdrängt, sein preußisches Vaterland
im deutschen Reich aufgehen werde.

Bismarck glaubte, auf dem Titel bestehen zu müssen. Zu
einem *Reich* gehörte ein *Kaiser.* Der Kaisertitel besaß für alle
Deutschen in Nord und Süd, bedingt durch die Erinnerung
an eine gemeinsame große Vergangenheit, die Kraft eines eini-
genden Symbols. Wie aber konnte Wilhelm dazu gebracht
werden, eine Krone anzunehmen, die sein Bruder 1848 schon
einmal abgelehnt hatte? Mit der Begründung, dass Untertanen
kein Recht hätten, ihm solch ein Anerbieten zu machen. Und
hier lag es: Die Fürsten mussten sie dem preußischen König
diesmal anbieten, angeführt von ihrem vornehmsten Vertreter. Das war der Bayernkönig Ludwig II., von seinem Volk geliebt als der Märchenkönig, von seinem Hof gefürchtet wegen
seiner Leidenschaft, Schlösser zu bauen. Um ihn für die Rolle
des Kaisermachers zu gewinnen, bediente sich Bismarck eines
dunklen Ehrenmanns, des Grafen Holnstein, seines Amtes
Oberstallmeister in der Münchner Residenz.

Holnstein reiste *nach scharfem Pokulieren* mit dem Kanzler von Versailles nach Hohenschwangau und legte seinem König einen von Bismarck entworfenen Brief vor, in dem Ludwig
den König Wilhelm um die Annahme der Kaiserkrone ersuch-
te. Die Szene in dem vom Föhnsturm umtosten Schloss in
den Bergen gemahnt an Shakespearische Königsdramen: Wie
der Graf, nachdem er stundenlang vor der Schlafzimmertür
gewartet hat, mit der Uhr in der Hand auf die dringende Rückreise nach Frankreich verweisend, in seinen Herrn dringt, den
Briefentwurf abzuschreiben, andrerseits er fürchten müsse,

dass das bayrische Feldheer meutere, ihn entthrone und zur Flucht ins Exil zwinge; wie der König in seiner chaotischen Unentschiedenheit einen Entschluss aufzuschieben versucht, seine Zahnschmerzen vorschützt, sich entschuldigt, kein passendes Papier zur Hand zu haben, dann den Brief schreibt, mit der Anweisung, ihn vorher den Münchner Herren, seinen Ministern, vorzulegen, um schließlich, nach Holnsteins Abreise mit einer eilends requirierten Lokomotive, alles wieder zu bereuen. Wie kam ein Wittelsbacher dazu, etwas nach seinen eigenen Worten *so Schauderhaftes und Entsetzliches* zu tun und *jenem König da* die Kaiserwürde anzubieten; und damit *außer Gott noch einen Höheren über sich anzuerkennen*? Das fragte man sich nicht nur in Bayern.

Nach dem Sturz Bismarcks ergab sich bei der Nachprüfung des ihm zur Verfügung stehenden Welfenfonds, dass etwa vier Millionen Goldmark daraus von 1871 an den König Ludwig überwiesen worden waren, inklusive einer Vermittlungsgebühr von 10 Prozent an den Grafen Holnstein. Ein unmittelbarer Zusammenhang dieser Subsidie mit dem Kaiserbrief, so die neueste bayrische Forschung, sei jedoch nicht anzunehmen ...

Tragen wir das preussische Königtum zu Grabe

Im Spiegelsaal des Schlosses von Versailles, der bis vor kurzem verwundete deutsche Soldaten beherbergt hat, trifft sich am 18. Januar 1871 eine illustre Gesellschaft: die deutschen Fürsten, ihre Minister, die kommandierenden Generale, die Abgeordneten, die Diplomaten, die Abordnungen von sechzig Eliteregimentern; Orden, Uniformen, Fahnen, Standarten, deren Glanz die siebzehn mächtigen Kristallspiegel vervielfachen. Auf einer Estrade steht Wilhelm I., der kein Wilhelm der Große war, wozu ihn seine Schmeichler machen wollten, aber ein großartiger Herrscher, einer, der die preußische Tugend des Mehr-sein-als-Scheinen vor*lebte*. Wie immer bei feierlichen Anlässen ist er stark gerührt und schaut während der endlosen Predigt des Divisionspfarrers Rogge verlegen zu Boden. Rechts neben ihm steht der Kronprinz, den er nach der Proklamation daran hindern wird, vor ihm niederzuknien und ihm die Hand zu küssen. Zu Füßen des Podiums Moltke, der sich nach Sedan zur Hasenjagd auf seinen schlesischen Gütern angemeldet hatte, weil er den Krieg für beendet hielt. Aber Paris hat noch nicht kapituliert und vom Mont-Valérien und von St. Cloud her tönt ferner Kanonendonner.

Bismarck tritt vor, gekleidet in den blauen Waffenrock der Magdeburger Kürassiere – nicht nach der Vorschrift, wie Wilhelm missmutig bemerkt hatte; er hatte den weißen Koller tragen müssen –, er tritt vor und verliest die Proklamation. *Mit hölzerner Stimme*, wie der Geschichtsmaler von Werner feststellt, vom Kronprinzen aus Karlsruhe herbeitelegraphiert, weil er hier *etwas seines Pinsels Würdiges erleben* könne. »… bekunden hiermit«, liest der Kanzler, »dass Wir es als eine Pflicht gegen das gemeinsame Vaterland betrachtet haben, diesem Rufe der verbündeten deutschen Fürsten und Städte Folge zu leisten und die Deutsche Kaiserwürde anzunehmen … und hoffen zu Gott, dass es der deutschen Nation gegeben sein werde, unter dem Wahrzeichen ihrer alten Herrlichkeit das Vaterland einer segensreichen Zukunft entgegenzuführen.«

Der Großherzog von Baden bittet um die Erlaubnis, sich an die Versammlung zu wenden, und ruft *mit freudig lauter, klangvoller Stimme:* »Seine Kaiserliche und Königliche Majestät, Kaiser Wilhelm, lebe hoch, hoch, hoch!« Eine salomonische Formulierung. Wilhelm hatte, nach Erhalt des obskuren Ludwigbriefes, schließlich zugestimmt, *Kaiser von Deutschland* zu werden, Bismarck aber auf *Deutscher Kai-*

ser bestanden, weil dieses *von Deutschland* einen Anspruch auf die nichtpreußischen Gebiete bedeutet hätte. Und er schenkt seinem Kanzler keinen Blick, als er die Glückwünsche der Fürsten entgegennimmt ... Das Deutsche Reich war gegründet. Ob zum Heil oder Unheil, ob es auch ohne Blut und Eisen zustande gekommen wäre, ob es ein kunstvoll gefertigtes Chaos war oder das unter den gegebenen Umständen Erreichbare, ob man das Volk dabei stärker hätte beteiligen müssen und das Militär weniger, viel ist darüber gerichtet und gerechtet worden. Wer nicht mit Schiller sagen will, dass die Weltgeschichte das Weltgericht sei, wird zubilligen, dass die Gründung des Deutschen Reiches einen uralten deutschen Traum verwirklichte, dass die Mehrheit der Deutschen dieses Reich wollte.

Und Preußen? »Morgen ist der unglücklichste Tag meines Lebens«, hatte Wilhelm I. am Abend vor der Kaiserproklamation unter Tränen gesagt, »morgen tragen wir das preußische Königtum zu Grabe ...«

Preußen vom Tode
Friedrichs des Großen
bis zum Wiener Kongreß

KGR. DÄNEMARK

KG
SCHW

Nordsee

Alsen

Schleswig

Fehmarn

Kiel

Stralsund

Rostock

Ostfriesische Inseln

Holstein

Lübeck
Gadebusch

Preuß. Vor

Frst. Ostfries-

Jade-Busen

Hamburg
Lauenbg.

Mecklenburg

Strelitz

land

Bremen

Elbe

Prignitz

Uk

VEREINIGTE

Weser

Hannover

Altmark

Havel

Ems

(Nordmark)

Kur-

Spandau
Potsdam

Beg

NIEDERLANDE

Grf.
Ravens-
berg

Hannover

Schönhausen

Kr. Jerichow

Münster

Hameln

Braunschweig

Hzt.
Kleve

Lippe

Ruhr

Göttingen

Dennewitz

Torgau

Moers

Grf.
Mark

Kassel

Leipzig

Maas

Köln

Rhein

Fulda

Eschwege

Auerstedt
Weimar

Großgörschen
Jena

Saale

Elbe

Sachsen

N

Hersfeld

Sachsen-
Meiningen

Reuß-
Greiz

Koblenz

Eger

Kaub

Frankfurt

Main

Bayreuth

BÖHM

Mosel

Nürnberg

Ansbach

Saarbrücken

Neckar

Regensburg

Karlsruhe

Stuttgart

Donau

Isar

Lech

Augsburg

Inn

München

Ostsee

Memel
Taurogen
Tilsit • Memel
Kurisches Haff
Samland
Königsbg.
Pregel
Lauenburg
Friedland
Preußisch-Eylau
Natangen
Bartenstein
Kolberg
Danzig
Elbing
Hzt. Preußen
Persante
Pommern
Pomerellen
Marienburg
Ermland
Hinter-
Frisches Haff
Pogesanien
West-Preußen
Graudenz
stin
Netze-Distrikt
Bromberg
Kulmerland
Narew
Netze
Neumark
Thorn
Weichsel
Bug
rk
Warthe
Gnesen
Brandenburg
Posen
Warschau
Küstrin
KGR. POLEN
Kalisch
Oder
Wartenberg
Neiße
Breslau
Warthe
Schlesien
Oppeln
Beuthen
Silberberg
Kosel
Glatz
Weichsel
ag

Mähren
Austerlitz
Donau
Wien
Preßburg

	Preußen beim Tode Friedrichs des Großen 1786
	Gebietserweiterungen unter Friedrich Wilhelm II bis 1797
	Gebietsverluste nach dem Vertrag von Tilsit 1807
	Gebietserweiterung durch den Wiener Kongreß 1815
—	Grenze Preußens nach dem Wiener Kongreß

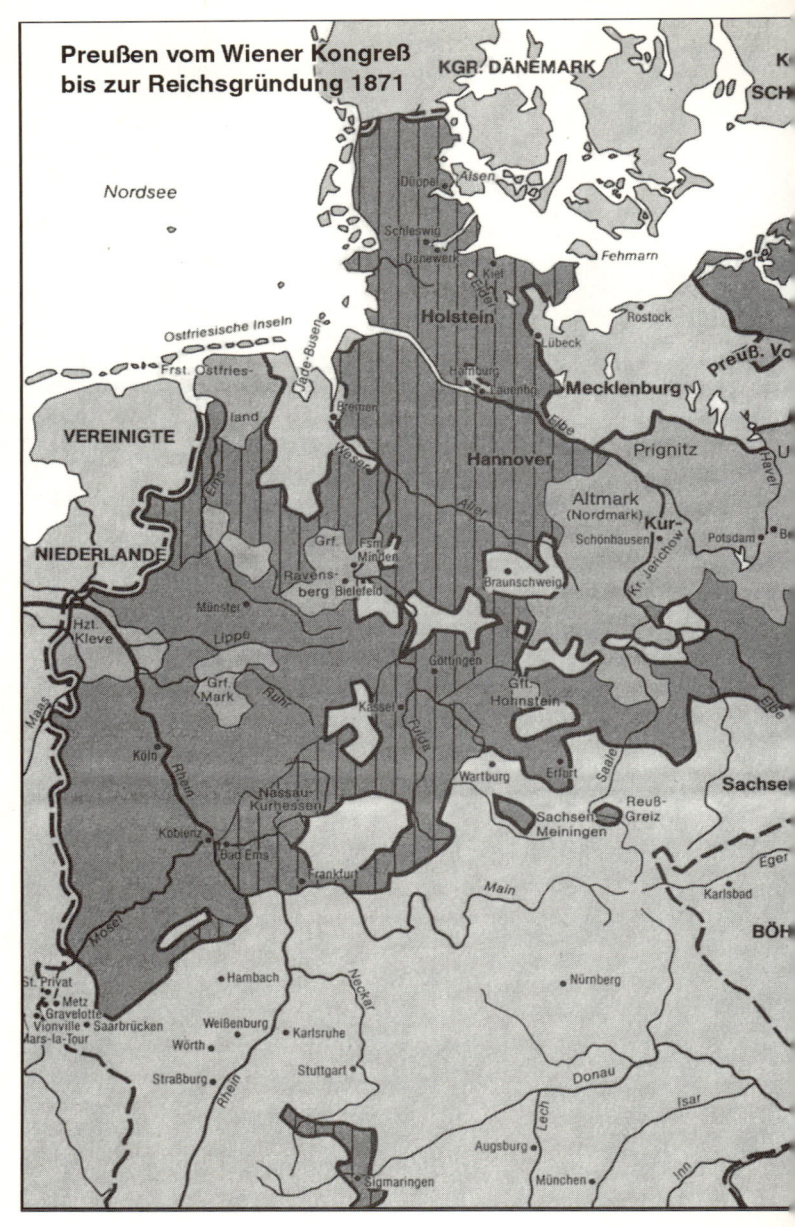

Preußen vom Wiener Kongreß bis zur Reichsgründung 1871

Nordsee

KGR. DÄNEMARK

Düppel · Alsen
Schleswig
Danewerk
Fehmarn
Kiel
Rostock
Holstein
Lübeck
Hamburg
Lauenbo.
Mecklenburg
Bremen
Prignitz
Hannover
Altmark (Nordmark)
Schönhausen · Kr. Jerichow
Potsdam · Be
Grf. Fsm. Minden
Ravens- berg Bielefeld
Braunschweig
Münster
Lippe
Göttingen
Gft. Hohnstein
Grf. Mark
Kassel
Köln
Erfurt
Wartburg
Sachsen-Meiningen
Reuß-Greiz
Sachse
Koblenz
Nassau-Kurhessen
Bad Ems
Frankfurt
Main
Eger
Karlsbad
BÖH
Hambach
Nürnberg
St. Privat
Metz
Gravelotte
Vionville · Saarbrücken
Mars-la-Tour
Weißenburg
Karlsruhe
Neckar
Wörth
Straßburg
Stuttgart
Donau
Isar
Augsburg
Inn
München
Sigmaringen

Ostfriesische Inseln
Frst. Ostfries-
land
VEREINIGTE
NIEDERLANDE
Hzt. Kleve
Maas
Rhein
Mosel
Weser
Aller
Elbe
Fulda
Saale
Havel
Elbe
Preuß. V.
U
Lech

Jade-Busen
Ems
Ruhr

KGR. SCH

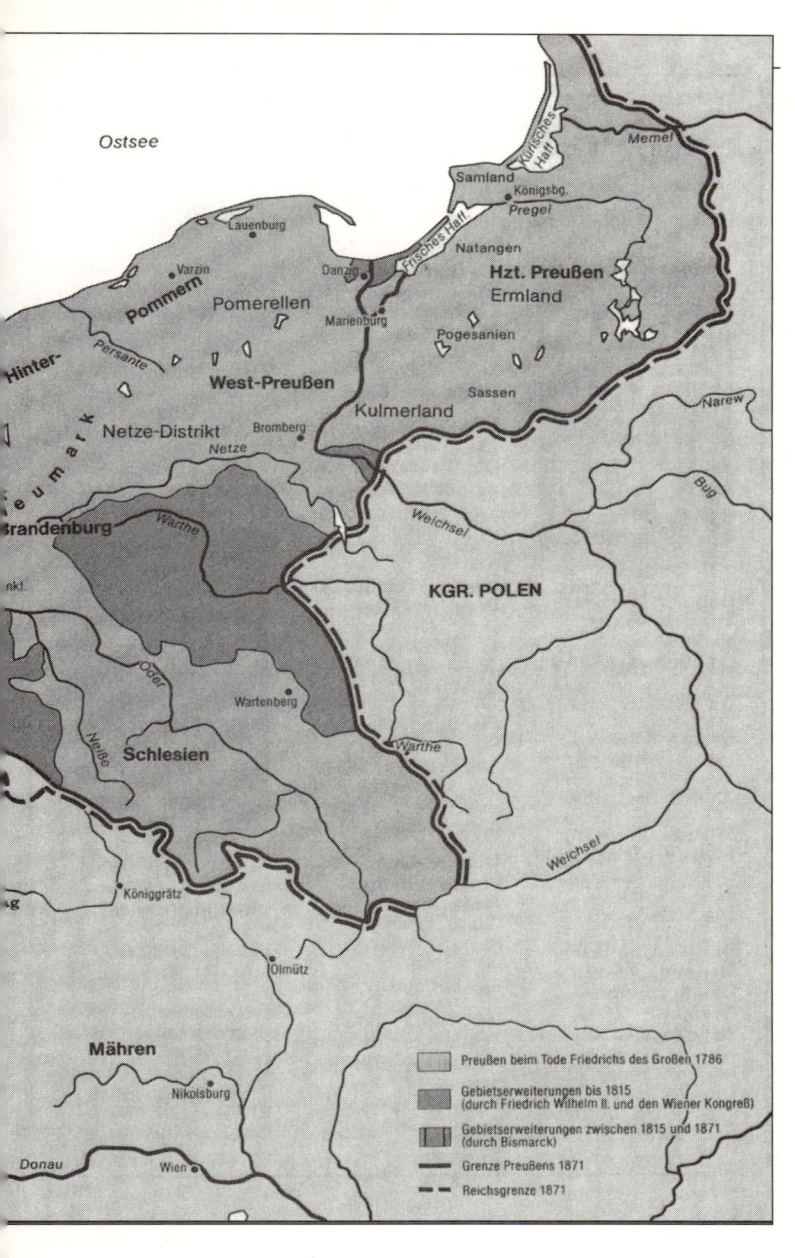

Ostsee

Lauenburg
Varzin
Pommern
Pomerellen
Danzig
Hinter-
Persante
West-Preußen
Marienburg
Netze-Distrikt
Bromberg
Netze
e u m a r k
Brandenburg
Warthe
nkf.
Oder
Wartenberg
Neiße
Schlesien
Warthe

Kurisches Haff
Memel
Samland
Königsbg.
Pregel
Frisches Haff
Natangen
Hzt. Preußen
Ermland
Pogesanien
Sassen
Kulmerland
Narew
Bug
Weichsel

KGR. POLEN

Weichsel

Königgrätz

Olmütz

Mähren

Nikolsburg

Donau   Wien

Preußen beim Tode Friedrichs des Großen 1786

Gebietserweiterungen bis 1815
(durch Friedrich Wilhelm II. und den Wiener Kongreß)

Gebietserweiterungen zwischen 1815 und 1871
(durch Bismarck)

Grenze Preußens 1871

Reichsgrenze 1871

ZEITTAFEL 1786-1871

Die Zeit um 1780 ist in Europa durch Störungen im ökonomischen und sozialen Gleichgewicht der Staaten gekennzeichnet. Einsetzen der ersten Welle der »industriellen Revolution« in England mit Folgen für die Bevölkerungszahl und das Nahrungsmittelgleichgewicht (trotz führender Rolle in der europäischen Landwirtschaft muss England Lebensmittel importieren). Ferner Durchsetzung kapitalistischer Produktionsweisen nach Überwindung technologischer Lücken und Verwissenschaftlichung theoretischer und technischer Kenntnisse. In Frankreich Heranwachsen einer reichen, aber politisch unterprivilegierten Schicht aus dem Bürgertum, die in den Kampf zwischen Königtum und Adel als dritte Kraft eingreift. Allgemeineuropäisch ist für die Epoche an der Schwelle der Französischen Revolution bereits erkennbar die Verbürgerlichung der Bildung und Kulturpflege, die Vermittlung der neuen Tendenzen durch neue Medien (Tagespresse) und der Übergang von handwerklichen zu industriellen Produktionsweisen.

Das außenpolitisch wirkungsvollste Ereignis der Epoche ist die Lostrennung der englischen Kolonien in Nordamerika im ersten modernen revolutionären Volkskrieg vor allem für den durch die Französische Revolution geschaffenen modernen Verfassungsstaat.

1786 Tod Friedrichs d. Großen (geb. 1712), Nachfolger sein Neffe Friedrich Wilhelm II. Gründung der Berliner Hofbühne. Tod des dt. Aufklärungsphilosophen und Vertreters des Toleranzgedankens Moses Mendelssohn (Judenemanzipation). »Figaros Hochzeit v. Mozart in Wien uraufgeführt. 1. Italienreise Goethes. Cartwright baut ersten mechanischen Webstuhl.

1787 Verfassung der USA: Erste moderne Verfassung mit Festschreibung individueller Menschenrechte *(Declaration of Rights)*, Schiller »Don Carlos«, Tod des Erneuerers der dramatischen Oper, Gluck. Der Schweizer Naturforscher Saussure erklettert ein Jahr nach der Erstbesteigung den Montblanc, um metereologische Messungen durchzuführen.

1788 Abbé Sieyès, Generalvikar u. Publizist, verfasst »Was ist der Dritte Stand«, grundlegendes theoretisches Manifest im Privilegienkampf des frz. Bürgertums. Goethe und Schiller lernen sich kennen; Kant veröffentlicht seine ethische Schrift »Kritik d. praktischen Vernunft«; von Knigge erscheint »Über den Umgang mit Menschen«; der Philosoph Schopenhauer geboren. Einführung des Abiturs in Preußen.

1789   George Washington erster Präsident der USA. Beginn der Frz. Revolution mit Erstürmung der Bastille; Ständeversammlung (Generalstände) verkündet nach amerikanischem Vorbild die Menschenrechte.

1790   Tod Kaiser Josephs II., Nachfolger sein Bruder Leopold II. Ende der josephinischen Reformen in Österreich. Verstaatlichung der Kirche und Eidesleistung der Priester auf den Staat in Frankreich. Kants Ästhetik »Kritik der Urteilskraft« erscheint.

1791   Durch neue Verfassung wird Frankreich konstitutionelle Monarchie. Uraufführung der »Zauberflöte« und Tod Mozarts. Galvani experimentiert mit elektrischem Strom an Froschschenkeln. Fabrikation von Soda markiert Beginn der chemischen Industrie.

1792   1. Koalitionskrieg Frankreichs gegen die alten Mächte in Europa. Österreich, unterstützt von Preußen u. einigen dt. Kleinstaaten, marschiert in Frankreich ein; nach der Kanonade v. Valmy Rückzug der Koalitionsarmee. Absetzung Ludwigs XVI., Nationalkonvent erklärt Frankreich zur Republik; Tod Kaiser Leopolds II., Nachfolger wird Franz II. (dt. Kaiser bis 1806, Kaiser von Österreich bis 1835)

1793   Guillotinierung König Ludwigs XVI., zunehmende Radikalisierung der Revolution (Wohlfahrtsausschuss), Terror gegen Gegner im Innern (Septembermorde), Dynamisierung des Krieges durch Einführung der allg. Wehrpflicht; der Koalition treten u. a. England, Spanien, Holland, das Dt. Reich bei. Hinrichtung der Königin Marie Antoinette. 2. Teilung Polens. Jean Paul veröffentlicht »Leben des vergnügten Schulmeisterleins Maria Wuz«, der Marquis de Sade »La philosophie dans la boudoir«. Erste Baumwollentkernungsmaschine des amerikanischen Ingenieurs Eli Whitney. In Posen letzte Hexenverbrennung Europas.

1794   Hinrichtung Dantons auf Veranlassung Robespierres. Die Hinrichtung Robespierres und seiner Anhänger beendet den Terror. Einführung des Allg. Landrechts in Preußen. Schadow, hervorragender Vertreter des dt. Klassizismus, entwirft die Quadriga und Viktoria auf dem Brandenburger Tor.

1795   Frankreich erhält Direktorialverfassung. Preußen tritt aus der Koalition aus und schließt den Frieden v. Basel. 3. Teilung Polens. Der spätere König Friedrich Wilhelm IV. geb. Erfindung der hydraulischen Presse. Beginn der Erforschung Zentralafrikas.

1796   Tod der Zarin Katharina II. v. Russland. Kommunistische Verschwörung des François Babeuf in Paris. Feldzug Gen. Bonapartes in Italien mit schweren Niederlagen der Österreicher. Pockenschutzimpfung durch Jenner.

1797   Friede von Campoformio zwischen Frankreich und Österreich: Habsburgische Niederlande und Lombardei sowie alle linksrheinischen Gebiete des Reiches fallen endgültig an Frankreich; Entschädigung der betroffenen Fürsten auf dem Kongress von Rastatt (bis 1799). Talleyrand frz. Außenminister (bis 1807). Tod Friedrich Wilhelms II., Nachfolger sein Sohn Friedrich Wilhelm III.; Geburt des Prinzen Wilhelm (späterer Kaiser Wilhelm I.). Erste Manifestation der deutschen Romantik mit Wackenroders »Herzensergießungen eines kunstliebenden Klosterbruders«. Haydn komponiert das »Kaiser-Quartett«. Schubert und Heine geb. Erfindung des Steindrucks durch Senefelder.

1798   Bildung der 2. Koalition zwischen England, Österreich, Russland u. Türkei (Preußen bleibt neutral) zur Wiederherstellung des Besitzstandes von 1792. Ägyptisches Abenteuer Bonapartes; Sieg Nelsons über frz. Flotte schneidet dem frz. Heer den Rückzug ins Mutterland ab und sichert engl. Herrschaft im Mittelmeer für das ganze 19. Jahrhundert. Frz. Intervention in der Schweiz, Bildung der Helvetischen Republik. Einmarsch in Rom, Gefangennahme des Papstes (Pius VI.), der nach Frankreich gebracht wird, und Errichtung der Römischen Republik. Der brit. Nationalökonom Malthus sagt Verelendung der Weltbevölkerung durch Überbevölkerung der Erde voraus. Casanova, Schriftsteller und bekanntester Glücksritter, gestorben. Hoffmann v. Fallersleben (Dichter des »Deutschlandliedes«) geb. Trevithick baut erste Hochdruckdampfmaschine.

1799   Bonaparte kehrt ohne sein Heer nach Paris zurück, stürzt das Direktorium und wird Erster Konsul; Fouché wird Polizeiminister. Anfänge der Arbeiterbewegung werden in England durch ein Anti-Gewerkschaftsgesetz sichtbar. Schiller siedelt nach Weimar über. Balzac und Puschkin geboren. Hölderlin verfasst den Briefroman »Hyperion«.

1800   Napoleon schlägt die Österreicher in Italien (Marengo). Schiller vollendet »Wallenstein«. Der engl. Unternehmer Owen führt in seinen Betrieben soziale Reformen ein (Verbot der

Kinderarbeit, 10 1/2-Stunden-Tag, Genossenschaftsläden, Pensionskassen).

1801/02 Friedensschlüsse von Lunéville mit Österreich und von Amiens mit England bestätigen Frankreich im Wesentlichen bisherige Eroberungen. Napoleon Konsul auf Lebenszeit; Rückkehr vieler Emigranten nach Frankreich; Aussöhnung mit der kath. Kirche. Grabbe u. Nestroy geb. Beginnende anti-aufklärerische Tendenzen.

1803 Seekriege zwischen England und Frankreich (bis 1814). Frankreich verkauft das westl. Louisiana an die USA. Napoleon lässt das mit England verbundene Kgr. Hannover besetzen und bereitet Landung in England vor. Reichsdeputationshauptschluss in Regensburg regelt Entschädigung linksrhein. Gebietsverluste ab 1797 durch Aufhebung kirchl. und kleinerer weltl. Territorien. Gründung der neuen Kurfürstentümer Baden, Württemberg, Hessen-Kassel u. Salzburg.

1804 Napoleon erblicher Kaiser Frankreichs. Einführung des »Code Civil« im frz. Machtbereich. Hardenberg u. Stein Mitglieder des preuß. Kabinetts. Schiller vollendet »Wilhelm Tell«. Reisen der Frau v. Staël mit Schlegel durch Europa. Pestalozzi gründet in der Schweiz seine erste Bildungsanstalt. Beethoven vollendet die »Eroica«.

1805 3. Koalitionskrieg Englands, Österreichs, Russlands und Schwedens gegen Frankreich (Preußen bleibt wieder neutral). Sieg Napoleons in der Dreikaiserschlacht von Austerlitz. Vertrag von Schönbrunn zwischen Frankreich und Preußen (Verzicht Preußens auf die fränkischen Markgrafentümer). Sieg Lord Nelsons über die französisch-spanische Flotte bei Trafalgar (Nelson wird tödlich verwundet). Durch den Frieden von Pressburg verliert Österreich seine letzten Besitzungen in Italien und muss Tirol an Bayern abtreten. Schiller gest.

1806 Napoleon setzt seine Verwandten (Napoleoniden) als Herrscher in den Kgr. Holland und Neapel ein und veranlasst die Gründung des Rheinbundes; Bayern u. Württemberg werden Königreiche. Napoleon zwingt Franz II. zur Niederlegung der deutschen Kaiserkrone (Franz ist seit 1804 als Franz I. Kaiser v. Österreich), Ende des Römischen Reiches Deutscher Nation. Krieg Preußens gegen Frankreich, Prinz Louis Ferdinand fällt, vernichtende Niederlagen der Preußen in der Doppelschlacht von Jena u. Auerstedt, Besetzung v. Berlin; von dort verkündet Napoleon Kontinentalsperre (Handelsblockade) gegen England. Sachsen geht Bündnis mit Frankreich ein, wird mit Erhebung zum Königreich belohnt. Achim v. Arnim u. Brentano veröffentlichen »Des Knaben Wunderhorn«. Jaquard erfindet Webmaschine mit Lochstreifensteuerung.

1807   Friede v. Tilsit (Preußen verliert Warschau u. alle westelbischen Gebiete einschl. der Altmark). Westfalen wird Kgr. unter Napoleons Bruder Jérôme. England besetzt Helgoland und verhindert mit der Kaperung der dänischen Flotte in Kopenhagen die Sperrung der Ostsee. Beginn der Reformen in Preußen mit der Bauernbefreiung. England verbietet den Sklavenhandel. Fulton fährt mit dampfgetriebenem Schiff von New York nach Albany. Einführung der ersten Gas-Straßenbeleuchtung in London.

1808   Napoleon lässt Truppen in Spanien einrücken; Kleinkrieg (Guerilla) der Spanier gegen frz. Besatzung (bis 1813); Siege über die Franzosen dank engl. Hilfstruppen unter Wellington. Fürstentag v. Erfurt: Napoleon sucht Freundschaft Zar Alexanders I. Neue Städteordnung in Preußen verwirklicht Prinzip der Selbstverwaltung, Reform der preuß. Verwaltung. Goethe vollendet »Faust« I und trifft Napoleon in Erfurt.

1809   Im Krieg mit Schweden erobert Russland Finnland. Krieg Österreichs gegen Frankreich, Erhebungen in Tirol (Andreas Hofer) und Norddeutschland (Schill, Hzg. v. Braunschweig). Napoleon wird von Erzhg. Karl bei Aspern geschlagen, siegt jedoch bei Wagram. Im Frieden v. Wien verliert Österreich das Innviertel u. Salzburg (an Bayern), Illyrien u. Galizien. Gauß entwickelt seine »Theorie der Bewegung der Himmelskörper«. Haydn gest., Felix Mendelssohn Bartholdy u. Darwin geb. Wilh. v. Humboldt preuß. Kultusminister.

1810   Kirchenstaat u. Nordseeküstenländer werden dem frz. Kaiserreich einverleibt. Napoleon heiratet Marie Louise v. Österreich. Hardenberg preuß. Staatskanzler. Tod der Königin Luise v. Preußen. Einführung der Gewerbefreiheit in Preußen. Gründung der Universität Berlin. Maschinenfabrik Georg Henschel in Kassel errichtet.

1812   Krieg Napoleons gegen Russland; Franzosen dringen mit europäischem Heer bis Moskau vor, nach Brand Moskaus Rückzug der Großen Armee unter ungeheuren Verlusten. Neutralitätsvertrag Gen. Yorks mit dem russischen General Diebitsch (Konvention v. Tauroggen). Im Krieg mit der Türkei (seit 1806) erobert Russland Bessarabien. Krieg der USA mit England um Kanada (bis 1814), Judenemanzipation in Preußen, Gebr. Grimm »Kinder- und Hausmärchen«.

1813   Bündnis v. Kalisch zwischen Preußen und Russland, dem Österreich beitritt. Nach der Völkerschlacht von Leipzig Rückzug der frz. Armee über den Rhein u. Abzug der Truppen aus Spanien. Das Kgr. Hannover wird wieder englisch. Auflösung des Rheinbundes. Tod Scharnhorsts. Wieland gest., Wagner u. Verdi geb.

1814   1. Friede v. Paris: Frankreich verliert alle Eroberungen seit 1792, Napoleon nach Elba verbannt. Rückkehr der Bourbonen nach Frankreich, König Ludwig XVIII. (bis 1824). Neuordnung Europas durch den Wiener Kongress (bis 1815). Einführung der allg. Wehrpflicht in Preußen. Fichte gest. Salon der Rachel Levin in Berlin. Vergleichende Klimatologie durch Alexander v. Humboldt begründet. Görres gründet den liberalen »Rheinischen Merkur«. George Stephenson baut erste Lokomotive.

1815   Rückkehr Napoleons von Elba und »Herrschaft der 100 Tage«. Wellington und Blücher besiegen Napoleon bei Waterloo. Verbannung Napoleons nach St. Helena. 2. Friede v. Paris: Frankreich in die Grenzen von 1790 zurückgedrängt. Rückgabe aller geraubten Kunstschätze u. Zahlung einer Kriegsentschädigung von 700 Mill. Francs. Matthias Claudius gest., Bismarck geb. Rauch vollendet Sarkophag der Königin Luise. Wirtschaftskrise in England. Beginn des bürgerlichen Biedermeier in Deutschland. Gründung der »Heiligen Allianz« zwischen den Monarchen von Russland, Österreich u. Preußen und des politisch bedeutsameren Vierbunds. Ergebnis des Wiener Kongresses: Russland wird stärkste Kontinentalmacht, Österreich zieht sich vom Rhein zurück und überlässt Preußen dort die Vormachtstellung. Die alten – staatstragenden Mächte – Dynastie, Kirche, Bürokratie – gehen aus dem Zusammenbruch des napoleonischen Staatensystems gestärkt hervor. Nach 1815 Wirtschaftskrise auch in Deutschland durch Importe billiger Industrieerzeugnisse aus England (bis zur Gründung der Zollvereine).

1816   Deutscher Bund konstituiert sich in Frankfurt unter österr. Führung. Goethes Landesvater, Karl August v. Sachsen-Weimar, gewährt seinem Land eine Verfassung (als erstes dt. Land hatte das Hzgt. Nassau 1814 eine Verfassung erhalten). Hegel vollendet die »Wissenschaft der Logik«. Uraufführung von Rossinis »Barbier v. Sevilla«. Adam Müller entwickelt seine antiliberale Wirtschaftstheorie.

1817   Wartburgfest der deutschen Burschenschaften, Forderung eines dt. Nationalstaates. Storm und Historiker Mommsen geb.

1818   Verfassungen in Bayern und Baden. Schinkel vollendet die
        Neue Wache in Berlin.
1819   Ermordung Kotzebues durch den Burschenschaftler Sand.
        Frankfurter Bundestag bestätigt Karlsbader Beschlüsse: Entlas-
        sung v. Hochschullehrern, Relegierung v. Burschenschaftlern,
        Pressevorzensur, Einsetzung einer Zentraluntersuchungs-
        kommission in Mainz. Verhaftung des »Turnvaters« Jahn.
        Entdeckung des Chinins; Einführung des Stethoskops in die
        medizinische Praxis.
1820/21 Friedrich Engels geb. Turnverbot in Preußen. Metternich
        wird österr. Innenminister. Napoleon auf St. Helena gest.
1822   Beginn des griechischen Unabhängigkeitskampfes gegen die
        Türkei. 1823 Verkündung der Monroe-Doktrin (einseitig
        durch USA, u. a., gegen Interventionsversuche der Heiligen
        Allianz in den um ihre Unabhängigkeit ringenden südame-
        rikanischen Kolonien). J. F. Cooper schreibt den »Leder-
        strumpf«. Gründung der »Monumenta Germaniae historica«
        (Quellensammlung aus dem dt. Mittelalter). Beethoven voll-
        endet die 9. Sinfonie, Karl Maria v. Weber »Euryanthe«.
1824   Tod Ludwigs XVIII. v. Frankreich; unter seinem Bruder und
        Nachfolger Karl X. Zunahme restaurativer Tendenzen. Bil-
        dung der preußischen Rheinprovinz (aus Jülich-Kleve-Berg,
        Erzbistum Köln).
1825   Adelsaufstand (Dekabristen) in Russland. Liebig u. Wöhler
        entdecken die Isometrie der Atome. Erste Technische Hoch-
        schule Deutschlands in Karlsruhe.
1828   Gründung des gegen Preußen gerichteten Mitteldeutschen
        Handelsvereins (Hannover, Kurhessen, Sachsen, Braun-
        schweig, Nassau, thüring. Fürstentümer, Frankfurt, Bre-
        men), ferner eines Zollvereins zwischen Preußen u. Hessen-
        Darmstadt und des Süddeutschen Zollvereins (Bayern u.
        Württemberg). Raimund vollendet »Der Alpenkönig u. der
        Menschenfeind«. Ein Jahr nach Beethoven stirbt Schubert.
        Synthese des Harnstoffs durch Wöhler.
1829   Friede v. Adrianopel sichert Griechenland die Unabhängig-
        keit. Goethe vollendet »Wilhelm Meisters Wanderjahre«,
        Balzac beginnt den Romanzyklus »Die menschliche Komö-
        die«. Joseph Ressel erprobt die von ihm erfundene Schiffs-
        schraube.
1830   Juli-Revolution in Paris. »Bürgerkönig« Louis Philippe v.
        Orléans. Erhebung des (kath.) Südens der Vereinigten Nie-
        derlande führt zur Errichtung Belgiens unter Leopold v.
        Sachsen-Coburg. Unruhen in Braunschweig, Sachsen, Kur-

hessen, Göttingen. Aufstand der Polen gegen die russische Herrschaft.

1831 Kgr. Sachsen erhält Verfassung. Tod Steins und Gneisenaus, Hegels und Achim v. Arnims. Von Grabbe erscheint »Napoleon oder die 100 Tage«, von Heine »Reisebilder«. Faraday entdeckt die Induktion, Ross den magnetischen Nordpol.

1832 Hambacher Fest süddeutscher Liberaler führt zur Aufhebung von Presse- u. Versammlungsfreiheit durch den Bundestag. Tod Goethes nach Vollendung von »Faust« II; Wilhelm Busch geb. Beginn der »Programmmusik« mit Hector Berlioz' »Symphonie fantastique«.

1833 Preußen gründet den Deutschen Zollverein unter Beitritt des Süddeutschen Zollvereins und des Mitteldeutschen Handelsvereins (Österreich tritt nicht bei). Abschluss der Schlegel-Tieckschen Shakespeare-Übersetzung. Physikalisches Maßsystem von Gauß u. Weber entwickelt.

1834 Tod Lafayettes und Schleiermachers. Erster Elektromotor. Begründung der Teerfarbenchemie mit der Entdeckung von Phenol und Anilin im Steinkohlenteer durch Ferdinand Runge.

1835 Verbot der Schriften des »Jungen Deutschland« (u. a. Börne, Heine, Gutzkow) bis 1842; der Verfasser der ersten sozialistischen Kampfschrift in Deutschland, des »Hessischen Landboten«, der Arzt u. Schriftsteller Georg Büchner, flieht nach Straßburg, vollendet »Dantons Tod«; David Fr. Strauß veröffentlicht »Das Leben Jesu, kritisch bearbeitet«. Wilhelm v. Humboldt gest. Tod Franz' I. v. Österreich, Nachfolger wird sein Sohn Ferdinand I. (bis 1848).

1837 Victoria wird Königin v. England, Blüte des englischen Bürgertums, sog. Viktorianisches Zeitalter, Ende der Personalunion Englands mit dem Kgr. Hannover. König Ernst August v. Hannover hebt Verfassung von 1833 auf; Protest u. Absetzung der »Göttinger Sieben« (u. a. Jacob und Wilh. Grimm, Dahlmann); Festungshaft für den Kölner Erzbischof Klemens August v. Droste nach Streit mit dem preußischen Staat wegen Mischehenfrage. Dickens vollendet »Oliver Twist«. Borsig gründet in Berlin eine Maschinenbau-Anstalt.

1838 England führt den »Opiumkrieg« gegen China (bis 1842). Immermann vollendet »Münchhausen«. Daguerre entdeckt den Prozess der Fotochemie und Fotografie. Bau der ersten deutschen Lokomotive; erste preußische Eisenbahn zwischen Berlin u. Potsdam.

1840 Tod König Friedrich Wilhelms III., Nachfolger wird sein Sohn Friedrich Wilhelm IV. August Bebel geb. Von Gogol erscheint »Der Mantel«, von Hebbel das Schauspiel »Judith«. Edgar Allan Poe veröffentlicht Sammlung von Kurzgeschichten. Paganini gest. Liebig begründet Methode der künstlichen Düngung. Verwendung erster Briefmarken in England. Preußen führt Hinterlader-Zündnadelgewehr ein.

1841   Der Meerengenvertrag verbietet allen nichttürkischen Kriegsschiffen die Durchfahrt durch den Bosporus und die Dardanellen. Gesellschaftsfahrten durch Thomas Cook in England.

1844   Aufstand der Weber in Schlesien. Marx lernt in Paris Engels kennen. Von Kierkegaard erscheint »Furcht und Zittern«; Nietzsche geb. Gründung der ersten Volkshochschulen durch den dänischen Theologen N. F. S. Grundtvig.

1847   Einberufung des Vereinigten Landtages in Preußen. »Sonderbundskrieg« in der Schweiz. Ranke vollendet seine »Deutsche Geschichte im Zeitalter der Reformation« u. beginnt »Neun Bücher preußische Geschichte«. Von dem Irrenarzt Heinr. Hoffmann erscheint »Struwwelpeter«. Semmelweis entdeckt die Ursache und Bekämpfung des Kindbettfiebers, der Italiener Sobrero den Sprengstoff Nitroglyzerin. Gründung der Dampfschiffahrtslinie Bremen–New York (Norddt. Lloyd) u. der Hamburg-Amerika-Linie (HAPAG).

1848   Februarrevolution in Paris führt zur Präsidentschaft des Prinzen Louis Napoleon (Neffe Napoleons I.) nach Absetzung des »Bürgerkönigs«. Märzrevolution in Deutschland u. Österreich. Metternich flieht nach England. Paulskirchenparlament in Frankfurt u. Entwurf einer dt. Verfassung. Aufstände u. Unabhängigkeitsbestrebungen in Italien, Prag und Ungarn werden von den Österreichern niedergeschlagen. Oktoberaufstand in Wien führt zur Abdankung Kaiser Ferdinands I. zugunsten seines Neffen Franz Joseph I. (bis 1916). Abdankung König Ludwigs I. v. Bayern nach Unruhen (Lola Montez). Beendigung des Krieges zwischen den USA u. Mexiko. Alexandre Dumas (Sohn) vollendet »Die Kameliendame«; Tod Annette v. Droste-Hülshoffs. Wichern gründet die Innere Mission.

1849   Oktroyierte Verfassung für Österreich. Friedrich Wilh. IV. lehnt die deutsche Kaiserkrone ab. Preußische u. Bundestruppen schlagen republikanische Aufstände in Dresden, Baden und der Pfalz nieder. Paulskirchenabgeordnete bilden in Stuttgart ein Rumpfparlament, das von Württemberg aufgelöst wird. Erzherzog Johann legt Würde des Reichsverwesers nieder. Österreich wirft Aufstand in Ungarn mit Hilfe russ. Truppen nieder, Wagner, am Dresdner Aufstand beteiligt, veröffentlicht »Die Kunst u. d. Revolution«, muss nach Zürich fliehen. Auflösung des Deutschen Turnerbundes. Entdeckung des Milzbranderregers.

1850   Preußen erhält oktroyierte Verfassung mit Dreiklassenwahlrecht, gründet die Deutsche Union mit Parlament in Erfurt. Bundesexekution gegen das zur Union gehörende Kurhessen führt zur Konfrontation Preußens mit Österreich. Nachgeben Preußens unter russ. Druck führt zum Vertrag v. Olmütz. Kriegerische Auseinandersetzung um Herzogtum Schleswig zwischen Preußen und Dänemark (seit 1848), Nachweis der Erddrehung den Pendelversuch von Foucault.

1851   Staatsstreich Louis Napoleons; er wird Präsident auf 10 Jahre. Bismarck Gesandter Preußens beim Frankfurter Bundestag. Rauch vollendet das Reiterdenkmal Friedrichs d. Großen. Beginn des »Deutschen Wörterbuchs« durch die Brüder Grimm.

1853   Krimkrieg zwischen Russland und England/Frankreich, Stellungskrieg. Gründung der »Gartenlaube«.

1855   Brit. u. frz. Truppen erobern Sewastopol. Aufhebung der Leibeigenschaft unter Alexander II. v. Russland. Bessemer entwickelt Verfahren zur Massenherstellung von Stahl. Erstes Warenhaus in Paris.

1856   Friede v. Paris beendet den Krimkrieg. »Chronik der Sperlingsgasse« von Raabe erscheint, Mörike veröffentlicht die Novelle »Mozart auf der Reise nach Prag«. Freud geb. Gründung der »Frankfurter Zeitung«.

1858   Prinz Wilhelm, Bruder König Friedrich Wilhelms IV., übernimmt Regentschaft in Preußen. Verstaatlichung der Ostindischen Kompanie durch England. Louis Pasteur veröffentlicht bakteriologische Untersuchungen. »Max und Moritz« von Wilh. Busch erscheint. Jacques Offenbach komponiert »Orpheus in der Unterwelt«.

1859   Befreiungskampf Italiens unter Garibaldi. Österreich verliert die Lombardei; Sardinien tritt Nizza und Savoyen an Frankreich ab. Knut Hamsun geb. Brahms vollendet sein 1. Klavierkonzert, Verdi »Ein Maskenball«, Wagner »Tristan und Isolde«. Entwicklung der Spektralanalyse durch Bunsen u. Kirchhoff. Darwin veröffentlicht »Über die Entstehung der Arten«.

1861   Wilhelm I. Nachfolger seines verstorbenen Bruders Friedrich Wilhelm IV. Der Mediziner Rudolf Virchow gründet die liberale »Deutsche Fortschrittspartei«. Victor Emanuel von Sardinien wird König des vereinten Italien mit der Hauptstadt in Florenz. Bürgerkriege in den USA und Japan. Philipp Reis entwickelt das Telefon.

1862   Bismarck preuß. Ministerpräsident. Aufstand der Polen gegen Russland. Foucault misst Lichtgeschwindigkeit, J. Sachs entdeckt Photosynthese.

1863   Erzherzog Maximilian wird von England, Frankreich u. Spanien in Mexiko als Kaiser eingesetzt (1867 erschossen). Lassalle gründet in Leipzig den »Allg. dt. Arbeiterverein«. Nobel betreibt die Massenerzeugung von Nitroglyzerin.

1864   Krieg Österreichs und Preußens gegen Dänemark, das die Hzgt. Schleswig, Holstein u. Lauenburg abtreten muss. Gründung der I. Internationale in London durch Karl Marx u. a.

1865   Ende des amerikanischen Bürgerkrieges. Ermordung des Präsidenten Abraham Lincoln. Gregor J. Mendel findet die nach ihm benannten Vererbungsgesetze.

1866   Krieg Preußens gegen Österreich. Preußen im Bunde mit den norddeutschen Kleinstaaten schlägt die Österreicher dank der Führungskunst Moltkes und der besseren Ausrüstung bei Königgrätz. Bismarck gelingt im Vorfrieden von Nikolsburg die Ausschaltung Russlands und Frankreichs. Im Frieden v. Prag stimmt Österreich der Auflösung des Dt. Bundes zu. Preußen annektiert die ehem. österreichischen Bundesgenossen Hannover, Kurhessen, Nassau und Frankfurt. Italien, im Bunde mit Preußen, wird von den österr. Truppen besiegt, gewinnt aber durch Unterstützung Napoleons Venetien. Abspaltung der »Freikonservativen Partei« von den Konservativen in Preußen.

1867   Die USA kaufen für 7,2 Mill. Dollar Alaska von Russland. Gründung des Norddeutschen Bundes unter Führung Preußens; Bismarck wird Bundeskanzler. Einführung der antiseptischen Krankenbehandlung durch Joseph Lister. Karl Marx veröffentlicht den 1. Band von »Das Kapital«.

1869   Gründung der »Sozialdemokratischen Arbeiterpartei« in Eisenach durch Bebel u. Liebknecht. Flaubert vollendet »Erziehung des Herzens«, Tolstoj »Krieg und Frieden«, Jules Verne »20 000 Meilen unter dem Meere«, »Brehms Tierleben«. Vollendung des Suez-Kanals (begonnen 1859) unter Ferdinand Lesseps. Erste transkontinentale Eisenbahn in den USA.

1870   Streit um die Thronfolge in Spanien führt nach der »Emser Depesche« zum Krieg zwischen Frankreich und Preußen. Nach Niederlagen der Franzosen in Metz und bei Sedan, wo Napoleon gefangen genommen wird, Ausrufung der Republik in Frankreich. Belagerung von Paris durch deutsche

Truppen. Italien besetzt Rom und macht es zur Hauptstadt. I. Vatikanisches Konzil erklärt Unfehlbarkeitsdogma. John D. Rockefeller gründet die Standard Oil Company. Schliemann gräbt das antike Troja aus.

1871   Kaiserproklamation im Spiegelsaal von Versailles. Nach der Übergabe von Paris Vorfriede v. Versailles. Im Frieden v. Frankfurt am Main erhält Deutschland Elsass und Lothringen und eine Kriegsentschädigung von 5 Milliarden Franken. Von Dostojewskij erscheinen »Die Dämonen«, von C. F. Meyer »Huttens letzte Tage«, von Fr. Nietzsche »Die Geburt der Tragödie aus dem Geiste der Musik«. Uraufführung von Verdis »Aida«. Stanley findet den verschollenen Afrikaforscher Livingstone in Ostafrika. Die Einwohnerzahl Deutschlands beträgt 41 Mill. (1841 33 Mill.).

ZITIERTE LITERATUR

Von den zahllosen Quellen und Publikationen zum Thema Preußen werden nur die im Buch zitierten aufgeführt.

1. KAPITEL
B. Volz, Die Reise des Prinzen Friedrich Wilhelm von Preußen nach Petersburg 1781, in: Zeitschrift für Europäische Geschichte, N. F., Bd. V., 1935

Œuvres de Frédéric le Grand. Säkularausgabe, hg. v. J. Preuß, 31 Bde., Berlin 1846–1857

L. v. Ranke, Preußische Geschichte, 4 Bde., hg. v. H. J. Schoeps, München 1965

Goethe, Werke in 10 Bänden, Zürich 1962

E. A. H. v. Lehndorff, Dreißig Jahre am Hofe Friedrichs des Großen, hg. v. K. E. Schmidt-Lötzen, Gotha 1907

E. Bleich, Der Hof des Königs Friedrich Wilhelm II. und des Königs Friedrich Wilhelm III., Berlin 1914

C. Atzenbeck, Die deutsche Pompadour, Leipzig 1925

F. v. Cölln, Vertraute Briefe über die inneren Verhältnisse am preußischen Hof seit dem Tode Friedrichs II., 6 Tle., Amsterdam u. Köln 1807–1809

H. Mackowsky, Johann Gottfried Schadow, Jugend und Aufstieg, 1764–1797, Berlin 1927

G. Wahnrau, Berlin, Stadt der Theater. Berlin 1957

E. Hausmann, Die Karschin, ein Leben in Briefen. 1933

J. Krammer in: Berliner Hefte, 4, 1949

W. Grab, Die Revolutionspropaganda der deutschen Jakobiner, in: Jakobiner in Mitteleuropa, Innsbruck o. J.

A. Wohlwill, Reinhard als französischer Gesandter in Hamburg, Hamburg 1875

E. Vehse, Illustrierte Geschichte des 4 preußischen Hofes, des Adels und der Diplomatie, 2 Bde., Stuttgart 1902

G. Roethe, Goethes »Campagne in Frankreich 1792«, Berlin 1919

C. Jany, Geschichte der preußischen Armee, 4 Bde., Osnabrück 1967

Ph. Sagnac, J. Robiquet, La révolution de 1789, 2 Bde., Paris 1934

W. Oncken, Das Zeitalter der Revolution, des Kaiserreichs und der Befreiungskriege, Berlin 1884

G. Pernoud, S. Flaissier, La Révolution, Paris 1959

G. Mann, Deutsche Geschichte des 19. und 20. Jahrhunderts, Frankfurt 1958

Berlinische Nachrichten von Staats- und gelehrten Sachen, 130, 2793

H. v. Sybel, Polens Untergang und der Revolutionskrieg, in: Historische Zeitschrift 2, 1870

B. A. Haase-Faulenorth, Die Gräfin Lichtenau, Berlin 1934

M. Baumann, Die Stellung der Geistlichen zur morganatischen Ehe Friedrich Wilhelms II. mit Frl. von Voss, in: Mitt. d. Vereins f. d. Gesch. Berlins, 50. Jahrgang

M. Philippson, Geschichte des preußischen Staatswesens vom Tode Friedrichs des Großen bis zu den Freiheitskriegen, 2 Bände, Leipzig 1880

P. Schwartz, Der Geisterspuk um Friedrich Wilhelm II., in: Mitt. d. Vereins f. d. Gesch. Berlins, 47/1930

W. M. Frh. v. Bissing, Friedrich Wilhelm II., König v. Preußen, Berlin 1967

Mitt. d. Vereins f. d. Gesch. Berlins, Berlin 1930

Th. Fontane, Wanderungen durch die Mark Brandenburg, München 1967

F. Valjavec, Das Wöllnersche Religionsedikt und seine geschichtliche Bedeutung, in: Hist. Jahrbuch d. Görres-Gesellschaft, München 1953

E. Ruppel-Kuhfuß, Das Generaldirektorium unter der Regierung Friedrich Wilhelms II., Würzburg 1937 Apologie der Gräfin Lichtenau gegen die Beschuldigungen mehrerer Schriftsteller, von ihr selbst entworfen, 2 Bde. Leipzig, 1808

M. Bloch, Mélanges historiques, 2 Bde., Paris 1963

2. KAPITEL

F. M. Kircheisen, Napoleon I., 2 Bde., Stuttgart 1927

A. Maurois, Napoleon, a pictorial biography, London 1963

S. M. Gräfin von Voss, 69 Jahre am preußischen Hof, Leipzig 1887

G. Griewank, Königin Luise, Briefe und Aufzeichnungen, Leipzig 1925

B. Bailleu, Briefwechsel König Friedrich Wilhelms u. Königin Luises mit Zar Alexander I., Leipzig 1900

Handbuch der deutschen Geschichte, neu hg. v. L. Just, Konstanz 1959–1965

K. D. Hömig, Der Reichsdeputationshauptschluss vom 25. Februar 1803 und seine Bedeutung für Staat und Kirche, Tübingen 1969

R. Freiin v. Oer, Die Säkularisation 1803, Göttingen 1970

K. Kastner, Die große Säkularisation in Deutschland, Paderborn 1926

H. v. Treitschke, Deutsche Geschichte im 19. Jahrhundert, 5 Bde., Leipzig 1923

M. Riegel, Der Buchhändler Johann Philipp Palm, Hamburg 1938

Deutschland unter Napoleon in Augenzeugenber., hg. v. E. Klessmann, München 1976

Briefe Napoleons des Ersten, hg. v. F. M. Kircheisen, Stuttgart 1910

G. A. Craig, The Politics of the Prussian Army, Oxford 1955

I. W. Braun, Luise, Königin von Preußen, in ihren Briefen, Berlin 1888

F. C. v. Müffling, Aus meinem Leben, Berlin 1851

H. Saring, Forschungen zur brandenburgischen und preußischen Geschichte, 45, 1953

H. v. Arnim, Louis Ferdinand, Prinz von Preußen, Berlin 1966

H. Scholz, Komplexe Sache Preußen, in: Der Tagesspiegel, 10.3.76

E. Hahn, I. Ferdinand v. Preußen als Musiker, Breslau 1935

Mémoires du prince de Talleyrand, Paris 1901

Friedrich August Ludwig von der Marwitz. Ein märkischer Edelmann im Zeitalter der Befreiungskriege, hg. v. F. Meusel, 2 Bde., Berlin 1908

v. George, 1805–1815. Erinnerungen eines Preußen aus der napoleonischen Zeit. Grimma 1840

W. Erman, J. P. Erman (1735–1814). Ein Lebensbild aus der Berliner Französischen Kolonie. Berlin 1914

Histoire et Mémoires par le Général Comte de Ségur, Paris 1874

Fragen an die deutsche Geschichte. Historische Ausstellung im Reichstagsgebäude in Berlin, Katalog. Bonn 1977

Von Marengo bis Waterloo. Memoiren des Capitaine Coignet, bearbeitet von G. Rummler, Stuttgart 1910

P. Hebel, Gesammelte Werke in zwei Bänden, Berlin 1958

G. Ritter, Stein, Stuttgart 1931

Ch. W. Hufeland, Eine Selbstbiographie, Berlin 1863

K. Griewank, Königin Luise, ein Leben in Briefen. Leipzig 1943

Kleine Begebenheiten und Charakterzüge aus dem französisch-preußischen Kriege 1806 und 1807, Jena 1807

A. Vandal, Napoléon et Alexander I., 3 Bde., Paris 1891–1896

P. F. Percy, Journals des campagnes, Paris 1903

Deutsche Rundschau, Bd. 110, Berlin 1902

Königin Luise in Tilsit, Hohenzollernjahrbuch 1899

Memoiren des Fürsten Talleyrand, hg. v. A. Ebeling, Köln und Leipzig 1891

G. Lacour-Gayet, Talleyrand, 6 Bde., Paris 1968

3. KAPITEL

W. v. Unger, Blücher, 2 Bde., Berlin 1906/08

Freiherr vom Stein, Briefe und amtliche Schriften, bearb. v. E. Botzen-
hart, neu hg. v. W. Hubatsch, 9 Bde., Stuttgart 1957–1972

Th. Winkler, Johann Gottfried Frey, Stuttgart 1936

Handwörterbuch d. ges. Militärwissenschaften, Bielefeld/Leipzig 1880

M. Lehmann, Scharnhorst, 2 Bde., 1886/87

Scharnhorst, Militärische Schriften, hg. v. V. C. v. d. Goltz, Berlin
1881

Scharnhorst 1881, Briefe, hg. v. K. Linnebach

Friedrich Wilhelm III., Vom Leben und Sterben der Königin Luise,
eigenhändige Aufzeichnungen des Gemahls, Berlin 1926

Friedrich der Große, Politische Korrespondenz, Bd. I–44, hg. v. G. B.
Volz, München o. J.

J. Freund, Die Emanzipation der Juden in Preußen, 2 Bde., Berlin 1912

C. H. Pertz, H. Delbrück, Das Leben d. Feldmarschalls Graf Neidhardt von Gneisenau, 4 Bde., Berlin 1882

P. Gordeaux, L'Epoque amoureuse de Napoléon, Nizza 1978

W. Hahlweg, Carl von Clausewitz, Soldat, Politiker, Denker, Persönlichkeit ..., Göttingen 1957

Carl von Clausewitz, Schriften, Aufsätze, Studien, Briefe, hg. v. W.
Hahlweg, Bonn, München 1966

Napoléon et l'Empire, éd. J. Mistler, 2 Bde., Paris 1968

L. Tolstoi, Krieg und Frieden, Berlin 1954

H. Meisner u. R. Geerds, Ernst Moritz Arndt, 16 Bde., Leipzig 1908

P. P. Graf v. Ségur, Napoleon u. die Große Armee in Russland, hg. v.
P. Berglar, Basel o. J.

G. Mann, a. a. O.

C. v. Clausewitz, Hinterlassene Werke, Bd. VII, Der Feldzug von 1812
in Russland, Berlin 1835

W. Elze, Der Streit um Tauroggen, Breslau 1926

J. G. Droysen, Das Leben des Generalfeldmarschalls Graf Yorck von
Wartenburg, 2 Bde., Berlin 1913

Die Franzosenzeit in deutschen Landen, hg. v. F. Schulze, 2 Bde.,
Leipzig 1908

E. Kessel, Die preußische Armee 1640–1866, in: K. Linnebach, Deutsche Heeresgeschichte, Hamburg 1935

I. Deichen, Frauen der Befreiungskriege, Leipzig 1938

Jahrbücher für die deutsche Armee und Marine, Bd. 60, Berlin 1866

H. v. Srbik, Metternich. Der Staatsmann und der Mensch, 2 Bde.,
München 1925, Bd. 3, 1954

Gespräche Napoleons des Ersten, ges. u. hg. v. F. M. Kircheisen,
3 Bde., Stuttgart 1911

4. KAPITEL

W. Durant, The age of Napoleon, New York 1975

R. Parkinson, Blücher, London 1975

M. Neuburger, Johann Christian Reil, 1913

V. Cronin, Napoleon, London 1971

J. Tulard, Napoléon ou le mythe du sauveur, Paris 1977

Kriegsbriefe des Leutnants Wilhelm Alberti aus den Befreiungskriegen, bearb. v. R. Brieger, Breslau 1913

Freiherr v. Bourgoing, Vom Wiener Kongress, Berlin-München-Wien 1943

A. Fournier, Die Geheimpolizei auf dem Wiener Kongress, Leipzig 1913

K. Griewank, Der Wiener Kongress und die Neuordnung Europas, Leipzig 1942

B. Engelmann, Das Reich zerfiel, die Reichen blieben, Hamburg 1972

C. Mercer, Journal of the Waterloo Campaign, 2 Bde., Edinburgh 1870

Uhlands Werke, 2 Bde., hg. v. L. Fränkel, Wien 1893

Herweghs Werke, in drei Teilen, hg. v. H. Tardel, Berlin 1909

G. Kinkel, Briefe an Kathinka Zitz, 1849–1861, hg. v. R. Leppla, in: Bonner Geschichtsblätter 12/1958

B. Beuys, Familienleben in Deutschland, Hamburg 1980

5. KAPITEL

H. v. Petersdorff, König Friedrich Wilhelm IV., Stuttgart 1900

V. Valentin, Geschichte der deutschen Revolution1848–1849, 2 Bde., Berlin 1930

W. Mommsen, Größe und Versagen des deutschen Bürgertums, Stuttgart 1949

O. Fürst v. Bismarck, Die gesammelten Werke (Friedrichsruher Ausgabe) 15 in 19 Bänden. Berlin 1924–1935

Heinrich Heine, Sämtliche Werke, hg. v. O. Walzel, Leipzig 1912

Die deutsche Arbeiterbewegung in Augenzeugenberichten, hg. v. U. Schulz, Düsseldorf 1968

Die deutsche Revolution 1848/49 in Augenzeugenberichten, hg. v. H. Jessen, Düsseldorf 1968

E. Bernstein, Die Geschichte der Berliner Arbeiterbewegung, 3 Tle., Berlin 1907–1910

Briefwechsel zw. Johann von Sachsen und Friedrich Wilhelm IV. und Wilhelm I. von Preußen, hg. v. J. G. Herzog von Sachsen, Leipzig 1911

M. Freund, Deutsche Geschichte, München 1973

W. v. Siemens, Lebenserinnerungen, Berlin 1892

F. Hebbel, Tagebücher, hg. v. R. W. Werner, 3 Bde., Berlin o. J.

E. Lewalter, Friedrich Wilhelm IV., Berlin 1938

Denkwürdigkeiten aus dem Leben L. v. Gerlachs, 2 Bde., Berlin 1891/92

Kaiser Wilhelms des Großen Briefe, Reden und Schriften, hg. v. E. Berner, 2 Bde., Berlin 1906

P. Wiegler, Wilhelm der Erste. Sein Leben und seine Zeit. Dresden 1927

E. Eyck, Bismarck, 2 Bde., Zürich 1948

6. KAPITEL

D. Bennett, Princess Royal of England and German Empress, London 1871

H. v. Sbrik, Deutsche Einheit. Idee und Wirklichkeit vom Heiligen Reich bis Königgrätz, 4 Bde., München 1935–1942

Kaiser Friedrich III., Briefe, Reden und Erlasse, hg. v. G. Schuster, 1906

F. Hartung, Deutsche Verfassungsgeschichte vom 15. Jahrhundert bis zur Gegenwart, Stuttgart 1964

H.-J. Schoeps, Preußen, Frankfurt/ Berlin 1966

H. Delbrück, Geschichte der Kriegskunst im Rahmen der politischen Geschichte, 6. Teil, Berlin 1932

Th. Fuchs, Geschichte des europäischen Kriegswesens, Teil III, München 1972

Montgomery of Alamein, A History of Warfare, London 1968

Die Gründung des Deutschen Reiches 1870/71 in Augenzeugenberichten, hg. v. E. Deuerlein, Düsseldorf 1970

Kaiser Friedrich III., Kriegstagebuch 1870–71, hg. v. H. O. Meisner, 1926

Fürst Ch. zu Hohenlohe-Schillingsfürst, Denkwürdigkeiten, Stuttgart und Leipzig 1907

H. Philippi, König Ludwig II. von Bayern und der Welfenfonds, in: Zeitschrift für bayerische Landesgeschichte, Bd. 23, 1960

M. Doeberl, Bayern und die Bismarcksche Reichsgründung, München 1925

Bildnachweis

Archiv für Kunst und Geschichte, Berlin
Tafelteil I: S. 2 unten, S. 6 unten, S.8 unten links und rechts, S. 12, S.13 oben, S. 16
Tafelteil II: S. 1 oben, S. 2/3, S. 4 oben, S. 5 unten, S. 6/7, S. 9 unten rechts, S. 10 oben und unten, S. 13 oben

Bildarchiv Preußischer Kulturbesitz
S. 139, S. 216
Tafelteil I: S. 1 unten, S. 4 oben links, S. 5 unten, S. 6 oben, S. 7 oben links, S. 8 unten, S. 10/11, S. 14/15,
Tafelteil II: S. 5 oben, S. 11 oben und unten, S. 13 unten, S. 16 oben

Archiv Gerstenberg
Tafelteil I: S. 5 oben, S. 8 Mitte
Tafelteil II: S. 4 unten, S. 14/15

Historia-Photo
Tafelteil I: S. 1 oben, S. 2 oben, S. 3, S. 4 oben rechts, S. 4 unten, S. 7 oben rechts und unten, S. 8 oben, S. 9 oben
Tafelteil II: S. 1 unten, S. 9 oben und unten links, S. 12 oben und unten

Bilderdienst Süddeutscher Verlag
Tafelteil I: S. 13 unten
Tafelteil II: S. 16 unten

REGISTER

409

411

Ein großes Drama in drei Epochen

S. Fischer-Fabian
PREUSSENS GLORIA
Der Aufstieg eines Staates
Geschichte
416 Seiten
Mit 16 Seiten s/w-Bildtafelteil
ISBN 978-3-404-64227-4

PREUSSENS GLORIA ist die meisterhaft erzählte Geschichte eines Staates, dessen Aufstieg vom unbedeutenden Kurfürstentum zum machtvollen Königreich in der Weltgeschichte kein Beispiel hat. Sein Ethos und seine Lebensform überdauerten die Jahrhunderte, wie auch seine Tugenden vorbildlich blieben: die Toleranz und die Ordnung, die Tapferkeit und die Gottesfurcht, der Fleiß und die Unbestechlichkeit, das Mehr-sein-als-scheinen. In drei glanzvollen Epochen von 1701 bis 1786 wurde Preußen zu dem, was seinen historischen Rang ausmacht. Eine Zeit von drei Generationen, die einem einzigen großen Drama gleicht.

Bastei Lübbe Taschenbuch